Piccola Biblioteca Einaudi 512
Nuova serie
Scienze sociali

www.einaudi.it

ISBN 978-88-06-20564-5

Cantarella Marotta Santalucia
Schiavone Stolfi Vincenti

# Diritto privato romano

## Un profilo storico

A cura di Aldo Schiavone

Nuova edizione

Piccola Biblioteca Einaudi
Scienze sociali

# Indice

# Premessa

Questo libro è destinato innanzitutto agli studenti italiani di giurisprudenza. Nonostante l'insegnamento del diritto romano stia scomparendo dall'orizzonte europeo degli studi giuridici, siamo convinti che la scelta compiuta dal nostro legislatore di orientare le facoltà verso il mantenimento come indispensabile di almeno un corso romanistico sia stata saggia e opportuna, purché la si sappia accompagnare con un adeguato rinnovamento di metodi e di strumenti.

È quello che abbiamo cercato di fare. Nella nostra tradizione accademica il genere letterario delle «Istituzioni di diritto romano» ha un passato (e un presente) molto ricco, in perenne ricerca di un punto d'equilibrio accettabile tra ricostruzione storica e impianto sistematico. In questa lunga (e un po' polverosa) catena di volumi dominano – come un gigante solitario – le ineguagliabili *Istituzioni* di Arangio-Ruiz: non a caso l'opera dove piú forte si avverte, per quanto non sempre risolta, la tensione verso la storia e la passione del racconto. Abbiamo tenuto presenti con rispetto questi modelli, senza lasciarcene però intimidire: giudicherà il lettore con quali risultati.

Siamo persuasi che l'importanza del diritto romano nell'educazione e nella cultura giuridiche contemporanee non coincida affatto con gli ennesimi tentativi (per la verità sempre piú stanchi e inascoltati) della sua attualizzazione. È vero anzi il contrario: solo uno sguardo «da lontano» – che la consegni finalmente alla sola storia – è ancora in grado di restituirci, oggi, tutto il significato e il fascino di quell'antica esperienza, e perfino (non esitiamo a dirlo) il suo valore esemplare.

La storia giuridica (e soprattutto quella del diritto privato) è tuttavia un esercizio difficile e pieno d'insidie: ma è anche l'unico modo per riportare o spostare verso il diritto romano l'attenzione di quel mondo di giuristi, di operatori del diritto e di insegnanti (per esempio, di latino e di storia) – per non dire degli studenti e dei colleghi di Lettere classiche – che la sta perdendo, o non l'ha mai avuta. Noi abbiamo lavorato anche per loro.

Un ringraziamento particolare dobbiamo a Cristina Giachi, che con intelligenza e competenza ha seguito tutta la realizzazione del libro. Con lei, soprattutto nell'ultima fase del lavoro, ha cooperato con attenzione e disponibilità Francesca Tamburi.

ALDO SCHIAVONE

Firenze, gennaio 2003.

# Premessa alla seconda edizione

Questa seconda edizione del nostro *Diritto privato romano*, a sette anni dalla prima, si presenta come un libro profondamente rinnovato.

Nella revisione abbiamo cercato di fare tesoro delle osservazioni e dei suggerimenti dei molti colleghi che avevano adottato il testo, mettendolo alla prova di un vasto pubblico di studenti.

Abbiamo cercato di rendere l'esposizione piú fluida e compatta, e di curare al meglio i collegamenti e gli equilibri fra le varie parti, pur rispettandone la multiforme ricchezza.

Dovunque ci è sembrato possibile, abbiamo semplificato, senza rinunciare, tuttavia, al rigore del racconto.

Naturalmente non è mutata l'impostazione di fondo, di cui siamo sempre piú convinti, e che ci è sembrato essere stata accolta con molto favore.

Ancora una volta dobbiamo un ringraziamento a Cristina Giachi e a Francesca Tamburi.

ALDO SCHIAVONE

Firenze, luglio 2010.

Attribuzioni

| | |
|---|---|
| Eva Cantarella | capitolo III |
| Valerio Marotta | capitolo VI, § 3 |
| Bernardo Santalucia | capitolo IV |
| Aldo Schiavone - Emanuele Stolfi | capitolo I |
| Aldo Schiavone - Valerio Marotta | capitolo VI, § 1 |
| Emanuele Stolfi | capitolo II |
| Umberto Vincenti | capitolo V; capitolo VI, §§ 2, 4 e 5 |

DIRITTO PRIVATO ROMANO

Capitolo primo

# Diritto e giuristi nella storia di Roma

## 1. *I «Digesta» fra codice e storia.*

### 1.1. Composizione e fortuna del «Corpus iuris civilis».

In larga misura, quanto noi conosciamo del diritto romano si trova riunito in un'unica raccolta di testi, che durante il Rinascimento si cominciò a chiamare *Corpus iuris civilis*: un nome che è rimasto ancora oggi. Essa fu compilata nella prima metà del VI secolo d.C. da un gruppo di esperti su incarico di Giustiniano, imperatore della parte orientale – la sola allora sopravvissuta – dell'Impero romano, ed è composta da quattro distinte opere: i *Digesta*, il *Codex*, le *Institutiones*, le *Novellae*.

Già da tempo in Oriente (almeno dagli anni centrali del V secolo d.C.), nelle due scuole piú importanti di Berito e di Costantinopoli, gli studi giuridici stavano vivendo una stagione di ripresa e di particolare fortuna, dopo la crisi che intorno alla metà del III secolo d.C. aveva posto fine alla grande stagione del diritto romano. Senza tener presente la rinnovata vivacità di un simile sfondo intellettuale, anche il solo progetto della compilazione giustinianea – non diciamo poi la sua effettiva realizzazione – apparirebbero inspiegabili. Gli storici moderni hanno spesso definito «classicista» l'atteggiamento della cultura giuridica dell'Oriente romano fra V e VI secolo, anche per contrapporlo al cosiddetto «volgarismo» dominante nell'Impero d'Occidente nell'età del suo dissolvimento (la data che si ripete per abitudine è quella del 476, con la deposizione di Romolo Augustolo da parte di Odoacre).

Occorre però guardarsi dall'irrigidire troppo simili etichette e dal dare loro eccessivo peso; d'altra parte, una valutazione davvero accurata del lavoro svolto dalle scuole giuridiche bizantine pregiustinianee non è stata mai compiuta. Di certo, tuttavia, quel che sappiamo testimonia curiosità, letture e capacità che presupponevano un ambiente nel quale il rapporto con le opere dei maestri di un tempo (e in particolare con i grandi giuristi vissuti fra il II e il III secolo d.C.) si era in qualche modo riannodato, sia pur sempre nei termini di un dialogo sbilanciato e diseguale, dominato dall'autorità degli autori antichi e da un senso di vera e propria venerazione per quel passato lontano e intramontabile.

È in questo clima che Giustiniano, imperatore fra il 527 e il 565, concepí un disegno impegnativo e audace, sviluppando quella tendenza alle codificazioni che possiamo forse considerare come la novità piú importante della cultura giuridica tardoantica[1]. Egli collegava la sua iniziativa a un progetto politico ancor piú ambizioso, che prevedeva la riconquista dell'Italia e addirittura la rinascita unitaria dell'Impero (propositi in parte realizzati, anche se in modo effimero).

Giustiniano cominciò cosí con l'ordinare nel 528 una nuova raccolta di costituzioni (cioè di atti normativi emanati dagli imperatori in base al loro potere legislativo), a partire dal principato di Adriano (117-38 d.C.) fino ai suoi tempi: un ampio *Codex* (come erano chiamate, ormai da secoli, le sillogi di questo tipo) che avrebbe dovuto sostituire i tre precedenti, il *Gregoriano*, l'*Ermogeniano* e il *Teodosiano* (i primi due, composti alla fine del III secolo d.C., erano ancora raccolte private, senza carattere ufficiale né un formale valore normativo; il terzo invece, pubblicato nel 438 d.C. dall'imperatore d'Oriente Teodosio II, e giunto a noi in buona parte grazie alla riproduzione fattane in Occidente dai Visigoti, costituiva già un autentico testo legi-

[1] Col termine «codificazione» intendiamo peraltro, in riferimento al mondo antico, qualcosa di sensibilmente diverso da ciò che esso designa nell'esperienza giuridica moderna, dall'illuminismo in avanti. Le codificazioni antiche non presentano, infatti, alcuni degli aspetti da cui quelle del XIX e XX secolo non potranno invece prescindere: manca cosí il carattere (formalmente) nuovo del materiale normativo, e la limitazione della materia disciplinata a un solo settore del diritto (come per i moderni codici civili, codici penali ecc.).

slativo). La commissione preposta da Giustiniano alla redazione concluse rapidamente i lavori: il nuovo codice (andato perduto) fu pubblicato già nel 529, ma ebbe tuttavia vita breve, perché dopo soli quattro anni fu sostituito (come vedremo) da una seconda edizione, con una struttura sensibilmente diversa.

Ben presto, però, gli intenti dell'imperatore si rivelarono di piú vasta portata; nel dicembre del 530, con la costituzione *Deo auctore*, egli affidò al suo ministro Triboniano, autentico protagonista dell'intera impresa, l'incarico di presiedere una commissione con il compito di redigere un'ampia raccolta di testi estratti dalle opere degli antichi giuristi – da Quinto Mucio Scevola, vissuto agli inizi del I secolo a.C., fino a Ermogeniano e Arcadio Carisio, alla fine del III secolo d.C. –, ordinati non cronologicamente, ma per materia, e disposti secondo una divisione in libri e in titoli. Lo scopo era versare la parte giudicata migliore dell'antico pensiero giuridico (le fonti utilizzate erano infatti il risultato di un preliminare lavoro di selezione) nella forma di un codice – nel senso di testo normativo[2] –, in modo da integrare organicamente gli antichi *iura* (come venivano chiamate le opere dei giuristi del passato) con le nuove *leges* (cioè le costituzioni imperiali) nel rinnovato ordinamento che si voleva costruire:

> Vi ordiniamo, dunque, di esaminare e di emendare le opere che, sul diritto romano, scrissero i giuristi antichi [...], affinché si raccolga da quelle opere tutto il materiale necessario [...] Quando questo materiale, con l'aiuto della benevolenza divina, sarà stato raccolto, bisognerà magnificamente ricomporlo, quasi innalzando alla giustizia un duraturo, venerabile tempio. Tutto il diritto bisognerà distribuirlo in cinquanta libri e in titoli determinati, prendendo a modello sia il nostro Codice, sia l'Editto perpetuo secondo che vi apparirà piú conveniente; in questo modo fuori della raccolta non si lascerà nulla, ma nei cinquanta libri tutto il diritto antico accumulatosi disordinatamente nel corso di mille e quattrocento anni e da noi restituito nella sua purezza sarà difeso come da un baluardo e non avrà niente fuori di sé. Tutti i giuristi [richiamati] hanno un'eguale dignità, e a nessuno deve es-

[2] In un significato, quindi, vicino a quello moderno (anche se non del tutto coincidente: nota 1): in età tardoantica la parola *codex* era invece riservata solo alle raccolte di *constitutiones* imperiali.

sere riconosciuto un qualche privilegio: perché nessuno è sempre superiore o sempre inferiore agli altri, ma ciascuno lo è, di volta in volta, in determinati profili.

I commissari giustinianei dovevano quindi: *a*) scegliere i giuristi e le opere da utilizzare; *b*) ritagliare da queste opere i brani ritenuti meritevoli di essere trascritti nella raccolta; *c*) inserire i testi cosí ricavati nel disegno della nuova compilazione; *d*) modificare le scritture originali dei brani riprodotti, ove sembrasse opportuno alterarne i contenuti per armonizzarli in modo adeguato con lo spirito e le disposizioni del nuovo impianto codificatorio.

In tal modo, la storia effettiva del pensiero giuridico romano era, nello stesso tempo, cancellata e salvata. Mentre se ne conservavano, sia pure molto parzialmente, i testi, si oscurava la memoria del suo svolgimento reale, che sopravviveva solo nei nomi dei giuristi e nei titoli delle opere, riportati all'inizio di ogni brano riprodotto nella raccolta. Le scritture originali e i profili individuali dei singoli autori venivano come polverizzati, proprio mentre se ne salvavano le dottrine, per formare, con i frammenti cosí ricavati, i tasselli di una specie di imponente mosaico letterario e giuridico (la vocazione dell'arte bizantina per questo tipo di costruzioni – basti pensare a Ravenna – era del resto il riflesso di una medesima idea: la verità dell'intero, dell'uno, come ricomposizione finale dell'insostenibile e caotica molteplicità con cui tende a presentarsi il mondo della storia). Piú che una cultura «classicista», affiorava in questa operazione una sorta di fiducia provvidenzialistica, che congiungeva passato e presente al di là del tempo, nel segno di una superiore razionalità rivelatrice.

Il nuovo codice-antologia, cui fu dato il nome di *Digesta* (da *digerere*, raccogliere, rielaborare unitariamente) o *Pandectae* (dal greco *pandechomai*, metto insieme, riunifico), fu pronto in tre anni (con una rapidità che ha dato molto da pensare circa il metodo seguito nella redazione); pubblicato il 16 dicembre del 533 (costituzione *Tanta*), entrò in vigore il 30 dello stesso mese. I suoi cinquanta libri (circa novecento pagine, su due colonne, nella piú diffusa edizione moderna) sono divisi in sette parti, di cui soltanto le prime tre hanno una certa coerenza architettonica: la forma codificatoria, se cancellava la storia, non introduceva tuttavia alcun vero sistema, nel senso moderno della parola. I libri erano quasi tutti ripartiti in titoli, dentro i quali erano riprodotti i testi dei giuristi selezionati (di lunghezza variabile, da poche parole a intere pagine), montati in una sequenza tale da suggerire al lettore l'impressione di trovarsi di fronte ai frammenti ricomposti di un unico discorso, che si svolgeva per l'intero titolo: effetto, in verità, a volte riuscito, a volte del tutto mancato.

La promulgazione dei *Digesta* non esaurí l'impegno di Giustiniano. Prima ancora che essi vedessero la luce, egli aveva incaricato Triboniano, insieme ad altri due giuristi vicini alla Corte, Teofilo e Doroteo, di provvedere alla stesura di un manuale istituzionale perché le scuole di diritto potessero disporre di un testo aggiornato per il loro insegnamento, in grado di sostituire le vecchie *Istituzioni* di Gaio (§ 5.3): e anche questa nuova opera (le *Institutiones Iustiniani*) – che rispettava la struttura del modello originario, ma ne integrava il discorso con la trattazione di ulteriori tematiche (di diritto pubblico e penale in particolare) e il recupero di brani tratti da altre opere istituzionali di età severiana (fine II - primi decenni III secolo d.C.), di Fiorentino, Paolo, Ulpiano, Marciano, e aveva altresí presenti gli aggiornamenti imposti dalla successiva legislazione imperiale – fu rapidamente approntata, fin dal novembre del 533.

Sempre nello stesso anno, Giustiniano decise anche di procedere a una nuova stesura del primo *Codex*, che tenesse conto dell'importante legislazione che aveva accompagnato la preparazione dei *Digesta* (le cosiddette *Quinquaginta decisiones*) e dell'esperienza accumulata nell'esecuzione di quel progetto. Ancora una volta il proposito fu portato a compimento con estrema rapidità (meno di un anno), a testimonianza di un'organizzazione e di una tecnica di lavoro senza eguali nel mondo antico: il nuovo codice – *Codex repetitae praelectionis*, a noi pervenuto, cosí come i *Digesta* e le *Institutiones* – fu pubblicato già nel novembre del 534. Era diviso in dodici libri, al solito ripartiti in titoli, all'interno di ciascuno dei quali erano collocate in ordine cronologico *constitutiones* da Adriano a Giustiniano stesso, sui cui testi i commissari avevano avuto facoltà di intervenire con libertà non inferiore a quella ottenuta per i *Digesta*.

Il grande disegno poteva dirsi a questo punto realizzato. Ma l'attività legislativa di Giustiniano non si arrestò, e in particolare fino al 542 (quando probabilmente Triboniano uscí di scena) fu varato un numero notevole di provvedimenti legislativi, che, raccolti (ma non dall'imperatore) con il nome di *Novellae* (*constitutiones*), dopo la morte del sovrano entrarono a far parte – accanto ai *Digesta*, al secondo *Codex* e alle *Institutiones* – dell'insieme della sua opera.

Mentre la conoscenza del *Codex*, delle *Institutiones* e delle *Novellae* si è sempre conservata con una certa continuità, proprio dei *Digesta*, che rappresentavano sotto molti aspetti la parte piú preziosa e importante dell'intero *Corpus iuris*, si perse invece traccia in Europa per tutto l'alto Medioevo. A riscoprirli furono i dottori bolognesi che, alla fine dell'XI secolo, cominciarono a lavorare su una copia dell'opera detta *Vulgata*, a sua volta derivante indirettamente dalla *littera Florentina*, un manoscritto molto piú antico (probabilmente del VI secolo d.C.), forse arrivato in Italia meridionale nel IX secolo, e di lí trasportato dapprima a Pisa (intorno alla metà del XII secolo), poi a Firenze (da cui il nome), dove è tuttora custodito nella Biblioteca Laurenziana.

## 1.2. I «Digesta» e i problemi della tradizione delle opere giurisprudenziali.

Ancora oggi la presenza del diritto romano nella storia della modernità appare come un episodio di grande portata, non soltanto europea, ma in certo senso mondiale: un itinerario complesso, che ha pesato a lungo sulla nostra formazione. Un sapere aspro e difficile, in ogni epoca direttamente accessibile solo a una cerchia ristretta di specialisti, ha finito col segnare di sé la cultura moderna – e non solo quella giuridica –, il suo senso comune intorno alle idee di giustizia e di diritto; si è depositato in strati profondi della nostra mentalità, ed è arrivato a toccare in mille modi la stessa organizzazione sociale di una vasta parte dell'Europa, dal primo dissolversi dell'universo medievale (fra XIII e XIV secolo: gli anni di Dante e della *Commedia*) sino all'età del trionfo capitalistico e borghese, dalla Rivoluzione francese (e industriale) alla prima guerra mondiale (§ 7). Per ragioni e attraverso percorsi che cercheremo di illustrare, l'idea stessa che del diritto elaborarono i Romani – una tecnica sociale con uno statuto forte, elaborata scientificamente e caratterizzata in senso «formale», disintegrata dalla politica cosí come dalla religione e dalla morale (seppure in incessante dialogo con esse) – avrebbe impresso una traccia indelebile sul modo occidentale di pensare la vita dell'uomo entro una comunità.

Delle quattro opere che componevano il *Corpus iuris*, furono soprattutto i *Digesta* ad attirare l'attenzione dei giuristi tardomedievali e moderni, e a ragione, perché in quelle pagine era stata conservata la parte piú importante e originale dell'intera esperienza giuridica del mondo antico. Essi erano, come abbiamo visto, un testo intrinsecamente e volutamente ambiguo: insieme un «codice» e un'«antologia». E infatti, nel progetto giustinianeo i *Digesta* avrebbero dovuto assolvere una duplice funzione. Anzitutto, quella di un'immediata vigenza normativa, di un'autentica codificazione che garantisse con l'autorevolezza dei classici la certezza del diritto per la rinascita della società e dello Stato bizantini nel VI secolo. Ma non meno importante era l'altro compito affidato alla compilazione dei *Digesta*: salvare la parte (ritenuta) migliore dell'eredità letteraria del pensiero giuridico romano, sottraendola al disastro della sua trasmissione: una perdita che già agli inizi del VI secolo – a circa trecento anni di distanza dall'irreversibile collasso della grande tradizione giuridica romana – si profilava ormai in tutta la sua inevitabilità (al punto da potersi dire che la profondità della crisi culturale era emersa in primo luogo come crisi radicale nella conservazione dei testi: i commissari giustinianei dovettero faticare non poco a rintracciare le ultime copie rimaste delle opere degli antichi giuristi; e in vari casi dovettero rinunciare a utilizzarne qualcuna, di cui non erano piú disponibili esemplari).

Questo salvataggio, per certi versi grandioso, era avvenuto però sotto il peso di una doppia condizione. Esso aveva implicato per prima cosa una drastica selezione. Come abbiamo detto, gli scritti dei giuristi antichi non erano stati recuperati nella loro interezza, e nemmeno in una proporzione cospicua rispetto alla totalità degli originali. Questi ultimi, riuniti preliminarmente in gruppi omogenei, secondo procedimenti indagati attentamente dalla critica moderna, vennero invece sezionati e smembrati dalle abili mani dei compilatori; solo una piccola parte dei resti finí col trovare posto nei *Digesta*: tutto quel che rimase fuori non fu piú ricopiato in nuove edizioni (la trascrizione di un testo – necessariamente a mano – era un'operazione lunga e costosa prima dell'invenzione della stampa) e andò definitivamente disperso. Né i commissari giustinianei si fermarono qui. Non solo sacrificarono gran parte degli originali, ma si riservarono – come rilevato – il diritto d'introdurre anche arbitrarie modifiche negli squarci che conservavano, dove il pensiero dell'autore non sembrasse loro adeguato alle esigenze dei tempi.

Giustiniano stesso, nel presentare i risultati del lavoro condotto, enfatizzò la portata di questi interventi, per esaltare l'importanza dell'impresa compiuta. E la filologia giuridica moderna, soprattutto fra XIX e XX secolo, sulla base di criteri molto discutibili, ritenne di doverli ulteriormente sopravvalutare, sino ad arrivare a pensare che nei *Digesta* occorresse distinguere in modo costante due strati di scrittura: quello degli autori a cui veniva esplicitamente attribuito ciascun frammento, e quello dei compilatori del VI secolo, che ritoccando, modificando, trasformando, avrebbero dato vita a un groviglio testuale in cui si sarebbero intrecciati in modo difficilmente districabile l'autentico e il sovrapposto (le cosiddette «interpolazioni»). Nacque cosí il mito di un diritto romano «classico» (come fu chiamato lo strato di scrittura originario), recuperabile solo a colpi di rasoio, che liberassero i testi da modifiche e inserzioni giustinianee. Da qualche tempo, però – grazie all'acquisizione di criteri filologici piú maturi e meno prevenuti – siamo molto piú ottimisti sullo stato di conservazione dei frammenti raccolti nei *Digesta*: quando pure vi dovettero essere, è probabile, nella grande maggioranza dei casi, che le interpolazioni dei compilatori fossero interventi solo formali, e non stravolgessero la sostanza dei contenuti di pensiero trasmessi nelle opere originali, né i loro fondamentali canoni stilistici.

Si poteva tuttavia pensare a un'altra possibilità: che cioè i testi dei *Digesta* serbassero traccia di un diverso tipo di alterazioni, prodottesi prima della compilazione giustinianea, nella secolare vicenda della loro tradizione manoscritta, dal momento della prima edizione fino all'arrivo nelle biblioteche bizantine; e che inoltre alcune opere, attribuite dai giustinianei ad autori «classici» (soprattutto di età severiana) e presenti come tali nella loro raccolta, non fossero altro se non veri e propri falsi, composti molto piú tardi, e pubblicati sotto il nome di qualche antico maestro.

Si ipotizzava cosí l'esistenza di un terzo strato di scrittura nei *Digesta* (dopo quello autentico e quello giustinianeo), imputabile a interventi sia consapevoli (riduzioni, semplificazioni, aggiornamenti, falsificazioni) sia involontari (sviste, errori di trascrizione, fraintendimenti, annotazioni di spiegazione e commento finite per sbaglio nel corpo della scrittura) da parte degli editori che avevano pubblicato nel corso del tempo l'opera utilizzata infine dai compilatori. Nella versione piú matura di questa ipotesi[3], l'epoca di tali alterazioni si sarebbe concentrata in massima parte fra III e IV secolo d.C., seguita poi da una quasi completa stabilizzazione delle edizioni, fino a Giustiniano.

In via di principio, non possiamo escludere un simile tipo di manipolazioni: ma ancora una volta, un'analisi non prevenuta, e i confronti (per noi preziosi, ove possibili) fra tradizioni testuali diverse[4] ci spingono a credere che, anche quando vi siano stati, questi interventi non debbano aver modificato quasi mai la trama sostanziale del pensiero piú antico, e che gli scritti interamente falsificati siano molti di meno di quanto immaginato da molti studiosi fino agli anni Sessanta del secolo scorso. Certo esistono opere apocrife di III e IV secolo d.C., e gli editori tardoantichi di sicuro

[3] Formulata da un importante romanista tedesco, Franz Wieacker, nei primi anni Sessanta del XX secolo.

[4] In particolare, la lettura in parallelo di brani tramandati sia nel *Digesto* che in precedenti raccolte, quali i *Vaticana Fragmenta* e la *Collatio legum Mosaicarum et Romanarum*.

non erano alieni dall'intervenire sugli originali: ma quella che era sembrata una fitta coltre di modifiche e falsificazioni si sta rivelando non piú di un velo abbastanza sottile, che non impedisce di entrare in rapporto diretto con il pensiero degli autori (della tarda repubblica e soprattutto) del principato. Possiamo dunque ritenere che le edizioni delle opere utilizzate per i *Digesta* fossero nel complesso affidabili: copie sufficientemente fedeli degli originali composti a suo tempo dai giuristi a cui vengono attribuiti.

Il salvataggio giustinianeo implicò tuttavia un altro pesante prezzo. Oltre alla selezione fra ciò che si salvava e ciò che si condannava all'oblio, esso comportò, sui resti conservati, la sovraimpressione di un'impronta a loro del tutto estranea: la forma del codice. Questa fu scelta da Giustiniano e dai suoi collaboratori – in linea con la cultura del tempo – per consentire l'impiego pratico, a fini normativi, della loro opera di recupero dell'antica tradizione giuridica. Si trattò di una decisione che facilitò non poco il cammino moderno del diritto romano, preservandolo entro un involucro che ne assicurava la (relativa) maneggevolezza – si presentava raccolto per intero in un solo testo – e ne migliorava la fruibilità. Era però anche quanto di piú lontano si potesse immaginare rispetto ai connotati originari dell'esperienza giuridica romana, che nei secoli del suo maggiore sviluppo aveva sempre rifiutato (pur avendolo ben presente) il modello della codificazione, accettato solo dopo la grande crisi, nel pieno del mondo tardoantico[5]. La «forma codice» risultava insomma, al contempo, un contenitore resistentissimo, ma anche uno specchio deformante, che cancellava i termini autentici dell'antica cultura giuridica romana, nel momento stesso in cui contribuiva a salvarne la memoria.

## 1.3. «Attualizzazione» e studio storico del diritto romano.

I *Digesta* erano stati concepiti per sfidare il tempo. Con loro iniziò una nuova vita del diritto romano, ormai del tutto indipendente dalla società che lo aveva visto fiorire. E,

[5] Pur nel senso che abbiamo chiarito *supra*, § 1.1 e note 1-2.

come abbiamo detto, proprio la falsa prospettiva in cui era stato collocato dai maestri di Berito e di Costantinopoli ne agevolò eccezionalmente il percorso e la fortuna. Dopo la sua riscoperta medievale, esso avrebbe incontrato il grande umanesimo europeo, inserendosi direttamente nei circuiti della nascente modernità, al centro del laboratorio giuridico e istituzionale dell'Occidente: dai primi glossatori, ai fondatori della nuova scienza politica, alla secolarizzazione degli studi di diritto nel XVI e XVII secolo (§ 7). I padri della ragione giuridica moderna fra Sei e Settecento vi avrebbero visto, sia pure secondo approcci diversi, un'eredità preziosa, senza la quale sarebbe stato impossibile pensare davvero il nuovo.

Questa persuasione si trasmise sino alla filosofia politica e alla scienza giuridica europea dell'Ottocento e del primo Novecento. E le dottrine dei giuristi romani – inchiodate ai frammenti dei *Digesta* come ad articoli di un codice scritto da un solo straordinario legislatore – vennero penetrate, in piú occasioni, da sguardi diversi, depositarie di tecniche infallibili, in grado di sottrarre il diritto delle moderne società civili ai guasti e alle oscillazioni delle congiunture politiche e degli emergenti contrasti di classe; come le tavole di un'autentica scienza per il disciplinamento dei rapporti sociali, che riusciva comunque a trattare la propria incandescente materia (conflitti, interessi contrapposti, scontri individuali e sociali) senza lasciarsene perturbare, ma raggelandola entro la forma di un diritto «eguale» e di parametri universalmente accettabili. Il carattere «formale» e «razionale» del diritto messo a punto dai giuristi romani (§ 5.2) – un sapere in grado di tradurre atti di potenza in tecniche cognitive, sorrette da un apparato di concetti e schemi astratti capaci di alimentare un gioco senza fine di pure forme – era stato senza eguali nel mondo antico[6]: proprio su di esso avrebbero fatto leva innumerevoli generazioni di interpreti, persuasi di poter rinvenire in quei materiali giuridici una sorta di matematica

[6] Difficilmente comparabile è in tal senso anche l'esperienza che si realizzò nelle *póleis* greche, a cominciare dall'Atene democratica (V-IV secolo a.C.): certamente non il lascito piú incisivo e fortunato della Grecia alla tradizione occidentale.

sociale[7], sottratta al divenire della storia e alle pressanti trasformazioni della società e della politica: un apparato di nozioni e principî che essi potevano pensare di trapiantare in contesti completamente diversi, confortati dal mito della «neutralità» del diritto (soprattutto) privato. Nella geografia dei sistemi di potere moderni, e nella fisica delle loro relazioni, il duttile congegno di quel pensiero venuto da lontano era cosí destinato a svolgere un ruolo importante: uno strato tenace di concetti e di metodi conservato da un remoto passato per raggiungere quei sistemi giuridici e politici di cui il mondo contemporaneo è il diretto erede.

Ma la stessa tradizione di studi che ha fatto del diritto romano un carattere dell'Occidente ha anche avuto un'attitudine molto particolare: essa lo ha sempre piú decisamente sottratto all'attenzione degli storici, per consegnarlo alle cure esclusive dei soli giuristi. Soltanto nella breve parentesi dell'umanesimo giuridico – fra XV e XVI secolo – assistiamo al tentativo di stabilire un rapporto diverso. Poi, con il definitivo distacco, ancora fra Sei e Settecento, dell'indagine sul diritto dalla ricerca storica e antiquaria, si consumò una rottura irreversibile: il lavoro sul diritto romano si separò definitivamente dalle ricostruzioni storiografiche della società e degli ambienti che lo avevano concretamente prodotto.

Effetto e insieme causa (in un intreccio di connessioni che è difficile districare) di questa irresistibile spinta allo sradicamento dello studio del diritto romano da quello dei contesti in cui si era sviluppato è stata quella che si è convenuto di chiamare, almeno dagli inizi dell'Ottocento, l'«attualizzazione» del diritto romano, vale a dire la sua utilizzazione – diretta o indiretta, e con adattamenti piú o meno profondi – come diritto vigente: un processo che, manifestatosi dapprima come tendenza spontanea nell'Europa tardomedievale e poi del Rinascimento e della Riforma, si era dato successivamente (da Leibniz in poi) un importante retroterra teorico.

[7] Questa metafora del diritto romano come matematica dei rapporti sociali è stata ripetuta fra tardo Seicento e primo Ottocento – da Leibniz sino a Savigny – con particolare successo.

In realtà le attualizzazioni del diritto romano erano iniziate già da molto tempo: la prima – e per certi versi decisiva – era stata quella stessa di Giustiniano. E l'eccezionale fortuna moderna dei *Digesta* si spiega proprio cosí. La decontestualizzazione e la riduzione sotto forma di codice cui, nel salvarlo, era stato sottoposto il pensiero degli antichi giuristi per renderne possibile l'uso normativo in un ambiente (quello del VI secolo) tanto diverso dalla realtà dove per la prima volta era sorto, costituivano già un primo e decisivo livello di quel medesimo straniamento a fini attualizzanti che i moderni avrebbero poi praticato su quei testi, sino a vedervi a lungo l'espressione di una logica fuori dal tempo.

Il risultato di questa tendenza è stato per certi aspetti paradossale. Quanto piú la scienza giuridica moderna celebrava l'importanza dell'eredità del diritto romano per l'intero cammino dell'Occidente, tanto piú la ricostruzione effettiva di quella cultura, delle sue reali condizioni di esistenza – concettuali, sociali, politiche – e delle sue conseguenze per l'intera storia di Roma, spariva dai suoi sguardi. Presi com'erano dal problema dell'«attualizzazione», dall'uso moderno del diritto romano, i giuristi europei finivano col ridurre l'esperienza antica alla sola (e deformante) dimensione di un sistema normativo coerente e compatto, alla sola prospettiva giustinianea: lavoravano sul *Corpus iuris* considerandolo esclusivamente come un codice da perfezionare, aggiornare e applicare, e non come un documento storico attraverso il quale, opportunamente smontato e decifrato, scorgere la traccia variegata e multiforme di uno straordinario itinerario intellettuale.

Soltanto dopo la seconda guerra mondiale, con il definitivo tramonto, in tutti i sistemi normativi europei, di ogni atteggiamento attualizzante nei confronti del *Corpus iuris*, gli studiosi di diritto romano hanno cominciato a intravedere orizzonti nuovi, piú direttamente connessi alla ricerca storica. Ma la strada è difficile, e stiamo appena iniziando a percorrerla (né, in verità, mancano oggi nebulosi tentativi «neoattualizzanti», che cercano di recuperare un immediato impatto normativo della tradizione giuridica romana, in nome della costruzione di un cosiddetto «diritto privato europeo»). In realtà, dobbiamo imparare a non chiedere piú al diritto romano regole giuridiche per il presente: piuttosto, dobbiamo saperlo interrogare per capire chi siamo, da dove siamo venuti, come ci siamo formati.

## 2. *Un diritto «giurisprudenziale».*

### 2.1. Il lavoro dei giuristi romani: immagini giustinianee e ruolo storico.

Agli occhi nostalgici dei compilatori del *Corpus iuris* la storia della giurisprudenza romana[8] doveva apparire come un blocco monolitico, dotato di una mirabile coesione. Se non l'immaginiamo mosso da un simile convincimento, l'intero progetto che ha ispirato la costruzione dei *Digesta* – ridurre quattro secoli di pensiero giuridico, centinaia di giuristi, migliaia di libri, all'unità di un solo testo, come se tutti gli autori si potessero fondere in un unico legislatore collettivo – risulterebbe affatto incomprensibile.

Non era un'idea del tutto infondata, ma l'intuizione che conteneva era giusta solo a metà, e combinava insieme una percezione acuta con un grave errore di valutazione. La parte di vero corrispondeva all'esistenza reale – tutt'altro che frutto di un abbaglio classicista – di una struttura profonda di metodi, di concetti e di paradigmi rintracciabili in modo abbastanza uniforme nell'intero svolgimento del pensiero giuridico romano. La costanza, insomma, di uno stile d'analisi formatosi definitivamente negli ultimi secoli della repubblica (§ 4) e mai piú abbandonato. Un'impronta peculiare e riconoscibile, che aveva reso quel sapere un modello senza eguali nelle culture antiche.

L'errore consisteva invece nell'oscurare il dato essenziale che intorno a quel nucleo uniforme si era venuta sviluppando sin dall'inizio anche una rete di diversità, di linee

[8] Con un latinismo ormai abituale, i romanisti usano la parola «giurisprudenza» per indicare l'attività dei giuristi, e non quella dei giudici e dei tribunali, come invece nel lessico consueto al nostro diritto positivo: è una differenza da non dimenticare.

evolutive non coincidenti, di individualità e situazioni storiche particolari, di contrasti culturali e di potere, la cui attenta comprensione non era meno importante per la conoscenza dell'insieme di quanto lo fosse l'esatta determinazione dei punti di unità. E tuttavia la ricerca di un corretto equilibrio fra caratteri permanenti della tradizione e differenze specifiche nel profilo di ogni giurista e nel colore di ogni ambiente non rientrava (come è ovvio, considerati i loro intenti) nei programmi dei compilatori. La stessa autentica compattezza dell'antica scienza finiva con l'apparire – e in effetti cosí sembrò a lungo anche ai moderni, traditi dalla prospettiva giustinianea – in una luce quasi metafisica, come il disegno di una razionalità giuridica a suo modo definitiva, fuori della storia.

Un dato rimane comunque indubbio: nella visione giustinianea come nella nostra il cuore dell'intera civiltà giuridica romana si identifica con l'attività scientifico-letteraria dei giuristi, che riguardò essenzialmente – anche se non esclusivamente – quello che noi oggi chiamiamo diritto privato. Certo, la corrispondenza non è totale. Accanto al lavoro della giurisprudenza, l'esperienza giuridica romana conobbe, attraverso i secoli, un'imponente presenza della legislazione (avremo modo di tornarvi): dalle XII Tavole, ancora in piena epoca arcaica (metà del V secolo a.C.), all'attività normativa delle assemblee popolari, in età repubblicana e augustea (IV-I secolo a.C.), sino al complesso articolarsi della legislazione imperiale (quella destinata poi a essere in parte raccolta nei «codici» di cui abbiamo detto). E un ruolo di non minore importanza fu svolto dall'editto del pretore (anche di questo parleremo piú avanti): un testo che si era venuto stratificando per secoli attraverso un lavoro che aveva coinvolto, anno dopo anno, centinaia di magistrati almeno dal III secolo a.C. fino alla definitiva stabilizzazione del suo dettato all'epoca di Adriano. Ma questo insieme cosí vario non era stato mai concretamente operante al di fuori della fitta trama di prescrizioni, interpretazioni e integrazioni che vi aveva costruito intorno la giurisprudenza (sulla sua sinergia col lavoro dei magistrati avremo occasione di soffermarci soprattutto in materia di processo: cap. II, in particolare §§ 1.3 e 3.5). I Romani stessi ne erano perfettamente consapevoli: «Il diritto non può esistere, se non c'è un giurisperito che lo migliori giorno per giorno» (*D.* 1.2.2.13), scrive Pomponio intorno alla metà del II secolo d.C., quando quell'esperienza già cominciava a declinare.

I giuristi romani non furono dunque solo dei «sapienti», dei «conoscitori» o degli «scienziati» del diritto. Per una parte non breve della loro storia ne furono anche i piú importanti costruttori e produttori. Anzi, l'età d'oro del sapere giuridico romano (dalla fine del II secolo a.C. ai primi decenni del III secolo d.C.) coincise quasi completamente con la stagione della piena affermazione, nel tessuto istituzionale della società romana, di un modello che noi chiamiamo di «diritto giurisprudenziale»: di un ordine giuridico, cioè, dove la creazione del diritto era concentrata in misura rilevante nelle mani dei giuristi, indipendentemente dal fatto che ricoprissero cariche pubbliche. Essi infatti assolvevano alla loro funzione non come magistrati del popolo romano (in età repubblicana), o come funzionari del principe (nel principato), anche se durante la repubblica furono quasi sempre magistrati (e fra i piú alti, cioè pretori o consoli; in altri termini, uomini di governo e dirigenti politici), e spesso collaboratori o funzionari del principe nell'epoca del principato – e ciò non fu senza significato. Si era giuristi da privati cittadini, purché si fosse riconosciuti padroni di un sapere prestigioso ed esclusivo[9] che faceva dei suoi cultori i custodi del disciplinamento sociale della città e poi, sia pure in modo meno diretto, di un impero sterminato.

Quel che indichiamo come «diritto romano» è dunque soprattutto il diritto di questi *prudentes*: un diritto non di leggi (anche se comprendeva leggi), non di testi normativi (anche se includeva l'editto pretorio), non di codici[10], ma di giuristi, di un ceto di esperti privati non identificabile con l'amministrazione o con il governo. Quando la centra-

[9] La *iuris scientia*, come la chiama già Cicerone.

[10] Che conobbe soltanto, e in un senso diverso da quello moderno, all'inizio e alla fine del suo ciclo evolutivo, con le XII Tavole e il Codice Teodosiano.

lità del lavoro della giurisprudenza si venne appannando, nel III secolo d.C., a vantaggio di un'inedita concentrazione legislativo-burocratica della creazione normativa, fu l'intero diritto romano a entrare in una zona d'ombra. L'affermarsi di una dimensione statuale segnò la crisi definitiva di quell'esperienza.

Questa identificazione del primo autentico diritto civile dell'Occidente con un insieme di regole stabilite in larga parte da un ceto di giuristi privati non deve d'altra parte sorprendere. Certo è vero che nel panorama antico il caso romano si presenta affatto peculiare, soprattutto se consideriamo il predominio dei *nómoi* (usualmente, ma non sempre in modo corretto, tradotti come «leggi») e la difficoltà di rintracciare autentiche figure di giuristi sulla scena giuridica greca; ma è altrettanto indubbio che solo nell'Europa continentale degli ultimi due secoli l'equazione fra diritto (civile), legge e Stato ha acquistato una forza sempre piú irresistibile, fino a rappresentare per il nostro senso comune un'evidenza quasi naturale. Altrove (per esempio, nella Gran Bretagna e negli Stati Uniti di oggi), o in altre epoche (per esempio, nella stessa Europa continentale medievale e premoderna), non è o non è stato cosí: e il diritto privato riposa o ha riposato saldamente sul riconoscimento di principî consuetudinari, consolidati piuttosto attraverso la scienza dei giuristi e il lavoro dei giudici che non mediante il ricorso agli strumenti della legge e del codice.

## 2.2. Momenti e caratteri del pensiero giuridico romano.

Il diritto giurisprudenziale romano era un diritto dalla superficie fluida, mutevole, in continuo movimento. Sul duro nocciolo di un paradigma scientifico faticosamente elaborato, si aprivano di continuo i solchi delle polemiche, delle differenze, delle soluzioni divergenti. Anche per questa sua intrinseca instabilità, oltre che per molti altri motivi – sia politici e culturali, sia pratici – esso non fu mai davvero il diritto di tutto l'Impero: né in senso geografico, orizzontale; né in quello sociale, verticale. Non fu mai il diritto delle sterminate periferie del dominio romano, dal

Mar Rosso all'Oceano Atlantico; e tantomeno, nella stessa Roma, fu mai il diritto di tutti gli strati sociali, dell'intera società. Esso rimase solo un modello, estremamente circoscritto nella sua effettività, ma dotato di una carica di esemplarità e di un prestigio eccezionali. L'unico diritto antico scientificamente elaborato[11]. Un centro luminosissimo, intorno al quale ruotava una miriade stellare di diritti «minori» e «locali» (dei quali oggi, salvo fortunate eccezioni, sappiamo pochissimo), talvolta privi di riconoscimento formale, ma forti della loro effettività materiale, che lo assumevano solo come un punto di riferimento lontano, e tuttavia in qualche modo da imitare, sia pure per approssimazioni. Il diritto di una aristocrazia piú o meno ristretta, ma che aveva concentrato su di sé un potere quasi illimitato, e unificato politicamente il mondo.

L'attività della giurisprudenza si era sviluppata per secoli nel cuore di questo potere, e sarebbe incomprensibile se non la riconducessimo all'esercizio di quel dominio, che anzi aveva contribuito a costruire. E i giuristi stessi si trovarono in molte occasioni coinvolti direttamente nei problemi di un governo mondiale. Ma essi – almeno a partire da quella che possiamo considerare come «l'età della svolta», fra tarda repubblica e principato augusteo (§ 4) – riuscirono sempre a evitare di cadere prigionieri di un vincolo troppo stretto fra conoscenza giuridica e agire politico. Riuscirono a riequilibrare ogni volta il loro sapere come una scienza autonoma, in grado di autolegittimarsi oltre il supporto del potere politico – anzi, in qualche caso in sottile polemica con esso – e di costruire intorno alle proprie argomentazioni una rete di procedure tecniche difficilmente falsificabili, rigorose e complesse, capaci di conferire alla razionalità giuridica uno statuto inattaccabile, che potesse proteggerla da pressioni troppo forti. Proprio in questo possiamo cogliere il carattere «formale» del diritto elaborato dai Romani: nel senso non che essi rimasero sempre prigionieri del «formalismo» proprio dell'età arcaica (alla cui stre-

[11] Illuminante si rivela il confronto, cui piú volte si è accennato, con Atene e le altre città greche, ove allo straordinario talento speculativo di ambito filosofico non corrispose mai un sapere giuridico comparabile a quello romano, disintegrato dalla politica e dalla riflessione etica.

gua il prodursi di effetti giuridici era subordinato al rispetto di determinati rituali, alla pronunzia di precise parole e al compimento di gesti prestabiliti), ma piuttosto che seppero elaborare una tecnica di disciplinamento sociale in grado di tradurre in relazioni formali ed entità astratte (le nozioni e le figure tipizzate del diritto, soprattutto privato: creditore e debitore, venditore e compratore, contraente e proprietario ecc.) la variegata concretezza dei rapporti sociali – un tratto che vedremo fissarsi nell'ultima età repubblicana (§ 4.4), e che era destinato a una plurisecolare fortuna nella storia dell'Occidente.

Possiamo raccogliere l'intera storia della giurisprudenza romana intorno a quattro quadri, cui ricondurre tutto il nostro racconto (meno rilevanti risultano invece, nella prospettiva che seguiremo, gli sviluppi posteriori e le ulteriori figure di esperto di *ius* che vi possiamo incontrare, dall'anonimo insegnante o burocrate di età tardoantica al maestro bizantino). In ciascuno di essi emerge un tipo diverso di protagonista, al centro delle procedure di produzione normativa: un sacerdote arcaico; un aristocratico repubblicano; un grande specialista, piú o meno vicino agli ambienti del principe, negli anni fra Augusto e gli Antonini (I-II secolo d.C.); infine un altissimo funzionario (noi potremmo dire un ministro) dell'amministrazione severiana (II-III secolo d.C.). Descriviamoli rapidamente.

## 3. *L'età dei pontefici.*

### 3.1. Un sapere orale e puntiforme.

Quando e come si formò il primo e piú antico nucleo del diritto romano? Una risposta precisa a questa domanda è per noi impossibile. Ma già un uomo colto dell'età di Cicerone e di Augusto avrebbe saputo indicare subito due punti di riferimento che figuravano indiscutibilmente per lui come le fonti piú remote del *ius* cittadino: il collegio dei pontefici e le leggi delle XII Tavole.

In sostanza la nostra prospettiva non è molto mutata da allora: pontefici e XII Tavole costituiscono ancora per gli storici moderni i capisaldi di ogni tentativo di rappresentare il profilo del diritto romano arcaico. Ma purtroppo dell'attività piú risalente dei pontefici – esclusivamente orale – non restano che tracce labilissime e indirette (anche se tutt'altro che irrilevanti). E quanto alle XII Tavole – attribuite dalla tradizione alla metà del v secolo a.C. –, che erano invece un testo scritto, possiamo ricostruirne solo una versione assai lacunosa. Di un dato però siamo abbastanza certi: e cioè che queste ultime debbano essere considerate come un elemento successivo rispetto a uno strato originario di *ius* fissatosi in epoche ancor piú remote, probabilmente sin dal primo aggregarsi della città, e da mettere in rapporto con le funzioni svolte in quel tempo (VIII-VII secolo a.C.) dai «pontefici»[12], un collegio di sacerdoti la cui istituzione doveva risalire agli inizi stessi della storia di Roma. Di nuovo, il confronto con l'esperienza greca riesce illuminante: se infatti le funzioni dei pontefici – in particolare il loro impegno di consulenza, anche in materia giuridica – sono state piú volte accostate a quelle di un collegio sacerdotale operante in Attica (gli *exeghetai*), appare decisiva la circostanza che dell'attività di questi ultimi abbiamo traccia solo per il v e IV secolo a.C., quando da tempo i grandi legislatori ateniesi (Dracone, Solone, Clistene) avevano posto mano ai loro corpi normativi, e il *nomos* dominava ormai la scena pubblica. Soltanto a Roma, dunque, il rapporto fra elaborazione sapienziale del diritto e sua produzione legislativa conosce una netta precedenza cronologica della prima, tale da tradursi in un carattere strutturale, di lungo periodo.

Nella cultura romana arcaica (VIII-V secolo a.C.) – per come possiamo decifrarla attraverso la tradizione successiva – scopriamo in effetti due elementi, in parte contigui e quasi sovrapposti, in parte precocemente separati. Possiamo indicarli con qualche approssimazione come «cognizione magico-religiosa» e «cognizione del *ius*». Esperienza religiosa, dunque, ed esperienza giuridica (diremmo con termini moderni), in un intreccio che ci appare come una

[12] Letteralmente: «i costruttori di vie», o anche «coloro che aprono il cammino».

specie di forma mentale tipica della Roma piú antica. E d'altra parte non può essere un caso se, fino a tutto il IV secolo a.C., i pochissimi resti di scrittura latina giunti sino a noi siano riconducibili a questi soli due elementi.

Con le pratiche religiose, che ebbero probabilmente un ruolo determinante nella formazione del primo assetto cittadino, si combinò sin dall'inizio un patrimonio culturale parzialmente diverso, che non tendeva alla produzione di culti o di esperienze magiche, ma alla costruzione lenta e stratificata di una rete di prescrizioni destinata a disciplinare tutti i piú importanti rapporti sociali della collettività: il nucleo originario del *ius* della città.

La pronuncia di queste regole era rigorosamente riservata ai pontefici, che dovevano essere i custodi e gli interpreti di tutte le piú importanti conoscenze civili della collettività: dal calendario alle invocazioni rituali agli dei, e probabilmente – a partire dagli anni in cui fu introdotta, intorno al 600 a.C. – alla stessa scrittura[13]. Il loro lavoro era dominato da un bisogno continuo di ridurre la vita della comunità, sia dal punto di vista dei rapporti sociali tra le famiglie (un matrimonio, un acquisto, un debito) e degli eventi pubblici (una guerra, un'assemblea), sia per quanto riguardava le relazioni con le divinità e la natura (le cui forze si immaginavano pervase da un flusso ininterrotto di magia), entro una rete fittissima di obblighi rituali: imposizioni rigorose di parole e di gesti. Solo il loro adempimento scrupoloso poteva garantire il buon esito dell'azione intrapresa. Appena formulati, quei precetti acquistavano un'oggettività irrevocabile, al di fuori della stessa disponibilità di chi li aveva pronunciati, secondo una proiezione ben nota a molte culture primitive: schiacciavano le menti stesse che li avevano prodotti. Ma il loro rispetto scrupoloso risultava ampiamente remunerativo; era un'osservanza che dava fiducia ed equilibrio ai singoli e alla comunità: non dobbiamo dimenticare che Roma visse la sua prima stagione circondata da pericoli e avversari, isolata nell'ostilità di Latini, Etru-

[13] Anche se dobbiamo segnalare come quest'ultima, cui si faceva ricorso per altre attività dei pontefici (come la registrazione dei fatti piú rilevanti per la comunità, tramite la redazione degli *annales*), rimase sostanzialmente estranea al loro impegno nella cognizione e produzione del *ius*.

schi, Sabini; la memoria di quei sanguinosi contrasti originari si sarebbe poi riflessa anche nella leggenda, raccolta da Virgilio nell'Eneide, di una Roma «troiana», irriducibilmente straniera rispetto all'ambiente che la ospitava[14]. E l'adesione a quelle regole dava insieme potenza: consentiva a chi le seguiva una partecipazione totale alla sfera del sacro e del magico, che si pensavano disponibili a proteggere e rendere invincibile chi era capace di intenderne i segni e i segreti, e sapeva attenersi alle loro prescrizioni.

Una decifrazione attenta del pensiero giuridico e religioso medio e tardorepubblicano (sui quali siamo meglio informati) rivela distintamente le tracce di questa genesi: il ritualismo che ancora lo domina sarebbe inspiegabile senza supporne un'origine come quella che abbiamo descritto; ma nella Roma piú sviluppata ciò che un tempo era apparso come un irresistibile condizionamento psicologico primario era ormai diventato soltanto un paradigma culturale dettato dalla tradizione, che non implicava piú una diretta partecipazione emotiva, e poteva ben diventare oggetto di discussione critica (proprio ciò che accadde, come vedremo, per il diritto).

Si formava cosí il modello che poi sarebbe stato detto del *responsum* – la «risposta» del pontefice al concittadino che lo aveva interrogato – un tipo di comunicazione autoritaria (in origine quasi oracolare, priva di motivazione e argomentazione, in quanto né doveva razionalmente prevalere su opinioni discordi né verosimilmente poteva essere disattesa dal destinatario), attraverso cui un sapere esclusivo e nascosto riusciva a esercitare la sua influenza ordinatrice sull'intera comunità, secondo un dispositivo che sarebbe poi diventato, attraverso infiniti adattamenti, ma sempre conservando un'impronta della propria qualità originaria, uno dei tratti distintivi dell'intera esperienza giuridica romana.

I *responsa* costituivano la regola vivente della città, la proiezione cristallizzata delle sue relazioni sociali. Essi scandivano una trama di rituali che avvolgeva i piú impor-

[14] E anche altra, almeno in certa misura, rispetto alla matrice greca di molteplici insediamenti dell'Italia centromeridionale.

tanti avvenimenti nelle relazioni sociali tra i capifamiglia, i *patres*: stringere un matrimonio, fare testamento, contrarre un debito, vendere o acquistare una *res in mancipio* (cap. III, § 4; cap. IV, § 4; cap. V, § 1.3 e 2.10; cap. VI, § 2.1). Non rispettarli significava mettersi fuori del *ius*, spezzare l'ordine della comunità, e dunque uscire fuori della protezione degli dei, allontanarsi dal sentire collettivo. Sulle origini di questa parola[15] (la sua grafia piú antica doveva essere *ious*) e sul suo remoto significato gli storici moderni hanno discusso moltissimo, come per *sacer* («ciò che è consacrato alla divinità», anche nel senso di «ciò che è maledetto») e per la coppia *fas/nefas* («ciò che è lecito» e «ciò che è illecito» rispetto al volere della divinità). Forse, è possibile collegare *ious* a *yaos*, con un significato che si riferisce ancora ai rapporti tra uomini e dei. Ma quello di cui siamo sicuri è che l'esperienza che la parola indicava[16] abbia avuto un ruolo essenziale all'interno dei rapporti sociali e di potere della Roma arcaica, e che la continuità del vissuto magico-religioso-giuridico abbia contribuito in misura determinante a far nascere il primo spazio pubblico, ideale e fisico, della città.

La creazione del *ius* attraverso i *responsa* si fondava innanzi tutto per i pontefici sulla memoria e la rielaborazione dei *mores* (al singolare *mos*, che noi possiamo tradurre con «abitudine», «consuetudine», «costume»), cioè delle remote tradizioni di comportamento sociale, quasi sempre fissate in rituali di gesti e parole, formatesi all'interno dei gruppi familiari aristocratici (latini, sabini, etruschi) prima del costituirsi dello spazio urbano. I *responsa* non stabilivano regole di carattere generale: valevano soltanto per il caso descritto nella domanda proposta. Però, non venivano dimenticati. La loro memoria era affidata alla tradizione del collegio pontificale, di generazione in generazione.

[15] Senza corrispondente nelle altre lingue antiche, nel senso che fra di esse solo il latino – in modo assai significativo – coniò un termine per designare ciò che noi denominiamo «diritto»: qualcosa di distinto dal comando del sovrano o dalla delibera di un'assemblea popolare, e neppure riducibile all'ordine scaturito da tali disposizioni.

[16] Un insieme di riti, di prescrizioni e di vincoli sospesi tra il divino e l'umano e resi noti alla comunità attraverso le pronunce dei pontefici.

Prendeva in tal modo corpo, passando per il filtro di un gruppo ristrettissimo, un sapere peculiare e potenzialmente innovativo rispetto alle risorse della mentalità arcaica: intrinsecamente casistico e puntiforme (un parere per ciascuna domanda).

Nel meccanismo originario dei *responsa* occorre innanzi tutto fermare lo sguardo sul nesso fra parola e potere: una relazione strettissima, che la pronuncia del *ius* esaltava e dilatava. L'attenzione dei pontefici si concentrava piú sui segni verbali che sugli oggetti da essi designati. L'esperienza religiosa, e quella giuridica che le si legava, non si riferivano mai direttamente ai fatti, alle cose: questi apparivano solo nelle costruzioni linguistiche e gestuali create per evocarli e attirarli nella sfera del divino e del magico. Il controllo esercitato dai sacerdoti sulla forma delle parole pronunciate, sulla loro sequenza, sul ritmo del linguaggio, serviva a far scattare il contatto con il divino e con il *ius*, ma finiva con l'implicare anche un accentuato dominio sul pensiero collettivo, sui suoi contenuti, e perfino sulla forma delle relazioni sociali. Piú questo controllo era rigido e capillare, tanto meglio esso diventava esclusivo dal punto di vista del potere. Le consuetudini verbali, fissate in modo prescrittivo, si trasformavano in tecniche di disciplinamento della vita comunitaria.

Possiamo allora capire perché, nello specchio della piú evoluta sensibilità tardorepubblicana (II-I secolo a.C.), l'intera esperienza giuridica arcaica apparisse come un mondo interamente prigioniero di un'insopportabile armatura di clausole e di formule pietrificate. Anche quel «carattere formale» e quel «tradizionalismo» destinati poi a figurare come tratti quasi indelebili negli sviluppi successivi del diritto romano trovano qui la loro genesi e la loro spiegazione. Un sapere orale tanto impregnato di ritualità magico-religiosa, che si conserva per secoli specializzandosi progressivamente, non poteva che portare a concentrare l'attenzione sul suono di parole che dànno potenza, come vere e proprie formule magiche: gli studiosi scrivono a questo proposito del carattere «formulaico» di simili culture, e del valore «performativo» del linguaggio adoperato. Si tendeva a una sorta di immobilismo, fondato sulla memoria e sulla ripetizione del tipico. E non a caso, sarà proprio la memoria il tratto che segnerà il modello tradizionale del giureconsulto, delineato piú tardi in un famoso testo di Cicerone.

### 3.2. Tra politica e diritto: la legislazione decemvirale.

Nel corso del v secolo a.C., subito dopo la fine della monarchia e l'instaurazione della repubblica, il ruolo dei pontefici si trovò coinvolto nei contrasti sociali della nuova politica cittadina, che vedeva il vecchio patriziato gentilizio contrapposto alle forze in ascesa – per ragioni sia militari sia economiche – dei piú importanti gruppi plebei. L'episodio piú significativo di questo scontro è senza dubbio quello che coincise con la promulgazione delle XII Tavole, alla metà del v secolo: improvviso, misterioso, drammatico.

Secondo il racconto della tradizione tardorepubblicana e augustea (di cui gli storici moderni hanno a lungo dubitato, ma che dobbiamo giudicare sostanzialmente attendibile), le XII Tavole furono composte fra il 451 e il 450 a.C. da una commissione di dieci uomini (i *decemviri legibus scribundis*) con il compito di tradurre in forma di leggi generali rivolte all'intera città il vecchio *ius* pontificale, che fino ad allora si era manifestato solo attraverso la pronuncia casistica dei *responsa*. Si trattava, in altri termini, di sostituire una comunicazione di tipo oracolare con un vero e proprio comando normativo, di carattere generale e uniforme. Dietro questa novità vi era, visibilissima e non nascosta dalla tradizione, la pressione plebea. Il disegno era chiaro. Si voleva spezzare, nel modo piú deciso possibile, l'esclusività pontificale e patrizia[17] nella creazione del *ius* cittadino. Al modello intrinsecamente aristocratico acquisito sin dalle origini della città, che concentrava la produzione del diritto nelle pronunce di sacerdoti detentori di conoscenze sottratte a ogni controllo, si tentava di sostituire il paradigma democratico (o, piú precisamente, «isonomico») di un insieme di regole stabilite una volta per tutte, cono-

[17] Giacché tutti i pontefici appartenevano al patriziato, e cosí sarebbe stato sino al plebiscito Ogulnio del 300 a.C.

scibili da chiunque con certezza ed eguali per ciascun consociato. In tal modo, sarebbe stata la città nella sua interezza, attraverso il testo delle sue leggi («che erano in grado di rivolgersi a tutti, sempre, con una sola e identica voce», come avrebbe detto Cicerone) a porre se stessa a garanzia del comportamento dei propri cittadini, senza piú rinviare ogni precetto a remote consuetudini, affidate alla memoria manipolatrice di una cerchia inaccessibile di sacerdoti. Fra la comunità e i suoi *mores* – e fra diritto ed esperienza religiosa – si sarebbe ora alzata l'ombra laica di un legislatore accettato dal popolo, e che parlava in suo nome. Il ricorso alla scrittura (le XII Tavole erano un testo scritto, su legno o bronzo, offerto alla libera conoscenza della collettività) accentuava ancor piú la portata della rottura. Fino a tutto il IV secolo a.C. possiamo infatti scoprire sempre un filo rosso che lega, nelle vicende romane, scrittura, diritto e politica: la parola scritta contro l'uso esclusivistico e potenzialmente arbitrario dell'oralità sacerdotale patrizia; lo spazio certo e immutabile delle Tavole contro l'inconoscibilità della memoria segreta.

Da dove veniva ai plebei l'idea di imporre una simile svolta? È molto probabile che fossero state decisive in questo senso influenze greche. L'ultimo scorcio del VI e poi tutto il V secolo sono, in Grecia e nel Mediterraneo colonizzato dai Greci, l'età della democrazia e dei legislatori, il periodo in cui il valore della «isonomia» (eguaglianza di tutti di fronte al *nomos*, alla legge), già affermatosi in ambiti aristocratici e con valenza antitirannica, si coniuga con una forte estensione della partecipazione dei cittadini alla gestione della *polis* – ossia, soprattutto ad Atene, con la creazione di uno spazio politico unitario, il cui comando viene «posto in mezzo al popolo» (*demos*): è appunto la nascita della *demokratia*, che del *nomos* e della sua efficacia livellatrice avrebbe fatto una nozione guida, quasi uno slogan. È cosí assai verosimile che i plebei in lotta abbiano attinto da quel mondo, per quanto in modo nebuloso, suggestioni e programmi, se non proprio il progetto di trasformare Roma in qualcosa di simile a una «democrazia radicale», costruita intorno al primato (anche nella produzione normativa) di un'assemblea popolare a suffragio universale maschile di tutti i cittadini liberi (escludendo cioè le donne e gli schiavi) – l'ipotesi piú avanzata mai sperimentata nelle società antiche. In tal senso si rivela assai significativo, al di là della sua discutibile veridicità storica, anche l'aneddoto narrato dalle fonti, secondo cui la legislazione decemvirale fu preceduta da un'ambasceria inviata ad Atene al fine di studiare le norme ivi vigenti.

In un primo momento, il disegno plebeo sembrò aver successo. La legislazione fu emanata, e imposta come regolamento supremo della vita cittadina. Noi oggi siamo informati in modo assai lacunoso dei suoi contenuti[18]; siamo abbastanza sicuri, però, che le XII Tavole non contenessero norme che disciplinavano i nuovi assetti repubblicani della città: non erano insomma niente di simile a una carta costituzionale. Riguardavano piuttosto i rapporti familiari e patrimoniali fra i cittadini (e anche in quest'ambito senza un impianto sistematico, procedendo piuttosto per aggregazioni tematiche, disciplinando settori via via contigui dei rapporti fra *patres*). Esse cioè coprivano lo stesso campo sino ad allora esaurito dai *responsa* pontificali: e proprio questa sovrapposizione marcava l'importanza della svolta. Per quanto possiamo vedere, in quel testo si rifletteva l'immagine di una società di piccoli contadini, in cui i legami comunitari erano ancora in larga parte determinati dalla patriarcalità gentilizia (cap. III), organizzata per nuclei familiari che costituivano anche unità economiche tendenzialmente autarchiche (lavoro agricolo, soprattutto, accompagnato da elementari manifatture), sebbene già toccate da forme non esigue di scambi.

Le leggi decemvirali non introducevano cambiamenti significativi rispetto alle regole della tradizione; e tantomeno disposizioni particolarmente favorevoli alla plebe. Ma le loro prescrizioni avrebbero vincolato d'ora in avanti in modo eguale sia il patriziato, sia la plebe, e gli stessi pon-

[18] Il testo originale delle XII Tavole andò infatti perduto nell'incendio di Roma in seguito all'occupazione dei Galli nel 390 a.C.; e nonostante la fama e il rispetto di cui era circondato, la sua conoscenza letterale si presentava già problematica per i giuristi e gli eruditi della media e tarda repubblica, che ne studiavano e commentavano una versione largamente «modernizzata» almeno nella lingua, se non nella sostanza.

tefici non avrebbero potuto derogarvi nei loro *responsa*. Esse fissavano e rendevano certo e conoscibile un diritto non condizionato da una preliminare discriminazione all'interno del corpo civico: e nel pieno manifestarsi di un tale eguagliamento esprimevano tutta la loro novità. Davvero, sembrava il trionfo di un ideale «isonomico»: ma vedremo fra un attimo che le cose non erano cosí semplici.

Il testo raccoglieva – condensati in brevi precetti, scanditi da una struttura ritmica, che collegavano in modo ipotattico la previsione di un fatto alla sua disciplina normativa, espressa in forma di comando (i verbi erano all'imperativo futuro)[19] – l'insieme delle formule inventate dai pontefici per ritualizzare la vita sociale della comunità, e indicava, regolandone lo svolgimento, gli atti solenni collegati ai meccanismi di scambio e di reciprocità tra le famiglie (cap. VI); le forme di appartenenza e di trasferimento dei beni (cap. V); l'elenco dei crimini capitali. Uno spazio rilevante era poi riservato alla descrizione dei rituali delle *actiones* (*legis actiones*), cioè del piú antico processo civile applicato nella città, che una volta forse si era svolto, con le movenze di una cerimonia religiosa, davanti al re in persona, piú tardi – sempre con uno spiccato e irrinunciabile ritualismo – innanzi alla magistratura suprema della repubblica (cap. II, § 2).

Giudicato con sensibilità moderna, doveva trattarsi senza dubbio di un insieme disorganico e approssimativo (siamo ancora lontanissimi da una qualunque idea non diciamo moderna, ma nemmeno tardoantica di codificazione). Ma fu pur sempre sufficiente a cristallizzare il primo statuto civile della società romana: il nucleo generativo dell'intero diritto privato dell'Occidente.

Se il disegno plebeo avesse ottenuto un pieno e duraturo successo, l'intera storia di Roma sarebbe stata diversa: cer-

[19] Cosí, per fare un solo esempio, nella disposizione secondo cui «si pater filium ter venum duuit, filius a patre liber esto» («se il padre ha venduto per tre volte il figlio, questi sia libero dalla potestà del padre»): norma sulla quale si sarebbe poi esercitata l'*interpretatio* pontificale, cosí da ottenere un esito assolutamente estraneo agli intenti dei decemviri, quale l'allestimento di un complesso congegno negoziale, detto *emancipatio*, volto a liberare il figlio dalla potestà del *pater familias* col consenso di questi (cap. III, § 2.4).

to lo sarebbe stata la sua storia giuridica, e con essa quella dell'intera Europa. La città sarebbe stata molto piú simile a una *polis* democratica, lo spostamento della produzione del *ius* dai pontefici alla legislazione (prima decemvirale, poi, inevitabilmente, dell'assemblea) sarebbe stato definitivo, e la creazione del diritto sottratta per sempre all'elaborazione esclusiva di una ristretta cerchia di esperti.

### 3.3. Le XII Tavole e la «interpretatio» dei pontefici.

Ma questo non accadde. La resistenza patrizia sviluppatasi tra IV e III secolo vanificò la parte piú radicale del progetto plebeo. I pontefici ripresero il sopravvento. E non soltanto, probabilmente, per ragioni strettamente politiche. In realtà, sin dal momento della promulgazione delle XII Tavole, la cultura plebea e «laica» della città, al di fuori della cerchia pontificale, non era in grado di reggere lo sforzo interpretativo necessario per applicare le leggi nella vita quotidiana, senza ricorrere nuovamente alla mediazione dei sacerdoti. E d'altra parte, gli stessi patrizi che avevano redatto il testo delle Tavole non dovevano veder male un ritorno in scena delle loro tradizioni piú peculiari. I pontefici diventarono cosí i principali custodi di una legislazione che non avevano contribuito direttamente a creare, e che verosimilmente avevano visto nascere non senza ostilità.

Le XII Tavole smisero perciò ben presto di avere un'esistenza davvero autonoma. Progressivamente, la *interpretatio* dei sacerdoti – che tornava a manifestarsi nella forma consueta dei responsi e che talora si esprimeva in un puntuale lavorio esegetico, ma in altri casi si presentava assai libera e creativa (molto piú di quanto oggi possa essere la nostra «interpretazione») – se ne appropriò del tutto, chiudendo le prescrizioni delle leggi nella trama delle pronunce che le applicavano, o che addirittura muovevano da esse per dar vita a nuove figure giuridiche (è il caso, già ricordato, dell'*emancipatio*, ma anche dell'*adoptio*: cap. III, §§ 2.4 e 3.1). Il rispetto per il testo rimase apparentemente altissimo, e il suo dettato circondato di venerazione. Ma di fatto la novità era riassorbita: fra *lex* e *responsum* era il secondo modello che tornava a prevalere come fonte vivente del *ius*. E cosí sarebbe stato per secoli. Nel rapido scacco subito dall'autonomia delle XII Tavole, immerse totalmente nel campo d'attrazione esercitato dalle tecniche ermeneutiche dei pontefici, si definí in modo precoce – e non fu piú smarrito – il carattere piú importante dell'esperienza giuridica romana: il primato, nella formazione del diritto, del sapere giuridico e dei suoi specialisti rispetto ai dati normativi provenienti direttamente dalle istituzioni politiche.

La città ricomponeva in tal modo il suo volto oligarchico, sebbene ormai non piú strettamente patrizio: come detto, con l'emanazione del plebiscito Ogulnio (300 a.C.) anche esponenti di grandi famiglie plebee furono ammessi nel collegio pontificale. Era l'ultimo segno di come l'ipotesi di una democrazia radicale fosse ormai tramontata, a vantaggio di un'integrazione dei gruppi plebei piú forti all'interno del sistema di potere del patriziato: nasceva cosí quella *nobilitas* patrizio-plebea che, fra III e II secolo a.C., avrebbe guidato la repubblica nella stagione delle conquiste, sino alla costruzione di un impero mondiale.

Nel corso del IV secolo a.C., sull'onda del successo di questo compromesso, che ammetteva i plebei al governo della repubblica[20] ma sanciva in modo definitivo la forma oligarchica dell'ordinamento politico, il diritto romano assunse stabilmente i tratti di quello che abbiamo prima chiamato un «diritto giurisprudenziale»: di un diritto costruito intorno al sapere di un gruppo di esperti cui era riservato il compito di dettare le regole della convivenza sociale, e non intorno alla forma della legge generale, votata dall'assemblea (o imposta dal tiranno), come prescrivevano i piú importanti paradigmi costituzionali dell'esperienza greca, e come fu probabilmente alla base del tentativo decemvirale.

Ma la riaffermazione della supremazia pontificale (sia pure, dalla fine del IV secolo, d'un pontificato patrizio-plebeo) ebbe un'altra conseguenza, di incalcolabile portata: il

[20] Stando alla tradizione, l'innovazione si deve alle leggi *Liciniae Sextiae* del 367 a.C.

consolidarsi a Roma di quel che possiamo chiamare un precoce «specialismo» giuridico, del tutto distinto dall'oratoria forense o dall'attività normativa dei magistrati e delle assemblee popolari, e solo connesso alla capacità di dare *responsa*, cioè di disciplinare casi, sulla base del possesso di conoscenze e attitudini specifiche. Si sviluppava in tal modo una «tecnica» giuridica che le altre comunità del Mediterraneo antico, comprese le democrazie greche – dove la formazione delle leggi e la loro interpretazione avveniva solo nella trasparenza dell'assemblea[21] e dell'oratoria innanzi alle giurie popolari – mai avrebbero conosciuto. Questo fenomeno, già individuabile nel corso del IV secolo, sebbene ancora nel quadro dell'esperienza e delle istituzioni religiose, si sarebbe poi manifestato in tutta la sua evidenza in piena età repubblicana, con il progressivo distacco della pratica respondente dalla funzione pontificale, fino a trasformarsi in una prerogativa ormai laica della nuova *nobilitas*. La nascita della prima tecnica giuridica dell'Occidente come sapere autonomo e separato porta dunque scritta sulla fronte un'incancellabile impronta aristocratica.

## 4. *L'età della svolta: verso un diritto «razionale» e «formale».*

### 4.1. Sapere giuridico e aristocrazia repubblicana.

Fra IV e III secolo a.C. l'immagine del sacerdote sapiente, che abbiamo visto al centro della produzione del *ius*, comincia a sbiadirsi, se non proprio a svanire, e prende il suo posto quella del nobile sapiente. Dare *responsa* assunse il carattere di una funzione aristocratica, legata all'egemonia della nobiltà patrizio-plebea, senza piú un immediato rapporto con la religione e la sfera del sacro: un'attitudine che

[21] Almeno, nel caso ateniese, nel primo e piú radicale secolo della sua democrazia, il V a.C.: nel IV secolo l'emanazione dei *nomoi* sarebbe stata invece riservata a un organo, anch'esso collegiale, ma ben distinto dall'Assemblea: quello dei *nomotethai*.

si identificava con il predominio politico di un'oligarchia. Nel cambiamento restò tuttavia ferma una costante: la creazione del diritto rimase un compito connesso all'esercizio del potere nella città.

La forza del responso adesso non risultava piú dal suo innestarsi su un fondo di religione e di sacralità. Esso cominciava a reggersi su un insieme di nozioni e di dottrine che già nel pieno del III secolo a.C. doveva apparire ormai quasi del tutto «laico», ma non per questo meno prestigioso e austero nella coscienza dei cittadini: la sua padronanza era pur sempre patrimonio esclusivo di uomini influenti, impegnati nel governo della repubblica, per quanto non piú necessariamente legati ad attività sacerdotali.

Le nuove figure di nobili esperti di diritto non identificavano ancora dei «giuristi» nel senso moderno della parola. La conoscenza del diritto continuava a presentarsi solo come un aspetto non ancora isolabile di un'educazione aristocratica fondamentalmente unitaria, che racchiudeva al suo interno, sullo stesso piano, altre discipline e altri compiti: dall'oratoria all'arte militare, all'azione politica. Siamo però già innanzi a esperti per i quali la sapienza giuridica e l'attività respondente potevano diventare una vera «milizia civile», come avrebbe scritto piú tardi Cicerone: l'apice di una intensa carriera pubblica[22].

Questo spostamento dalla religione alla politica dello spazio che avvolgeva il *ius* non modificò tuttavia i tratti costitutivi del sapere giuridico. Vi furono evidentemente affinamenti tecnici e un accumulo di nuove esperienze, ma non mutamenti di fondo nei modelli di razionalità messi in campo. Ancora in pieno III secolo, siamo di fronte a una tradizione quasi esclusivamente orale, fortemente radicata entro le peculiarità culturali e sociali della piú antica storia cittadina: prescrittività casistica e vocazione aristocratica.

I *responsa* costituivano sempre piú l'ossatura prescrittiva della società, che nella stagione delle grandi conquiste mediterranee (III-II secolo a.C.: l'età delle guerre puniche) si presentava come un mondo ben piú articolato e complesso

[22] O, se preferiamo, una delle occupazioni piú importanti per acquisire il prestigio e le benemerenze necessarie a percorrere il *cursus honorum*.

rispetto all'ambiente arcaico. Tuttavia, essi continuavano a non stabilire regole generali, a differenza di quanto avevano fatto le XII Tavole. La pronuncia in un certo senso li consumava. Duravano il tempo della loro attuazione che, da un punto di vista moderno, non era nemmeno strettamente obbligata, ma risultava legata soltanto al rispetto per il prestigio di chi li aveva emanati (e un tempo all'autorevolezza ammantata di sacralità della figura del pontefice). Ogni nuova domanda era però innanzi tutto misurata sull'esistenza di precedenti, sulla massa alluvionale e sedimentata[23] dei pareri già dati, e tramandati una generazione dopo l'altra attraverso un apprendimento interno alle famiglie aristocratiche. La forza di sopravvivenza nel tempo di ogni risposta dipendeva da un equilibrio sottile fra la memoria del caso che aveva provocato la domanda, nella sua irripetibile individualità, e la ricerca di una possibile tipizzazione prescrittiva, ottenuta per mezzo di una capacità di raffronto tra casi e relative soluzioni, affinando tecniche di rinvenimento e selezione delle analogie davvero rilevanti. Questa tensione, che costringeva il giurista a orientarsi nella «selva delle somiglianze» (soffermandosi solo su aspetti e omologie davvero significative per il *ius*), stabiliva la lunghezza della vita di un responso. Decidere di allontanarsi dal passato, per proporre una soluzione innovatrice, era comunque una scelta impegnativa, che andava ben ponderata.

L'insieme di queste prescrizioni – che, ripetiamolo, non si cristallizzava in alcun altro luogo diverso dalla memoria e dalla sapienza del *iuris peritus*, dell'esperto di diritto, e meno che mai in un testo scritto – costituí il tronco consuetudinario dell'intero diritto repubblicano, e fu chiamato, a partire probabilmente dal II secolo a.C., *ius civile*, che non voleva dire altro se non *ius civitatis*, e cioè, per un Romano, «il diritto della (nostra) città». Esso atteneva principalmente allo stato delle persone (all'interno della rete dei rapporti di parentela: cap. III), alle questioni ereditarie (cap. IV), alle forme dell'appartenenza della terra e degli altri beni mobili e immobili (edifici, attrezzi, animali, schia-

[23] Non ordinata secondo alcun criterio sistematico, nel senso moderno dell'espressione.

vi, prodotti agricoli e artigianali), agli atti solenni per il trasferimento della proprietà (cap. V, § 2.10-11), ai vincoli e alle obbligazioni costituiti in seguito alla contrazione di un debito (cap. VI, §§ 1-2), ad alcuni comportamenti illeciti percepiti come lesivi del solo interesse proprio della vittima, e non dell'intera comunità (*delicta*: cap. VI, § 4), al processo (sia quello regolato dalle XII Tavole – il *lege agere* per antonomasia – sia, piú tardi, quello formulare: cap. II).

Al suo interno noi possiamo distinguere tre strati, anche se, nella prospettiva romana, il *ius civile* appariva come un unico blocco coeso. Il primo, piú remoto, era costituito dai *mores* arcaici, rielaborati dalla piú antica tradizione sacerdotale. Il secondo era formato dalle XII Tavole, nello specchio della loro *interpretatio* pontificale. Il terzo, piú recente, dai *responsa* delle nuove generazioni di *iuris periti* «laici». Al centro, in posizione assolutamente dominante, era proprio l'attività respondente di questi ultimi, intorno a cui ruotava l'intera costruzione.

### 4.2. «Ius» e «lex».

Il definitivo affermarsi di quello che abbiamo chiamato il paradigma «giurisprudenziale» non cancellò tuttavia il modello della *lex* dall'esperienza romana. Anzi, possiamo dire che la sua importanza si rafforzò progressivamente in epoca repubblicana, una volta consolidato il rapporto fra legge e comizio, centuriato o tributo (la *lex*, cioè, come decisione del popolo riunito in assemblea – non erano state ancora questo, lo abbiamo visto, le XII Tavole –, come «comando del popolo rivolto a tutti i cittadini, emanato su proposta del magistrato», secondo la definizione che, alla fine della repubblica, ne avrebbe dato il giurista Capitone).

Ma l'attività legislativa dei comizi non solo non poteva prescindere da forme di controllo e ratifica affidate al Senato[24], ma soprattutto riguardò assai raramente materie che

[24] Che le esercitava o dopo l'approvazione della legge, o (in epoca successiva) preventivamente, sul progetto della stessa legge che un magistrato intendeva sottoporre all'assemblea: in tal modo le tre componenti della costituzione romana (Senato, magistrature e assemblee popolari) erano tutte coin-

rientravano nel campo del *ius civile*. Da questo punto di vista, l'esempio delle XII Tavole non fu seguito se non in casi eccezionali. I confini dell'interpretazione giurisprudenziale segnarono anche i limiti quasi sempre invalicabili della *lex populi* (o *publica*, come fu presto chiamata). I suoi campi privilegiati furono altri: in linea di massima, quelli riguardanti la disciplina dei rapporti fra cittadini e potere politico, il funzionamento delle magistrature, la repressione criminale. Questa tendenziale separazione finí con il creare un latente dualismo fra *ius* e *lex*, mai esplicitamente teorizzato dai Romani, e tuttavia percepito dalla loro cultura come un dato caratterizzante della propria esperienza giuridica e politica. Il *ius*, custodito e arricchito dall'attività di esperti di grande prestigio, uomini di primo piano della migliore nobiltà cittadina, esprimeva il nucleo elitario e aristocratico del disciplinamento civile romano: la convinzione profonda che la misura corretta delle relazioni fra i cittadini dovesse riposare sulle regole di un sapere antico, un tempo confuso con la religione e la sacralità, piú tardi dotato di tecniche e di pratiche autonome, curate in modo del tutto peculiare.

La *lex*, connessa invece alla volontà del comizio e del magistrato (a sua volta, eletto dal comizio), e quindi della *auctoritas* del Senato, rappresentava dal canto suo la presenza regolatrice di una volontà popolare ritenuta essenziale e irrinunciabile negli equilibri istituzionali repubblicani (senza però dimenticare che il «popolo» di cui parlavano i Romani era incomparabilmente meno inclusivo di quello cui si riferiscono le nostre costituzioni, e non comprendeva né le donne né gli schiavi – che pure erano milioni –, oltre a confinare al suo interno in un ruolo di assoluta marginalità, anche formale, i cittadini meno abbienti, e assegnare un ruolo sempre centrale al Senato, specchio istituzionale dell'élite di governo). Alla legge, tuttavia, era riservato solo lo spazio pubblico della vita comunitaria, lasciando all'elaborazione dei *iuris periti* quello dei rapporti personali e pa-

volte nell'approvazione dei provvedimenti legislativi, e la stessa *lex publica* non può considerarsi espressione del solo elemento democratico (incarnato dalle assemblee, o comizi).

trimoniali fra i *patres*, cioè il territorio ove si costruivano i presupposti economici e familiari della cittadinanza come autonoma identità sociale di ciascun capofamiglia.

La distinzione però non va intesa come una rigida antinomia: piuttosto come una tendenza a non universalizzare il nesso fra popolo e legge quale principio totale di ogni regola della vita collettiva (come invece avveniva nelle esperienze democratiche greche e sarebbe poi accaduto nei sistemi giuridici dell'Europa continentale contemporanea), ma a considerarlo come una parte soltanto, per quanto importante, dei modi attraverso cui la città disciplinava la propria convivenza, da affiancare costantemente a un'altra fonte di norme, non meno essenziale: le pronunce dei *iuris periti*. *Lex* e *responsum* – il comando generale del popolo raccolto in comizio, e la statuizione particolare del sapere casistico dei dotti respondenti, in cui consisteva propriamente il *ius civile* – divennero cosí i due parametri, distinti ma non contrapposti, di un unico tessuto prescrittivo, la cui coerenza di fondo non si fondava su alcun meccanismo esterno di coordinamento costituzionale, ma sulla compattezza sostanziale di un'egemonia di governo – quella esercitata dalla *nobilitas* – rimasta a lungo senza alternative.

La separazione di campi fra *ius* e *lex* non fu però, come accennato, senza eccezioni, e di grande rilievo. Nel corso dell'età repubblicana possiamo individuare infatti un ristretto gruppo di *leges*[25] su questioni proprie del *ius*: rari momenti nei quali, quasi sempre sull'onda di forti e contingenti pressioni sociali, magistrati e assemblee decisero di intervenire per regolare attraverso norme generali situazioni e rapporti tradizionalmente disciplinati dai *responsa* dei *iuris periti*. Di esse – dalla *lex Poetelia Papiria* alla *lex Aquilia* a quella *Cincia* alla *Furia* alla *Falcidia*[26] – si parlerà nei prossimi capitoli, a proposito dei diversi temi affrontati (cap. VI, § 3.4*b*; cap. VI, § 4.4; cap. IV, § 7; cap. IV, § 4.3).

[25] Spesso, piú esattamente, di *plebiscita*, ossia deliberazioni votate non dal comizio centuriato, ma dalle assemblee (*concilia*) della plebe, i quali, a partire dall'inizio del III secolo a.C., avevano lo stesso valore delle *leges*, vincolando l'intera popolazione.

[26] Questi provvedimenti prendevano di solito il nome dei magistrati proponenti.

## 4.3. Diritto magistratuale e processo civile.

Con lo stabilizzarsi dell'ordine repubblicano, fra IV e III secolo a.C., la *iurisdictio* (cap. II, § 1.3) – una volta del re, poi, verosimilmente, della magistratura che prese il suo posto alla caduta della monarchia, comunque venisse chiamata – si concentrò nella figura dei pretori (magistrati maggiori dotati di *imperium*, cioè di potere di comando, qualitativamente non diverso ma di rango inferiore a quello, supremo, dei consoli). Essi avrebbero dovuto amministrare la giustizia civile (di loro si affermava che *ius dicebant*, da cui piú tardi *iuris dictio*, «giurisdizione»)[27], unicamente sulla base del *lege agere*, dell'agire (processualmente) secondo quanto stabilito dalla legge, vale a dire rispettando antiche procedure poi fissate nel testo delle XII Tavole (questo spiega forse il riferimento alla legge). Tali procedure, dette appunto *legis actiones*, erano dominate da un rigido ritualismo, il cui scopo era di sostituire allo scontro fisico tra i contendenti – che disputavano sull'appartenenza di un bene, sull'esistenza di un credito o sull'imposizione di un vincolo di soggezione personale per un obbligo non adempiuto – una sua messa in scena depotenziata e simbolica.

Questo tipo di processo sarà descritto in seguito (cap. II, § 2). Per ora, anticipiamo solo pochi cenni, introduttivi rispetto alla trattazione che seguirà, e sufficienti ai fini del discorso che stiamo qui affrontando. Tutto si svolgeva in due parti ben distinte. Nella prima, che successivamente si dirà *in iure* («in diritto», ossia al cospetto del re e piú tardi del magistrato), i litiganti stilizzavano i loro comportamenti secondo le prescrizioni rituali. Una parola o un gesto sbagliato interrompeva il circolo magico della verità sacrale, e bastava a determinare la sconfitta. Le opposte pretese venivano ridotte a parole e gesti rigorosamente predeterminati, da consumarsi sotto l'occhio attento del magistrato che officiava la cerimonia. Una volta che questa fosse compiuta, la controversia non esisteva piú se non nei ter-

[27] Verificheremo peraltro come le prerogative cui si riferisce il termine latino non coincidano esattamente con quelle proprie di ciò che noi indichiamo come «giurisdizione»: cap. II, § 1.3.

mini della sua trasfigurazione simbolica: i contendenti – con l'insieme delle proprie ragioni e della propria forza, sociale e fisica – si erano trasformati nei celebranti di un rito, dove sostenevano ruoli simmetricamente contrapposti.

Si poteva passare cosí alla seconda parte, detta piú tardi *apud iudicem*, «presso il giudice». Qui il magistrato scompariva: non c'era piú alcuna cerimonia cui sovraintendere. Al suo posto entrava in scena un cittadino privato in funzione di giudice e di arbitro (detto poi *iudex privatus*). Toccava a lui stabilire chi avesse torto e chi ragione. Ma la sua indagine sulle circostanze reali che avevano provocato la lite era assai circoscritta: egli poteva soltanto stabilire se la lettera delle parole (*certa verba*) già pronunciate dai contendenti innanzi al magistrato corrispondesse a uno stato di cose in qualche modo verificabile. E poiché i litiganti avevano asserito – nella stilizzazione dello scontro – verità non compatibili, per uno dei due la coincidenza veniva meno: aveva perduto.

Un simile modo di procedere era la quintessenza di quell'intreccio fra diritto, religione e magia che abbiamo già osservato alle origini del *ius* arcaico e ancora ampiamente riflettersi nella formazione del *ius civile*[28]. Possiamo spiegarci bene perciò come questa struttura sia stata la prima a cedere, di fronte alla pressione di una società cittadina ormai con aperture italiche e mediterranee, e sempre meno riconducibile – dal punto di vista della vita materiale e dei modelli culturali – al suo passato piú remoto.

Il vecchio processo, tuttavia, non era, per cosí dire, riformabile dall'interno: un'impalcatura rituale o sta tutta in piedi, o crolla d'un colpo. I pretori, probabilmente già dalla fine del IV secolo a.C., scelsero perciò un'altra via, consona a una percezione del mutamento come sedimentazione di strati sovrapposti e non come brusca registrazione della discontinuità, che si sarebbe rivelata uno dei cardini dell'identità mentale romana (il peculiare atteggiarsi del suo «tradizionalismo»). Essi non abolirono l'antico processo, ma lasciarono che cadesse lentamente in desuetudine,

[28] Sebbene qui la maggiore complessità del tessuto casistico agevolasse in qualche modo atteggiamenti piú duttili.

affiancandogli un altro tipo di procedura, organizzato su basi completamente diverse.

Anche di esso si dirà ampiamente nel capitolo successivo (cap. II, § 3), e noi adesso possiamo limitarci a poche battute. I magistrati dotati di *imperium* avevano la facoltà, nell'esercizio delle loro funzioni, di emettere ordini, cui tutti dovevano obbedire. Era il cosiddetto *ius edicendi*, il potere cioè di emanare *edicta*, esternazioni della propria volontà (in origine orali, poi scritte) che vincolavano l'intera cittadinanza. Sfruttando questa possibilità, i pretori iniziarono a dichiarare (ma l'epoca di questa scelta e le sue prime modalità restano per noi oscure) che, per i litiganti disponibili a farne concorde richiesta, non avrebbero amministrato la giustizia secondo le antiche regole del *lege agere*, ma attraverso un nuovo tipo di processo, fondato non piú sui rituali dei *certa verba*, ma su parole concordate e messe insieme (*concepta verba*: cap. II, in particolare § 3.6 e 3.7) caso per caso dalle parti e dal pretore, impegnati congiuntamente nell'individuazione della *formula* piú adatta a esprimere, con la migliore aderenza possibile, le opposte pretese in gioco nella controversia.

Il processo rimaneva sempre diviso in due parti, come nell'antico *lege agere*, e si conservava la frattura originaria tra funzione del magistrato e accertamento concreto della controversia[29]. Ogni valutazione restava, come prima, rimessa al giudizio di un *iudex privatus*. Ma adesso, *in iure*, non si consumava piú un rituale immodificabile, pervaso di sacralità e di magia. Si realizzava invece una specie di accordo flessibile e informale tra il magistrato e le parti, uniti dalla comune ricerca di una formulazione che consentisse di dare qualificazione giuridica – innanzi tutto sulla base del *ius civile*, ma non solo, come vedremo (cap. II, § 3) – agli interessi in campo.

Era un'innovazione sconvolgente, sebbene presentata nelle modalità opache di un espediente tecnico: un cambia-

[29] Fra pronuncia del *ius* e indagine sul fatto, potremmo dire: non dimentichiamo che anche i pontefici e i nobili sapienti davano i loro pareri unicamente sulla base della domanda sottoposta – parole in cambio di parole –, senza nessun accertamento sulle situazioni reali coinvolte nel responso.

mento in grado di legare la pronuncia magistratuale del *ius* ai nuovi orizzonti della città, al laicizzarsi del suo clima intellettuale, agli sviluppi della sua economia (sempre piú orientata in senso mercantile e schiavistico), alla sua ascesa politica in Italia e nel Mediterraneo. Purtroppo non sappiamo come sia maturata; ma la sua presenza si inscrive di certo all'interno delle grandi polarità che hanno segnato, anche in altri campi, l'intera storia di Roma, capace di concepire e di lasciar convivere, l'uno accanto all'altro, il formalismo piú esasperato e la flessibilità piú duttile.

Da allora in poi, e senz'altro dalla metà del III secolo a.C., gli editti dei pretori sarebbero diventati l'annuncio – quasi il manifesto – di una società che si avviava verso l'Impero, e di un ceto di governo che sapeva adeguarsi al mutamento: la bandiera dell'antiritualismo, sia pure in una cultura che, consapevolmente, non vorrà mai liberarsi del tutto di un duro ed esigente rapporto tra forma e diritto (come accennato, uno dei tratti caratteristici dell'esperienza romana, e fra i piú incisivi rispetto alla tradizione occidentale).

Possiamo pensare che per tutto il III secolo, e probabilmente anche per il II e gli inizi del I secolo a.C., i pretori emanassero *edicta* giurisdizionali in modo abbastanza episodico e frammentario. Ogni volta che la ricerca di *concepta verba* per la soluzione di una controversia riusciva a fissarsi in una formula tipica, tale da poter essere presa a modello di casi futuri, essa diventava oggetto di un editto, con il quale il pretore dichiarava implicitamente che sarebbe stata adottata in tutte le situazioni che le si potevano ricondurre (in seguito la nuova procedura venne appunto chiamata *per formulas* dai giuristi). Verosimilmente, fu solo dal I secolo a.C. che i magistrati presero l'abitudine di emanare regolarmente, all'inizio della loro carica, un editto di portata generale, destinato a valere per l'intera annualità del mandato (e chiamato per questo «perpetuo»), contenente tutti i mezzi processuali che essi si impegnavano a utilizzare. Questa riduzione a unità era certamente sotto gli occhi di Cicerone, quando scrive, intorno alla metà del I secolo a.C., che ormai l'editto del pretore (al singolare) rivestiva per il diritto della città la stessa importanza avuta un tempo dalle XII Tavole, e ne parla perciò come di una *lex annua*. In questo senso, gli anni che vanno dal 120-110 al 20-10 a.C. possono essere considerati come la grande stagione dell'editto: la sola in cui si incrociarono, nel giro di alcuni decenni, spinta creativa e tensione stabilizzatrice (cui contribuiva potentemente il lavoro dei giuristi, a partire dai commenti che sul testo edittale condussero Servio, Ofilio e poi Labeone)[30], determinando un equilibrio destinato a non ripetersi piú.

È molto probabile che a uno sviluppo tanto significativo avesse anche contribuito l'istituzione, nel 242 a.C. (una data a ridosso, non a caso, della fine vittoriosa della prima guerra punica), di un *praetor peregrinus* (pretore per gli stranieri), con compiti giurisdizionali per le controversie sorte in città fra Romani e stranieri, o fra soli stranieri (dobbiamo credere, mercanti). Roma era stata sin dalle origini un centro di commerci. Nel cuore del III secolo, la sua proiezione mediterranea accentuava questo antico ruolo, ed è facile vedere la nuova magistratura – che sin dall'inizio dovette applicare le forme processuali *per concepta verba*, recuperando verosimilmente anche precedenti prassi di composizione arbitrale consolidatesi nei centri di scambio (cap. II, § 3.2) – come causa ed effetto dello sviluppo sempre piú intenso, nella capitale, di un vasto circuito di traffici transmarini: verso la Sicilia, l'Africa, l'Oriente mediterraneo.

Il *ius civile* (come le *legis actiones*) era un diritto applicabile soltanto ai cittadini romani (il suo esclusivismo aveva un evidente fondo religioso, connesso all'origine magico-sacrale dei rituali). Per disciplinare gli scambi con i mercanti stranieri, il pretore (probabilmente ancor prima della duplicazione della magistratura) cominciò cosí, per adempiere alla funzione del suo ufficio, a considerare giuridicamente rilevanti (cioè a prevedere *concepta verba* fissati in un'apposita formula processuale da usarsi in caso di controversia

[30] Ma il rapporto fra *iuris periti* e magistrati muniti di *iurisdictio* – del resto, gli uni e gli altri provenienti dalla medesima élite di governo – va al di là anche di questa pratica, pur importante, di commentare il testo edittale, facendolo oggetto di *interpretatio*, non troppo diversamente da come era stato per i pontefici rispetto alle XII Tavole: si pensi soltanto che molti dei giuristi tardorepubblicani ricoprirono essi stessi la pretura, o comparivano quali consiglieri di magistrati.

fra le parti) rapporti commerciali costruiti del tutto al di fuori degli antichi vincoli del *ius civile*. La sua prospettiva – non dobbiamo dimenticarlo – era soltanto quella processuale, della *iurisdictio*: la sua funzione era di gestire il processo, non di creare *ius* (*civile*). Ma decidendo di proteggere processualmente le pretese che nascevano da un rapporto instaurato al di fuori dei rituali del *ius civile*, il pretore di fatto finiva con il riconoscere nuovi diritti, e dunque con il creare nuovo *ius*: con il dare, cioè, qualificazione giuridica a prassi mercantili che nulla avevano a che fare con le stilizzazioni arcaiche.

Gli studiosi si sono molto arrovellati per descrivere in termini accettabili da un giurista moderno questo continuo slittamento di piani dal diritto processuale a quello sostanziale: una delle spiegazioni piú fortunate è consistita nel far ricorso alla coppia di concetti che distingue l'azione (processuale) dal diritto soggettivo (sostanziale): il pretore romano avrebbe privilegiato il primo elemento, concedendo una tutela processuale senza diritti soggettivi (riconoscimenti preventivi del *ius civile*). In realtà simili spiegazioni servono solo a soddisfare esigenze analitiche del tutto estranee alla mentalità giuridica romana, anche a quella piú evoluta, che rifletterà a distanza di secoli su questa vicenda – basti pensare che neppure allora sarà mai elaborata una categoria unitaria di diritto soggettivo, al di là di qualche sparso e non sempre univoco impiego del termine *ius* in accezione soggettiva (§ 7.2 e cap. II, § 1.3).

L'unico dato interno all'esperienza antica cui possiamo riferirci è quello che distingue un *ius* fondato sulle tradizioni custodite dai giuristi, e lontanamente riferibile alle XII Tavole (il *ius civile*), e un *ius* fondato invece sulla *iurisdictio* del magistrato, e quindi interamente affidato al suo potere di concedere azioni e altri mezzi di tutela processuale: un *ius*, appunto, che in seguito i giuristi romani avrebbero chiamato *ius honorarium*, dipendente cioè dall'*honos* (vale a dire dalla carica) del magistrato. La parte piú rilevante di quest'ultima sfera normativa era costituita dal *ius praetorium*, ossia dal diritto scaturito dalla *iurisdictio* dei pretori: ed è proprio di esso che il giurista Papiniano, in età severiana, segnalerà la triplice finalità con cui era stato introdotto, e cioè per rafforzare il *ius civile*, supplire alle sue lacune o anche correggerlo[31].

L'attenzione tutta particolare dedicata dai pretori – sia urbano, sia peregrino – alla protezione delle nuove realtà economiche della società schiavistico-mercantile mediterranea, che si veniva costruendo intorno alle vittorie militari romane, portò abbastanza rapidamente (fra II e I secolo a.C.) al formarsi di una specie di diritto comune romano-mediterraneo, con contenuti soprattutto commerciali, che il pensiero giuridico e filosofico successivo definí *ius gentium* (diritto cioè idealmente condiviso non solo dai Romani, ma da tutti i popoli mediterranei). Ne facevano parte anche figure proprie del *ius civile*, quale ad esempio la *stipulatio* (cap. VI, § 3.2), che diversamente dalla *sponsio* (di cui pure costituiva lo sviluppo storico) era accessibile anche agli stranieri: mentre infatti la distinzione fra *ius civile* e *ius honorarium* riposava sulla diversa fonte normativa, quella fra *ius civile* e *ius gentium* atteneva alla fruizione di norme e istituti: limitata ai cittadini romani nel primo caso, estesa a tutti i popoli considerati civili nel secondo (come dirà Gaio, a tutti i popoli retti da leggi e *mores*).

Il *ius gentium* si articolava dunque attorno a quattro contratti fondamentali (di compravendita, di locazione, di società, di mandato: cap. VI, § 3.6-9), e intorno a tre principî guida, destinati a diventare altrettanti cardini di ogni successivo sviluppo giuridico: il consensualismo (il riconoscimento, cioè, dell'accordo fra le parti comunque manifestato, purché dimostrabile, indipendentemente dalla forma usata per la sua espressione: cap. VI, § 3.10); la buona fede (l'obbligo delle parti coinvolte in una relazione di affari a comportarsi con onestà e correttezza, dando attuazio-

[31] L'assetto costituzionale romano non consentiva infatti al magistrato, almeno direttamente, di abrogare o modificare la legge o altra fonte di *ius civile*; egli poteva però insinuarsi nelle lacune di quest'ultimo, attuarne con maggior efficacia le norme, riallacciarsi a esse per limitarne, ampliarne, modificarne l'ambito operativo; ma poteva anche negarne l'applicazione, tutelando situazioni giuridiche a esse contrapposte. Si veda *D.* 1.1.7.1 (Papin. 2 *def.*): «Ius praetorium est, quod praetores introduxerunt adiuvandi vel supplendi vel corrigendi iuris civilis gratia propter utilitatem publicam» [il diritto pretorio è quello che i pretori introdussero nel pubblico interesse, allo scopo di aiutare, integrare o correggere il diritto civile].

ne dapprima al tenore letterale dell'accordo, e poi anche alla sua effettiva portata, al di là dei termini impiegati: cap. VI, § 3.5); la reciprocità (secondo cui, alla prestazione economicamente onerosa, e già eseguita, di una delle parti doveva necessariamente corrispondere una prestazione simmetrica dell'altra, o un suo corrispettivo di pari entità economica: cap. VI, §§ 3.5 e 3.10).

A questi principî possiamo aggiungere l'equità, la quale caratterizzava soprattutto il regime di figure che, accessibili a Romani e stranieri, si erano affermate nell'ambito della *iurisdictio* pretoria: alla sua stregua, nella valutazione processuale del singolo caso l'applicazione letterale del *ius* poteva e doveva cedere il posto – ove essa avrebbe dato luogo a risultati iniqui – a un criterio di misura piú flessibile, e meglio aderente all'effettività delle situazioni. Si trattava peraltro di un valore destinato a irradiarsi sull'intero diritto elaborato dai Romani, che ne consentiva un forte ancoraggio a parametri etici, e induceva a vedere nella soluzione piú congrua di ogni fattispecie (la piú appropriata rispetto ai concreti interessi in gioco, proporzionalmente alla loro diversa meritevolezza di tutela) l'aspirazione primaria del lavoro giuridico, ancor piú della «certezza del diritto» a cui tenderanno molti ordinamenti moderni. Ed è proprio guardando a una simile esperienza che Celso e Ulpiano, fra II e III secolo d.C., potranno scorgere nel diritto un sapere e una tecnica contraddistinti dalla eguaglianza e congruità di disciplina: la definizione coniata dal primo e ripresa dal secondo (*ius est ars boni et aequi*) avrebbe goduto di una lunghissima fortuna, dall'età giustinianea – allorché proprio il brano che la tramanda fu posto in apertura dei *Digesta*, caricato di un valore esemplare – sino alla storiografia piú recente, che su quella configurazione del *ius* non cessa di interrogarsi.

### 4.4. Un secolo di trasformazioni.

Gli storici sono abituati a riconoscere negli anni Quaranta e Trenta del II secolo a.C. un periodo cruciale nella storia di Roma. È la stagione in cui la scelta imperiale compiuta dai gruppi dirigenti aristocratici prese i tratti irreversibili di un dominio mondiale[32]. E sono anche gli anni in cui il tessuto sociale e istituzionale del compromesso oligarchico, che aveva garantito alla città una solida base per la sua espansione, cominciò a incrinarsi sotto il peso di pressioni enormi per quel mondo (l'episodio dei Gracchi fu il primo, clamoroso segno di questo cedimento). Ma sempre in quei decenni, negli stessi circoli aristocratici, si apriva anche un'altra – sia pur piú silenziosa – trasformazione.

Il prestigioso sapere giuridico, l'espressione piú alta della cultura della *nobilitas*, stava entrando nell'epoca del suo grande cambiamento: da uno sfondo ancora dominato dalla stratificazione di pratiche arcaiche – ormai di fronte alla tumultuosa capacità innovativa degli editti dei pretori – cominciò a emergere il primo nucleo concettuale di quello che sarebbe poi diventato il modello millenario del diritto romano: uno dei grandi caratteri della civiltà occidentale. Tuttavia, la nuova forma non cancellò mai completamente i tratti piú significativi dell'esperienza che l'aveva preceduta: si adoperò piuttosto sempre a conservarli, sebbene rielaborandoli all'interno di un quadro molto piú complesso.

La consapevolezza del mutamento – che cioè proprio in quegli anni fosse accaduto qualcosa di memorabile per la storia del pensiero giuridico – è molto antica. La possiamo rintracciare già nella riflessione della giurisprudenza romana piú matura, per esempio nel pensiero di Pomponio, che scriveva nell'età degli Antonini. Quello però che né Pomponio né gli altri giuristi antichi hanno mai cercato di spiegare è quali fossero i tratti costitutivi del cambiamento. Essi hanno dato per scontata una qualche percezione del mutamento, e lo hanno assorbito nell'effettività del proprio lavoro, senza tuttavia mai descriverlo davvero.

Oggi siamo forse in grado di colmare questo vuoto. E possiamo affermare che i punti nei quali si concentrò la trasformazione devono essere individuati intorno a tre serie di eventi. Innanzitutto, il definitivo passaggio dall'oralità alla scrittura, con la conseguente nascita di una vera e propria letteratura giuridica (i cui frammenti sono stati con-

[32] Il che è evidente soprattutto dopo l'annientamento di Cartagine e la definitiva occupazione della Grecia.

servati soprattutto nei *Digesta*: § I): una transizione complessa, comune (in epoche diverse) a molti saperi antichi, tesa a conservare fin dove possibile tutte le acquisizioni della tradizione orale entro i nuovi spazi di conoscenza e di comunicazione della parola scritta. È una trasformazione di cui lo stesso Pomponio, pur senza esplicite enunciazioni, doveva aver colto l'impatto e il significato epocale, se è vero che l'intero racconto che egli propone attorno alla giurisprudenza fra Appio Claudio (IV secolo a.C.) e Labeone (I secolo a.C. - I secolo d.C.) ha come filo conduttore quello della produzione letteraria di ciascun giurista (e quindi, eventualmente, della fortuna da essa ottenuta, fin al II secolo d.C.): una parabola il cui apice è scorto nell'ingente *corpus* degli scritti labeoniani e che per il periodo posteriore non viene piú seguita.

Poi, l'invenzione di concetti giuridici astratti, cui si collegò subito l'uso di tecniche classificatorie di origine platonico-aristotelica ed ellenistica (la cosiddetta classificazione per generi e specie). Questo può essere considerato il punto cruciale, da cui venne la maggiore spinta alla trasformazione: davvero una rivoluzione conoscitiva, dagli effetti incalcolabili. Attraverso l'uso di modelli astratti (il concetto di «contratto», o di «compravendita», o di «usufrutto», o di «proprietà» – quelli che una lunga tradizione moderna avrebbe poi chiamato «istituti»), i giuristi romani riuscirono per la prima volta a separare in modo costante le forme funzionali dei rapporti economici (in altri termini, il paradigma astratto – noi siamo soliti dire la fattispecie – del comprare-vendere in quanto scambio di cosa contro prezzo, del contrarre in quanto entrare in rapporto di piú soggetti secondo modalità prestabilite al fine di modificare una preesistente situazione patrimoniale, della proprietà come godimento esclusivo di un bene ecc.).

Tali forme funzionali venivano isolate dalla materia sociale che ne costituiva di volta in volta il riferimento effettivo[33] e distaccate dall'insieme dei casi in cui si presentava-

[33] Come la compravendita di una specifica merce tra particolari soggetti, l'appartenenza di un determinato bene a un singolo componente della comunità.

no nell'esperienza dei *responsa*, per ottenere invece un'esistenza (una «qualificazione», diremmo noi) giuridica del tutto autosufficiente, da cui derivava un puntuale disciplinamento normativo, indipendente da ogni valutazione sostanziale sui contenuti. Poteva svilupparsi cosí un'autentica ontologia del diritto: un universo analitico che ruotava per intero intorno a un numero relativamente ristretto di «essenze» giuridiche collegate fra loro – il *contractus*, l'*emptio*, l'*ususfructus*, il *pignus*, le *possessiones*, le *servitutes*, e cosí via –, che finivano con il costituirsi come una vera e propria metafisica sociale. Si delineava una realtà non di fatti, ma di modelli e procedure giuridiche, in grado tuttavia di retroagire sui fatti, e regolarli con un'efficacia e una razionalità disciplinatrice del tutto irraggiungibili altrimenti[34]. E insieme, poteva prendere corpo e rafforzarsi il mito, cui già abbiamo accennato, della «neutralità» del diritto, i cui giudizi si presentavano come del tutto indifferenti rispetto agli interessi economici e sociali in campo (cosí come dalle contingenti pressioni della politica): valutazioni dipendenti soltanto da una tecnica portata a identificarsi in una dimensione unicamente procedurale – in una sorta di geometria di quantità rigorosamente calcolabili[35].

Infine, la rottura di quel nesso diretto fra sapere giuridico e primato politico che era stato il simbolo di tutta la giurisprudenza aristocratica, anche in seguito alla crisi politica che aveva investito la *nobilitas* e che sarebbe sfociata nell'instaurazione del principato (con Augusto e i suoi successori). Il sapere giuridico si proponeva adesso come «scienza» in grado di autolegittimarsi senza piú dover ricorrere al sostegno della superiorità aristocratica, e di costruire intorno alle proprie argomentazioni e prescrizioni una rete di protezione fatta di procedimenti logici rigorosi, difficilmente falsificabili, capace di conferire uno statuto forte, al riparo da facili interventi esterni.

È su questo sfondo – letterarizzazione del sapere giuri-

[34] Non dimentichiamo che questa invenzione nasce nel cuore di un sistema di potere che stava acquisendo il controllo dell'intero mondo antico.

[35] Quest'attitudine era peraltro temperata, nei giuristi romani, dalla permanenza, accanto a essa – in un equilibrio irripetibile – di un approccio accentuatamente casistico e qualitativo.

dico, suo isolamento rispetto a una complessiva formazione aristocratica (relativo), diversificarsi della stessa base sociale da cui provenivano i giuristi, affinamento del loro apparato di concetti e tecniche di lavoro – che possiamo collocare anche un tratto nuovo dell'ultima giurisprudenza repubblicana, destinato a svilupparsi ulteriormente sotto il principato, sino all'età dei Severi: la realizzazione di ciò che (con terminologia rinvenibile nei retori piú che nei giuristi) si usa chiamare *ius controversum* («diritto controverso», ossia un diritto giurisprudenziale segnato da pluralità e anche divergenza di soluzioni tra i vari *prudentes*, tutte altrettanto idonee a produrre *ius*). Se infatti nell'elaborazione pontificale e poi dei primi *iuris periti* laici non doveva esserci verosimilmente alcuno spazio per un'aperta emersione di orientamenti difformi, fin dalla seconda metà del II secolo a.C. abbiamo notizia di dibattiti in cui alcuni giuristi optarono per soluzioni differenti, secondo un'attitudine destinata a incrementarsi notevolmente, e affinarsi, già negli ultimi decenni della repubblica.

Vi si connetteranno profili fondamentali della scrittura giurisprudenziale: dal crescente valore attribuito alla motivazione di una determinata disciplina, e dall'enunciazione dell'*iter* logico che ha condotto a una soluzione piuttosto che a un'altra (distanziandosi cosí notevolmente dai vecchi responsi immotivati dei pontefici), al frequente uso di citazioni di giuristi del passato, coi quali costantemente si instaurerà un dialogo critico, per accoglierne (in tutto o in parte), integrarne, correggerne o respingerne, per ogni specifico problema, dottrine e argomentazioni. Ne scaturisce anche quella peculiare e complessa coralità nel lavoro giurisprudenziale, che spezza e ricompone attorno a una miriade di punti sintonie e contrapposizioni: un aspetto che rappresenta un'ineguagliabile ricchezza (irriducibile alla mera contrapposizione delle «scuole» dei proculiani da una parte e dei cassiani, o sabiniani, dall'altra: § 5.1) nei secoli d'oro del pensiero giuridico, di cui rimangono tracce, sia pure parziali e mutilate, ancora nei *Digesta* giustinianei (§ 2.1); ma anche, appena inizierà a decadere il livello di quella cultura, un elemento difficilmente gestibile (sul quale non a caso cercherà di intervenire il potere imperiale, sin dai tempi di Augusto e Adriano), e poi un autentico fattore di disordine agli occhi di governanti e operatori tardoantichi.

Nell'ultimo secolo della repubblica prendeva cosí corpo, per la prima volta nella storia, un diritto interamente «razionale» (fondato cioè non sull'arbitrio o sull'autorità, ma su giudizi analiticamente verificabili) e «formale» (quest'ultimo aggettivo da non intendere, come accennavamo, nel significato di «ritualistico», bensí in un senso che allude al carattere proprio di quell'esperienza, di tendere a stabilire e mantenere, come conseguenza dell'isolamento delle forme funzionali dei rapporti, una rigorosa eguaglianza di trattamento dei soggetti di fronte alle regole, indipendente dalle loro differenze sostanziali – economiche, sociali ecc.: § 5.2). È questo risultato che permetterà di elaborare modelli di disciplinamento da allora in poi alla base dei sistemi giuridici di ogni società appena complessa, sia nel mondo antico, sia oltre i suoi confini, e darà luogo a quella dialettica fra giuristi e politica come tensione fra realtà distinte, sebbene irresistibilmente e reciprocamente attratte[36], che sarà uno dei grandi caratteri della storia dell'Occidente.

## 4.5. I protagonisti: da Quinto Mucio a Labeone.

La trasformazione intellettuale che segna la nascita del nuovo pensiero giuridico si sovrappone in larga misura alla biografia di alcune figure della giurisprudenza tardorepubblicana, lungo un arco di quattro generazioni: Publio Mucio Scevola, console nel 133 a.C.; suo figlio Quinto Mucio, console nel 95; Servio Sulpicio Rufo, console nel 51; Marco Antistio Labeone, nato intorno al 45 a.C., pretore, che probabilmente rifiutò il consolato offertogli da Augusto. Essi non furono i protagonisti di un progetto unitario. Lavorarono in direzioni differenti, sotto l'incalzare di esigenze diverse, dove si mescolavano studi giuridici e impegno politico, secondo modalità determinate dalle condizio-

[36] Il diritto dalla politica, perché ha bisogno della sua forza per realizzarsi, per farsi autentico ed effettivo disciplinamento; la politica dal diritto, perché ha bisogno della sua legittimazione per governare attraverso il consenso.

ni del momento (gli anni difficili dai Gracchi alla presa del potere da parte di Augusto), per cui l'esperienza di ognuno fu raccolta da chi apparteneva alla generazione successiva, e riproposta all'interno di un paradigma piú elaborato. E solo retrospettivamente l'intera trama si lascia scoprire come il profilo di un unico disegno.

Fu probabilmente con Quinto Mucio che si entrò nel cuore del cambiamento. Egli fu il primo a pensare per concetti il proprio sapere, e a scrivere un'opera – un trattato di *ius civile* in diciotto libri, ancora commentato a distanza di secoli – che possiamo considerare fra le piú importanti (a suo modo, una sorta di esordio) nella letteratura giuridica repubblicana. La percezione dei nuovi compiti cui era chiamata la cultura giuridica imponeva ormai il suo completo sganciamento dall'antica oralità aristocratica, e l'assunzione di parametri di razionalità che superavano di molto la tecnica sapienziale dei primi giuristi laici.

Attraverso un confronto serrato, che poi sarebbe diventato leggendario, Servio sviluppò a sua volta tutte le potenzialità insite nelle ricerche muciane, orientandole in un senso che probabilmente Mucio stesso non aveva percepito, almeno non con la stessa intensità: quello di un'integrazione ancora piú avanzata e originale fra nuovi concetti e tradizione casistica. Nell'orditura di questa combinazione fra caso e ontologia Servio è davvero grandissimo. Al centro della sua attenzione rimane il meccanismo del responso, che acquista anzi un rilievo forse maggiore che nello stesso Mucio. Il suo sapere resta in misura rilevante cognizione rigorosa di casi concreti: tende a organizzarsi in una dimensione segnata sempre dalla presenza dell'individuale, del particolare – ma rischiarata dal concetto. Questo dosato e sapientissimo intreccio fra astrazione e sapere qualitativo accompagna sempre la sua scrittura, e sarà da allora un'acquisizione mai piú abbandonata dall'intera giurisprudenza romana. Basti pensare al continuo contrappunto fra analisi dell'evento e formulazione di un principio, di una regola, di una definizione (per esempio, in tema di dolo, o di tutela): uno stile eguagliato piú tardi solo da Giuliano, e un modello considerato irraggiungibile ancora da quei grandi giuristi moderni che avrebbero inseguito a lungo il miraggio di una rinnovata identità di teoria e pratica giuridica – non il costruttivismo di una dogmatica fine a se stessa, ma un gioco di concetti interamente risolto nella disciplina dei casi.

Gli anni centrali della vita di Labeone coincidono con quelli del principato di Augusto (31 a.C. - 14 d.C.): con l'instaurazione del nuovo ordine istituzionale che pose fine alla lunga crisi della repubblica aristocratica. Fu un epilogo che Labeone non condivise mai: naturalmente, dal punto di vista politico, la sua tenace opposizione, peraltro mai radicalizzata fino a un possibile esito drammatico, non ebbe alcun successo. Ma questo prevedibile scacco non bastò a determinare la sconfitta di Labeone, né tantomeno fece dimenticare il suo lavoro. Anzi, nell'incessante tentativo di arginare silenziosamente il nuovo potere, e di difendere le prerogative di ceto della giurisprudenza aristocratica[37], Labeone riuscí a costruire e a dar forza a un modello di giurista e di sapere giuridico che faceva dell'autonomia scientifica del proprio operare uno strumento raffinato e potente contro ogni rischio di offuscamento del carattere eminentemente giurisprudenziale del diritto romano, e di mutamento in senso legislativo e autocratico degli antichi equilibri. Egli aveva trovato, in altri termini, le fondamenta teoriche per rendere a lungo persuasiva – nonostante la presenza del principe – l'autorappresentazione dei giuristi come espressione di un potere separato, con il quale ogni disegno politico si sarebbe dovuto misurare.

## 5. *Specialisti al lavoro: i primi due secoli del principato.*

### 5.1. Un nuovo equilibrio fra giuristi e principe.

La persistenza del modello labeoniano è forse la chiave piú importante per interpretare le vicende della giurisprudenza romana in tutto il I secolo d.C., e anche in parte del

[37] Un modo, per quanto prudente e come nascosto dal carattere formale e tradizionale della propria disciplina, per tener viva in qualche maniera la tradizione del primato della *nobilitas*.

II, sino al principato di Adriano e poi di Antonino Pio. Il successo di questo paradigma non implicò tuttavia per le generazioni di giuristi che seguirono alcun coinvolgimento nell'originaria ostilità ideologica al principato che lo aveva visto nascere. Questo tratto genetico non si trasmise; o almeno, non in modo diretto, probabilmente anche grazie alla prudenza di Augusto, che rinunciò subito a un qualsiasi programma troppo scoperto di intervento sui meccanismi di creazione del *ius*, e si circondò egli stesso di giuristi di certo non sostenitori di alcun progetto eversivo dell'antico primato giurisprudenziale. Anche la nuova istituzione del *ius respondendi ex auctoritate principis* – con cui Augusto rafforzava attraverso il proprio prestigio e la propria autorevolezza il valore dei *responsa* di alcuni giuristi, privilegiandoli con una scelta pur sempre arbitraria, e che finiva senza dubbio con l'avere un effetto di controllo e di discriminazione nei confronti del compito di pronunciare *responsa*[38] – fu da lui usata con tanta cautela da non provocare alcun serio contraccolpo. Un simile intervento rivela tuttavia, da parte del potere imperiale, una precoce preoccupazione per le difficoltà operative sollevate dalla possibile compresenza di opinioni giurisprudenziali di difforme tenore: quel *ius controversum* che abbiamo visto attestato già negli ultimi secoli repubblicani (§ 4.4) e che ancor piú connota il lavoro dei giuristi fino ai Severi, con una ricchezza di dibattiti e dissensi rispetto alla quale la contrapposizione fra le «scuole» dei proculiani e dei cassiani (o sabiniani) costituisce un episodio emblematico, enfatizzato da Gaio e Pomponio nei loro testi didattici, ma non certo la sola dinamica (sulle cui ragioni ed entità, peraltro, gli storici si interrogano ancora) a cui ridurre un proliferare di apporti e soluzioni casistiche ben altrimenti complesso.

Dopo Augusto, in contesti politici nei quali l'accettazione del principato appariva ormai sempre di piú senza alternativa, l'indiscutibile forza scientifica dell'esemplarità labeoniana, staccata dalla sua originaria cornice ideologica, venne utilizzata e rielaborata per tracciare i confini di uno storico compromesso di potere, che la giurisprudenza pra-

[38] E quindi anche di gestione del *ius controversum*: § 4.4.

ticò e cercò di mantenere per oltre un secolo, almeno fino a Giuliano. Nel tacito patto che da Labeone in poi strinsero con il potere imperiale, i giuristi assicurarono alle istituzioni del principato lealtà e rispetto (sia pure in misura diversa, a seconda anche del mutare delle circostanze politiche), ricevendone in cambio la sostanziale garanzia che la nuova funzione normativa che il principe cominciava a riservarsi non avrebbe alterato la tradizionale gerarchia giurisprudenziale nella produzione del diritto. Il principe sceglieva per ora di non farsi compiutamente «legislatore», ma soltanto, per cosí dire, egli stesso giurista fra i giuristi: appunto, come è stato scritto, un «principe respondente».

Non si trattò tuttavia di un percorso semplice, né lineare. La transizione dal modello repubblicano di primato giurisprudenziale a un nuovo equilibrio fra giuristi e principe ebbe i suoi momenti oscuri e difficili, anche in rapporto alle convulsioni politiche del principato nel I secolo d.C., fra Tiberio e Domiziano[39].

## 5.2. Il consolidamento dei caratteri.

Ma se le oscillazioni della politica imperiale influirono in varia misura sui percorsi del sapere giuridico, non ne alterarono mai drammaticamente le linee evolutive. Con le trasformazioni intervenute negli ultimi secoli della repubblica (§ 4) era stata costruita e messa in campo una rete di concetti e di figure giuridiche che costituiva ormai l'ossatura di un grande sapere tecnico specialistico, per molti versi senza eguali nel mondo antico. I suoi principî di fondo – la connessione fra razionalità casistica e pensiero astratto, la vocazione ontologica, la scelta di modelli descrittivi aperti, con la rinuncia a ogni compiutezza sistematica – non sarebbero stati mai piú posti in discussione.

Nel corso del I secolo d.C. assistiamo piuttosto a un processo che potremmo chiamare di definitiva acquisizione e consolidamento dei caratteri e dei piani normativi ereditati dalla tradizione repubblicana. Il vecchio *ius civile* si

[39] Le figure di maggior rilievo furono, in questo periodo, quelle di Sabino, Proculo, Nerva, Cassio Longino, Sesto Pedio.

cristallizza compiutamente nel breve trattato (tre soli libri) di Sabino, ben presto considerato dalla giurisprudenza come il punto di riferimento obbligato per le ricognizioni in materia[40].

E anche il testo dell'editto pretorio, che aveva conosciuto in epoca tardorepubblicana il suo massimo slancio creativo, entra in un'epoca di maggiore stabilità, che già anticipa la cristallizzazione definitiva di età adrianea. È assai probabile che nel periodo del suo piú impetuoso sviluppo le linee dell'attività giurisdizionale del magistrato non si riflettessero in un programma preventivo organicamente concepito. Retrodatare già a questi anni l'esistenza di un unico testo pretorio, dotato di una sua coerenza, appare implausibile. È in età ciceroniana che deve essersi verificata una svolta, in seguito alla quale l'organizzazione normativa in cui si veniva delineando la *iurisdictio* del magistrato uscí dalla magmaticità del suo stato nascente, per diventare – ora sí – progetto (sia pure annuale), previsione, programma. Questa trasformazione sarebbe stata impossibile senza una decisiva partecipazione della giurisprudenza: un contributo che, nella forma del nuovo genere letterario del commento all'editto[41], determinò la portata e i campi d'applicazione delle nuove norme, e costruendo su di esse concetti e figure inedite, finí con il sottrarle all'annuale precarietà della loro vita – scandita formalmente dai limiti temporali della carica del magistrato proponente – per consegnarle ai percorsi ben piú lunghi del *ius civitatis*.

Il diritto romano comincia cosí ad assumere il suo volto piú familiare, a noi noto attraverso la compilazione giustinianea, di un'esperienza giuridica «di casi e di azioni» (cap. II, § 1.3) o, se preferiamo, di un sistema di mezzi processuali predisposto a tutela di una rete orizzontale di rapporti giuridici fra capifamiglia sottoposti a una assoluta parità di trattamento, e fissa in modo definitivo quei tratti che costituiranno poi il nucleo della sua eredità moderna:

[40] Che non a caso assumeranno la veste proprio di commentari a Sabino: cosí da Pomponio a Paolo e Ulpiano.

[41] Fra tarda repubblica e I secolo d.C., importanti commentari all'editto furono quelli, già ricordati, di Ofilio – allievo di Servio – e di Labeone, e poi di Pedio.

– il suo carattere «formale» (nel senso già chiarito di un diritto che non tanto rimane legato al «formalismo» e al ritualismo arcaico, ma piuttosto disciplina le forme funzionali dei rapporti, costruite come enti giuridici, dotati di vita e di attribuzioni proprie, cui consegue anche la peculiare «eguaglianza» che ricorderemo fra breve) e «razionale», vale a dire elaborato scientificamente, secondo procedure logiche verificabili in ogni passaggio;

– il suo carattere di diritto «eguale», che presuppone l'eguaglianza astratta – conseguenze eguali per comportamenti giuridicamente equivalenti – di tutti i soggetti che compaiono all'interno della sua rete formale, definiti soltanto in base alla posizione che occupano rispetto alla struttura dell'ente giuridico considerato: per cui, per esempio, in una compravendita, venditore e compratore perdono tutti i loro concreti connotati sociali, che ne farebbero individualità irriducibili l'una all'altra, e figurano come due soggetti assolutamente identici e interscambiabili, distinti solo dal diverso posto ricoperto funzionalmente nel contratto (perché l'uno, appunto, vende, e l'altro compra)[42].

– il suo carattere di diritto «calcolabile», nel senso di un diritto in cui ogni posizione soggettiva (ogni pretesa, ogni soggezione) è esattamente predefinita e misurabile in tutta la sua portata e ampiezza (ciascun soggetto coinvolto in una compravendita sa esattamente e in anticipo quali sono i suoi diritti e i suoi obblighi; ogni possessore di una *res* sa in anticipo fin dove arriva il suo potere di disporne, e cosí via);

– il suo carattere «individualistico» e «proprietario», il suo essere cioè un diritto che presuppone come dato sociale acquisito e immodificabile il godimento individuale (ed esclusivo) di una serie illimitata di beni (terra, schiavi, denaro e quant'altro), e fa del carattere privato dell'appartenenza un elemento implicitamente fondante della stessa

[42] Il tutto però senza dimenticare il raffinato equilibrio che i Romani – magistrati e giuristi *in primis* – seppero instaurare fra questa idea di eguaglianza e l'elemento equitativo da cui, ai loro occhi, l'intero diritto doveva essere permeato (§ 4.3): concetti, princìpî e regimi cui si dava vita prescindevano dalle concrete individualità via via coinvolte, ma non impedivano che la stessa eguaglianza fosse percepita in maniera duttile, proporzionata all'effettività degli interessi in gioco e alle peculiarità del caso giuridicamente rilevanti.

soggettività giuridica (nel senso che risulterebbe inconcepibile un «soggetto di diritto»[43] del tutto staccato della concreta possibilità di dire: «è mio»);

– il suo «specialismo», nel senso di essere un diritto fondato su un sapere isolato e separato, custodito, appunto, da un ceto di specialisti, e dotato di una tecnica specifica, con una sua propria e riconoscibilissima attitudine verso la realtà.

### 5.3. Protagonisti e modelli giurisprudenziali nell'età degli Antonini.

I giuristi vissuti tra i Flavi e gli Antonini stabilirono una nuova alleanza con il potere imperiale, nei termini di un rapporto assai piú stretto di quello implicato dal compromesso labeoniano. E in particolare con i grandi autori degli anni fra Nerva (l'imperatore, non il giurista) e Marco Aurelio – Aristone, Giavoleno, Nerazio, Celso, Giuliano, Pomponio, protagonisti di un autentico «rinascimento» degli studi giuridici sotto il segno del principe – la giurisprudenza romana ritroverà la profondità speculativa e la forza di elaborazione dell'età di Servio, Labeone e Sabino.

Sarà soprattutto Salvio Giuliano a farsi interprete di questa stagione e a costruirne il risultato piú importante: la realizzazione, attraverso l'intesa fra la scienza dei giuristi e la nuova legislazione imperiale, di un diritto «illuminato», in grado di reggere il peso del nuovo principato universalistico ed ecumenico che stava nascendo. La cosiddetta «codificazione» (ma sarebbe piú esatto parlare di consolidazione) dell'editto del pretore eseguita da Giuliano su incarico di Adriano fissa per sempre in una cristallizzazione immodificabile una elasticità testuale che si era pro-

[43] Espressione che è peraltro, cosí come l'idea che vi è sottesa, propria piú della tradizione romanistica moderna che dell'esperienza antica. È solo col giusnaturalismo seicentesco che compare una nozione forte di individuo e soggetto, ormai disancorato dalla dimensione cittadina antica e dalla rete medievale di *status* e appartenenze cetuali: la figura attorno a cui ruoterà ogni nuovo progetto di ordine giuridico e politico, e alla quale presto si penserà come corredata di un ineludibile bagaglio di «diritti soggettivi» (vi torneremo nel § 7.2).

tratta per secoli – pur se, dopo Augusto e dopo i commenti di Labeone e di Pedio, essa doveva già apparire in via di esaurimento – e si colloca interamente sotto il segno della nuova alleanza. Questa finisce con il consegnare interamente l'editto nelle mani del principe – che l'avrebbe assunto come un punto di riferimento stabile per i propri interventi nel campo del *ius* – e con lui dei giuristi, che ben presto vi avrebbero scritto intorno commentari sterminati (a cominciare da quello di Pomponio) e che, attraverso la loro attività interpretativa, sarebbero diventati i custodi della sua applicazione.

Sotto il segno della medesima alleanza va inteso anche lo sviluppo della produzione normativa imperiale, imponente a partire dallo stesso Adriano, destinata a trasformare rapidamente il principe da «giurista fra i giuristi» in un autentico legislatore. L'imperatore infatti non legifera in solitudine: attraverso la voce delle sue *constitutiones*, ad avere la parola sono quasi sempre, ancora una volta, i giuristi, che quei testi hanno ispirato, orientato, talvolta direttamente scritto. Nel grande disegno adriano-giulianeo, scienza giuridica e legislazione diventano cosí i pilastri della trasformazione universalistica del principato, dopo le difficoltà del I secolo d.C. Il nuovo governo è davvero «illuminato»[44], innanzi tutto perché ha portato ormai completamente dalla sua parte i giuristi, d'ora in avanti autentici garanti della legittimità del potere e di un suo uso «giusto» di fronte al mondo intero. Il carattere eminentemente giurisprudenziale del diritto romano si mantiene ancora, ma ormai la giurisprudenza si esprime non solo attraverso le sue scelte scientifiche e letterarie, ma anche tramite gli atti normativi del principe.

La personalità di Giuliano era destinata a riempire di sé l'intero II secolo d.C. Non v'è giurista successivo, fra Adriano e Settimio Severo – da Meciano a Marcello, da Africano a Cervidio Scevola, a Mauriciano, a Venuleio Saturnino, per non dire di quelli che verranno dopo ancora, i grandi autori severiani di cui parleremo fra breve – che non senta di do-

[44] E tale apparirà per millenni allo sguardo degli storici, fino a Gibbon e Rostovzev.

ver fare i conti con lui e con i suoi *digesta* (la sua opera piú importante, il cui titolo, che significa «raccolta», sarebbe stato ripreso dai giustinianei per la loro antologia).

Anche Gaio, dal suo decentrato osservatorio di insegnante, probabilmente lontano da Roma e dal cuore del potere, considera l'opera giulianea un punto di riferimento essenziale. Della sua vita sappiamo pochissimo (ne ignoriamo persino il nome completo, celato dietro questo comunissimo e insieme misterioso «Gaio»), ma il suo manuale di istituzioni in quattro libri, completato probabilmente dopo il 160 d.C. e ritrovato nell'Ottocento in modo quasi casuale in una biblioteca di Verona, è l'unica opera di un giurista romano pervenutaci pressoché integra al di fuori della compilazione giustinianea. Questa circostanza le ha conferito ai nostri occhi una posizione di assoluto privilegio; e gli studiosi vi ricorrono di continuo nelle loro ricostruzioni (ciò accadrà di frequente anche in questo libro). Il punto è che si tratta anche, per molti versi, di un'opera inusuale rispetto ai criteri di scrittura consueti nella giurisprudenza sia repubblicana, sia del principato: per esempio, vi trovano largo spazio definizioni di ampio respiro e (legate spesso a queste ultime) articolate classificazioni: sistemazioni d'insieme (come quella che dispone l'intera trattazione istituzionale nell'analisi di *personae*, *res* e *actiones*, ossia processo civile)[45] che rispondono a una prospettiva senza altri riscontri nel pensiero giuridico romano. E per di piú, noi non sappiamo quale posto occupasse Gaio – o meglio, il giurista che si fa chiamare in tal modo – nel dibattito giurisprudenziale del suo tempo; sta di fatto che nessun autore contemporaneo o immediatamente successivo sembra mai ricordarlo (a parte forse un'eccezione, ma assai controversa), e la sua fortuna inizia solo molto tempo dopo, non prima della tarda antichità. Paradossalmente, quindi, molte delle nostre conoscenze sul diritto romano riflettono un punto di vista di cui non siamo in grado di valutare l'esatta collocazione e il peso nella cultura che lo ha visto svilupparsi: un limite che non dobbiamo mai dimenticare.

[45] Di un'altra celebre classificazione gaiana diremo in apertura del cap. VI.

All'influenza di Giuliano, o almeno alla necessità di confrontarsi con la sua personalità scientifica e le sue dottrine, non si sottrasse neppure Sesto Pomponio, contemporaneo di Gaio e come lui dedito soprattutto all'insegnamento. Ma a segnare le sue opzioni di fondo[46] fu soprattutto uno spirito «labeoniano»: un atteggiamento che sopravviveva, in un contesto politico e culturale tanto mutato, principalmente come nostalgia ideologica di un'autonomia del sapere giuridico ormai irrecuperabile. Il suo *enchiridion* – un trattatello di storia giuridica senza eguali nella produzione letteraria della giurisprudenza – è interamente costruito attorno a questo motivo.

## 6. *I giuristi al governo dell'Impero.*

### 6.1. Sapere giuridico e «statualità» severiana.

Negli anni che chiudono il II secolo d.C. la giurisprudenza romana conosce una nuova metamorfosi di ruolo e di posizione. La trasformazione si compie sullo sfondo di un processo di grande rilievo: la nascita, sulle rovine del modello adrianeo di governo imperiale, fondato sul decentramento e sul pluralismo, di una vera e propria macchina statale, burocratica e accentratrice, con compiti di direzione e di controllo sociale ed economico, e di prelievo fiscale, sempre piú estesi: prima di allora, le istituzioni romane della politica e dell'amministrazione si sarebbero potute definire «Stato» nel senso piú proprio (e moderno) della parola solo con una discutibile approssimazione.

La nuova configurazione del potere e del governo assorbí completamente l'autonomia dei giuristi. Come i grandi esperti di diritto repubblicani erano stati tutti magistrati del popolo romano, cosí adesso i personaggi di maggior rilievo della giurisprudenza severiana – Papiniano, Paolo, Ul-

[46] A cominciare dalla scelta dei generi letterari da coltivare, delle fonti giurisprudenziali cui attingere, delle figure e realtà normative (editti di magistrati ed elaborazioni di giuristi, assai piú che *leges publicae* e costituzioni imperiali) da assumere come costante punto di riferimento nella sua produzione.

piano – sono alti funzionari (noi diremmo ministri) del governo imperiale: intellettuali-burocrati chiamati a gestire direttamente un potere mondiale che si avviava a entrare nell'età del suo declino, gravemente insidiato da contraddizioni, minacce, pericoli. Ma, mentre i giuristi-magistrati repubblicani avevano alle spalle un'organizzazione amministrativa (e in certo senso anche politica) relativamente semplice e leggera – dopo tutto, pur sempre quella di una *polis* –, i ministri-giuristi degli imperatori severiani orientavano un apparato di una complessità mai prima sperimentata nell'Occidente antico.

Questo creò una situazione del tutto nuova: la tradizionale autonomia della giurisprudenza, che aveva retto, sia pure tra compromessi e adeguamenti, sino a Giuliano, non venne oscurata e dissolta per cosí dire «dall'esterno». Furono invece gli stessi giuristi severiani – e il piú importante di loro, Ulpiano, ne ebbe sicuramente lucida consapevolezza – ad accettare di mutare di segno il proprio lavoro e il proprio ruolo, molto oltre i cambiamenti già introdotti da Giuliano. Condividendo in prima persona la responsabilità dell'amministrazione, riservarono per sé di tenere a battesimo la nuova forma «statale» della politica e del governo, imprimendovi il proprio sigillo con una personale attività di direzione, non meno che attraverso un'originale e nuova produzione letteraria di diritto pubblico, che da Meciano, Marcello e Venuleio arriva sino alla trattatistica di Paolo e di Ulpiano. E concedendo alla cancelleria imperiale l'ormai inevitabile primato nella produzione del diritto, attraverso le *constitutiones*, se da un lato segnavano la fine dell'antica «giurisprudenzialità» del diritto romano, non facevano in effetti che continuare a dar voce ancora a se stessi, come protagonisti dell'attività normativa del principe: sia pure sotto altre spoglie, secondo un modulo ormai scopertamente «legislativo» e «statalistico» di produzione giuridica, nascosti (almeno in quest'ambito della loro attività) dietro l'autorità dell'imperatore e del suo apparato amministrativo.

Ma mentre lo accantonavano nell'effettività della realtà costituzionale, essi diedero al vecchio diritto giurisprudenziale una forma definitiva, raccogliendolo in grandi commentari *ad edictum* e *ad Sabinum* che avrebbero dovuto resistere all'usura del tempo[47], e che sarebbero stati in effetti alla base della compilazione dei *Digesta* giustinianei; e intanto elaboravano, anche attraverso nuovi generi letterari (opere dedicate al diritto penale e a quelli che noi indicheremmo come diritto amministrativo e tributario), un modello del tutto inedito di ordine giuridico, in cui, se certo non vi era piú spazio per l'antica autonomia normativa della giurisprudenza, il potere ormai illimitato del principe-sovrano, nel momento stesso in cui se ne legittimava realisticamente l'assolutezza, poteva stemperarsi, addolcirsi e mitigarsi nel disegno di un giusnaturalismo ecumenico insieme flessibile e intransigente (del resto, motivi giusnaturalistici erano presenti già da tempo nel pensiero romano, e non solo giuridico: da Cicerone a Seneca, a Labeone, a Gaio).

### 6.2. Dalla grande sistemazione all'eclissi della giurisprudenza.

Se Giuliano fu l'esempio piú luminoso del «giurista-consigliere», Ulpiano lo fu, probabilmente ancor piú del suo collega (e forse rivale) Giulio Paolo, del «giurista - grande funzionario». La sua vastissima opera – largamente utilizzata dai compilatori giustinianei, e quindi per noi fondamentale nella ricostruzione quasi di ogni tema di diritto romano – attende ancora di essere indagata a fondo con criteri storiograficamente attendibili. In alcuni scritti, e soprattutto in larghi tratti dei commentari *ad edictum* e *ad Sabinum*, il vero filo conduttore sembra essere la trama fittissima di citazioni di giuristi del passato, che punteggiano di continuo il discorso: ma i riferimenti risultano spesso sottilmente manipolati, per renderli omogenei a un programma nel quale la sistemazione dottrinaria, spesso innovativa, prevale nettamente sulla fedeltà dei rinvii.

Quel che sembra affiorare è un progetto complessivo che, se raccoglie con grande cura tutta la storia trascorsa

[47] Il primo a praticare questa scelta (con un intento di fondo che per molti versi anticipava il disegno degli autori severiani) era stato Pomponio, nel II secolo, e ora lo seguivano sia Paolo sia Ulpiano.

della giurisprudenza – con i suoi dibattiti, i suoi risultati, i suoi concetti – sceglie di porsi al di fuori di quella secolare vicenda, perché ritiene di aver raggiunto un punto di veduta piú alto. Ormai, nella prosa di Ulpiano, di uniforme compostezza stilistica, quasi sempre senza scatti e senza sorprese, non si esprime piú la voce di un ceto che si riproduceva da secoli; piuttosto, affiora direttamente la voce e il programma di un autentico legislatore severiano, che tratta le testimonianze letterarie della giurisprudenza del passato con lo stesso atteggiamento con cui Giuliano aveva considerato l'editto del pretore, cercando cioè di realizzare una specie di cristallizzazione del dibattito dottrinario – rappresentato attraverso migliaia e migliaia di citazioni – che era il vero e proprio punto d'arrivo e di esaurimento di tutta una tradizione. Alla lunga catena di apporti giurisprudenziali si tende ad aggiungere non un anello ulteriore, ma l'ultimo, proposto come in larga misura definitivo.

Per un paio di decenni, fin verso il 230 d.C., il lavoro degli ultimi grandi giuristi[48] sembrò mantenersi miracolosamente in equilibrio tra nuove forme e tenace memoria dell'antico. Fu una stagione di straordinaria densità intellettuale, apertasi quando già precipitava il secolo della crisi. Proprio mentre contribuiva a creare con le sue stesse scelte le condizioni della propria scomparsa (dalla metà del III secolo il pensiero giuridico si sarebbe come eclissato, discendendo nell'anonimato delle scuole e delle cancellerie imperiali), il diritto giurisprudenziale romano ebbe il tempo e la forza di innalzare a se stesso un monumento in grado di superare in qualche modo la grande catastrofe che avrebbe scompaginato l'Impero tra III e V secolo. Esso gettò cosí con il suo ultimo sforzo le fondamenta di tutti i successivi recuperi attualizzanti (impensabili senza la grande letteratura severiana): da quello giustinianeo, sino agli esperimenti moderni, nel cuore dell'Europa borghese. La sua fortuna sarebbe durata straordinariamente a lungo, e neppure oggi smette di coinvolgerci.

[48] Con Ulpiano e Paolo ricordiamo almeno Callistrato, Trifonino, Marciano, Macro, Modestino.

## 7. *La parabola del diritto romano dopo la fine del mondo antico.*

### 7.1 Il problema della «tradizione romanistica», le continuità e le cesure.

Dopo l'ultima grande stagione del sapere giuridico romano, con le vaste opere di sintesi redatte in età severiana, soprattutto da Paolo e Ulpiano (§ 6), altri protagonisti domineranno la scena tardoantica: l'imperatore, con un profilo via via piú autocratico, e la struttura burocratica, sempre piú articolata, che lo coadiuva anche nella produzione normativa e nell'amministrazione della giustizia (cap. II, § 4). Dagli ultimi decenni del III secolo d.C. sino a Giustiniano assistiamo a istituzioni e vicende – il consolidarsi di un vero e proprio apparato di tipo statuale, il suo progressivo monopolio nella disciplina (tramite *leges*, ossia costituzioni imperiali) dei rapporti privati, cosí come nella gestione del contenzioso civile, le grandi codificazioni di V e VI secolo, il pubblicizzarsi di molte figure e prassi del diritto privato[49] – che si allontanano sensibilmente dai tratti che avevano caratterizzato il diritto «giurisprudenziale» romano dal periodo arcaico sino all'età dei Severi, per comporre un quadro piú vicino, sotto molti punti di vista, alla mentalità giuridica moderna.

E tuttavia proprio i resti della letteratura prodotta dai giuristi nei secoli d'oro della loro attività erano destinati, entro contesti radicalmente diversi, a esercitare una lunghissima e determinante influenza sulla tradizione giuridica dell'Europa (soprattutto) continentale. Ci siamo a lungo soffermati (§ 1) sulla redazione giustinianea del *Corpus iuris civilis*, e in particolar modo dei *Digesta*: al tempo stesso, il primo recupero «attualizzante» di quell'eredità e l'intervento che ha reso possibile tutti quelli successivi. Su quei testi – resi venerabili dal prestigio degli autori da cui proveniva-

[49] Pensiamo solo al crescente rilievo di funzionari e pubblici registri, in cui – per fare un solo ma significativo esempio – dovevano essere trascritti gli atti (scritti) di donazione (cap. IV, § 7).

no, ma anche dal disegno provvidenzialistico che si riteneva presiedervi e dall'autorevolezza imperiale che vi si era impressa – si innescarono ben presto (nonostante i diversi ammonimenti dello stesso Giustiniano) catene di interpretazioni e commenti nell'ambito della cultura giuridica bizantina: dalla *Parafrasi* di Teofilo alle *Istituzioni* sino a quell'estesa opera di analisi e comparazioni (soprattutto fra testi dei *Digesta* e del *Codice*) che ci è nota col nome di *Basilici*.

Ma la puntuale rilettura del *Corpus iuris civilis* (e soprattutto, di nuovo, del *Codice* e, ancor piú, dei *Digesta*) avrebbe assunto un ruolo centrale soprattutto nella rinascita degli studi giuridici in Occidente, a partire dall'XI secolo. Tutto il laboratorio dottrinario e istituzionale che, negli ultimi secoli del Medioevo, incontriamo nell'Europa continentale sarebbe impensabile al di fuori di questo rapporto, costitutivo e capillare, col compatto patrimonio testuale trasmesso da Giustiniano. I grandi interpreti medievali – dapprima i glossatori, maggiormente legati alla lettera del *Corpus iuris*, paghi di limitare i propri interventi ad annotazioni a margine (glosse, appunto) degli antichi passi; quindi i commentatori, protagonisti di trattazioni piú autonome – accentuarono il carattere organico dei materiali giustinianei, cercando di armonizzare ulteriormente (anche nel caso dei frammenti dei *Digesta*) voci che provenivano da autori e scenari storici diversi. Del resto i loro intenti e i loro metodi erano molto lontani da ogni moderna sensibilità filologica e da qualsiasi proposito di ricostruzione storiografica. In un mondo caratterizzato dall'assenza di uno Stato in senso forte – in luogo del quale si dette vita a un complesso pluralismo di istituzioni pubbliche e ordinamenti compresenti, sempre incapaci di fissare in modo esaustivo le regole di condotta fra privati –, nel *Corpus iuris* gli interpreti medievali vedevano soprattutto un inesauribile repertorio di soluzioni per i problemi giuridici del loro tempo, la fonte autorevole su cui appoggiare le proprie costruzioni. Ma certo sbaglieremmo nel vedere in queste ultime solo pedisseque riproposizioni degli antichi apporti rinvenibili nei *Digesta* e nel *Codice*[50]. Sin dal tempo della Glossa i giuristi medieva-

[50] Come ritenevano quanti (come il Savigny) stimassero possibile scrive-

li seppero piuttosto pervenire a elaborazioni originali, orientate verso esigenze sociali e materiali assai diverse da quelle che costituivano lo sfondo della disciplina antica (basti pensare alla dottrina del dominio diviso, diretto e utile, destinata a soddisfare necessità agronomiche peculiarmente medievali). Gli assetti normativi tramandati dai testi giustinianei finivano cosí per essere percepiti soltanto come materiali prestigiosi, ma da riassemblare, ove necessario, secondo architetture concettuali in larga parte nuove.

Fin da questa stagione di recupero del diritto romano, la manipolazione che le opere giurisprudenziali avevano subito nelle mani dei compilatori dei *Digesta* (§ 1) era cosí destinata a rivelarsi essenziale: trasformati in tasselli di un unico corpo normativo fuori del tempo, quei passi rivestivano interesse solo per chi, attraverso di essi, cercasse di rinvenire una sintassi valevole anche per il proprio mondo, perché percepita come svincolata dai condizionamenti della realtà – politica, materiale, culturale – che l'aveva prodotta.

Già questo primo dato consente di comprendere la portata in cui deve essere assunta una nozione controversa come quella di «tradizione romanistica». In effetti il rilievo che possiamo riconoscere all'eredità romana nella storia giuridica dell'Europa continentale non deve condurre a sottovalutare la pluralità e complessità dei percorsi attraverso i quali è stata compiuta la riproposizione di quel lascito, né a immaginare percorsi lineari, che procedano da un massimo a un minimo di aderenza alle fonti romane (come vedremo fra un attimo, è anzi vero che, quasi ciclicamente, si è tornati ad attingere ad esse in modo piú immediato, cercando di liberarsi dalle interpretazioni che sopra vi si erano sedimentate). Ma soprattutto non dobbiamo pensare che questa nuova vita del diritto romano fuori dei confini dell'antichità abbia precluso l'intervento di consistenti cesure, innovazioni e discontinuità.

Ne possiamo scorgere una conferma nella varietà di impostazioni che seguirono al declino dell'esperienza medie-

re una *Storia del diritto romano nel Medioevo*, quasi che le soluzioni giuridiche antiche fossero transitate invariate nelle esperienze successive.

vale. Se con l'umanesimo giuridico, soprattutto in Italia e in Francia, assistiamo al tentativo di riaccostarsi direttamente alle fonti romane, con un'attenzione storiografica e (ancor piú) filologica, ben diverso è l'orientamento seguito nella piena modernità, entro i vari percorsi del giusnaturalismo, col suo sforzo di rinvenire un tessuto di regole e principî fondati sulla ragione propria della «natura umana» (e perciò comuni a tutti i popoli, e valevoli entro qualsiasi contesto storico)[51]. Il bagaglio testuale antico veniva, ancora una volta, posto al centro di uno sguardo analitico e immediato; ma i nuovi movimenti d'idee intercettarono trasformazioni istituzionali e sociali di grande rilievo, in grado di incidere profondamente anche sulla rielaborazione dell'eredità giuridica romana: dal compiuto definirsi della moderna statualità al decollo delle borghesie europee, con la peculiare antropologia che vi era sottesa e gli interessi economici connessi. Nel *Corpus iuris* si individuava ormai, essenzialmente, una *ratio scripta*, ossia una trama di concetti, assetti e regimi avvertiti quali conformi alla «ragione umana», applicabili a qualsiasi società, purché ricondotti entro impianti sistematici piú rigorosi e coesi. Il carattere «scientifico» e «formale», che abbiamo visto raggiunto, a Roma, fra la tarda repubblica e il principato (§§ 4 e 5), veniva ora esaltato in modo univoco: in nome di esso (nonché della certezza del diritto e della presunta neutralità delle figure giuridiche privatistiche) l'impianto casistico proprio degli antichi giuristi, il loro metodo topico e la loro peculiare attenzione al piú equo contemperamento degli interessi coinvolti in ogni fattispecie erano posti in secondo piano, e spesso clamorosamente smentiti. Le soluzioni da loro approntate furono sottoposte a rielaborazioni e disinvolti montaggi, capaci di generare e alimentare nozioni di largo respiro, di cui invano cercheremmo un'e-

[51] Il ruolo assolto dalle fonti giuridiche romane entro questi movimenti di idee non escluse peraltro anche un loro immediato recupero a livello operativo, come illustra soprattutto la prassi del cosiddetto *Usus modernus pandectarum*, letteralmente «uso moderno delle *Pandette*» (l'altro nome, come sappiamo, con cui erano indicati i *Digesta* giustinianei). Tale corrente, che domina la cultura giuridica tedesca tra XVII e XVIII secolo, ricalca il titolo di un'opera (1690-1712) di Stryck.

splicita enunciazione e un'unitaria teorizzazione nei testi del *Corpus iuris*[52].

La reinterpretazione delle disposizioni romane «secondo il loro ordine naturale»[53], riusciva cosí funzionale a esigenze e interessi percepiti allora come fondamentali, meritevoli di protezione rispetto a qualsiasi assetto politico: l'esaltazione del «soggetto giuridico», la sua idoneità a produrre effetti nel campo del diritto (impegni contrattuali, trasferimenti di beni, successioni di patrimoni) nel modo piú libero e immediato, la sua titolarità – piena, esclusiva e individuale – di una pluralità di beni, su cui potesse vantare quel diritto di proprietà configurato in termini sempre piú assoluti e monolitici, quasi un riflesso privato della sovranità pubblica. Simili impostazioni, commisurate alla nuova razionalità borghese, avrebbero contribuito anche al movimento che condusse, fra XVIII e XIX secolo, all'emanazione dei codici[54]. Questi ultimi si presentavano come corpi normativi organici ed esaustivi, formalmente nuovi: tuttavia la loro apparizione non determinò, per il diritto romano, una completa e immediata perdita di efficacia normativa. Nei paesi (Francia, Austria, Italia, Spagna) che a una codificazione provvidero nel corso dell'Ottocento, i testi del *Corpus iuris* continuarono piuttosto a costituire un repertorio di regole e principî con cui i giuristi dovevano ancora costantemente confrontarsi, anche nell'interpretazione e integrazione delle disposizioni appena entrate in vigore.

Diverso fu poi il caso della Germania, ove un codice civile entrò in vigore solo il 1° gennaio del 1900, e che per tutto il XIX secolo conobbe un autentico «diritto giurisprudenziale», guidato dai giuristi ma fondato, almeno dal punto di vista formale, sulle fonti romane (in primo luogo i *Digesta* o *Pandette*, da cui appunto il nome di «pandettistica» attribuito a un'importante stagione della cultura giuridica tedesca). Per l'ultima volta, ed entro uno dei contesti culturalmente piú avanzati dell'Europa continentale, a quegli

[52] Ci soffermeremo tra breve (§ 7.2) su alcune di queste figure: dal diritto soggettivo al negozio giuridico all'autonomia e libertà contrattuale.

[53] Per riprendere il titolo dell'opera composta da Domat nel XVII secolo.

[54] Intesi in un senso sensibilmente difforme da quello che possiamo attribuire ai codici dell'esperienza tardoantica: § 1.1, in particolare nota 1.

antichi materiali erano richieste norme e principî che riuscissero immediatamente vigenti, soluzioni giuridiche che fossero contemporaneamente «romane» e «attuali»[55]. Un risultato simile imponeva però, di nuovo, consistenti forzature esercitate sui testi da cui si prendeva le mosse: testi sottoposti a una pressione sistematrice, collocati entro impianti deduttivi centrati su nozioni generali (a iniziare da quelle, su cui ci soffermeremo, di soggetto, diritti soggettivi, negozio giuridico) estranee al lessico antico. È appunto con gli esiti di simili impostazioni che – perseguendo l'obiettivo, assai diverso, di restituire il diritto romano alla sua dimensione storica – dobbiamo ancora fare i conti.

### 7.2. Alcune vicende esemplari.

Abbiamo appena osservato come nelle plurisecolari vicende della «tradizione romanistica» siano rinvenibili, al tempo stesso, continuità e cesure, e anche una lunga durata della vigenza normativa dei materiali antichi accanto a una pluralità di interventi che su di essi furono operati, per costruire nozioni e regimi in gran parte inediti. È ora opportuno soffermarsi su alcune di queste figure, tanto piú rilevanti in quanto, negli ultimi secoli, è stata loro attribuita una funzione centrale in ogni ordinamento di diritto privato dell'Europa continentale (in primo luogo in Germania, Francia e Italia, ma non solo): ruolo che invece, nelle esperienze meno direttamente legate all'eredità romana e alla sua rielaborazione – come in Inghilterra, negli Stati Uniti e nelle altre realtà raggiunte dal diritto anglo-americano –, significativamente esse non hanno rivestito (come nel caso del «negozio giuridico», estraneo alla cultura giuridica di quei paesi), o lo hanno fatto in forme diverse e peculiari, connesse a tradizioni tipiche del mondo anglosassone (come nel caso dei diritti soggettivi e della configurazione della proprietà, soprattutto terriera).

Si tratta sempre di nozioni che dobbiamo collocare entro un fenomeno di grande portata – sul piano antropolo-

[55] Come leggiamo fin dal titolo di un fondamentale scritto di Savigny: appunto, il *Sistema del diritto romano attuale*.

gico e culturale ancor prima che giuridico –, quale la costruzione dell'individualità in età moderna, col fondamentale rilievo che venne allora attribuito al singolo uomo in quanto tale, ormai svincolato da quella rete di appartenenze (religiose, cittadine, cetuali o professionali) entro cui esso era stato invece costantemente collocato dal pensiero medievale. Un simile primato si traduce, sul terreno giuridico, nella progressiva messa a punto, nel corso del XVII secolo, del concetto di «soggetto di diritto», con un emblematico mutamento di significato dell'espressione latina *subiectum iuris*, che aveva sino allora designato chi fosse soggetto «al» (e non «di») diritto. D'ora in avanti ogni elaborazione del diritto privato avrebbe assunto come punto di riferimento quanti fossero forniti di tale soggettività giuridica: un esito cui si connetteva, mettendo in campo una terminologia ancora estranea ai giuristi romani (cap. III, § 2), la distinzione fra «capacità giuridica» e «capacità di agire», e soprattutto una sempre piú compiuta teoria dei «diritti soggettivi». Anche di quest'ultima categoria, in realtà, non è dato rinvenire un'unitaria configurazione nelle fonti romane, in cui ricorrono solo varie e disomogenee attestazioni di *ius* in senso soggettivo, come specifico potere, o facoltà, riconosciuto a un soggetto: testimonianze su cui gli interpreti moderni hanno fatto leva nel dar vita a una nozione di vasto respiro, inclusiva di tutte le situazioni potestative (a cominciare dal diritto di proprietà) di cui si voleva provvisto l'individuo e che, almeno entro certi limiti, dovevano essere protette anche a fronte dell'altra grande soggettività (quella pubblica dello Stato) a cui in Europa si era dato vita a partire dal XVI e XVII secolo. L'individuo assurgeva cosí al rango di autentico protagonista, capace – con la semplice manifestazione della sua volontà, purché lecita – di produrre direttamente la piú vasta gamma di effetti giuridici.

Proprio su un simile sfondo si pone, dai suoi esordi secenteschi sino alle piú mature costruzioni pandettistiche, anche la parabola del «negozio giuridico». Si tratta, nuovamente, di una figura assente nell'elaborazione antica, ma alla quale i moderni stimarono possibile ricondurre una multiforme varietà di soluzioni rinvenibili nei *Digesta*, sino a delinearla quale categoria di portata assai ampia[56], comprensiva di tutte le manifestazioni di volontà – sia tra vivi che *mortis causa*; unilaterali, bilaterali o plurilaterali – idonee a produrre, nel mondo del diritto, conseguenze corrispondenti a quanto effettivamente si era inteso raggiungere[57]. Configurata in questi termini, una simile nozione risultava fra le piú congeniali all'esaltazione moderna del soggetto giuridico, quale portatore di un volere dalle potenzialità pressoché inesauribili, limitate solo dall'osservanza dei divieti normativi e dalla salvaguardia delle altrui sfere soggettive. La centralità che questa nozione poteva rivestire appariva, rispetto agli scenari politici e sociali dell'Europa continentale, del tutto coerente; concetto in apparenza neutro, senza il quale si riteneva impensabile un ordinato sistema privatistico, esso consentiva di condensare attorno a sé un vasto repertorio di concetti che entravano in gioco sia nell'ambito dei contratti sia in quello di molti altri atti: quelli che la scienza giuridica posteriore indicherà come elementi essenziali del negozio (la capacità giuridica delle parti, la causa in quanto scopo giuridicamente rilevante, la forma, la manifestazione della volontà); i vizi di quest'ultima, quali errore, violenza e dolo (cap. VI, §§ 3.5 e 3.6), simulazione e dissimulazione, e infine i cosiddetti elementi accidentali (condizione, termine [cap. VI, § 2.5] e *modus* [cap. IV, § 4.3])[58]. Il tramonto del negozio giuridico – dopo la sua lunga fortuna in ogni trattazione del diritto privato, sia contemporaneo che romano (con una significativa, quanto discutibile, omologia di visuali), e la sua

[56] Al negozio giuridico è stato cosí possibile ricondurre i contratti, gli altri atti leciti produttivi di obbligazione, le disposizioni testamentarie, gran parte degli atti produttivi di relazioni personali (come il matrimonio) e cosí via.

[57] Nel senso che non sono da ricomprendere in tale nozione gli atti illeciti, la cui conseguenza (l'obbligo di risarcire il danno) non è voluta dall'agente, o i cosiddetti «atti giuridici in senso stretto», il cui effetto prescinde dalla volontà di chi li ha posti in essere (cosí nel caso della messa in mora del debitore, che necessariamente consegue dalla formale intimazione ad adempiere rivoltagli dal creditore).

[58] Per comprendere l'impatto di questa moderna costruzione del negozio giuridico, è perciò consigliabile che il lettore torni a meditare su quanto abbiamo osservato dopo aver appreso, con lo studio dei luoghi indicati del cap. VI, in quali specifici contesti e con quali esiti i giuristi romani avessero lavorato attorno alle varie nozioni appena richiamate.

recezione persino in alcuni dettati codicistici (come in Germania) – è vicenda recente, esito di un ripensamento critico che ha posto in luce come non si trattasse tanto di una categoria logica, applicabile al diritto privato di ogni tempo, quanto piuttosto di una costruzione dai forti connotati ideologici, legata all'esaltazione della libertà e della volontà propria dell'individualismo borghese e del pensiero liberale, difficilmente utilizzabile in riferimento a scenari giuridici estranei alla modernità. È divenuto cosí possibile decifrare il reale impatto della mancata concettualizzazione antica del negozio giuridico – non certo un mero vuoto terminologico, che per comodità espositiva sia lecito e agevole colmare, riconducendo a unità dati piú eterogenei –, e quindi comprendere il carattere nient'affatto neutro di un suo richiamo e di una sua analisi (da cui, non a caso, in questo libro ci si è astenuti) a proposito del diritto privato romano.

Non troppo difforme, e anzi per certi versi ancor piú disinvolta rispetto alle testimonianze antiche, è l'operazione che ha indotto a rinvenire forti tratti di continuità con l'esperienza romana a proposito di altri fondamentali snodi degli assetti civilistici moderni, quali l'autonomia contrattuale e la configurazione del diritto di proprietà. È evidente, nel primo caso, la forte contiguità con le dottrine in tema di soggetto e negozio giuridico: ormai assunto come principale strumento per la circolazione della ricchezza e la costituzione di vincoli giuridici[59], idoneo a soddisfare esigenze per le quali l'esperienza antica ricorreva talvolta a strumenti diversi[60], il contratto ha rappresentato un'autentica bandiera della cultura giuridica moderna – sino a irradiare la sua forza attrattiva su molte costruzioni politologiche e costituzionalistiche –, un paradigma delle manife-

[59] Si tenga conto della moderna attitudine della compravendita (diversamente dalla *emptio venditio* romana: cap. VI, § 3.6) a trasferire la proprietà, e della possibilità di costituire o estinguere, sempre per mezzo di un contratto, altri diritti reali.

[60] Il caso piú evidente è quello del fabbisogno di manodopera, cui il mondo romano faceva fronte, principalmente, col lavoro schiavile (con un assetto centrato dunque su una distinzione di *status*: cap. III, §§ 2.1 e 2.3), laddove le moderne società industriali avrebbero fatto ricorso al contratto di lavoro subordinato.

stazioni di volontà (in questo caso provenienti da almeno due soggetti) già di per sé idonee, di regola, a produrre effetti nel mondo del diritto. Certo, in merito alla disciplina dei singoli tipi contrattuali (compravendita, locazione-conduzione, mandato e cosí via), l'elaborazione moderna (e persino il dettato di molti codici oggi in vigore) poteva largamente attingere all'esperienza romana; ma questo dato ha finito per ipnotizzare generazioni di studiosi, determinando impostazioni continuiste che quasi non percepivano cesure fra gli assetti antichi e quelli attuali, e ai primi riconducevano anche una generale valorizzazione dell'elemento consensualistico, dell'autonomia e libertà del contrarre. In realtà sappiamo che questi, se formulati in termini cosí perentori, rappresentano valori tipicamente moderni, connessi all'individualismo borghese, mentre all'esperienza romana – contrassegnata da tipicità di contratti (sebbene in certa misura ridimensionata e aggirata: cap. VI, § 3, in particolare 3.10) e tipicità di azioni (cap. II, § 1.3), e giunta a riconoscere solo a un numero ristretto e predefinito di ipotesi la possibilità che un'obbligazione sorgesse dal semplice raggiungimento di un accordo[61] – era rimasta sempre estranea l'idea che il mero consenso fosse in grado di generare (se teso a un fine lecito e meritevole di tutela) un vincolo giuridico, a prescindere dal suo incanalarsi entro tipi riconosciuti e forme determinate.

Non meno evidenti sono le pressioni esercitate sulle fonti romane a proposito dell'ultima costruzione che preme ricordare: quella della proprietà, quale nozione unitaria, autentico perno attorno al quale la modernità ha pensato il soggetto e i suoi diritti, e persino (nel modello liberale classico, da Locke in avanti) le sue libertà. Di nuovo, l'elaborazione moderna – che progressivamente erodeva il piú composito quadro di relazioni giuridiche intrattenute con le cose dall'uomo medievale – si presentava come pienamente aderente al lascito romano, in un recupero che si voleva integro e immediato. In questa percezione vi era indubbiamente qualcosa di esatto (già abbiamo posto in luce

[61] Come nel caso dei quattro contratti consensuali (cap. VI, §§ 3.6-9) e dei cosiddetti patti pretori (cap. VI, § 3.11).

il carattere «individualistico» e «proprietario» che connotò, nella sua maturità, l'esperienza romana: § 5.2); e tuttavia, focalizzandosi su questo solo dato, altri significativi aspetti venivano lasciati in ombra, perché meno congeniali a questa configurazione della proprietà cosí essenziale all'immaginario giuridico moderno (proprietà individuale, assoluta e monolitica): dalla probabile esistenza di forme di signoria collettiva sulle cose (soprattutto sulla terra, nell'età piú risalente) alla compresenza di diversi modelli di appartenenza, che siamo soliti indicare, accostandoli al *dominium ex iure Quiritium*, quali proprietà pretoria, provinciale e peregrina (cap. v, § 2, in particolare 2.3). La continuità con le dottrine romane era insomma, anche in questo caso, piú proclamata che reale, ottenuta al prezzo di una drastica selezione dello sguardo, che riconduceva a unità il piú variegato scenario che si delinea nei testi del *Corpus iuris*, nei quali sembra piuttosto affiorare, in certa misura, quella visione pluralista del dominio (le proprietà e non piú la proprietà) destinata a riemergere solo nel dibattito civilistico dell'ultimo secolo.

Quelli che abbiamo appena proposto possono essere considerati solo degli esempi: tra i casi piú significativi, ma non certo unici, di come molte categorie o concezioni sorte nell'ambito della tradizione romanistica, e proposte in termini di assoluta continuità col regime romano, si rivelino piuttosto il frutto di un'originale e talora disinvolta rielaborazione di quest'ultimo. La sovrapposizione fra quanto è davvero riconducibile al diritto proprio dei Romani e quanto invece risale soltanto alle sue moderne rivisitazioni è un rischio da cui è necessario guardarsi con attenzione, soprattutto da quando alla vicenda giuridica antica si è iniziato a guardare non piú per rinvenirvi soluzioni da applicare al nostro presente, ma in una prospettiva storiografica, cercando di valorizzare gli aspetti di quell'esperienza (come la sua giurisprudenzialità, il suo impianto casistico, le tecniche di costruzione e argomentazione dei giuristi) che, proprio per la loro distanza dagli assetti degli ultimi secoli, meglio ci consentano di riflettere criticamente sul presente e di pensare il nuovo.

## Capitolo secondo
# Il processo civile

### 1. *La giustizia civile a Roma: fasi storiche e caratteri di lungo periodo.*

#### 1.1. Il quadro delle fonti.

Il costituirsi, all'interno di una comunità, di organi pubblici e procedure adibiti – oltre che alla persecuzione di illeciti stimati lesivi di interessi collettivi (quello che noi denominiamo processo penale) – alla risoluzione delle controversie fra privati (processo civile) costituisce un fenomeno centrale nella vicenda delle città antiche. Cosí fu per le *póleis* greche[1], e cosí per Roma, a partire almeno dalla seconda età monarchica, quella dei re etruschi. Di quest'evento vedremo fra breve (§ 2.1) forme e implicazioni nella piú risalente storia romana, allorché il potere politico venne progressivamente sostituendo la forza dei gruppi familiari e i mezzi di autotutela, ponendo a disposizione dei cittadini appositi riti cui ricorrere se ritenevano di aver subito un torto[2].

Per ora preme fermare l'attenzione su alcuni dati preliminari: attinenti, da un lato, allo stato delle nostre informazioni attorno al processo civile romano, e dall'altro alle diverse forme che esso assunse nel tempo e a certi peculiari caratteri di fondo che è dato isolare nel lungo periodo – in quanto destinati a riaffiorare, pur con gli inevitabili adattamenti, in momenti diversi, sino a scolpire la particolare visione romana del processo privato, per vari aspetti difforme dalla nostra. Inutile dire che, in quest'analisi, procede-

[1] A proposito delle quali alcuni studiosi hanno ritenuto che una vera dimensione «giuridica» si sia realizzata, appunto, solo con l'affermarsi del processo.

[2] Ovviamente di natura privata: l'indisponibilità di un bene, da altri detenuto e ritenuto proprio; il mancato adempimento di un obbligo di dare o di fare, cui altri sarebbe tenuto ecc.

remo in modo assai rapido, con una forte selezione di temi e di dati: un aspetto che sarà comune, del resto, a tutta la ricognizione che proporremo in questo capitolo, ove al tentativo di valorizzare alcuni tratti salienti sarà sacrificata una ricostruzione piú dettagliata, soprattutto dei profili strettamente procedurali.

Quanto dunque alle fonti delle nostre conoscenze, è subito da segnalare come esse risultino assai disomogenee: le scarne testimonianze legislative e i piú nutriti resti della letteratura giurisprudenziale attengono infatti a un'età avanzata (dalla tarda repubblica in avanti), assumendo come modalità processuale di riferimento il processo formulare (§ 3), anche nella sua coesistenza con le *cognitiones extra ordinem* («cognizioni straordinarie»: § 4). Coevi, e spesso ancor piú tardi, sono i documenti della prassi – soprattutto provinciale, il che pone ulteriori problemi, che potremo solo sfiorare. Quanto ai riti processuali impiegati nel periodo piú risalente (*legis actiones*: § 2), le informazioni sarebbero invece disperatamente povere, se Gaio (II sec. d.C.) non ne avesse offerto un'organica ricognizione nelle sue *Istituzioni* (4.10-29), quale *excursus* di carattere storico entro la trattazione del processo formulare, allora vigente, e di una delle distinzioni fra *actiones* proprie di esso (§ 3.11).

Ma altro è descrivere, a secoli di distanza, le linee essenziali di piú risalenti procedure; altro indagare minuziosamente – come accade nelle opere dei giuristi al lavoro da Augusto ai Severi – il piú complesso ordito di mezzi processuali fruibili nel proprio tempo, le modalità di applicazione e l'infinita casistica cui essi davano vita: un primo rilevantissimo dato, di cui non dovremo dimenticarci.

### 1.2. Tre forme di processo civile.

Un secondo aspetto da segnalare è l'esistenza, cui già accennavamo, di tre diverse forme di processo civile, succedutesi nella dozzina di secoli che corrono dall'età monarchica alla redazione giustinianea del *Corpus iuris* (cap. I, § 1). Si tratta delle *legis actiones*, per il periodo piú antico; del processo formulare, nato in età mediorepubblicana ma «legittimato» (vedremo il significato di questo termine: §

3.3) con interventi legislativi posteriori, soprattutto augustei; delle *cognitiones extra ordinem*, introdotte fin dall'inizio del principato e destinate a rimanere, anche formalmente, l'unica procedura vigente in età tardoantica.

Le tre esperienze processuali appaiono fra loro sensibilmente diverse, ma sbaglieremmo a ritenere la loro distanza solo di ordine tecnico. Vi si riflettono, piuttosto, fasi assai differenti della storia romana, e la sostanziale difformità di interi scenari: giuridici, ma anche antropologici e politici. A dominare la struttura e il funzionamento delle *legis actiones* – introdotte dapprima dai *mores* e solo piú tardi per via legislativa[3], utilizzabili dai soli cittadini romani e segnate da un forte ritualismo, d'impronta sacrale – è quell'inestricabile combinazione di elementi religiosi e giuridici che abbiamo visto connotare tutta l'età arcaica (cap. I, § 3): a garantirne l'efficacia è l'osservanza scrupolosa dei riti e la ripetizione senza errori di gesti e pronunzie verbali; a costituirne lo sfondo di applicazione è la sola comunità dei cittadini (*cives*), partecipi dei medesimi culti; a gestirne la prima fase (quella detta, come vedremo, *in iure*) sono il re o i primi magistrati repubblicani, dinanzi ai quali si impone la presenza delle parti e del bene conteso; a caratterizzarne le forme di esecuzione è l'idea che il debitore – ormai condannato, o che abbia confessato – risponde con la propria persona prima che col patrimonio (nel che si riflette la concezione arcaica di una soggezione fisica e personale, in luogo di quella che sarà poi l'*obligatio* quale vincolo astrattamente giuridico: cap. VI, §§ 1.2 e 2.1).

Le origini del processo formulare sono invece da collocare su uno sfondo di relazioni con altri popoli: quella rete di commerci mediterranei in cui Roma venne a inserirsi sin dalla prima età repubblicana, e che avrebbe poi controllato dopo la vittoria su Cartagine. Questa procedura – ac-

[3] Come nel caso (probabilmente) della *legis actio per iudicis arbitrive postulationem*, introdotta dalle XII Tavole – cui invece preesistevano senz'altro quelle *sacramento* e per *manus iniectionem* –, e della *legis actio per condictionem*, che si deve alle leggi *Silia* e *Calpurnia*. Tutto ciò rende piuttosto insoddisfacenti le spiegazioni che, in merito al loro nome («azioni di legge»), forniva Gaio (*Istituzioni* 4.11), secondo il quale esse (tutte, evidentemente) sarebbero state cosí designate o perché introdotte da leggi o perché da leggi avrebbero almeno attinto le parole che ne componevano i formulari.

cessibile anche agli stranieri, segnata da un carattere piú laico, legata a elementi di scrittura[4] e a tecniche meno arcaiche di accertamento dei fatti – riflette una visione nuova del diritto: distinto dalla religione e non piú confinato alla dimensione cittadina, aperto alla volontà delle parti (che espongono liberamente le loro pretese al magistrato, senza alcuna osservanza rituale) e sempre dipendente dal loro impulso, dominato dalla presenza dei magistrati muniti di *iurisdictio* (nel senso che vedremo: § 1.3) e, alle loro spalle, dai giuristi che li consigliano o ne commentano il documento (l'editto) in cui sono annualmente indicati i mezzi di tutela da quelli garantiti.

I protagonisti del processo formulare – giuristi e magistrati con *iurisdictio* – sono dunque gli stessi che guidano l'intero sviluppo del *ius* negli ultimi secoli della repubblica (cap. 1, § 4). Le *cognitiones extra ordinem* si legano invece, sin dalla loro origine, al nuovo regime cui dette vita Augusto, e al proposito imperiale di intervenire direttamente sul terreno giuridico: nella sua formazione come, appunto, nella sua applicazione in sede giudiziaria. Sorto col sedimentarsi di una serie di rimedi straordinari allestiti dai principi, questo nuovo processo si caratterizza soprattutto per il ruolo assunto dall'imperatore e dai suoi funzionari, i quali si occupavano anche dell'accertamento dei fatti e dell'emanazione della sentenza, monopolizzavano l'uso della forza e potevano prescindere dall'impulso delle parti. Ne emerge una fisionomia nuova del fenomeno processuale, in cui si affermano istituti e principî piú vicini a quelli che ci sono familiari – dalla possibilità dell'appello e del processo contumaciale (cioè in assenza di una delle parti, solitamente del convenuto), all'esercizio dell'esecuzione su singoli beni anziché sull'intero patrimonio (o addirittura sulla persona) del convenuto soccombente –, e soprattutto un suo carattere piú schiettamente pubblicistico (noi diremmo «statuale»), che ben si coniuga coi tratti di fondo che segnano la vita istituzionale dagli Antonini e (ancor piú) dai Severi in avanti (§ 4).

[4] Per scritto venne, relativamente presto, redatto il testo normativo di riferimento, ossia l'editto, ma anche la *formula*: § 3.7.

Se questa è, a grandi linee, la sequenza diacronica cui accennavamo, occorre però guardarsi da un equivoco. La successione di queste tre forme processuali non implica, infatti, che all'apparire dell'una si determinasse l'automatica e completa scomparsa dell'altra: il tradizionalismo romano e la vischiosità dei fenomeni giuridici non avrebbero consentito un esito simile. Per qualche secolo *legis actiones* e processo formulare convissero, sia pure con ambiti di applicazione ed effetti diversi, e allo stesso Augusto, cui si deve il (quasi) completo smantellamento delle une e la legittimazione dell'altro, risale l'introduzione delle prime *cognitiones extra ordinem*. Come frequentemente riscontriamo nella storia giuridica romana, le soluzioni nuove miravano ad affiancarsi a quelle preesistenti, piú che a sostituirle: semmai tendevano a garantire risultati piú efficienti, cosí da far cadere in disuso i meccanismi anteriori, che risultavano superati. È quanto, del resto, rinveniamo già all'interno del processo per *legis actiones*, laddove a tutela di un credito troveremo allestiti, nel tempo, tre diversi modi d'agire (*legis actio sacramento in personam, legis actio per iudicis postulationem, legis actio per condictionem*: § 2.3), ma ciascuno con ambiti d'applicazione sensibilmente difformi e crescenti vantaggi operativi, in modo che nessuno di essi costituisse un inutile duplicato del precedente, ma neppure fosse in grado di toglierlo completamente di scena.

### 1.3. «Iurisdictio», processo e diritto sostanziale.

Se quello appena ricordato costituisce già un motivo ricorrente nell'esperienza processuale romana, rimane da soffermarci su ulteriori tratti di fondo percepibili sul lungo periodo. Possiamo limitarci a tre soli aspetti, che risultano però fondamentali. In primo luogo, il nesso stringente, quasi inestricabile, che veniva a delinearsi fra tutela processuale e quel che noi siamo abituati a designare come «diritto sostanziale» – ossia il piano dell'ordinamento in base al quale mi è, ad esempio, riconosciuto un diritto reale o un credito, oggi percepiti come logicamente e cronologicamente preesistenti rispetto ai mezzi processuali con cui tutelarli. Per i Romani, invece, questi elementi apparivano piuttosto come due volti della stessa medaglia (lo stesso diritto processuale non è altro che una parte del diritto privato)[5]. Essi pensavano il diritto in termini di casi e di azioni, ossia privilegiando la dimensione dello strumento di coazione cui fosse possibile ricorrere in caso di mancata cooperazione da parte di chi vi sarebbe tenuto: ma le dimensioni (diremmo noi) processuale e sostanziale erano cosí fortemente compenetrate, che prima dell'allestimento della relativa azione neppure poteva dirsi riconosciuto alcun vero obbligo giuridico (quale che fosse la sua possibile configurazione tecnica). È una concezione difficilmente comprensibile muovendoci nella logica delle categorie moderne: già abbiamo visto (cap. I, § 4.3) come risulti storicamente poco soddisfacente il ricorso alle nozioni, e alla contrapposizione, di azione (processuale) e diritto soggettivo (sostanziale), e di come di quest'ultimo sia anzi difficile, nel mondo antico, rintracciare una configurazione organica e compiuta (cap. I, § 7.2).

Per ora ci basti sottolineare la centralità, e la lunga durata, di questa peculiare visione del processo: dai riti arcaici essa raggiunge i mezzi straordinari via via introdotti dagli imperatori per proteggere situazioni (fedecommessi [cap. IV, § 4.3*f*], crediti di professionisti per i loro onorari ecc.) per cui sino ad allora difettavano adeguati strumenti di tutela, ma trova la sua piú evidente espressione col processo formulare, e con il lavoro dei magistrati (provvisti di *iurisdictio*) che vi era sotteso. Era infatti proprio tramite la concessione, da parte di questi ultimi, di un'azione (o altro mezzo processuale: § 3.13) e il suo ripetuto inserimento nell'editto, che determinati assetti di interessi perseguiti dai privati acquisivano carattere pienamente giuridico, e i relativi accordi assumevano efficacia vincolante fra chi li aveva conclusi. L'intera vicenda delle obbligazioni, e del crescente numero di atti leciti che col tempo furono stimati idonei

[5] Gaio, ad esempio, tratterà quest'ultimo, nelle *Istituzioni*, secondo una scansione triadica, con una parte dedicata alle *personae*, una alle *res* e una, appunto, alle *actiones*: ossia persone, cose (ma in tale ambito, introducendo la nozione di «cosa incorporale», egli potrà esporre l'intero diritto patrimoniale: successioni a causa di morte, diritti reali e obbligazioni) e mezzi processuali.

a produrle (cap. VI, §§ 1-3), risulterebbe incomprensibile fuori di questo meccanismo, e di quella traduzione delle relazioni umane entro schemi giuridici che i magistrati realizzarono estendendo la loro rete di rimedi processuali.

Tutto questo è visibilmente legato ai tratti di fondo dell'esperienza giuridica romana, alla fluidità garantita dalla sua natura giurisprudenziale (cap. I, § 2): in tanto quell'intreccio fra dimensione processuale e sostanziale poté prodursi, e il diritto romano configurarsi come un diritto di casi e di azioni, in quanto per secoli la disciplina dei rapporti privati rimase irriducibile a una trama di sole previsioni legislative (di portata generale e astratta), o tantomeno a una normativa codificata (come in quasi tutti gli ordinamenti attuali). Proprio la centralità assunta dalle soluzioni casistiche affidate ai giuristi e dall'allestimento di idonei mezzi di tutela garantito dai magistrati forniti di *iurisdictio*, è dunque alla base di questo modo, peculiarmente romano, di configurare il fenomeno processuale.

Ma quella prima specificità si connette anche agli altri due aspetti cui accennavamo. Innanzi tutto, al carattere di tipicità che connotava le azioni a Roma[6]: carattere che, di nuovo, emerge compiutamente col processo formulare, ma che non è estraneo – sia pure con declinazioni diverse[7] – anche all'esperienza anteriore e successiva. Tipicità significa che ciascuna azione era approntata per salvaguardare una specifica pretesa, sorgente da una definita tipologia di ipotesi: quella e non altra. Cosí ad esempio, nel processo formulare, i crediti vantati dal compratore saranno perseguibili con l'«azione di cosa comprata» (*actio empti*), quel-

[6] Ancor piú di quanto avvenisse in altre realtà antiche, e in particolare nel diritto attico, soprattutto in materia di contratti.

[7] Basti pensare, per l'età piú risalente, al carattere generale che Gaio riconosceva alla *legis actio sacramento* (*in rem* e soprattutto *in personam*), laddove una particolare tipicità è invece riscontrabile per la *legis actio per iudicis arbitrive postulationem* e per la *legis actio per condictionem*: in riferimento o alla fonte (la *sponsio*: cap. VI, § 3.2) da cui era sorto il credito richiesto, o alla natura «certa» del suo ammontare (§ 2.3). Quello che, rispetto alla tipicità delle azioni nel processo formulare, non è sempre riscontrabile per le *legis actiones* è l'idea che sia fruibile uno strumento di tutela (in particolare di un credito) sempre e necessariamente diverso a seconda dell'atto da cui è sorta la pretesa che si intende far valere.

li del venditore con l'«azione di cosa venduta» (*actio venditi*), il proprietario che voglia accertato il suo diritto e recuperata la disponibilità del bene (o condannato al pagamento di una somma chi la possieda) ricorrerà a una «rivendica della cosa» (*rei vindicatio*), e cosí via. È questa caratteristica che spiega l'impatto assunto dall'allestimento, da parte dei magistrati, di mezzi processuali: proprio in ragione della loro tipicità, questi venivano a comporre progressivamente, a ridosso dei casi emergenti dalla vita sociale (e nei limiti di ciascuna figura giuridica cui essi erano via via riconducibili), la rete di tutela di cui si è detto. Evidente è poi il nesso che si instaura fra tipicità delle azioni e tipicità dei contratti (cap. VI, § 1 e 3.10): di nuovo, nient'altro che due profili dello stesso fenomeno. Ma tutto ciò illustra anche una nuova, macroscopica distanza con gli scenari attuali, nel senso che oggi il riconoscimento, sul piano sostanziale, di un diritto soggettivo comporta necessariamente l'esistenza di una protezione a livello processuale (si pensi a quanto disposto dall'art. 24 della Costituzione italiana), senza che, in tale ambito, vi sia alcuna determinazione di specifiche azioni di volta in volta esperibili, prevedendosi piuttosto, di norma, un processo a cognizione piena cui dar vita tramite un atto di citazione (al quale ricorreranno, per riprendere gli esempi di poc'anzi, tanto il venditore che il compratore o chi si affermi proprietario di un bene).

Un ultimo aspetto che, nei nostri riferimenti all'attività dei pretori e di altri magistrati, non possiamo trascurare, concerne la prerogativa che li connotava ed era alla base della loro incidenza sulla scena del processo: la *iurisdictio*. Già affermatasi in età monarchica, e allora concentrata nelle mani del re, essa divenne poi appannaggio di alcuni fra i magistrati piú elevati – i pretori, in primo luogo, ma poi anche edili curuli[8] e governatori provinciali; mentre rimase a lungo un potere quiescente dei consoli, ed escluso per i censori. Se è chiara l'etimologia del termine (da *ius dice-*

[8] Cui era affidata, tra l'altro, la *iurisdictio* in materia di mercati: essi provvidero a disciplinare le compravendite di schiavi, giumenti e fiere che vi erano concluse (e in particolare le controversie che sorgevano ove tali beni risultassero affetti da vizi occulti) con l'emanazione di uno specifico editto.

*re*: pronunziare cosa sia diritto), piuttosto fuorviante è però il suo accostamento con la nozione (moderna) di «giurisdizione», cui solitamente si ricorre nel tradurre la parola latina. Tale restituzione è solo in apparenza ovvia, e in parte scorretta.

«Dire il diritto» significava infatti, innanzi tutto, individuare il modello giuridico cui la concreta controversia doveva essere ricondotta (il rito dell'età piú arcaica, sulla cui correttezza formale occorreva vigilare; poi l'azione del processo formulare, ove le pretese delle parti erano tradotte dal magistrato in uno schema giuridico, ormai flessibile). Diversamente da coloro cui oggi è affidata la «giurisdizione», non era invece compito del titolare della *iurisdictio* – almeno sino all'avvento delle *cognitiones extra ordinem* – accertare i fatti ed emanare la sentenza[9]. Ma se da tale punto di vista la categoria antica implica un fascio di poteri piú ristretto rispetto a quella moderna, per altri versi la prima è connessa a ulteriori e rilevanti attività, estranee ai nostri organi giurisdizionali. Si tratta della possibilità di fissare previsioni di natura processuale, di tenore piú generale: possibilità che i magistrati forniti di *iurisdictio* esercitarono ampiamente, sino a dar vita al *ius honorarium*, quale nuova e autonoma sfera normativa (cap. I, § 4.3). Il documento esemplare di quest'impegno, protrattosi per secoli, è l'editto: direttamente fondato sul *ius edicendi* (cap. I, § 4.3), esso è però anche espressione del potere di *dicere ius*[10] proprio di alcuni magistrati, che fissavano i termini in cui avrebbero esercitato il proprio potere («autonormazione»), ma anche i mezzi di tutela su cui i privati, Romani e non, avrebbero potuto fare affidamento («eteronormazione»). E fra questi mezzi ve ne erano alcuni (pensiamo alle *actiones in factum*: § 3.11) che non riposavano su alcun precetto di *ius civile*, ma solo sulla facoltà, riconosciuta al magistrato (in particolare, al pretore), di valutare la meritevolezza di tutela di meri fatti, e provvedere all'elaborazione

[9] Il che era proprio del *iudicare*, che costituiva la seconda fase del processo, di cui si occupava un giudice privato.

[10] Preventivamente, per cosí dire, rispetto all'insorgenza di una lite, ma spesso recuperando e affinando gli strumenti via via allestiti per specifiche controversie.

della relativa protezione processuale. Un'ulteriore conferma di quella peculiare concezione – un «diritto di casi e di azioni» – che per larga parte del suo itinerario segnò l'esperienza processuale romana.

## 2. I riti arcaici.

### 2.1. Autotutela e forza dei gruppi familiari.

Abbiamo già rilevato (§ 1.2) come la forma di processo propria dell'età piú risalente fosse costituita dalle *legis actiones*, ma anche il notevole significato che, a livello istituzionale, assunse l'apparizione di questa forma di giustizia privata rispetto alle precedenti modalità di risoluzione delle controversie. In effetti, dobbiamo ritenere che, soprattutto prima della riforma serviana – allorché uno spazio politico unitario non poteva considerarsi integrato e le aggregazioni di famiglie patrizie (*gentes*: cap. III, § 3.1) giocavano ancora un ruolo primario sulla scena pubblica, concentrando poteri (anche militari) che saranno poi assunti dai re della fase etrusca –, le liti fra *patres* venissero gestite tramite il ricorso, in primo luogo, all'autotutela, e cioè in ragione della forza degli individui e dei loro clan. Certo possiamo immaginare che, in un mondo povero di scambi commerciali e scandito da prescrizioni religiose che orientavano rigorosamente le condotte umane[11], le occasioni di controversie fossero piuttosto rare, e che il ricorso alla violenza trovasse qualche temperamento nell'osservanza dei *mores* (cap. I, § 3.1) e nel controllo sociale. Se cosí non fosse stato, la stabilità dell'intera compagine sociale sarebbe stata di volta in volta minacciata dall'esistenza di una lite, senza che alcun organo cittadino (neppure il re, in questa fase piú antica) fosse in grado di frenare e disciplinare l'impiego della forza.

[11] Oltre che da forme di dipendenza personale (su persone che si trovavano in *patria potestas*, *manus*, *causa mancipii* e stato di *cliens*: cap. III, §§ 2.3, 2.4, 4.1) talmente marcata da far sí che eventuali inadempienze del sottoposto potessero essere senz'altro risolte e sanzionate con l'esercizio dei relativi poteri da parte del *pater familias* o patrono.

Se poi ci volgiamo allo specifico campo degli illeciti – e in particolare a quelli che, non stimati tali da attrarre la collera divina sull'intera collettività (come invece i *crimina*), ma come lesivi di interessi solo privati (*delicta*: cap. VI, § 4) –, rinveniamo un importante riscontro di quest'arcaica prevalenza del ricorso privato alla violenza. Esso prendeva inizialmente la forma della vendetta, avvertita quale inderogabile reazione di un soggetto o del suo gruppo familiare, tesa a saziare l'ira per il torto arrecato, e pertanto non necessariamente limitata dalla corrispondenza con l'ingiustizia sofferta. Tale corrispondenza (col passaggio, dunque, dalla vendetta indiscriminata al «taglione»: «occhio per occhio, dente per dente») è per noi documentata solo con le XII Tavole, le quali peraltro attestano anche, per taluni *delicta*, la possibilità di una composizione volontaria della vertenza (tramite un'offerta da parte del reo, accettata dalla parte lesa, che rinunciava in tal modo al taglione), o addirittura l'approdo a una pena fissa, che il colpevole doveva corrispondere all'offeso[12]. È qui ben visibile l'impatto dei mutamenti istituzionali che hanno ormai visto l'affermazione di un piú incisivo potere in capo agli organi di governo cittadini (prima i re, poi i supremi magistrati repubblicani), in grado di comprimere fortemente l'uso privato della forza e assicurare, in cambio, adeguati strumenti pubblici di tutela: non è certo casuale che la piú antica immagine di un processo che rinveniamo nella tradizione occidentale (la descrizione di una delle scene che ornavano lo scudo di Achille, costruito da Efesto, nel XVIII libro dell'*Iliade*) attenga a una controversia relativa a una *poiné*, ossia alla somma dovuta perché i familiari dell'ucciso rinunziassero alla vendetta.

Come dunque, in quest'ambito, il ricorso all'intervento (forse prima di arbitri, e poi) di organi cittadini prevalse progressivamente sull'incontrollata reazione dei privati, cosí dobbiamo pensare che l'intera amministrazione della giustizia civile si sia affermata come espressione di un potere politico ormai in grado di imporsi alle *gentes* e ai *patres fa-*

[12] Il quale dunque potrà esclusivamente agire – ormai tramite un processo – per ottenere la relativa somma.

*milias*. Da parte di questi ultimi l'uso della forza non era azzerato, ma come neutralizzato e composto nella stilizzazione, o «messa in forma», che conosceva nel rito processuale: o in una veste paritaria e bilanciata (come vedremo soprattutto nella *legis actio sacramento in rem*: § 2.2) oppure in una fortemente asimmetrica (come con la *legis actio per manus iniectionem*, in cui al condannato o *confessus* non era consentito, almeno inizialmente, «allontanare da sé la mano»: § 2.3). In tal modo, come nel campo degli illeciti la possibilità di una reazione privata non scomparve completamente, ma venne confinata a ipotesi ben determinate[13], cosí l'introduzione di riti che venivano a svolgersi al cospetto del re o del magistrato fece sí che l'impiego della forza fosse consentito ai privati solo nelle forme stabilite, e in alcune fasi del processo (ad esempio, al fine di ottenere la presenza *in iure* del convenuto, o nelle *legis actiones* di carattere esecutivo: §§ 2.4 e 2.3): un'opzione che, come vedremo, non scomparirà completamente neppure col processo formulare (§ 3.10)[14].

### 2.2. Rito e creazione del «ius»: il caso della «legis actio sacramento in rem».

Abbiamo appena parlato – e già piú volte lo avevamo fatto nelle pagine precedenti – delle procedure arcaiche come «riti»: è giunto il momento di chiarire meglio il senso di quest'espressione. Il ritualismo, quale stereotipia di comportamenti di cui è prescritta la scrupolosa ripetizione, è

[13] Pensiamo al caso del ladro colto in flagrante di notte, o armato, che poteva essere direttamente messo a morte, previa l'invocazione e l'assenso dei vicini, oppure al caso (che ancor meglio si lascia ricondurre al modello della vendetta) della «dazione a nossa», con cui il *pater* o *dominus* consegnava al soggetto leso il figlio oppure lo schiavo o l'animale che aveva cagionato il danno (in modo tale che il padre o il proprietario si liberava di ogni responsabilità: il che doveva originariamente significare che la vendetta era cosí esercitata sul sottoposto a potestà o *dominium*, anziché sull'intero gruppo familiare).

[14] Del resto, forme di autotutela sono conosciute anche nelle attuali esperienze giuridiche (pensiamo alla legittima difesa, al diritto di ritenzione, all'incameramento della caparra, all'eccezione di inadempimento). Si tratta però di ipotesi circoscritte e che, soprattutto, trovano attuazione solo in quanto espressamente previste dall'ordinamento, e fatte valere proprio entro un contesto processuale.

un elemento centrale nel vissuto arcaico romano, di cui ben esprime il serrato intreccio di dimensione giuridica e religiosa (non a caso protagonista nell'allestimento dei riti e nella conservazione dei relativi formulari fu un collegio sacerdotale, quello dei pontefici: cap. 1, § 3.1). Non può dunque sorprendere trovarne una diffusa attestazione anche nel processo civile. Possiamo anzi dire che, almeno nella prima fase (quella *in iure*, che cioè si svolgeva dinanzi al re o, successivamente, al magistrato), le *legis actiones* si presentano proprio come riti: un'elaborata rappresentazione cui le parti davano vita col compimento e la pronunzia di gesti e termini prestabiliti. Un'omissione o un errore avrebbe fatalmente comportato la perdita della lite, giacché l'involucro formale delle rispettive pretese assumeva un rilievo maggiore della stessa fondatezza di queste ultime[15]: cosí come nelle pratiche cultuali o nell'esperienza magica, solo l'iterazione fedele del gesto e della parola erano qui in grado di produrre validi effetti, e far assumere al linguaggio quel suo particolare valore «performativo» (cap. 1, § 3.1). Né è privo di significato, anche per i successivi sviluppi dell'esperienza romana[16], che il rispetto delle solennità rituali fosse prescritto, a quanto ci consta, per la sola fase *in iure* e non in quella *apud iudicem*, dedicata ai profili fattuali: questi ultimi andavano incontro, dinanzi al re o al magistrato, a una traduzione in segni (parole e gesti), destinati a essere ripetuti senza variazioni.

È dunque il ritualismo il carattere di fondo che segna tutte le *legis actiones*, e attorno al quale ruotano e si connettono le altre loro caratteristiche: l'esclusiva oralità, l'incidenza del fattore magico-sacrale, la peculiare forma di tipicità, la necessità della contestuale presenza delle parti (e dell'eventuale oggetto su cui si dibatteva). La stessa pretesa di uno dei contendenti poteva trovare il suo fonda-

[15] Gli esiti paradossali che tutto ciò poteva comportare sarebbero stati alla base, secondo Gaio (che parlava di «eccessiva sottigliezza degli antichi»: *Istituzioni* 4.30), dello sfavore a cui, col tempo, le *legis actiones* sarebbero andate incontro.

[16] E per il ruolo che vi avrebbe giocato la distinzione fra *ius* e *factum*, concetti giuridici da un lato e funzioni economiche e materia sociale dall'altro: cap. 1, §§ 3.1 e 4.4.

mento (a quanto ci consta, esclusivamente) nella correttezza del rito da lui esperito dinanzi al magistrato. Per comprendere appieno quest'aspetto giova seguire l'esposizione di Gaio in merito a quella che fu probabilmente la procedura piú antica e ai nostri fini piú significativa: la *legis actio sacramento in rem* (in cui si aveva cioè, come vedremo, il ricorso a un giuramento, ed era controversa la titolarità di un bene)[17].

Leggiamo dunque nelle *Istituzioni* (4.16-17) che colui che promuoveva la lite – noi diremmo l'attore, che conduceva *in iure* il convenuto: ma il singolare dialogo che seguiremo fra i due consiglia di parlare piuttosto di primo e secondo vindicante – doveva far in modo che al cospetto del re o del magistrato fosse presente il bene conteso, o almeno una sua parte[18]. Tenendo in mano una bacchetta (*festuca*), il primo vindicante afferrava tale bene (nell'esempio gaiano uno schiavo) e quindi pronunziava – ponendo su di esso la *festuca*[19] – la formula vindicatoria: «hunc ego hominem ex iure Quiritium meum esse aio secundum suam causam. Sicut dixi, ecce tibi vindictam inposui» [affermo che quest'uomo è mio in base al diritto dei Quiriti, in conformità alla sua condizione giuridica. Cosí come ho detto, ecco che ti

[17] Piú precisamente, le due parti asserivano ciascuna che esso fosse proprio: sull'idea arcaica del *meum esse aio*, in luogo della piú astratta concezione di titolarità di diritti, si veda cap. v, § 2.1. La *legis actio sacramento in rem* poteva cosí essere impiegata anche da chi, ad esempio, affermasse essere propria una servitú rustica (cap. v, § 3), o suo un *filius familias*, o nel proprio *mancipium* un figlio da altri vendutogli. Alla stessa azione, con opportuni adattamenti, si poteva anche ricorrere per le controversie sullo stato libero o servile di una persona (cap. III, § 2.3).

[18] Come una sola pecora (o addirittura un suo pelo) se al centro della lite era un gregge, o una porzione della colonna o della nave, o del fondo o dell'abitazione contesa: nella mentalità arcaica, verosimilmente, tale parte non costituiva tanto un simbolo («segno metonimico»), ma tendeva a identificarsi con la cosa intera da cui proveniva, e che quindi risultava come presente, realmente e non simbolicamente. È la medesima situazione che veniva a crearsi, fuori dell'ambito processuale, laddove oggetto di *mancipatio* (cap. v, § 2.10) fosse un bene non trasportabile.

[19] Che costituisce la stilizzazione di una lancia: Gaio (*Istituzioni* 4.16) afferma che veniva impiegata «in luogo» di quest'ultima. Il gesto esprimeva cosí la piú risalente e incontestabile ragione per cui poteva dirsi proprio un bene: la conquista militare. A un orizzonte simbolico contiguo dobbiamo ascrivere la *adprehensio* del bene conteso, ossia l'afferrarlo, il mettergli le mani addosso.

ho imposto la *vindicta*][20]. La controparte aveva due scelte: o taceva (nel qual caso la formula del primo vindicante avrebbe sortito il suo effetto, ed egli ottenuto il bene: si sarebbe cioè dato luogo a una *in iure cessio* [cap. v, § 2.11]), oppure procedeva a sua volta alla rivendica, col medesimo rito: la circostanza che il bene fosse in suo possesso non gli conferiva infatti alcun vantaggio, ed egli non si sarebbe potuto limitare a contestare quanto affermato dal primo vindicante. L'immagine dei due litiganti che tenevano entrambi lo schiavo, gli imponevano la *festuca* e ripetevano la medesima formula, ben riproduce la stilizzazione di un duello – ad armi pari – che l'intero rito evocava (§ 2.1): cosí come rispecchia la situazione di stallo in cui i contendenti venivano a trovarsi.

Proprio per uscire da questa fase entrava in scena l'organo pubblico: l'ordine che (il re o) il pretore rivolgeva ai due contendenti («mittite ambo hominem» [lasciate entrambi lo schiavo]) rappresenta infatti l'inibizione di ogni ricorso alla forza per risolvere l'incertezza causata dal corretto compimento dei due riti di rivendica. La parola tornava cosí al primo vindicante, che domandava (sempre secondo un formulario prefissato): «postulo anne dicas qua ex causa vindicaveris» [ti chiedo di dire in base a quale causa hai compiuto la *vindicatio*]. La risposta del secondo vindicante è forse il passaggio piú illuminante dell'intera descrizione gaiana: «ius feci sicut vindictam inposui» [ho compiuto il rito[21] imponendo la *vindicta*]: non solo la correttezza del comportamento processuale viene invocata quale fondamento della pretesa (che non è quindi rinvenuta sul piano, diremmo noi, del diritto sostanziale), ma il termine *ius* finisce con l'evocare tanto il rito quanto il diritto che esso ha prodotto. Proprio perché ritiene che il suo avversario abbia rivendicato in maniera contraria al diritto (*iniuria*), il primo vindicante lo sfida a giurare che la sua *vindicatio* era conforme al *ius*: giuramento che quello (se, di nuovo, non preferiva cedere, temendo ora l'ira divina) poteva ritorcergli.

[20] *Vindicta* sembra qui da intendere, come emerge anche dal prosieguo del formulario, quale sinonimo di *festuca*.

[21] Questo sembra qui – in modo assai indicativo – il significato da attribuire a *ius*.

Vedremo piú avanti (§ 2.4) gli sviluppi processuali cui dava luogo questa reciproca sfida: essa illustra ancora il piano paritario in cui si trovavano i contendenti, e lo stallo cui il rituale da loro compiuto continuava a dar vita. A risolverlo poteva essere solo l'intervento divino, evocato col *sacramentum*: a conferma dell'incidenza di quei dispositivi giuridici e antropologici che nella nostra, ancor piú che nelle altre *legis actiones*, emergono con evidenza. Assai significative si rivelano poi, a proposito del rapporto fra osservanza del rito e produzione del *ius*, certe corrispondenze tra il formulario della *legis actio sacramento in rem* e l'apparato di gesti e parole, probabilmente di creazione pontificale, proprio della *mancipatio* (cap. v, § 2.10), per mezzo della quale una *res mancipi* (il suo *dominium*) passava da un soggetto (alienante: *mancipio dans*) a un altro (*mancipio accipiens*)[22]. Rileva, in particolare, la circostanza che a prendere la parola fosse – soltanto, o comunque per primo – l'acquirente, e che i solenni *verba* da lui pronunziati[23] fossero al contempo non coincidenti con la situazione reale (nel senso che, quando egli afferma essere proprio il bene, esso è in effetti ancora del *mancipio dans*), ma produttivi di diritto, in quanto è proprio la fedele osservanza delle prescrizioni verbali e gestuali a garantire il passaggio del *dominium* (a fronte del quale il pagamento del prezzo si configura quale una sorta di risarcimento).

### 2.3. Le altre «legis actiones».

*a) La «legis actio sacramento in personam».* Oltre che per reclamare che qualcosa era proprio, la *legis actio sacramento* poteva essere impiegata a un altro fine, ossia per veder accertato l'obbligo, da parte del convenuto, di dare qual-

[22] Il medesimo effetto poteva essere raggiunto, tanto per le *res mancipi* che *nec mancipi*, con una *in iure cessio* (cap. v, § 2.11), le cui coincidenze con la nostra *legis actio* appaiono ancor piú evidenti, in quanto ne costituisce sostanzialmente solo l'applicazione in sede negoziale.

[23] «Hunc ego hominem ex iure Quiritium meum esse aio isque mihi emptus esto hoc aere aeneaque libra» [Io affermo che quest'uomo è mio in base al diritto dei Quiriti ed egli mi sia acquistato con questo bronzo e la stadera bronzea]: Gaio, *Istituzioni* 1.119.

cosa (*dare oportere*). Si parlava in tal caso di *legis actio sacramento in personam*, del cui formulario siamo meno informati, tanto che neppure è chiaro se il giuramento – cui ancora si ricorreva ove nella precedente parte del rito non fosse intervenuta una confessione del debitore, o qualche mancanza formale delle parti – fosse anche stavolta reciproco (come appare piú verosimile)[24], oppure vi fosse tenuto il solo convenuto. Certo è che, sorta verosimilmente per casi specifici, questa *legis actio* assunse presto un carattere generale (Gaio, *Istituzioni* 4.13), essendo esperibile a tutela di qualsiasi credito, quale ne fosse la causa – che però, con ogni probabilità, doveva essere indicata sin dalle solenni dichiarazioni della fase *in iure* – e indipendentemente dal carattere «certo», ossia determinato, dell'oggetto (una somma di denaro, o altro bene) della prestazione richiesta.

*b*) *La «legis actio per iudicis arbitrive postulationem»*. È questa la ragione per cui, come accennato (§ 1.2), posteriori interventi legislativi introdussero nuove *legis actiones* a tutela dei crediti, ma solo, questa volta, per determinate ipotesi, e non a carattere generale. Si tratta in primo luogo della *legis actio per iudicis arbitrive postulationem*, prevista dalle XII Tavole per i casi in cui l'attore procedesse per chiedere (*postulare*) al magistrato un arbitro – necessario ove si intendesse ottenere la divisione di un'eredità o di un bene in comune –, oppure un giudice[25]. Quest'ultimo è appunto il caso in cui l'attore mirava a ottenere il soddisfacimento di un credito: ma questa procedura – preferibile alla *legis actio sacramento in personam* perché, fra l'altro, evitava il ricorso al giuramento – era utilizzabile solo se tale credito fosse sorto da una *sponsio* (cap. VI, § 3.2).

*c*) *La «legis actio per condictionem»*. Qualcosa di analogo può dirsi per la *legis actio per condictionem*, che è l'ultima delle *legis actiones* che indichiamo come «dichiarative»

[24] Il che contribuirebbe a spiegare perché le altre *legis actiones* piú tardi introdotte, come vedremo, a tutela di determinati crediti, riuscissero piú vantaggiose per l'attore, che non incorreva nei rischi conseguenti al giuramento.

[25] Da questa alternativa deriva appunto il nome della nostra *legis actio*.

(per contrapporle a quelle «esecutive»)[26], e anche la piú recente in ordine di tempo, in quanto fu introdotta, non prima del III secolo a.C., dalla legge *Silia* per i crediti di una determinata somma di denaro (*certa pecunia*), e poi estesa dalla legge *Calpurnia* a quelli aventi ad oggetto un bene identificato (*certa res*). Se ciò limitava sensibilmente il suo ambito operativo, indubbi erano i vantaggi che venivano per la prima volta garantiti, e che ben affiorano dal formulario che ci tramanda Gaio (*Istituzioni* 4.17b): ove infatti alla solenne domanda dell'attore («aio te mihi sestertiorum X milia dare oportere: id postulo aias an neges» [affermo che mi devi dare 10 000 sesterzi: ti chiedo se lo ammetti o lo neghi]) non seguisse l'ammissione del convenuto, l'attore cosí proseguiva: «quando tu negas, in diem tricensimum tibi iudicis capiendi causa condico» [dal momento che neghi, ti invito per il trentesimo giorno al fine di ricevere il giudice]. Piú che per questo rinvio di trenta giorni[27] – ottenuto dall'attore col suo *condicere* (dal che il nome dell'azione) e che verosimilmente mirava a favorire l'adempimento, o un accordo fra le parti –, il dato piú significativo (e anche l'effetto piú vantaggioso per l'attore) era costituito dalla possibilità di non indicare, nella fase *in iure*, la causa da cui sorgeva il credito. Il fondamento di quest'ultimo doveva, ovviamente, essere poi provato dinanzi al giudice, in un momento successivo: ma per ora la procedura assumeva un carattere astratto, che evitava all'attore il rischio di soccombere per non avere, al cospetto del magistrato, indicato correttamente la causa della sua pretesa. Questa natura astratta avrebbe poi connotato anche l'azione (*condictio*) che col processo formulare si affermò in corrispondenza della nostra *legis actio*, e che presto la sostituí (verosimilmente già per effetto della legge *Aebutia*: § 3.3): un regime processuale che ancora una volta ci appare forte-

[26] Come vedremo in questo e nel prossimo §, la distinzione ha un senso soprattutto in riferimento alla bipartizione in fase *in iure* e fase *apud iudicem*, che è propria delle sole *legis actiones* dichiarative, mentre quelle esecutive non richiedevano un *iudex*, e talora (nel caso la *legis actio per pignoris capionem*) potevano aver luogo *extra ius*.

[27] Che sembra non costituisse una novità assoluta, essendo già stato previsto da una legge *Pinaria* per la *legis actio sacramento*: Gaio, *Istituzioni* 4.15.

mente connesso a profili sostanziali, in quanto contribuí a delineare struttura e disciplina del piú importante contratto reale, il mutuo (cap. VI, § 3.4).

*d) La «legis actio per manus iniectionem»*. Esaurito il novero di quelle che indichiamo come *legis actiones* dichiarative[28], interessa ora soffermarsi – in parte perché vi vediamo emergere analoghi tratti di fondo, in parte perché vi si colgono ulteriori aspetti del diritto arcaico – su quelle esecutive, e in primo luogo sulla *legis actio per manus iniectionem*. Il caso fondamentale (al quale col tempo altri vennero assimilati) in cui essa aveva luogo era quello in cui il convenuto, già condannato con una *legis actio* dichiarativa (*iudicatus*) o dopo aver ammesso *in iure* il fondamento della pretesa attorea (*confessus*), non avesse poi corrisposto quanto dovuto (il debito da lui riconosciuto, o la somma nella cui fissazione necessariamente consisteva la sentenza di condanna [§ 2.4]). Decorsi i trenta giorni previsti a tal fine dalle XII Tavole[29], egli poteva essere trascinato con la forza dinanzi al magistrato dall'attore vittorioso, il quale pronunziava la formula prestabilita[30] e contestualmente ne afferrava una parte del corpo. L'incidenza della pronunzia solenne e la simbologia della *adprehensio* ci sono ormai note, cosí come sappiamo che in questo rito – non la stilizzazione di un duello alla pari, come nella *legis actio sacramento in rem*, ma la formalizzazione di una violenza che legittimamente un soggetto esercitava e l'altro subiva – il debitore non poteva difendersi o allontanare da sé la mano, ma semmai fornire un garante (*vindex*), che avrebbe potuto contestare la fondatezza della richiesta dell'attore, col rischio di dover poi pagare, se soccombente, una cifra dop-

[28] Accenneremo piú tardi (§ 3.1) a un'ulteriore procedura, nota come *agere in rem per sponsionem*.

[29] Ma la nostra *legis actio* doveva essere già in uso prima della loro emanazione.

[30] Secondo il resoconto di Gaio (*Istituzioni* 4.21), essa suonava cosí: «quod tu mihi iudicatus sive damnatus es sestertium X milia, quando non solvisti, ob eam rem ego tibi sestertium X milium iudicati manum inicio» [dal momento che sei stato giudicato o condannato a mio favore per 10 000 sesterzi, poiché non hai pagato, per questo io ti impongo la mano per 10 000 sesterzi in forza del giudicato].

pia rispetto a quella del debito originario[31], ed essere a sua volta soggetto a *manus iniectio*.

I successivi sviluppi della procedura mostrano assai bene come con questo rituale la violenza privata fosse canalizzata e frenata, ma tutt'altro che rimossa; cosí come aiutano a comprendere il carattere drammaticamente fisico e personale della soggezione (non già vincolo giuridico patrimoniale) in cui si trovava il debitore (cap. VI, §§ 1.2 e 2.1). Infatti, una volta che questi veniva consegnato (*addictus*) dal magistrato al creditore, rimaneva nella disponibilità di quest'ultimo[32] per sessanta giorni: un termine che doveva favorire l'intervento di parenti o amici che volessero riscattare il debitore – alla stessa funzione tendeva la prescrizione di esporre l'*addictus* a tre mercati consecutivi. Dopo questo periodo egli poteva essere venduto al di là del Tevere (in età arcaica ciò significava essere alienato come schiavo a stranieri)[33] o anche ucciso: una possibilità che diveniva ancor piú cruenta qualora piú di uno fossero i creditori, ciascuno dei quali avrebbe potuto appropriarsi di una porzione del corpo del debitore squartato[34].

*e) La «legis actio per pignoris capionem».* Una forma meno aggressiva di coazione sul debitore era infine realizzata con la seconda *legis actio* di carattere esecutivo che ci è nota: quella per *pignoris capionem*. Prevista solo per particolari tipologie di debito (per le quali non sembra fosse configurabile un vero obbligo [*oportere*] di *ius civile*: cap. VI, § 2), essa presenta la particolarità di potersi svolgere anche fuori del tribunale del magistrato (*extra ius*) e in assenza del debitore. Si realizzava infatti tramite l'impossessamento di beni (verosimilmente solo cose mobili) di quest'ultimo, che

[31] È il fenomeno noto come litiscrescenza, che piú tardi troverà applicazione nell'*actio iudicati* (§ 3.10), come anche in altre azioni del processo formulare.

[32] In catene e nutrito di quel poco che ne assicurasse la sopravvivenza: le XII Tavole disciplinavano minuziosamente entrambi questi aspetti.

[33] Laddove un cittadino romano non sarebbe potuto invece divenire schiavo (ma semmai, come visto, solo *addictus*) di un altro *civis*.

[34] Porzione non necessariamente corrispondente all'entità della pretesa di un creditore rispetto a quelle degli altri, come le XII Tavole prevedevano con macabra puntualità.

il creditore effettuava procedendo contestualmente alla pronunzia dell'immancabile formulario, il cui tenore non ci è però pervenuto. La finalità era non tanto di soddisfare immediatamente il creditore (in quanto appunto nei suoi confronti non sussisteva un *oportere*), ma piuttosto di costringere il debitore all'adempimento: trattandosi di beni mobili possiamo peraltro immaginare che, trascorso invano un anno, il soggetto che se ne era impossessato ne divenisse proprietario in forza di usucapione (cap. V, § 2.14).

### 2.4. Fase «in iure» e fase «apud iudicem».

Come piú volte rilevato, le *legis actiones* (dichiarative) contemplavano una bipartizione, dal momento che alla fase rituale svolta al cospetto del magistrato (*in iure*) ne seguiva una, verosimilmente sprovvista di particolari formalità, che siamo soliti chiamare *apud iudicem* (presso il giudice), destinata alla valutazione delle prove e all'emanazione della sentenza. In realtà, oltre al *iudex* (unico) propriamente detto – privato cittadino scelto dal magistrato –, o all'*arbiter*[35], a giudicare poteva essere un organo collegiale (di dieci o cento persone): i *decemviri stlitibus iudicandis* per le questioni sullo *status* di libero o schiavo di un soggetto, e i *centumviri* per le controversie in materia di successioni ereditarie.

Ma soprattutto dobbiamo considerare come la presenza di un giudice quale figura distinta dall'organo pubblico che presiedeva la fase precedente non sia, con molta probabilità, un carattere originario, nel senso che per la *legis actio* verosimilmente piú antica (quella *sacramento*) si ritiene che a decidere sulla (maggior) fondatezza di un giuramento o dell'altro – e quindi sulla condanna del soccombente alla somma fissata col giuramento stesso (a seconda del valore della lite cinquanta o cinquecento assi oppure, prima della diffusione della moneta, cinque pecore o cinque buoi) – fosse lo stesso re, probabilmente coadiuvato dal collegio pon-

[35] Laddove erano richieste particolari competenze tecniche, come con la *legis actio per arbitri postulationem*, onde operare la divisione di un'eredità o di una comunione (§ 2.3).

tificale. La stessa funzione dovette poi spettare esclusivamente a quest'ultimo con l'avvento della repubblica, per essere piú tardi affidata a un *iudex* in senso proprio, contestualmente alla laicizzazione che interessò le procedure di accertamento della verità di quanto giurato. Inizialmente, infatti, al reciproco *sacramentum* seguiva una valutazione di carattere solo religioso, quasi un «giudizio di dio», per mezzo del quale da segni divini (volo di uccelli, ispezione delle viscere dell'animale sacrificato ecc.) era desunta la conformità al *ius* di un giuramento o dell'altro – e solo di riflesso (e con carattere relativo, cioè unicamente in riferimento ai due contendenti) era stabilita l'appartenenza del bene controverso (se ovviamente si trattava di una *legis actio sacramento in rem*). Col tempo il *sacramentum* assunse invece una portata diversa, trasformandosi in una sorta di scommessa sulla fondatezza delle reciproche *vindicationes*, o affermazioni di esistenza o meno del credito, e la valutazione delle prove acquisí un carattere piú laico e «razionale», per essere affidata a un giudice, forse sul modello della *legis actio per iudicis arbitrive postulationem*, introdotta dalle XII Tavole.

Tratti comuni a tutte le *legis actiones* dichiarative si rinvengono poi nell'atto che chiudeva la fase *in iure* e in quanto (in verità assai poco) sappiamo circa quella *apud iudicem*. Rileva, nel primo senso, la formale invocazione che le parti rivolgevano agli astanti, affinché fossero testimoni (*testes estote*) di quanto dinanzi a loro era stato compiuto, e quindi della correttezza del rito posto in essere (da questo *contestari litem* deriva la *litis contestatio*, che vedremo assumere una maggior importanza col processo formulare [§ 3.8]). La fase successiva non sembra fosse legata, come accennato, al medesimo scrupoloso ritualismo, e neppure richiedeva la necessaria presenza delle parti: tuttavia se, avvenuta la *denuntiatio* (con cui uno dei litiganti intimava all'altro di comparire il dopodomani [*comperendinus dies*, da cui *comperendinatio*] dinanzi all'organo giudicante), uno dei due non si fosse presentato entro mezzogiorno, avrebbe senz'altro perduto la lite. Qualora invece entrambi fossero stati presenti, si sarebbe potuto procedere – dopo una breve esposizione della controversia (*causae coniectio*) – alla *peroratio*, con l'esposizione delle relative pretese e la produzione delle prove, costituite in primo luogo dai testimoni[36]. Il dibattimento doveva avere tempi estremamente serrati – non oltre il tramonto del sole, secondo una prescrizione delle XII Tavole –, ed entro la fine della giornata doveva dunque aversi, per quanto ne sappiamo, anche la pronunzia della sentenza, con eventuale condanna in forma pecuniaria (ma accompagnata, nel caso della *legis actio sacramento in rem*, dall'accertamento sull'appartenenza del bene, quale logica premessa circa la fondatezza del giuramento): sentenza che avrebbe fra l'altro impedito di intentare un nuovo processo per la medesima questione.

## 3. Il processo privato fra repubblica e principato.

### 3.1. La sopravvivenza delle «legis actiones».

Radicate nei *mores* piú risalenti, o introdotte coi primi interventi legislativi (come le XII Tavole) e poi modellate ed estese per mezzo della *interpretatio* pontificale, le *legis actiones* conobbero una vigenza assai lunga, che dal tempo dei re raggiunse l'ultimo scorcio repubblicano. Per tutto questo periodo esse costituirono, con ogni probabilità, l'unica forma processuale i cui esiti (la sentenza, innanzi tutto) producessero effetti sul piano del *ius civile* (§ 3.3). Ma ovviamente, su un arco cronologico tanto esteso, la loro vicenda conobbe fasi diverse.

Ancora in età post-decemvirale abbiamo incontrato leggi, dalla metà del III secolo a.C. in avanti, cui si deve l'allestimento di un'ultima *legis actio* (quella per *condictionem*: § 2.3). Sempre dopo le XII Tavole, ma a seguito dell'intervento pontificale, si venne affermando un ulteriore *modus agendi*, che – secondo un'attitudine ricorrente nell'*interpretatio* giurisprudenziale del tempo (cap. I, § 3.3) – sfruttava una disposizione di quel corpo normativo onde dar vita a un meccanismo nuovo, in grado di ovviare al faticoso fun-

[36] I quali, come vedremo, avrebbero continuato a lungo, soprattutto nel processo formulare (§ 3.9), a rappresentare il mezzo di prova privilegiato.

zionamento (nel nostro caso) della *legis actio sacramento in rem*. Si tratta del cosiddetto *agere in rem per sponsionem*, il cui impiego piú risalente[37] consisteva nel farsi promettere con *sponsio* una somma che il possessore di un bene avrebbe dovuto versare a colui che se ne asseriva proprietario, qualora risultasse fondata la pretesa di quest'ultimo. In luogo della simmetria delle *vindicationes* e della stilizzazione di un duello che abbiamo rintracciato nella *legis actio sacramento in rem* (§ 2.2), chi disponeva della *res* godeva qui di una situazione di vantaggio[38] e solo sull'attore incombeva l'onere della prova: ma questi evitava a sua volta il rischio economico connesso al *sacramentum*. Per ottenere l'accertamento sulla titolarità del bene, egli poteva infatti ricorrere ai mezzi processuali previsti per esigere un credito sorgente da *sponsio*, ossia (accanto alla piú risalente *legis actio sacramento in personam*), la *legis actio per iudicis postulationem* e piú tardi (trattandosi di una pretesa di *certa pecunia*) la *legis actio per condictionem*. In tal modo il giudice veniva direttamente investito del compito di decidere se fosse dovuta o meno la somma promessa con *sponsio*, ma pregiudizialmente[39] doveva pronunziarsi anche sulla questione dell'appartenenza del bene (il che costituiva la condizione della *sponsio*): tale pronunzia era proprio quanto l'attore mirava a ottenere, aggirando il piú complesso e rischioso meccanismo della *legis actio sacramento in rem*.

Queste innovazioni testimoniano una certa vitalità di cui, almeno per particolari ipotesi, le *legis actiones* godettero ancora in età mediorepubblicana, e lo stesso è forse da dire per l'applicazione della *legis actio sacramento in personam* che una legge *Calpurnia* del 149 a.C. previde a beneficio dei provinciali per quanto loro estorto dai governatori romani. Né dobbiamo dimenticare come anche dopo lo smantellamento (a opera di Augusto, come vedremo) del

[37] E anche piú longevo, sebbene col tempo a esso se ne affiancarono altri.

[38] Ma ovviamente non si sarebbe potuto rifiutare di concludere la *sponsio*, pena la previsione di conseguenze altrettanto o ancor piú gravose del pagamento della somma in essa contemplata.

[39] Il meccanismo della *sponsio praeiudicialis* continuò a venir utilizzato anche nel processo formulare, ed è probabile che da esso si siano sviluppate anche particolari azioni pretorie, dette *praeiudicia* (§ 3.7).

processo per *legis actiones*, una sua limitata sopravvivenza si ebbe (almeno formalmente) con la *legis actio damni infecti*[40] e le procedure centumvirali per rivendiche di eredità e impugnazioni di testamenti *inofficiosi* (cap. IV, § 5.2). Ma tutto ciò non toglie che, nel complesso, gli ultimi secoli della repubblica videro un progressivo declino di quest'antico processo, rispetto al quale sempre piú divenne preferibile il ricorso alle nuove forme di tutela – per quanto, a lungo, prive di effetti sul piano del *ius civile* – garantite dal pretore nell'esercizio della sua *iurisdictio* (§ 1.3).

### 3.2. La preistoria del processo formulare: traffici mediterranei e prassi arbitrali.

Abbiamo già osservato come il processo formulare differisse sensibilmente dalle *legis actiones* – oltre che per la maggior duttilità (parole concordate e messe insieme [*concepta verba*] in luogo di *certa verba*) – anche per lo scenario di relazioni giuridiche in cui si collocava. Già prima del 242 a.C., quando fu istituito il *praetor peregrinus* (con specifica *iurisdictio* per le liti fra stranieri, o Romani e stranieri), è verosimile che un'analoga competenza fosse riconosciuta all'unico pretore allora esistente. Nel codice genetico del processo formulare è dunque inscritta una vocazione sovranazionale, con una sensibilità alle nuove realtà di traffici che andavano ben oltre l'angusto spazio della piccola comunità di *cives* cui erano destinate le *legis actiones*.

È nel contesto di queste relazioni economiche di respiro mediterraneo[41], che dobbiamo cercare anche i primi meccanismi giuridici ai quali avrebbero poi attinto i pretori nell'elaborazione del processo formulare: insomma, la sua preistoria (o protostoria). Almeno dalla fine del VI secolo a.C. – al 509 risale il primo trattato con Cartagine, alle cui spal-

[40] Sulla quale ben poco sappiamo (forse si trattava di un'applicazione della *legis actio per pignoris capionem*) e che comunque venne di fatto sostituita dalla *cautio damni infecti* del processo formulare (§ 3.13).

[41] È appena il caso di notare come la stragrande maggioranza dei commerci antichi si svolgessero per via d'acqua, soprattutto per mare: e Roma, con Cartagine, si trovava proprio sull'asse che congiunge la parte occidentale e orientale del Mediterraneo.

le doveva essere una prassi di scambi già relativamente intensi – i protagonisti di questi commerci si trovarono infatti sforniti di un'autentica tutela giurisdizionale, anche per i negozi di cui piú frequentemente si servivano[42]. Eventuali controversie dovevano essere affrontate e composte tramite il ricorso, soprattutto nei centri ove avevano luogo i maggiori traffici (i cosiddetti santuari emporici), alle figure che lí svolgevano la delicata funzione di sensali, esperti di corrispondenze fra pesi, misure e monete proprie dei vari mercanti. Nell'impossibilità (o, nel caso di rapporti fra Romani, nella difficoltà pratica) di adire l'autorità pubblica, l'unica via praticabile era quella delle procedure arbitrali, ossia forme di decisione della lite affidate a un *arbiter* (soggetto privato *super partes*), che verosimilmente, nella maggior parte dei casi, doveva essere identificato proprio nel sensale[43].

Questa prassi conobbe uno sviluppo consistente e non breve (di un paio di secoli almeno), nel corso del quale i principali schemi di composizione delle liti assunsero una fisionomia piú stabile, con un particolare risalto attribuito alla protezione della parte che avesse già compiuto la propria prestazione (*tutela ex re tradita*, ossia sulla base della consegna), nonché alla *bona fides*, intesa innanzi tutto quale rispetto della parola data (cap. I, § 4.3). In questo quadro di relazioni vennero cosí a delinearsi e ad acquisire una precisa connotazione giuridica quelli che piú tardi riceveranno la qualifica di contratti del *ius gentium*, tutti segnati dall'efficacia vincolante del consenso e dal richiamo alla

[42] Come lo scambio consensuale di cosa (della quale era garantito il pacifico godimento, non certo trasmesso il *dominium*) contro prezzo, o la messa a disposizione del bene in cambio di un pagamento periodico e previa restituzione dello stesso alla fine del rapporto: quelli che saranno poi rispettivamente denominati compravendita e locazione-conduzione (*emptio-venditio* e *locatio-conductio*: cap. VI, §§ 3.6-7).

[43] L'etimologia di *arbiter* potrebbe in tal senso fornire indicazioni importanti. È infatti possibile che il termine non risalga ad *ad-bitere* (non evochi quindi il gesto dell'andare o venire, proprio del vicino che, in un contesto rurale, è invocato per essere presente nel luogo ove è sorta una lite, e quindi a deciderla), ma dal fenicio *rb* (*arbu*), che indica appunto il «sensale», a cui ci si affidava nei vari empori, tanto per il corretto compimento dello scambio quanto per la risoluzione delle vertenze da quello scaturite. Cfr. anche cap. VI, § 3.5.

*bona fides* (compravendita, locazione-conduzione, società e mandato: cap. VI, §§ 3.6-9). Ma nelle connesse prassi arbitrali comparvero anche – e sappiamo che i due fenomeni non possono essere disgiunti (§ 1.3) – quelle proto-formule che furono successivamente recepite dal pretore nell'esercitare la propria *iurisdictio* e nel coniare le *formulae* da cui prese il nome la nuova tipologia di processo civile[44].

### 3.3. Nascita e legittimazione del processo formulare.

I pretori[45] non crearono dunque dal nulla, ma attinsero largamente a un'esperienza risalente e articolata, mettendo a frutto il talento, tipicamente romano, di cogliere il meglio dai vari contesti con cui si entrava in contatto. L'innovazione introdotta da quei magistrati fu di enorme rilievo, e anche se essi non si presentarono mai come artefici di una radicale cesura col passato[46] (cap. I, § 4.3), non vi è dubbio che la loro capacità di adeguare gli strumenti giuridici (e in primo luogo i mezzi di tutela) alle ingenti trasformazioni della società romana costituí la chiave dello sviluppo e della buona riuscita del processo che per secoli fu chiamato a gestire il contenzioso privato.

E tuttavia altro era esercitare la propria *iurisdictio*, onde allestire schemi di tutela concorrenti con le *legis actiones* ma (diversamente da queste) valevoli sul solo piano del *ius honorarium*[47], che appunto dalla carica magistratuale traeva origine; e altro era consentire che, in presenza di determinati requisiti, gli effetti del processo formulare (e in particolare quelli della *litis contestatio* e della sentenza: §§

[44] Una traccia di questa recezione, e del processo storico che era alle sue spalle, sembra rinvenibile soprattutto nelle *formulae* con *demonstratio*: cap. VI, § 3.5.

[45] Ossia (ripetiamolo ancora) il pretore unico, quale *conlega minor* dei consoli, a partire dalle leggi *Liciniae Sextiae* del 367 a.C., e poi, dal 242 a.C., quello *urbanus* per le controversie fra Romani e quello *peregrinus* per le liti fra stranieri o fra Romani e stranieri.

[46] Seguendo un atteggiamento che ci appare, di nuovo, come una peculiarità del mondo romano.

[47] E soprattutto della parte che, all'interno di esso, era di esclusiva produzione pretoria: ossia appunto il *ius praetorium* (cap. I, § 4.3).

3.8 e 3.10) avessero rilievo anche nell'ambito del *ius civile*. Mentre a gestire il primo fenomeno – che attiene alla nascita del processo formulare – furono esclusivamente i magistrati di cui abbiamo detto (*praetor peregrinus* e *urbanus* in testa), il secondo risultato – quello della «legittimazione» (o «legalizzazione») di tale processo – non poteva essere conseguito da quegli stessi soggetti, in quanto era loro precluso di incidere (almeno direttamente) sull'assetto determinato dalle fonti del *ius civile* (*mores*, XII Tavole e successive leggi, *interpretatio* dei giuristi ecc.). Per realizzare tale «legittimazione» (dopo la quale venne meno, in pratica, anche l'ultimo motivo per ricorrere alle *legis actiones*, e quindi la loro stessa ragion d'essere), era dunque indispensabile l'intervento di una di queste fonti di *ius civile*. Abbiamo anzi notizia di due leggi che, a un centinaio d'anni l'una dall'altra – e comunque dopo che già da vari secoli si era avuta la nascita del nostro processo –, sarebbero intervenute in materia. Si tratta di una legge *Aebutia*, emanata negli ultimi decenni del II secolo, e di una disposizione fatta approvare da Augusto (la legge *Iulia iudiciorum privatorum*)[48], risalente al 17 a.C.

Non è agevole stabilire quale fosse il rapporto fra le due disposizioni, e quale il rispettivo contenuto. Mentre infatti Gaio (*Istituzioni* 4.30) si limita ad accostarle, per segnalare come in forza di esse uscirono di scena le *legis actiones* e «si iniziò a litigare per mezzo di parole concordate [*concepta verba*], ossia tramite le *formulae*», gli studiosi moderni hanno dato vita almeno a due differenti teorie. Secondo la prima – risalente a Wlassak e ripresa piú di recente, con ulteriori argomenti, da Talamanca – già la legge *Aebutia* avrebbe riguardato tutto il vecchio processo per *certa verba*: esso non sarebbe stato formalmente abrogato, ma accanto a esso avrebbe ottenuto eguale riconoscimento (e analoghi effetti nel caso, secondo Talamanca, di *actiones civiles*: § 3.11) il processo formulare, cosí che i litiganti avrebbero potuto scegliere tra una forma di procedura e l'altra (un'opzione ob-

[48] Cui probabilmente si aggiunse una legge *Iulia municipalis*, coeva o di poco successiva: il che spiegherebbe anche perché Gaio, come vedremo, parlava di due *leges Iuliae* che sarebbero intervenute in materia di processo privato.

bligata se uno di essi fosse stato straniero, piena ed effettiva se entrambi romani). Secondo un'altra interpretazione, probabilmente da preferire, la legge *Aebutia* si sarebbe invece occupata solo della *legis actio* piú recente (quella *per condictionem*): o rendendo alternativa, rispetto a essa, la *condictio* formulare[49], oppure – come ipotizzato da Pugliese e da altri studiosi – abolendo la *legis actio per condictionem*, e riconoscendo effetti non solo onorari alle corrispondenti azioni del processo formulare (*condictio certae creditae pecuniae* e *condictio certae rei*: cap. VI, § 3.4). Il successivo intervento augusteo sarebbe stato cosí finalizzato (non tanto a risolvere ufficialmente la concorrenza delle due forme processuali, ma) a generalizzare il disposto della legge *Aebutia*, prevedendo la soppressione delle *legis actiones* (con le eccezioni già rilevate: § 3.1), in luogo delle quali il processo ordinario sarebbe divenuto quello formulare.

Ciò significava che esso non avrebbe piú, necessariamente, prodotto effetti solo sul piano del *ius honorarium*, per poterne piuttosto dispiegare anche su quello civilistico in senso stretto[50]. Perché questo avvenisse era però necessario, in primo luogo, che la pretesa fatta valere dall'attore trovasse il suo fondamento giuridico in una fonte dello stesso *ius civile* (che cioè la formula dell'azione contenesse una *intentio in ius concepta*: §§ 3.7 e 3.11), e non si trattasse di una mera situazione di fatto che, nell'esercizio della propria *iurisdictio*, il pretore stimasse meritevole di tutela (tramite la concessione di un'azione con *intentio*, appunto, *in factum concepta*: § 3.11). In secondo luogo era richiesto che il processo, indipendentemente dalla pretesa (e relativo fondamento) che vi era dedotta, si risolvesse in un *iudicium legitimum* (tale era il *iudicium* instaurato a Roma o entro un

[49] Come riteneva Kaser, secondo il quale effetto fondamentale della legge *Aebutia* sarebbe stato quello di precludere, dopo l'esperimento di una *condictio* formulare, il ricorso a una *legis actio per condictionem* in merito alla medesima pretesa.

[50] In tal modo l'obbligo sorgente da *litis contestatio* poteva assumere il carattere di un *oportere*, con conseguenze estintivo-novative rispetto all'obbligazione dedotta in giudizio (§ 3.8); analogo carattere era rivestito dall'obbligazione sorgente dalla condanna pecuniaria (*obligatio iudicati*); l'*adiudicatio* (§ 3.7) poteva comportare l'attribuzione di un *dominium* o la costituzione di altro diritto reale riconosciuto dal *ius civile*.

miglio dal *pomerium*; affidato a un giudice unico e cittadino romano; e in cui giudice e parti fossero anch'essi *cives*)[51]. Già questi dati bastano a comprendere il complesso rapporto che venne ora a instaurarsi fra gli istituti che trovavano riconoscimento nel *ius civile* e la tutela che (anche) per essi si realizzava col processo allestito dai magistrati: ma molte conferme e approfondimenti emergeranno tramite l'esame dei meccanismi che, nell'ambito di quest'ultimo, vennero elaborati e via via perfezionati.

### 3.4. I protagonisti: magistrati, giudici, parti.

Abbiamo già appreso come, per molti aspetti, protagonisti del processo formulare fossero quei magistrati, muniti di *iurisdictio*, al cui impegno si deve la nascita e il successivo sviluppo del nuovo tipo di procedura: pretore (*urbanus* e *peregrinus*) e poi anche, nell'ambito delle rispettive e piú limitate competenze, edili curuli[52], governatori provinciali, e ulteriori figure che si aggiunsero in età imperiale. La centralità del loro ruolo emerge in un duplice senso. In primo luogo, per le disposizioni che essi annualmente fissavano emanando l'editto, e che, come sappiamo, avevano proprio natura (direttamente ed esclusivamente) processuale[53]. In secondo luogo, perché la fase *in iure* si svolgeva al cospetto del magistrato, come già per le *legis actiones* dichiarative: in questo caso, però, egli non doveva limitarsi a controllare la correttezza del rito compiuto, ma assumeva compiti piú costitutivi, che comprendevano la facoltà di concedere o denegare l'azione, intervenire con mezzi di coazione sulla parte (verosimilmente il convenuto) che poteva trarre vantaggio dall'interrompere il processo con la

[51] Come vedremo (§ 3.12), contrapposti a questi giudizi erano quelli *imperio continentia*, che si reggevano solo sulla potestà del magistrato (questo sembra qui il significato di *imperium*), e che perciò dovevano esaurirsi entro il termine della sua carica, laddove i *iudicia legitima* dovevano chiudersi entro un anno e mezzo dalla loro instaurazione.

[52] Ne abbiamo ricordato le competenze al § 1.3, nota 8.

[53] Pur non mancando di ricadute sul piano che noi diremmo «sostanziale»: basti pensare alla cosiddetta «proprietà pretoria» (o *in bonis habere*), il cui riconoscimento costituí l'esito di un congegno processuale messo a punto dal pretore (l'*actio Publiciana*): cap. v, § 2.3.

propria inerzia (vi torneremo) e soprattutto redigere la *formula* con l'ausilio delle parti.

Sappiamo anche, tuttavia, che con quest'ultimo atto e con la *litis contestatio* (§ 3.8) si chiudeva la fase dinanzi al magistrato: a valutare le prove – muovendosi con maggiore o minore libertà rispetto al tenore della *formula* (a seconda che si trattasse di un *iudicium bonae fidei* o *stricti iuris*: § 3.12) – ed emanare la sentenza sarebbe stato un altro soggetto, scelto (piú o meno) liberamente dalle parti e investito del compito di *iudicare* in base a un *decretum* magistratuale (relativo appunto alla concessione del giudizio: *iudicii datio*). L'organo che avrebbe deciso la lite poteva essere individuale (*iudex* o, se fossero richieste determinate competenze tecniche, *arbiter*) oppure collegiale – come nel caso dei *recuperatores*: di regola, per cause in cui fossero coinvolti anche interessi pubblici, come nell'ipotesi di azioni promosse contro i *publicani*, responsabili della riscossione dei tributi nelle province.

Oltre che dalla bipartizione del processo nelle due fasi che ci sono note, il ruolo direttivo del magistrato trovava un'ulteriore compressione nel carattere «arbitrale» che è stato colto nel processo formulare[54], ossia nel principio secondo cui esso rimaneva, praticamente, nella disponibilità delle parti dall'inizio alla fine, e poteva essere avviato e poi proseguire solo se entrambe vi acconsentivano (o spontaneamente, o per timore di mezzi di coazione economicamente non meno svantaggiosi di una condanna). Quest'aspetto – da cui deriva, fra l'altro, l'impossibilità di procedere in contumacia (ossia in assenza di uno dei contendenti) – trova probabilmente la sua spiegazione nell'origine storica del processo formulare, come pure nella mancanza (prima dell'affermazione delle *cognitiones extra ordinem*: § 4) di una macchina giudiziaria volta a gestire in modo piú diretto e pervasivo il contenzioso privato.

[54] Il che non significa, ovviamente, che il *iudex* fosse da intendere quale un arbitro, nell'accezione di soggetto privato al quale le parti si rivolgono al di fuori di ogni contesto di giurisdizione pubblica (e che sarà tenuto a decidere la lite solo in forza di un atto privato, detto *receptum*). Il *iudex* è scelto infatti all'interno di liste ufficiali di cittadini che presentano determinati requisiti, e ha ricevuto dal magistrato il potere di conoscere della causa ed emettere la sentenza (§ 3.9). Da qui il suo carattere ibrido: non organo della città-Stato, ma neppure arbitro scelto in assoluta libertà.

Un regime piú complesso era poi previsto ove in giudizio non potesse stare il soggetto interessato, ma si dovesse ricorrere a un suo sostituto: mentre infatti, come rilevato, per avviare un processo formulare non era richiesta la cittadinanza romana, rimaneva indispensabile disporre di piena capacità, e in particolare non essere schiavi (ai quali solo inizialmente vennero equiparati i *filii familias*), e neppure sottoposti a curatela o infanti (casi in cui avrebbe agito nel processo, rispettivamente, il curatore o il tutore, il quale ultimo si sarebbe invece limitato, in altre occasioni, a prestare l'*auctoritas*: cap. III, § 2.5). Ipotesi particolari, e una disciplina ulteriormente articolata, potevano poi aversi ove la parte fosse costituita da una comunità – come nel caso degli abitanti di colonie e municipi, che solitamente stavano in giudizio tramite un *actor* –, oppure, pur trattandosi di una singola persona fisica, procedesse alla nomina di un rappresentante. Quest'ultimo poteva essere costituito da un *cognitor*, solitamente designato *in iure* alla presenza della controparte[55], oppure da un *procurator* (o generale o specificamente *ad litem*), il quale, agendo in forza di un incarico non conferito in giudizio, doveva garantire che il rappresentato ne avrebbe ratificato l'operato, cosí da assicurare l'avversario anche della consumazione dell'azione.

## 3.5. Il contributo dei giuristi.

Oltre che a rappresentanti, le parti potevano ricorrere a esperti, da cui farsi assistere per rafforzare le loro difese processuali. Si trattava però di soggetti che, pur provvisti di una formazione giuridica, eccellevano soprattutto sul piano retorico, e che quindi faticheremmo non poco ad assimilare agli attuali avvocati di una causa civile[56]. Dobbia-

[55] E il cui nome sarebbe apparso nella *condemnatio*, mentre quello del *dominus litis* compariva nell'*intentio* (§ 3.7): un esito che si spiega in ragione della limitatissima affermazione, presso i Romani, del meccanismo della rappresentanza diretta, e che, se da un lato precludeva comunque la riproposizione della medesima lite, dall'altro imponeva di elaborare vari accorgimenti per garantirsi che trovasse attuazione la sentenza emanata nei confronti del *cognitor*.

[56] Oltre tutto, il termine *advocatus* designava in primo luogo chi era chiamato a sostituire la parte che, per varie ragioni, fosse incorsa nel divieto di

mo guardarci, in particolare, da un equivoco, immaginando che a compiere simili interventi fossero soprattutto i giuristi, e che in questo si risolvesse il loro apporto al funzionamento del processo formulare. In realtà, pur non mancando testimonianze, soprattutto tardorepubblicane, di un impegno saltuariamente esercitato in tribunale dai *iuris periti*[57], è in una direzione diversa che dobbiamo ricercare il loro contributo piú rilevante.

In primo luogo, dobbiamo ricordare come proprio l'impianto giurisprudenziale abbia contribuito in misura decisiva alla peculiare visione romana del processo – e di quello *per formulas* in particolar modo –, quale dimensione pressoché inscindibile dal piano del diritto sostanziale (§ 1.3). Piú specificamente, occorre volgerci a quello che nelle fonti è designato come *agere*, distinto dal *respondere* e dal *cavere* attribuito agli stessi giuristi. Se infatti, con questi ultimi verbi era indicata, rispettivamente, la loro attività di consulenza a fronte di domande dei privati e di assistenza nel compimento di atti negoziali, con la predisposizione di idonei paradigmi, l'*agere* era rappresentato dalla redazione di schemi e formulari processuali su richiesta delle parti o dei magistrati. Si trattava di una funzione assai significativa, che contribuí non poco al cospicuo incremento dei mezzi processuali allestiti dai pretori (o in quanto loro stessi giuristi o in quanto, appunto, consigliati da questi ultimi): incremento che, in una situazione di tipicità delle azioni (§ 1.3), rappresentava l'unica strada per soddisfare le nuove esigenze di tutela poste dalla vita sociale.

Occorre poi ricordare un secondo compito, distinto ma connesso, che per tempo si assunsero i giuristi: quello di sottoporre a un commento lemmatico[58] l'editto annualmente emanato dai pretori (e poi anche da edili curuli e governatori provinciali). Questa prassi è già attestata alla fine

*postulare*, ossia di formulare richieste al magistrato e opporsi a quelle della controparte.

[57] E non sempre con particolare fortuna: è il caso, ad esempio, di Quinto Mucio nella *causa Curiana* (che si svolse peraltro dinanzi al tribunale centumvirale), contro il quale prevalse Licinio Crasso.

[58] Ossia un commento che procedeva riportando e via via esaminando porzioni (lemmi, appunto) di scrittura edittale.

della repubblica (con le opere di Servio, Ofilio e piú tardi Labeone) e avrebbe dato vita a uno dei generi letterari piú ricchi e fecondi, soprattutto dopo la cristallizzazione dell'editto realizzata da Salvio Giuliano per volere di Adriano, attorno al 130 d.C. (cap. I, § 5.3). Quest'ultimo intervento rappresenta, anche nella nostra prospettiva, un autentico spartiacque. In precedenza infatti – e soprattutto finché il testo pretorio mantenne una sostanziale fluidità, mutando ancora sensibilmente di anno in anno –, l'analisi del giurista era affidata a opere agili, ma delle quali i magistrati successivi potevano tener conto nel redigere il proprio editto e rivedere i mezzi processuali ivi contemplati. Dopo che Adriano impresse a quel testo il carattere di una formale immodificabilità[59], le dimensioni dei commentari vennero a dilatarsi notevolmente[60], e soprattutto assunsero un taglio e una finalità in gran parte nuova: venuta meno, in capo ai magistrati, la facoltà di introdurre innovazioni a livello processuale, la possibilità di ripensare e adeguare i mezzi di tutela poteva, infatti, essere affidata solo alla *interpretatio* dei giuristi. Muovendo dal «vecchio» editto, essi ne esaminavano minuziosamente le previsioni e saggiavano le modalità di applicazione dei vari strumenti processuali rispetto a una casistica pressoché inesauribile: ora estendendone il campo operativo (suggerendo, fra l'altro, la concessione di azioni *ad exemplum*, cioè sulla falsariga di quelle già contemplate nell'editto: § 3.11), ora comprimendolo (come col ricorso a eccezioni [§ 3.7]) e ridisegnandolo alla luce dei diversi e confliggenti interessi in gioco.

### 3.6. La fase «in iure» e la composizione della «formula».

Quanto appena osservato aiuta a comprendere meglio cosa intendevamo parlando di magistrati e giuristi come

[59] Ultimo approdo, peraltro, di una lunga stagione in cui venne dilatandosi il corpo di disposizioni che, di fatto, rimanevano annualmente invariate (*edictum tralaticium*).

[60] Sino a proporsi quali grandi opere di sintesi dell'intero *ius honorarium*, come con gli scritti di Paolo e Ulpiano (III sec. d.C.), ma molto probabilmente già di Pomponio (II sec. d.C.).

principali protagonisti dell'esperienza giuridica che si riflette nel processo formulare, e piú in generale del diritto romano quale un «diritto di casi e di azioni» (§§ 1.2-3). Per penetrare ulteriormente nel cuore di quell'assetto, occorre però fare un passo indietro e seguire piú da vicino quanto accadeva *in iure*: non tanto per ricomporre puntualmente ogni fase della procedura, quanto per poter apprezzare in cosa consistesse il compito del magistrato, e in qual modo si esplicasse concretamente il suo *dicere ius*.

L'attore doveva innanzi tutto attivarsi perché fosse noto al convenuto il mezzo processuale che nei suoi riguardi sarebbe stato richiesto (*editio actionis* stragiudiziale)[61], e quindi assicurarsi di ottenere la sua presenza dinanzi al magistrato – scopo cui mirava la *in ius vocatio*, quale ingiunzione informale a comparire immediatamente in tribunale, cui il destinatario non poteva sottrarsi, salvo incorrere in sanzioni, come l'immissione nei suoi beni cui poteva essere autorizzato l'attore (*missio in bona*: § 3.12). Di frequente si ricorreva poi a un impegno a comparire (*vadimonium*), sancito con *stipulatio*, in virtú del quale il (futuro) convenuto prometteva di pagare una somma ove non si fosse presentato, in giorno e ora stabiliti, in un luogo prossimo al tribunale, ove piú agevole risultasse l'*in ius vocatio*. Ottenuta la presenza del convenuto, l'attore[62] provvedeva a rinnovare e, se del caso, precisare la propria *editio actionis* (stavolta, giudiziale), chiedendo al magistrato di concedere la relativa azione (*postulatio actionis*), o già prevista nell'editto o allestita all'uopo (tramite decreto: *actio decretalis* o *actio in factum*: § 3.11) sulla base di un discrezionale giudizio di meritevolezza riguardo alla situazione esposta dall'attore.

Date queste premesse, la fase *in iure* poteva procedere e

[61] Fra le modalità in cui essa poteva compiersi, significativa (in quanto illustra con immediatezza i meccanismi di un assetto processuale che sappiamo retto da tipicità di azioni) è quella suggerita da Lebeone e poi ricordata da Ulpiano (*D.* 2.13.1.1): condurre la controparte dinanzi all'albo edittale e indicare il mezzo processuale (*actio*, ma in senso lato), ivi previsto, che si intendeva promuovere.

[62] Per comodità espositiva continuiamo qui a servirci della terminologia moderna (attore e convenuto; in latino *actor* e *reus*): esistevano comunque azioni – come quelle divisorie o relative a questioni di *status* personale – in cui le parti non assumevano tecnicamente simili vesti. Si veda anche *infra*, § 3.7.

approdare alla redazione della *formula*; ma non necessariamente. Era infatti possibile, in primo luogo, che il magistrato – in seguito a un sommario esame della questione (*causae cognitio*) – rifiutasse di concedere l'azione (*denegatio actionis*), in quanto palesemente infondata o foriera di conseguenze inique (come nel caso che a prendere l'iniziativa fosse chi si era procurato un credito agendo con dolo o minaccia: § 3.13 e cap. VI, § 3.5g), oppure perché non prevista nell'editto ma richiesta sulla base di fatti che in realtà erano risultati immeritevoli di tutela. Poteva poi darsi il caso che il convenuto riconoscesse il fondamento della pretesa attorea (*confessio in iure*, i cui effetti erano però equiparati a quelli di una sentenza di condanna solo ove l'azione avesse a oggetto il credito di una somma determinata), oppure che il magistrato autorizzasse l'attore a deferire al convenuto un giuramento (*iusiurandum in iure*, che, se non compiuto, avrebbe esposto il *reus* a misure esecutive, come la *missio in bona* [§ 3.13], ma se da lui effettuato ne escludeva ogni responsabilità, anche in sede di un'eventuale nuova azione intentata contro di lui in merito allo stesso oggetto)[63]. Vi era infine la possibilità che il convenuto, anziché resistere all'azione e contestare quanto sostenuto dall'attore (*infitiare*), optasse per rimanere inerte (*indefensio*), illudendosi di poter cosí bloccare il processo – mentre ci è ormai noto che il magistrato avrebbe assunto contro di lui provvedimenti (diversi a seconda del tipo di azione, e principalmente se *in rem* o *in personam* [§ 3.11]) che assicuravano all'attore vantaggi eguali o superiori a quelli da lui conseguibili con una sentenza favorevole.

Qualora nessuna di queste ipotesi si verificasse, la fase *in iure* poteva proseguire e perfezionarsi. Ciò comportava l'individuazione del giudice (unico) o dei *recuperatores*, en-

[63] Una terza possibilità per il convenuto era quella di riferire il giuramento all'attore, con possibilità di effetti simmetrici (soccombenza del convenuto ove l'attore giurasse, sua liberazione da ogni responsabilità in caso contrario). Diverso dal *iusiurandum* di cui stiamo parlando era quello che poteva esser deferito, sempre nella fase *in iure*, su iniziativa di una parte o dell'altra, ma che l'avversario poteva liberamente rifiutare (salvo precostituire, in tal modo, un indizio a sé sfavorevole). Ancora diverso era poi il *iusiurandum in litem*, che poteva aver luogo nella fase *apud iudicem* delle azioni che prevedessero la possibilità di una *restitutio arbitratu* (o *arbitrio*) *iudicis* (§ 3.12).

trambi tratti da liste ufficiali[64], e soprattutto la redazione della *formula*, sulla cui base avrebbe avuto luogo il *iudicium* e quindi la decisione della causa. Possiamo considerare questo come il cuore del nostro processo: il passaggio che meglio ne illustra lo spirito, e anche le peculiarità del compito assegnato ai magistrati. La *formula* si configura infatti come il documento risultante dalle richieste delle parti (pretese avanzate dall'attore, contestazioni e circostanze eccepite dal convenuto), ma anche come la traduzione in termini tecnici di una materia fattuale con cui il magistrato entrava in contatto solo tramite questa sua tipizzazione, fornendo al giudice le coordinate logiche alla cui stregua valutare il merito della causa (se risulta questo, il convenuto sia condannato; se non risulta, sia assolto).

È dunque la riconduzione dello specifico evento a un modello giuridico, a un «tipo» appunto[65], tenendo distinti ma anche legati pronunzia del *ius* e indagine sul fatto (cap. I, § 4.3), il tratto saliente di quest'esperienza processuale, e anche il segreto del suo buon funzionamento – quasi stupefacente, se pensiamo alla mole di contenzioso che veniva a gravare su pochi magistrati. Tale stilizzazione (ma in un senso ben diverso da quanto abbiamo riscontrato per le *legis actiones*) poteva, rispetto alla concreta controversia portata in tribunale, realizzarsi in modi diversi: o servendosi degli schemi contemplati nell'editto (se l'attore chiedeva la concessione di un'azione in esso già prevista: qui possiamo dire che la tipizzazione si trovava a monte, era preventiva), oppure provvedendovi appositamente tramite *decretum* (cioè con la concessione, da parte del magistrato, di un'*actio decretalis* o *in factum* [da non confondere con l'azione provvista di formula *in factum concepta*]: § 3.11). In questo secondo caso dobbiamo ritenere che non di rado

[64] Nel primo caso tramite un accordo fra i contendenti (che ovviamente neppure stavolta era completamente libero, nel senso che il convenuto non avrebbe potuto impunemente rifiutare tutti i nomi proposti dall'attore); nel secondo ricorrendo dapprima al sorteggio (di un numero superiore di quattro a quello dei componenti il collegio) e poi all'esclusione, operata dalle parti, di due nominativi ciascuna.

[65] *Formula*, come diminutivo di *forma*, rinvia – al pari del greco *typos* – all'idea dello «stampo», con cui viene fissato e riprodotto l'aspetto esteriore di una cosa.

la redazione della relativa *formula* fosse congegnata da un giurista, e destinata a essere recepita non solo nel contesto dell'intervento decretale, ma anche (se risultata idonea) negli editti successivi, nella veste di azione (appunto, non piú decretale ma) edittale, sia pure con *intentio in factum concepta*. Anche per tale via - anzi, soprattutto tramite essa[66] - vediamo realizzarsi quella serrata sinergia fra magistrati e giurisprudenza di cui abbiamo detto (§ 3.5), e anche il delicato equilibrio fra prospettiva casistica e carattere formale del diritto che connota l'esperienza giuridica romana (cap. I, §§ 4.4 e 5.2).

### 3.7. Le parti della «formula».

La redazione della *formula* mostra efficacemente, come rilevato, il superamento della prospettiva ritualistica, impregnata di una valenza magica attribuita alle parole (*certa verba*), propria delle *legis actiones*. La terminologia è ora flessibile, adattata dalle parti alle esigenze del caso (*concepta verba*), ed è anzi verosimile che inizialmente la *formula* fosse composta in modo assai libero, tenuto conto solo del suo obiettivo, che era quello di fissare con precisione il compito del giudice: sottoposte alla prova del tempo, e agli opportuni assestamenti, le varie *formulae* vennero però assumendo una certa stabilità, se non proprio immodificabilità, in grado di assicurare anche la certezza del diritto (piú precisamente, delle forme di tutela da esso approntate). Gaio fa in effetti riferimento all'esistenza di quattro parti della *formula*, quale un dato ormai consolidato - *partes formularum*, che potremmo considerare ordinarie, anche se vedremo che assai di rado ricorrevano tutte assieme, e che spesso si ricorreva a ulteriori clausole.

*a) La «demonstratio»*. Il giurista di età antonina menziona in primo luogo (*Istituzioni* 4.40) la *demonstratio*, poiché essa, ove presente, avrebbe preceduto tutte le altre (pur

[66] Da quanto scrive Gaio (*Istituzioni* 4.46) sembra che le *formulae in factum* costituissero uno degli strumenti di tutela cui piú di frequente ricorrevano i magistrati, e anche (possiamo aggiungere) il principale mezzo con cui adeguare i mezzi processuali ai nuovi scenari di relazioni, interessi e conflitti.

essendo posta, a sua volta, dopo la nomina del giudice ed eventuali *praescriptiones*). Con tale parte, afferma Gaio, veniva descritta la materia della controversia, ossia i fatti da cui essa era sorta, o sui quali (detto altrimenti) si fondava la pretesa dell'attore. In effetti, ove quest'ultima fosse *certa* – ossia consistesse nell'affermazione di un credito di una somma o di un bene determinato – non vi era necessità di *demonstratio* (cosí come nella fase *in iure* della *legis actio per condictionem* non era richiesta l'indicazione della causa in base alla quale si agiva: § 2.3). Vedremo invece come in taluni casi la stessa *demonstratio* non fosse sufficiente a delimitare l'*intentio* e venisse perciò completata, per evitare il rischio della *pluris petitio*, da una *praescriptio pro actore*. Il primo dei due esempi di *demonstratio* forniti da Gaio riguarda l'*actio venditi* «Quod Aulus Agerius Numerio Negidio hominem vendidit» [Posto che Aulo Agerio ha venduto uno schiavo a Numerio Negidio])[67]: si tratta di una di quelle azioni di buona fede in cui l'iniziale presenza del *quod* [poiché] assertorio rivela la probabile evoluzione storica, indicando un fatto che in origine non doveva essere solamente affermato (e perciò sottoposto all'accertamento del giudice), ma sostanzialmente incontroverso (e quindi assunto dall'*arbiter* per procedere a una stima di valore: cap. VI, § 3.5*a*)[68].

*b*) *L'«intentio».* In secondo luogo Gaio (*Istituzioni* 4.41) richiama l'*intentio*, quale parte della *formula* con cui l'attore enuncia la propria pretesa – ma, dobbiamo aggiungere, in una forma ipotetica, come emerge, anche formalmente,

[67] Troviamo qui due nomi convenzionali (che nella concreta redazione della *formula* erano sostituiti, ovviamente, con quelli reali): *Aulus Agerius* per l'attore e *Numerius Negidius* per il convenuto. Significativo il gioco di parole che vi è sotteso, giacché da un lato abbiamo il ricco che agisce (*Aulus* da *aula* [palazzo], *Agerius* da *agere*), dall'altro chi dovrebbe pagare ma nega il proprio debito (*Numerius* evoca *numerare* [contare i soldi nel pagamento], *Negidius* viene da *negare*).

[68] Ma una volta che le proto-formule arbitrali furono recepite nella *iurisdictio* dei pretori, appare indubbio che anche la *demonstratio* dovesse essere intesa in senso condizionale, ossia come connessa all'*intentio* e, assieme a essa, sottoposta alla valutazione del giudice, che avrebbe emanato la condanna solo se le avesse trovate fondate.

da due degli esempi gaiani: «Si paret Numerium Negidium Aulo Agerio sestertium X milia dare oportere» [Se risulta (al giudice) che Numerio Negidio deve dare diecimila sesterzi ad Aulo Agerio], e «Si paret hominem ex iure Quiritium Auli Agerii esse» [Se risulta (al giudice) che lo schiavo è di Aulo Agerio secondo il diritto dei Quiriti]. Analogo è comunque, nella sostanza, il tenore dell'altro caso che troviamo nelle *Istituzioni*: «Quidquid paret Numerium Negidium Aulo Agerio dare facere oportere» [tutto ciò che Numerio Negidio risulta dover fare o dare ad Aulo Agerio]. In quest'ultima ipotesi si aveva però un'*intentio* indeterminata che, come rilevato, richiedeva di essere preceduta da una *demonstratio*. Qualora poi il *dare facere oportere* fosse qualificato come *ex fide bona* (cioè non tanto sorgente dalla buona fede, ma da valutare alla stregua di questo parametro), al giudice sarebbe stato attribuito un piú ampio margine di apprezzamento e una maggior libertà rispetto al tenore della *formula* (*iudicium bonae fidei*: § 3.12). Fondamentale è infine il diverso fondamento giuridico su cui può riposare l'*intentio*: o una fonte di *ius civile* (*intentio in ius concepta*, che si aveva in tutte le azioni civili e in alcune di quelle pretorie) o una tipologia di fatti che, col tempo, aveva ricevuto protezione nell'editto (*intentio in factum concepta*, che avrebbe sempre dato luogo ad azione pretoria: § 3.11).

*c) L'«adiudicatio».* La terza parte della *formula* cui fa riferimento Gaio (*Istituzioni* 4.42) è la *adiudicatio*, con cui veniva conferito al giudice (di regola, un *arbiter*) il potere di attribuire[69] la proprietà di un bene o altro diritto reale a uno dei litiganti. Essa era perciò impiegata nelle azioni di divisione di eredità o di comunione (*actio familiae erciscundae* e *actio communi dividundo*: cap. IV, § 4.3 e cap. V, § 2.5) e nell'azione di regolamento dei confini (*actio finium regundorum*). Il giudice doveva disporre di adeguate competenze tecniche – e proprio per questo ci si affidava solitamente a un *arbiter* – e godeva di una certa discrezionalità (pur

[69] Con sentenza costitutiva (detta anch'essa *adiudicatio*) e che, se emanata a seguito di un *iudicium legitimum*, avrebbe prodotto effetti sul piano del *ius civile* (attribuendo la titolarità del *dominium ex iure Quiritium* o di *iura in re aliena*).

nell'ovvio rispetto delle quote di ciascun contendente), in modo da operare al meglio la ripartizione anche laddove essa avesse a oggetto una cosa indivisibile (cap. v, § 1.4*a*) – nel qual caso egli avrebbe proceduto alla sua aggiudicazione a una delle parti, imponendole però, tramite *condemnatio*, il pagamento di un conguaglio in favore delle altre.

*d*) *La «condemnatio»*. La quarta e ultima parte della *formula* ricordata da Gaio (*Istituzioni* 4.43) è la *condemnatio*, con la quale veniva attribuito al giudice il potere di condannare o assolvere il convenuto (l'alternativa era perentoria, non essendo contemplata la possibilità di condanna parziale). Diversamente da quanto verificheremo per le *cognitiones extra ordinem*, la condanna era sempre espressa in una somma di denaro, il cui ammontare era già determinato in presenza di un'*intentio certa*, mentre negli altri casi la sua fissazione era affidata al giudice – ma nella *formula* veniva indicato un massimo oltre il quale egli non si sarebbe potuto spingere (*taxatio*) e anche i criteri cui attenersi nella propria quantificazione. Quest'ultima doveva riferirsi al valore oggettivo del bene[70]: in alcuni casi si giunse però a considerare il significato economico che esso rivestiva per l'attore (*id quod interest*, o *interfuit* o *intererit*), secondo un fenomeno particolarmente interessante in materia di danno ingiusto, con l'evoluzione cui andò incontro l'*actio legis Aquiliae* (cap. vi, § 4.4). Qualora poi l'oggetto dell'azione non rivestisse carattere patrimoniale, o comunque non fosse valutabile con puntuali parametri, al giudice sarebbe stato affidato un apprezzamento ancor piú discrezionale, orientato solo da quel fondamentale principio costituito dal *bonum et aequum* (cap. i, § 4.3): si parlava infatti, in proposito, di *actiones in bonum et aequum conceptae* (§ 3.11).

Talora, come vedremo meglio *sub g*) e nel § 3.12, a quantificare l'ammontare della condanna sarebbe stato – sotto giuramento, e anch'egli limitato da una *taxatio* – lo stesso

[70] Al momento della *litis contestatio* (§ 3.8), oppure prima di essa o successivamente (solitamente al momento della stessa condanna): le espressioni impiegate erano, rispettivamente, *quanti ea res est* oppure *fuit* o *erit*. Lo stesso significato dei tempi verbali si riscontra ove il riferimento, come vedremo, fosse stato al *quod interest* (o *interfuit* o *intererit*).

attore. Ciò accadeva qualora il convenuto (di un'*actio in rem* o di una di certe *actiones in personam*) non avesse operato la *restitutio arbitratu* (o *arbitrio*) *iudicis*, ossia la reintegrazione dell'attore, conformemente alle determinazioni del giudice, nella situazione in cui egli si sarebbe trovato se la controparte si fosse comportata correttamente. Tale reintegrazione operava quindi come un'ulteriore condizione della condanna (che rimaneva sempre pecuniaria): se realizzata, essa escludeva che il convenuto fosse tenuto a pagare una somma di denaro, e la circostanza che quest'ultima, in assenza di *restitutio*, fosse stabilita dall'attore operava come un evidente mezzo di coazione per indurre il convenuto alla *restitutio* stessa.

Un regime particolare riguardava poi le cosiddette azioni nossali, esperite contro il padre o *dominus* di un *filius familias* o schiavo autore di un delitto (nel qual caso la condanna pecuniaria prevedeva l'alternativa della consegna del sottoposto all'attore riuscito vincitore [*noxae deditio*]). Un'ultima peculiarità interessava alcune azioni – fra cui l'*actio iudicati*, non diversamente da quanto riscontrato per la *legis actio per manus iniectionem* (§ 2.3) –, che prevedevano invece una condanna nel doppio a carico del convenuto che avesse contestato la pretesa attorea (litiscrescenza).

*e) Ulteriori clausole: «praescriptio pro reo», «exceptio» e «replicatio».* Come anticipato, per la composizione di molte *formulae* non erano necessarie tutte queste parti: dobbiamo anzi ritenere che tale eventualità fosse quasi eccezionale, limitata alle azioni divisorie che richiedessero la fissazione di conguagli. Di norma un paio di parti erano sufficienti, come *intentio* e *condemnatio*, ove la prima fosse certa. Ma vi erano anche casi in cui mancava l'*intentio* (come per l'*actio iniuriarum*, la cui *formula* era composta da *demonstratio* e *condemnatio*) o altri (è l'ipotesi dei *praeiudicia*) in cui a far difetto era la *condemnatio*. Al contempo avveniva non di rado di dover ricorrere, oltre a (alcune di) queste *partes formularum*, a ulteriori clausole, il cui inserimento veniva richiesto dall'uno o dall'altro contendente, con l'assenso dell'avversario e del magistrato.

Fra di esse spicca soprattutto l'*exceptio* (eccezione), quale principale strumento difensivo a favore del convenuto – e perciò configurato talvolta, un po' impropriamente, quale una sorta di mezzo opposto e simmetrico rispetto all'*actio*. Ove infatti il convenuto non si limitasse a contestare la fondatezza di quanto affermato dall'attore (e quindi della sua *intentio*), ma si richiamasse a fatti e circostanze logicamente incompatibili con l'altrui pretesa[71], egli avrebbe dovuto curare che di ciò fosse fatta menzione nella *formula*[72], perché solo in tal modo, di norma, il giudice ne avrebbe potuto tener conto (e quindi, riscontrata preliminarmente la veridicità dell'eccezione, optare senz'altro per l'assoluzione)[73].

Per motivi analoghi l'attore avrebbe potuto chiedere che la *formula* fosse integrata con l'indicazione di altri fatti, che egli allegava a contestazione dell'*exceptio*: si parlava in tal caso di *replicatio*, cui a sua volta il convenuto poteva opporsi con una *duplicatio* (alla quale ancora l'attore poteva controbattere con una *triplicatio*). Come le azioni, anche le eccezioni erano tipiche, e potevano trovare il loro fondamento o nel *ius civile* o nel *ius honorarium*: il pretore avrebbe potuto concederne anche in assenza di una previsione

[71] Nel senso che, se effettivamente fossero risultati veri, essi avrebbero dimostrato che la situazione giuridica vantata dall'attore o non era mai venuta a esistenza o successivamente era venuta meno – pensiamo ad esempio, nell'ambito dei rapporti obbligatori, al caso in cui, rispettivamente, nessuna effettiva consegna di denaro fosse avvenuta da parte di chi si asseriva creditore per mutuo, oppure fosse intervenuto un accordo per non ripetere quanto dovuto (circostanze che il convenuto avrebbe fatto valere, l'una, con un'*exceptio non numeratae pecuniae*, e l'altra con un'*exceptio pacti*). L'eccezione operava, in altre parole, come una condizione ulteriore (rispetto alla fondatezza dell'*intentio*) cui era subordinata la *condemnatio*: un semplice criterio di economia processuale suggeriva che il giudice accertasse subito la veridicità dell'*exceptio*, poiché in caso affermativo avrebbe dovuto procedere all'assoluzione, indipendentemente dalla valutazione della pretesa indicata con l'*intentio*.

[72] Ovviamente a concedere l'*exceptio*, così come l'*actio*, era il magistrato: l'attore era probabilmente indotto ad accettarne l'inserimento nella *formula* dalla minaccia di una *denegatio actionis*.

[73] Come vedremo (§ 3.12), una disciplina diversa era prevista per i *iudicia bonae fidei*, nei quali il giudice avrebbe potuto tener conto di circostanze intrinsecamente contrastanti con la stessa buona fede (come il dolo posto in essere dall'attore o la minaccia, propria o altrui, da cui questi avesse tratto profitto), anche se non espressamente richiamati con un'*exceptio* fatta inserire nella *formula*.

edittale (*exceptiones in factum*). Ma piú di questa e di simili classificazioni – fra cui rivestiva un certo peso quella fra eccezioni *peremptoriae* e *dilatoriae* (le prime sempre proponibili, le seconde solo entro un certo tempo o in determinate circostanze) – interessa qui il fatto che l'esito ultimo garantito al convenuto dalla fondata opposizione di un'*exceptio* era l'assoluzione: il che lo poneva anche al riparo dal rischio di essere nuovamente citato per la medesima questione (*rectius*, dal rischio di essere condannato in un nuovo giudizio, giacché anche in quel frangente egli avrebbe sollevato un'eccezione, costituita stavolta dall'*exceptio rei iudicatae*: § 3.10).

Questo spiega la crescente diffusione che conobbe questo mezzo difensivo – destinato a configurarsi quale uno dei piú efficaci accorgimenti pretori tesi a *corrigere* il *ius civile* (cap. I, § 4.3 e nota 31) – e il progressivo disuso in cui, già nel I secolo a.C., cadde lo strumento che storicamente lo aveva preceduto: la *praescriptio pro reo*. Questa, infatti, era una clausola di cui il convenuto chiedeva l'inserimento prima del tenore consueto della *formula* (da qui il nome) per far valere situazioni analoghe a quelle piú tardi deducibili con l'*exceptio*. Con la *praescriptio*, tuttavia, era ben diverso l'effetto che si otteneva presso il giudice, poiché quest'ultimo, ove accertasse la fondatezza di quanto asserito dal convenuto, avrebbe dovuto considerare come non avvenuta la *litis contestatio* (§ 3.8) e pertanto, venuto meno il potere di emanare la sentenza che con tale atto gli era stato conferito, non avrebbe potuto procedere all'assoluzione del convenuto. Ciò significa che il massimo risultato conseguibile con questo mezzo difensivo non era molto difforme da quello di una semplice *denegatio actionis* (§ 3.6) – il che non teneva indenne il convenuto dal pericolo di essere nuovamente citato (non potendo opporre, in tale eventualità, una *exceptio rei iudicatae vel in iudicium deductae*: §§ 3.8 e 3.10).

*f) La praescriptio pro actore*. Diversamente da questa prima *praescriptio*, Gaio (*Istituzioni* 4.130 sgg.) attesta la maggior fortuna conosciuta da quella a favore dell'attore (*praescriptio pro actore*). Posta, come l'altra, in apertura della *for-*

*mula*, essa consentiva di completare la *demonstratio*, delimitando ulteriormente la pretesa enunciata nell'*intentio*, ed evitare cosí, da un lato, che fosse consumata o preclusa l'azione relativa a richieste non comprese nella stessa *intentio* ma sorgenti dalla medesima causa (Gaio fa riferimento ai ratei non ancora scaduti di un credito frazionato nel tempo), e dall'altro che l'attore, pretendendo anche quanto ancora non gli era dovuto, incorresse in *pluris petitio* [richiesta del di piú], con la conseguenza di perdere la lite (anche in merito a quanto effettivamente avrebbe avuto diritto di ottenere)[74]. A questo primo impiego della *praescriptio pro actore* dobbiamo poi aggiungerne un secondo, dovuto ancora una volta all'elaborazione giurisprudenziale e volto a sfruttare la nostra clausola al fine di allestire un'adeguata tutela per gli accordi che, pur non rientrando nelle figure contrattuali tipiche (e perciò privi di una specifica azione edittale), apparivano però meritevoli di protezione[75]. Per tali ipotesi i giuristi (almeno dai tempi di Labeone) pensarono a una particolare procedura – detta *agere* (e forse solo piú tardi, dalla metà del II secolo d.C., *actio*) *praescriptis verbis*[76] –, concessa a discrezione del magistrato[77] ma i cui effetti potevano esplicarsi anche (diversamente da un'*actio*

[74] Oltre che per quest'ipotesi – che integra il caso di *pluris petitio tempore* –, l'attore incorreva nelle medesime conseguenze ove egli «richiedesse di piú» riguardo alla cosa (ove ad esempio pretendesse una somma superiore a quella effettivamente dovutagli), al luogo (qualora indicasse per la prestazione un luogo diverso da quello pattuito) o alla causa (se, in caso di obbligazioni alternative o generiche [cap. VI, § 2.4*f*], domandava l'adempimento di una sola di esse, non consentendo al debitore convenuto di procedere alla relativa scelta): cfr. Gaio, *Istituzioni* 4.53a sgg. e *Istituzioni* di Giustiniano 4.33a sgg.

[75] In quanto vi era comunque riscontrabile un *synállagma*, nel diverso significato che a questo termine (desunto probabilmente dall'*Etica nicomachea* di Aristotele) venne attribuito da Labeone, Aristone e Ulpiano: cap. VI, § 3.10.

[76] Di *actio praescriptis verbis* si parlerà poi anche nelle fonti tardoantiche, ma in un senso diverso: cioè quale azione generale (in certa misura, quindi, anch'essa tipizzata) prevista per la tutela di quella nuova, unitaria categoria dei contratti atipici – che in età bizantina lo scoliaste Stefano denominerà *anónyma synallágmata* – nei quali fosse rinvenibile uno dei quattro schemi (*do tibi ut des, do ut facias, facio ut des, facio ut facias* [ti do perché tu dia, ti do perché tu faccia; faccio perché tu dia, faccio perché tu faccia]) già individuati da Paolo nel III secolo d.C. (cosí nei casi di permuta, transazione, precario ecc.).

[77] In analogia, almeno inizialmente, all'azione di buona fede prevista per la figura contrattuale tipica piú vicina all'accordo effettivamente concluso.

*decretalis*, o *in factum*) sul piano del *ius civile*, tanto che i giuristi usarono verosimilmente come suo sinonimo l'espressione *actio civilis in factum* (cap. VI, § 3.10). In questo caso la *praescriptio pro actore* non operava in aggiunta della *demonstratio*, che era fruibile per le sole *formulae proditae* (cioè inserite nell'editto), ma in luogo di essa, al fine di illustrare la situazione che giustificava la richiesta dell'attore.

*g) «Fictio» e «restitutio arbitratu (o arbitrio) iudicis».* Da menzionare sono altre clausole che potevano integrare la *formula*, e su cui torneremo trattando delle principali tipologie di azioni (§ 3.11). Pensiamo alla *fictio*, che costituiva uno degli adattamenti pretori (assieme, ad esempio, alla trasposizione dei soggetti) da cui erano contraddistinte le azioni che, pur con *intentio in ius concepta*, rivestivano appunto natura pretoria. La *fictio* rappresenta al contempo una componente di determinate *formulae*, non negoziata dalle parti ma preventivamente determinata dal magistrato. Per mezzo di essa il giudice sarebbe stato tenuto a considerare esistente un elemento di cui, altrimenti, avrebbe dovuto verificare la sussistenza, e che in realtà non era affatto integrato. Cosí, nell'ipotesi piú celebre (quella dell'*actio Publiciana*: cap. V, § 2.3), il *iudex* era chiamato a decidere come se il tempo prescritto per l'usucapione fosse già trascorso, mentre avrebbe dovuto accertarsi, con ogni probabilità, che non mancassero gli altri requisiti richiesti per tale modo di acquisto del *dominium*[78].

Pensiamo infine alla clausola – cui già abbiamo accennato, e che troviamo nella *formula* di tutte le *actiones in rem* e in alcune *in personam*, come l'*actio doli*, *metus* o *ad exhibendum* (si tratta delle *actiones arbitrariae*, o *iudicia arbitraria*: § 3.12) – che condizionava la condanna del convenuto alla mancata *restitutio arbitratu* (o *arbitrio*) *iudicis*, ossia alla mancata reintegrazione dell'attore, conformemente alle determinazioni del giudice, nella situazione in cui egli si sarebbe trovato se la controparte avesse tenuto il comportamento

[78] E ciò sebbene Gaio, probabilmente per un'eccessiva semplificazione didattica, parli di una *fictio* in virtú della quale il giudice avrebbe dovuto considerare già avvenuta l'usucapione (*Istituzioni* 4.36).

dovuto (solo in alcune ipotesi, come ad esempio la *rei vindicatio*, dobbiamo perciò intendere la *restitutio* come restituzione fisica di un bene: piú spesso si trattava di una rimessa in pristino)[79]. Tale *restitutio* favoriva il convenuto che, già dichiarato soccombente con una *pronuntiatio* del giudice, poteva cosí ottenere l'assoluzione; ma poteva avvantaggiare anche l'attore, qualora egli preferisse il recupero del bene o il ripristino della situazione preesistente in luogo della riscossione della condanna pecuniaria. Pertanto il processo formulare conosceva, per indurre il convenuto a procedere alla *restitutio*, significativi mezzi di coazione, quale la previsione che, ove essa fosse stata immotivatamente negata, a stimare il valore del bene e quindi l'ammontare della *condemnatio* sarebbe stato l'attore stesso (il quale, sebbene fosse sotto giuramento [*iusiurandum in litem*] e limitato da una *taxatio*, avrebbe certamente indicato una somma ben superiore all'effettivo valore).

### 3.8. Natura ed effetti della «litis contestatio».

La redazione della *formula* tramite la combinazione (di alcune) delle parti ordinarie e di eventuali clausole aggiuntive fa ben comprendere cosa intendesse Gaio parlando di un litigare per mezzo di *concepta verba*. Ma una volta messo a punto quel congegno di parole, non poteva ancora dirsi conclusa la fase *in iure*. Per ottenere quest'effetto – e dunque sottoporre la controversia al giudice – occorreva che venisse formalizzato l'accordo dei contendenti attorno al tenore della *formula* predisposta secondo le loro indicazioni. Tale era appunto il contenuto della *litis contestatio*, che veniva cosí a rivestire un ruolo ben piú significativo che nelle *legis actiones* (§ 2.4): secondo la terminologia romana essa era la risultante del *dictare iudicium* (proporre la *formula* sulla cui base si sarebbe svolto il giudizio) da parte dell'attore e del suo accettarla (*accipere iudicium*) da parte del convenuto. Ma contestualmente a questo scambio consensua-

[79] O di una semplice esibizione, come appunto nel caso dell'*actio ad exhibendum*.

le (verosimilmente prima) il magistrato provvedeva a *dare iudicium*, emanando il *decretum* che individuava l'organo giudicante, lo investiva della funzione pubblica, appunto, di *iudicare* e gli forniva, con la stessa *formula*, le direttive cui si sarebbe dovuto attenere. Nel fascio di interventi che perfezionano la *litis contestatio* si rispecchiano dunque le caratteristiche di fondo del processo formulare, col ruolo primario attribuito al magistrato, ma anche l'imprescindibile cooperazione delle parti, senza la quale sarebbe venuta meno l'efficacia del *decretum*, e che tuttavia non poteva essere liberamente rifiutata (pena, per l'attore, il vanificarsi di tutta l'attività posta in essere sino a quel punto, e per il convenuto le sanzioni che sappiamo previste per l'*indefensio*)[80].

Il primo e fondamentale effetto riconosciuto alla *litis contestatio* era dunque quello di investire il giudice (o l'*arbiter* o i *recuperatores*) del potere – ma anche dovere – di giudicare: a lui, pur privato cittadino, veniva cosí attribuito un compito pubblico (*munus publicum*), cui non si sarebbe potuto sottrarre se non per valide ragioni (*excusatio*). Ma alla *litis contestatio* venivano ricondotte ulteriori conseguenze, di non poco conto. Innanzi tutto, un effetto conservativo, nel senso che i termini della controversia risultavano fissati per com'erano al momento della sua conclusione, e a essi soltanto avrebbe dovuto riferirsi il giudice[81]: avvenimenti posteriori – come la morte delle parti in azioni che non prevedevano una successione nella legittimazione attiva o passiva[82] – sarebbero riusciti di fatto irrilevanti (un'eccezione era costituita dal soddisfacimento della pre-

[80] Piuttosto oziosa, e poco perspicua, sul piano storico, appare quindi la discussione circa la natura prevalentemente privata o pubblica (se non addirittura «statuale») della *litis contestatio*, letta nel primo caso quale vero e proprio contratto formale (produttivo dell'*obligatio iudicati*) concluso dai contendenti, e nel secondo quale atto conclusivo del lavoro magistratuale, alla cui approvazione i litiganti sostanzialmente non potevano sottrarsi.

[81] A meno che non gli fosse richiesto di avere riguardo per momenti diversi, come abbiamo visto a proposito della quantificazione della condanna affidata alla valutazione del *quanti ea res fuit* oppure *erit* (§ 3.7 e nota 70).

[82] Si pensi alle azioni penali nascenti dai *delicta* (§ 3.11 e cap. VI, § 4), che non potevano essere intentate contro gli eredi del reo – mentre appunto potevano essere proseguite se questi moriva dopo la *litis contestatio* –, e in certi casi (come in quello dell'*actio iniuriarum*) neppure avviate dagli eredi della vittima.

tesa attorea da parte del debitore, che avrebbe comportato la sua assoluzione, anche se posteriore alla *litis contestatio*, nei *iudicia bone fidei*, e secondo i giuristi sabiniani anche in quelli *stricti iuris*: § 3.12).

Altre conseguenze della *litis contestatio* si determinavano con riguardo alla pretesa dedotta in giudizio, o almeno alla sua tutela processuale. In effetti, come rileva Gaio (*Istituzioni* 3.180), dal nostro atto sorgeva un vincolo giuridico – a seconda dei casi, come vedremo fra un attimo, un *oportere* civilistico o un *teneri* pretorio (cap. VI, § 2) – cui era soggetto il convenuto (come piú tardi lo sarebbe stato in forza di quello nascente *ex causa iudicati*, cioè in forza della sentenza). Prima della legittimazione del processo formulare (§ 3.3) un simile vincolo era di natura pretoria, e tale si mantenne, anche dopo l'intervento augusteo, nei casi di azioni con *intentio in factum concepta* e di *iudicia imperio continentia* (§§ 3.11-12). In queste situazioni, dunque, l'obbligazione sorgente dalla *litis contestatio* non risultava omogenea rispetto a quella (fondata su un *oportere iure civili*) per cui era stata promossa l'azione; cosí come, quali fossero l'*actio* e il *iudicium*, essa appariva difforme dalla situazione fatta valere dall'attore ove quest'ultima fosse costituita da un vincolo pretorio, un diritto reale o di successione, uno *status* o potestà familiare. Per questi casi l'effetto della *litis contestatio* non si realizzava a livello sostanziale, ma solo sul piano della tutela processuale, nel senso di precludere la riproposizione di una nuova azione relativa alla medesima questione (*de eadem re*): piú precisamente, impediva che il nuovo procedimento potesse sfociare in una sentenza di condanna, poiché nella relativa *formula* il convenuto avrebbe fatto inserire l'*exceptio rei iudicatae vel in iudicium deductae* (eccezione di lite giudicata o dedotta in giudizio), garantendosi cosí l'assoluzione.

Un'incidenza ancor piú forte, direttamente sul piano sostanziale (effetto estintivo-novativo), era assunta dalla *litis contestatio* nelle altre ipotesi: ove cioè fosse fatta valere un'obbligazione in senso civilistico (dal che la natura *in ius* dell'*intentio* nella relativa azione: ad esempio quella per crediti sorti da *stipulatio*, mutuo, compravendita ecc.) e il conseguente *iudicium* fosse qualificabile come *legitimum*: integrati questi requisiti, la pretesa attorea e il vincolo sorto dalla *litis contestatio* si presentavano omogenei, consentendo che il secondo operasse una novazione, e quindi un'estinzione (cap. VI, § 2.7), nei confronti della prima.

### 3.9. La fase «apud iudicem».

Già sottoposto a una messa in forma tramite l'esercizio della *iurisdictio* da parte del magistrato, l'elemento fattuale si trovava invece al centro del segmento processuale che si svolgeva, con modalità piú libere, dinanzi al giudice. A dominare questa fase erano dunque principî, competenze e meccanismi sensibilmente diversi da quelli che abbiamo incontrato finora, e non può stupire la scarsa attenzione che vi prestarono i giuristi (cosí sensibili, viceversa, alle molteplici questioni attinenti alla fase *in iure*). Quest'ultima circostanza conferma la peculiare attitudine che connotò il lavoro giurisprudenziale romano – con quell'impronta casistica, ma anche formale, che esso impresse al *ius* –, e determina anche, ai nostri fini, una notevole compressione delle conoscenze relative al processo *apud iudicem*.

Assai esigue in merito ai profili procedurali – circa i quali ci è noto qualcosa solo riguardo alla modalità introduttiva (*comperendinatio*) e alla possibilità che il *iudicium* si svolgesse anche in assenza di una parte, salvo concludersi in favore di quella presente (due aspetti già incontrati per le *legis actiones*: § 2.4) –, le nostre informazioni sono un po' meno avare per quanto concerne l'assunzione e la valutazione delle prove (che era poi una delle principali attività che il giudice era chiamato a compiere). La regola fondamentale in tema di onere della prova è rinvenibile nell'elaborazione giurisprudenziale, e imponeva che dei fatti costitutivi affermati dall'attore la prova fosse fornita da quest'ultimo, mentre altrettanto avrebbe dovuto fare il convenuto per quelli impeditivi o estintivi, cui egli si richiamava tramite eccezioni: ossia, nella piú sintetica terminologia romana, *ei incumbit probatio qui dicit, non qui negat* (la prova incombe a colui che afferma, non a chi nega: cosí Paolo in *D.* 22.3.2). Ma, al di là di questa, alquanto scarne erano le previsioni giuridiche, se è vero che in materia valeva il principio del libero convincimento del giudice (che sembra persistesse, di norma, anche in caso di confessione del convenuto) e che le piú penetranti indagini in tema di prove vennero messe a punto, con prevalente riguardo al processo penale, in una prospettiva quasi soltanto retorica, visibilmente legata all'elaborazione greca, in primo luogo di Aristotele. Da questi era ad esempio desunta la distinzione fra *éntechnoi* e *átechnoi pisteis* – ossia prove tecniche (legate allo specifico sapere del retore) e non tecniche (che da esso prescindevano, come nel caso di giuramenti, testimonianze o documenti scritti) –, rispettivamente rese come *probationes artificiales* e *inartificiales* da Quintiliano. Peraltro, l'autore latino, pur continuando ad assumere la retorica – e non il diritto – come «tecnica» (*ars*, *téchne*) di riferimento[83], non contemplava piú fra le prove *inartificiales* le fonti giuridiche (come invece accadeva per il *nómos* [legge] annoverato tra le *átechnoi pisteis* nella *Retorica* aristotelica, conformemente a certe specificità del «legalismo» e del processo attico).

Quanto agli specifici mezzi di prova, sono da menzionare i documenti scritti (di cui, se nella disponibilità del suo avversario, una parte poteva ottenere la produzione in giudizio tramite *actio ad exibendum*, o altri mezzi particolari)[84]: la loro portata, del resto, si arrestava di norma a quest'efficacia probatoria, giacché almeno sino al tempo di Diocleziano rimasero pochissimi i contratti (come i *nomina transcripticia*: cap. VI, § 3.3) per la cui validità fosse richiesta la forma scritta. Ma uno spazio e un'incidenza ancora maggiori erano riservati alla prova testimoniale: esente, diversamente da quella documentale, da rischi di falsificazione materiale, essa assumeva il massimo rilievo laddove raccol-

[83] Nel senso che come *artificiales* si presentavano ai suoi occhi le prove dipendenti dalle capacità dell'oratore, e come «non tecniche» quelle che invece ne prescindevano, e riguardavano proprio gli elementi giuridici (oltre che quelli fattuali) della causa.

[84] Come quelli (dapprima un *decretum* del pretore e poi, se non sortiva effetto, un'azione) spettanti al cliente contro il banchiere (*argentarius*) ove quest'ultimo non producesse spontaneamente i documenti (*rationes*) che erano in suo possesso e attenevano al fascio di operazioni economiche concluse fra i due (o dall'*argentarius* con terzi, ma nell'interesse del cliente, come nel caso del *receptum argentarii*: cap. VI, § 3.11).

ta in forma orale nel corso dell'udienza, tramite un serrato interrogatorio e controinterrogatorio da parte dei contendenti ed eventualmente dei loro avvocati. Una forza probatoria minore – ma solo di fatto, non da un punto di vista formale[85] – era attribuita alle dichiarazioni che i testimoni (sotto giuramento, cosí come nel caso precedente) rendevano per scritto, secondo una prassi ampiamente attestata fra I secolo a.C. e II secolo d.C.

### 3.10. La sentenza e l'esecuzione.

L'emanazione della sentenza – come sappiamo, o di assoluzione o di condanna[86], senza possibilità di accoglimento parziale della domanda – era l'atto che chiudeva la seconda fase processuale, ed era al contempo un potere e un dovere del giudice, individuale o collegiale che fosse[87]. Essa era priva di motivazione e, come rilevato, poteva esprimersi in una condanna solo di carattere pecuniario (richiedendo cosí al *iudex* una *aestimatio*, a meno che si trattasse di *actiones in personam* con *intentio certa* o di *iudicia* con clausola restitutoria, nel qual caso a indicare il valore sarebbe stato l'attore). La sentenza – tanto di assoluzione che di condanna – aveva valore definitivo, in quanto il processo formulare (diversamente da quanto verificheremo per le *cognitiones extra ordinem*: § 4.3) non contemplava la possibilità dell'appello[88]: logica conseguenza dell'assenza di un'amministrazione giudiziaria di carattere gerarchico, e della circostanza che a decidere la lite era un privato citta-

[85] Il disposto di Adriano – che ribadí ufficialmente, tramite rescritto, la maggiore autorità delle testimonianze rese in giudizio (cfr. *D.* 22.5.3.4) – sembra riguardare, infatti, solo il processo penale.

[86] A parte, ovviamente, i casi in cui nella *formula* non fosse compresa la *condemnatio*, come per i *praeiudicia* e, verosimilmente, per le azioni divisorie in cui l'*adiudicatio* non richiedesse di essere integrata dalla fissazione di conguagli e relativa condanna: § 3.7.

[87] Al compito di emanare la sentenza era possibile sottrarsi solo giurando che la causa non era chiara (*sibi non liquere*): in tal caso il giudice unico veniva sostituito, mentre all'interno dei *recuperatores* avrebbe prevalso la decisione degli altri, o della maggioranza.

[88] Se non tramite il ricorso straordinario (nell'età del principato, quindi già in compresenza delle *cognitiones*) al tribunale imperiale.

dino. Diverso dall'impugnazione era il tentativo di dimostrare e far valere la nullità della sentenza (nullità che poteva scaturire da varie irregolarità processuali, quale l'incompetenza del magistrato, l'incapacità del giudice, l'incoerenza tra la decisione di quest'ultimo e la *formula* ecc.). A un tentativo simile ricorreva in primo luogo, come vedremo, chi resisteva a un'azione nascente dal giudicato.

Come nel caso della *litis contestatio*, e a seconda della sussistenza dei requisiti che abbiamo incontrato riguardo a essa (§ 3.8), gli effetti della sentenza potevano operare direttamente sul piano del *ius civile*, dando vita a un'*obligatio* in senso proprio (un *oportere* [cap. VI, § 2]: nel nostro caso una *obligatio iudicati*, in cui cioè sussisteva un *iudicatum facere oportere* [dovere di eseguire la sentenza]), oppure a livello esclusivamente onorario, producendo un vincolo pretorio – nel qual caso l'attore vittorioso avrebbe disposto non dell'*actio iudicati*, ma di un'*actio in factum*, dal contenuto sostanzialmente analogo. Corrispondente a quello rinvenuto in tema di *litis contestatio* era anche il rimedio previsto per il convenuto che, assolto, si vedesse un domani citare per la medesima questione (*de eadem re*): egli avrebbe infatti potuto opporre un'*exceptio rei iudicatae vel in iudicium deductae*, ottenendo cosí di essere assolto anche nel nuovo giudizio[89].

Oltre che in quest'ultima eventualità, l'«autorità della cosa giudicata» (*auctoritas rei iudicatae*) si esplicava su situazioni giuridiche di cui quella oggetto della sentenza costituiva il logico presupposto – cosí, ad esempio, l'accertamento giudiziale dello *status* di *filius familias* avrebbe prodotto effetti su eventuali pretese di successione legittima (cap. IV, § 3); la decisione in merito alla *rei vindicatio* di un fondo avrebbe comportato conseguenze a livello di legittimazione attiva e passiva alle azioni *negatoria* e *confessoria* di servitú (cap. V, § 3), e cosí via. Piú delicato era il problema dei limiti soggettivi del giudicato, ossia dell'individuazione dei

[89] Anche con la sentenza si avevano cosí, rispettivamente, effetti estintivo-novativi oppure preclusivi, a seconda che ci muovessimo sul piano del *ius civile* (nel caso di *actio* con *intentio in ius concepta* e di *iudicium legitimum*), e che motivo del contendere fosse un *oportere*, oppure su quello onorario, ove mancasse anche uno solo di tali presupposti.

soggetti, diversi dai contendenti (e loro aventi causa), nei cui riguardi la sentenza potesse dispiegare una qualche efficacia. Pur nella difficoltà di rinvenire una regola generale cui siano pervenuti i giuristi – atteso il loro consueto incedere casistico e le ipotesi particolari che furono contemplate –, l'orientamento di fondo sembra esser stato quello di escludere simili effetti nei confronti dei terzi: come leggiamo in alcune fonti, ciò avveniva in quanto «le liti decise fra gli uni non producono pregiudizio nei riguardi degli altri» (cosí in un famoso passo di Macro: *D.* 42.1.63).

Per quanto poi attiene all'esecuzione della sentenza di condanna, il passo preliminare era costituito dalla possibilità di esperire, rispettivamente, l'*actio iudicati* o la corrispondente azione *in factum* pretoria onde far valere l'*obligatio iudicati*, o il vincolo onorario, sorto dalla pronunzia di carattere pecuniario emanata dal giudice. Solo qualora il convenuto (già) condannato non si opponesse a tali azioni, o vi resistesse[90] senza successo (nel qual caso sappiamo che egli, per litiscrescenza, sarebbe stato condannato al doppio), si dava luogo alla vera e propria fase esecutiva. Di norma essa presentava ormai un carattere (prevalentemente) patrimoniale, anche se ne sopravvissero versioni – oltre che implicazioni, come vedremo – di natura personale. Era questo, in particolare, il caso della *ductio iussu praetoris*, erede storica della vecchia *manus iniectio* (la quale non era esperibile per una condanna pronunziata in un processo diverso da una *legis actio*): con essa l'attore poteva appunto, su autorizzazione del magistrato, condurre con sé il convenuto e trattenerlo nelle proprie carceri private in uno stato di assoggettamento, affinché il debito fosse pagato da terzi o riscattato col lavoro dello stesso debitore.

Sempre piú di frequente l'esecuzione si indirizzò però sui beni del convenuto: piú precisamente, con una fondamentale differenza rispetto alle procedure odierne, sul suo intero patrimonio. L'attore chiedeva infatti al magistrato di essere immesso nel suo possesso (*missio in possessionem*

[90] Eccependo o il già avvenuto pagamento della somma di cui alla sentenza, oppure la nullità di quest'ultima, per le irregolarità processuali già ricordate, ma senza poterne contestare il merito.

o *in bona*), e provvedeva quindi, entro trenta giorni, a pubblicizzare tale situazione con la *proscriptio bonorum*, a beneficio soprattutto degli altri creditori del medesimo soggetto. Di concerto con questi ultimi, e con l'approvazione del magistrato, l'attore avrebbe poi proceduto alla nomina del *magister*, cui era affidata la vendita di tutti i beni del debitore[91]. Tale *bonorum venditio* avveniva sulla base delle condizioni fissate dallo stesso *magister* (con una *lex venditionis*)[92] e approvate dal magistrato: la forma era quella della vendita all'asta e la conseguenza una successione a titolo universale (cap. IV, § 1) – ma di carattere pretorio, tale essendo la natura della stessa *bonorum venditio* – da parte dell'acquirente (*bonorum emptor*), che avrebbe dovuto soddisfare i creditori secondo quanto disposto nella *lex venditionis*. Particolari azioni pretorie (provviste di *fictio* o di trasposizione di soggetti: § 3.11) consentivano al *bonorum emptor* di agire direttamente contro i debitori del debitore soggetto all'esecuzione, onde recuperare i suoi crediti: se questi era morto, veniva infatti concessa un'*actio Serviana* (nella cui formula una *fictio* equiparava il *bonorum emptor* a erede del debitore); se in vita, un'*actio Rutiliana* (nella cui *intentio* era il nome del debitore [creditore di colui contro cui era promossa l'azione], mentre nella *condemnatio* era quello del *bonorum emptor*)[93]. Oltre che coinvolgere la totalità dei beni del debitore, una simile procedura non era priva, come anticipato, di conseguenze personali nei confronti di quest'ultimo, comportando la sua *infamia* (cui erano connesse molteplici conseguenze e incapacità di diritto pubblico e privato: cap. III, § 2.5).

[91] Solo qualora tali operazioni si protraessero oltre il tempo dovuto, sarebbe stato individuato (dal magistrato, non dai creditori) un *curator bonorum*, con lo scopo di amministrare il patrimonio e assicurarne la conservazione in vista della vendita.

[92] Ove erano fra l'altro elencati i creditori, e distinti a seconda di eventuali privilegi, oltre che dell'ammontare delle rispettive pretese: ciò serviva a precostituire i criteri di ripartizione per quanto si sarebbe ottenuto con la vendita (la quale poteva concludersi anche a un prezzo inferiore all'ammontare dei crediti, con la conseguenza che questi non sarebbero stati tutti soddisfatti, o non integralmente).

[93] Queste azioni erano fruibili anche dai creditori partecipanti alla procedura esecutiva, contro il *bonorum emptor*.

Proprio per evitare un simile effetto – alquanto gravoso soprattutto per gli appartenenti ai ceti piú alti –, a partire (probabilmente) dall'età augustea si affermò la possibilità di una cessione volontaria, da parte del debitore, di tutto il patrimonio ai creditori. Ma a tale *cessio bonorum* sarebbe comunque seguita la procedura poc'anzi descritta, culminante con la vendita all'asta di ogni bene. L'obiettivo era dunque quello di una piena patrimonializzazione del processo esecutivo, non quello di una sua concentrazione su alcuni beni in luogo dell'intero patrimonio: quest'ultimo esito – che vedremo poi diffondersi con le *cognitiones extra ordinem* (*pignus in causa iudicati captum*: § 4.3) – fu raggiunto, nella prima età imperiale, con la *distractio bonorum*, prevista dapprima a beneficio di eredi del debitore colpiti da varie incapacità (infanti, malati di mente e prodighi) e poi estesa ai membri delle famiglie senatorie. L'esecuzione interessava stavolta solo singoli beni, alla cui alienazione provvedeva un *curator bonorum* nominato dal magistrato, sino al raggiungimento della somma corrispondente alla totalità dei debiti. In tal modo il processo esecutivo non solo perdeva ogni conseguenza pregiudizievole rispetto alla persona del debitore, ma veniva anche limitato alla sola porzione del suo patrimonio necessaria per soddisfare le pretese dei creditori.

### 3.11. Le principali tipologie di «actiones».

Piú volte, nelle pagine precedenti, ci è occorso di menzionare alcune tipologie di azioni proprie del processo formulare. È giunto il momento di darne conto in modo piú organico e compiuto, muovendo dalle distinzioni illustrate dagli stessi giuristi romani (Gaio in testa), e riservandoci di approfondire piú avanti (§ 3.12) le classificazioni che ebbero a oggetto i *iudicia* (sebbene spesso si tenda a sovrapporle con quelle in tema di *actiones*).

*a) «Actiones in rem» e «actiones in personam».* La prima contrapposizione su cui conviene soffermarsi è quella fra azioni *in rem* e *in personam*: posta in apertura del IV libro delle *Istituzioni* gaiane, essa doveva effettivamente rivestire un significato basilare agli occhi dei Romani, e non solo per certe conseguenze di ordine tecnico-processuale che vi erano connesse. Abbiamo visto, infatti, come essi prediligessero il linguaggio e la prospettiva delle azioni piuttosto che quella dei diritti (soggettivi) sostanziali: se cosí il primo tipo di azione era impiegato per affermare che una cosa corporale è nostra o ci compete un diritto su un bene altrui, valevole verso tutti (*erga omnes*), e il secondo una situazione creditoria, sorgente (diceva Gaio) da contratto o da *delictum*[94], troviamo proprio in questa polarità di mezzi processuali la prima concettualizzazione di quell'antitesi fondamentale che noi siamo abituati a tradurre in termini sostanziali (diritti reali *versus* obbligazioni). Quanto poi alle implicazioni strettamente processuali di una simile distinzione, basti pensare alle diverse regole in tema di legittimazione passiva[95]; al difforme tenore della *formula* (ove il nome del convenuto era solitamente indicato nell'*intentio* solo nel caso di *actiones in personam*); alle differenti sanzioni previste per le ipotesi di *indefensio*[96]; alla possibilità per il convenuto di evitare la condanna tramite la *restitutio arbitratu iudicis* (§§ 3.7 e 3.12), contemplata in tutte le *actiones in rem* e solo in alcune di quelle *in personam*.

*b*) *Azioni reipersecutorie, penali e «miste».* A questa prima classificazione Gaio faceva seguire (in quanto basata su un criterio non troppo distante) quella fra azioni con cui si

[94] Ma in realtà anche da altri atti leciti che, pur sprovvisti di *conventio*, erano idonei a produrre un'*obligatio*: saranno state cosí *actiones in personam*, ad esempio, quelle previste a favore del gestore di affari altrui per il recupero delle spese sostenute, o di chi avesse pagato una somma non dovuta convinto che lo fosse, onde ripetere l'indebito (*actio negotiorum gestorum* e *condictio indebiti*: cap. VI, §§ 3.9*c*-*d* e 3.10*g*). Anche in questa sede (*Istituzioni* 4.2) le affermazioni di Gaio risentono dell'angusta bipartizione delle obbligazioni – le cui fonti erano limitate appunto a contratti e illeciti di *ius civile* – da lui seguita nel manuale (cap. VI, § 1.3).

[95] Nel senso che l'attore in un caso avrebbe potuto citare chiunque si trovasse in un determinato rapporto con la *res*, nell'altro solo (di norma) il debitore e (talora) i suoi eredi.

[96] Piú gravi nelle *actiones in personam* (nelle quali si poteva avere la *ductio* del convenuto, autorizzata dal pretore, oppure la *missio in bona* o *in possessionem* [§ 3.13*c*]), mentre nelle *actiones in rem* la *indefensio* del convenuto comportava la possibilità, per l'attore, di esercitare senz'altro il diritto da lui reclamato (previo l'esperimento di specifici mezzi di tutela messi a sua disposizione dal magistrato).

persegue esclusivamente la *res*, solo la *poena*, o entrambe (*Istituzioni* 4.6 sgg.). Questa tripartizione ha rilievo nelle ipotesi di fatto illecito, e aiuta a comprendere il concorso di diversi mezzi processuali che potevano anche essere esperibili, cumulativamente, da e contro i medesimi soggetti. Le prime azioni (dette reipersecutorie) miravano infatti al recupero della cosa sottratta, e piú in generale – atteso il carattere solo pecuniario della condanna – a reintegrare un danno patrimoniale: spettavano a chi avesse subito quest'ultimo e potevano essere *in rem* o *in personam*. Solo *in personam* era invece il secondo tipo di azioni (penali), che miravano a infliggere una pena privata all'autore dell'illecito: pena consistente nel pagamento di una somma di denaro a favore del danneggiato, ma non come risarcimento, quanto piuttosto, storicamente, quale contropartita per la rinunzia alla vendetta. Legittimato a esperire l'*actio poenalis* poteva essere lo stesso soggetto cui spettava anche l'azione reipersecutoria, oppure uno diverso[97]. Con la terza tipologia di azioni cui si riferiva Gaio (dette piú tardi azioni «miste»), infine, erano contestualmente raggiunte entrambe le finalità, giacché si considerava incluso un ristoro del danno patrimoniale nell'ammontare della condanna, che essendo (solitamente) in un multiplo assumeva però anche carattere penale – cosí nelle azioni (come quella *iudicati*: §§ 3.7 e 3.10) in cui si aveva litiscrescenza[98], o in alcune nascenti da illecito, civile o pretorio, come ad esempio l'*actio quod metus causa* (in cui l'autore della minaccia che aveva prodotto il giustificato timore veniva condannato al quadruplo del valore della cosa estorta, o piú tardi dell'interesse a che la violenza morale non fosse avvenuta: § 3.13 e cap. VI, § 3.5g)[99].

[97] Come nel caso di un furto in cui colui che aveva interesse a che la sottrazione non avvenisse, legittimato all'*actio furti* penale, poteva non coincidere col proprietario del bene, cui spettava la *condictio ex causa furtiva*, reipersecutoria. Si pensi al caso, attestato nelle fonti, dell'usufruttuario (cap. V, § 4.1) che veda rubati i frutti prima di poterli fare propri con la *perceptio*: a lui spetterà l'*actio furti*, mentre legittimato alla *condictio* sarà il nudo proprietario.

[98] Qualora vi fosse contestazione (*infitiatio*) da parte del convenuto: in questi casi metà della condanna doveva essere considerata quale *rei persecutio* e l'altra metà a titolo di *poena*.

[99] Fra le azioni sorgenti da *delictum*, un carattere «misto» fu col tempo at-

*c*) *Azioni con «intentio in ius concepta» e azioni con «intentio in factum concepta».* Sulla base di tutt'altro criterio avveniva la distinzione, già ricordata, fra azioni *in ius* e *in factum*, o piú precisamente fra azioni con *intentio in ius concepta* e azioni con *intentio in factum concepta* (da non confondere con le *actiones decretales*, o *in factum* in senso stretto, che, non contemplate nell'editto, venivano caso per caso concesse dal pretore tramite appunto un *decretum*: in tal senso esse erano tutte contrapposte alle azioni previste nel programma pretorio, o *edictales*). Nelle *actiones* con *intentio in ius concepta* la pretesa dell'attore riposava su un fondamento civilistico in senso stretto: constava cioè nell'affermazione della titolarità del *dominium* o di altro *ius*, oppure dell'esistenza di un *oportere* a proprio favore – tutte situazioni contemplate da una delle fonti del *ius civile* (*mores*, XII Tavole e successive leggi o plebisciti, responsi dei giuristi, poi anche senatoconsulti e costituzioni imperiali). Nelle *actiones* con *intentio in factum concepta*, invece, il supporto della richiesta attorea era costituito solo dai fatti illustrati dall'attore stesso, e che il pretore – tenendo solitamente conto delle *actiones decretales* concesse dai suoi predecessori – stimava meritevoli di tutela anche a livello di previsioni edittali (con le modalità che vedremo tra breve per le azioni onorarie).

*d*) *Azioni civili e azioni onorarie.* In certa misura collegata a questa, ma diversa, è un'ulteriore classificazione, che vedeva contrapposte azioni civili e azioni onorarie (pretorie o edilizie, a seconda dei casi). È una distinzione che

tribuito anche all'*actio legis Aquiliae* (cap. VI, § 4.4), considerata in precedenza solo di carattere penale. La configurazione di azioni «miste» si sarebbe poi intensificata in età tardoantica, finché, sotto Giustiniano, molte delle fattispecie delittuose per cui in precedenza concorrevano un'azione penale e una reipersecutoria, furono ormai sanzionate con un'unica azione «mista». Le vecchie *actiones poenales* avevano infatti perso, o visto mutare, molte delle loro caratteristiche: cosí ad esempio il principio della intrasmissibilità passiva era stato temperato prevedendo che contro gli eredi del reo potesse essere esperita un'azione (non penale) entro i limiti dell'arricchimento, mentre la nossalità era stata limitata ai soli illeciti compiuti da schiavi (e non piú da *filii familias*).

emerge già a livello di previsioni edittali[100], e appare senz'altro connessa alla precedente, nel senso che *formulae in factum conceptae* non potevano che avere fondamento, riconoscimento ed effetti sul solo piano del *ius honorarium*: immediata ed esclusiva espressione della *iurisdictio* magistratuale, esse non potevano varcare l'ambito di operatività di quest'ultima. Una circostanza, assai significativa, impedisce tuttavia di sovrapporre la classificazione ora in esame con quella tra azioni con *intentio in ius* o *in factum*: se infatti queste ultime si identificavano sempre – lo abbiamo appena rilevato – con le azioni onorarie, e le azioni civili[101] presentano necessariamente una formula *in ius concepta*, non è sempre vero che laddove incontriamo un'*intentio in ius* siamo in presenza di un'azione civile. Non mancavano, infatti, azioni onorarie in cui il fondamento della pretesa attorea riposava su una norma di *ius civile*, ma la cui *formula* conosceva poi adattamenti da parte del magistrato, che appunto conferivano all'azione carattere onorario. Appartengono a questa categoria le azioni nella cui *formula* era inserita una *fictio* (con cui abbiamo visto che si invitava il *iudex* a decidere considerando come avvenuto un fatto in realtà insussistente, come accadeva con l'*actio Publiciana* o l'*actio Serviana*: §§ 3.7 e 3.10) oppure una trasposizione di soggetti (per cui diverso era il nome indicato nell'*intentio* e quello menzionato nella *condemnatio*, come riscontriamo per l'*actio Rutiliana* [§ 3.10] e per le cosiddette *actiones adiecticiae qualitatis* [cap. III, § 2.3*a*2])[102].

[100] Delle azioni onorarie, infatti, si trovava nell'editto non solo – come invece per quelle civili – la *formula*, ma anche una clausola (*edictum* in senso stretto), con cui il magistrato individuava i presupposti della tutela giurisdizionale e si impegnava espressamente a realizzarla (*iudicium*, o *actionem*, *dabo*: concederò un giudizio, o azione).

[101] Pensiamo in primo luogo a quelle il cui fondamento poteva essere scorto in una legge comiziale: a questo gruppo di azioni civili si devono aggiungere le azioni che davano luogo a giudizi di buona fede (§ 3.12), la cui attrazione nella sfera civilistica era verosimilmente determinata proprio dal richiamo alla *bona fides*.

[102] Ossia *actio exercitoria*, *institoria*, *de peculio*, *quod iussu* e *de in rem verso* (non rientrava invece in quest'ambito, secondo l'opinione piú diffusa, l'*actio tributoria*): si trattava di mezzi processuali esperibili contro il padrone o il *pater familias* da chi si fosse procurato un credito negoziando col suo schiavo o *filius familias*. Il credito poteva avere natura civile (essere cioè riconosciuto

*e) «Actiones utiles» e «actiones directae».* Assai discusse sono poi le relazioni fra queste azioni pretorie con *formula in ius concepta* e un'ulteriore categoria (che risulterebbe, secondo alcuni studiosi, di piú vasto respiro, e in cui esse sarebbero state incluse): quella delle *actiones utiles* (azioni «utili»). Si trattava di azioni, di natura sempre onoraria, che il magistrato concedeva[103] modificando la *formula* edittale di un'azione civile (o anch'essa pretoria) oppure (nel caso delle *actiones ad exemplum*) assumendola come modello per tutelare situazioni vicine ma non identiche rispetto a quella prevista nell'editto – o, nel caso di azioni civili, alla fattispecie contemplata nella legge che costituiva il fondamento giuridico della pretesa. Si pensi, a quest'ultimo riguardo, all'ipotesi di danno ingiusto disciplinata dalla legge *Aquilia* (cap. VI, § 4.4*e*): questa norma richiedeva che la lesione fosse avvenuta in virtú di un comportamento attivo dell'agente e tramite un contatto fisico fra questi e lo schiavo, animale o cosa altrui; ma l'*interpretatio* dei giuristi e poi gli interventi del pretore estesero la tutela anche a situazioni in cui tra condotta e danno sussisteva un piú ampio nesso di causalità (come nel caso che l'uccisione o lesione fosse determinata da un comportamento omissivo). Il mezzo di tutela concesso in proposito fu appunto un'*actio ad exemplum legis Aquiliae*.

In questa e analoghe occasioni, l'azione assunta a modello era detta *vulgaris* o *directa*: in altri ambiti questo secondo aggettivo poteva però assumere un significato diverso, come laddove si distinguevano – ecco un'altra classificazione tra *actiones* di cui tener conto – le azioni sorgenti da un

come un *oportere*: cap. VI, § 2), ma l'azione era sempre pretoria, in quanto nell'*intentio* figurava il nome del sottoposto con cui il terzo aveva negoziato, e solo nella *condemnatio* quello del *dominus* o *pater* (l'unico che poteva essere citato in giudizio e quindi condannato). Nella sostanza, l'intervento pretorio mirava a correggere – al fine di incentivare e proteggere le relazioni economiche coi soggetti (soprattutto schiavi) piú frequentemente preposti al commercio – la vecchia regola del *ius civile* secondo cui il padrone o avente potestà avrebbe fatto propri i vantaggi delle attività del sottoposto, ma senza rispondere dei relativi debiti: cap. III, § 2.3.

[103] Tramite decreto: si tratterebbe quindi di *actiones in factum* in senso stretto, ben diverse dalle *actiones ficticiae* o con trasposizione di soggetti.

contratto imperfettamente, o solo eventualmente, bilaterale: «dirette» per tutelare l'obbligazione che necessariamente ne sorgeva (e quindi a favore di mandante, comodante o deponente: cap. VI, §§ 3.9 e 3.4), «contrarie» per proteggere il credito solo eventualmente sorto a favore dell'altro contraente (mandatario, comodatario o depositario).

*f) Azioni con «formula in bonum et aequum concepta», «noxales» e «populares».* Un rapido cenno meritano poi altre tipologie di azioni, come quelle – che abbiamo già ricordato (§ 3.7) – la cui *formula* fosse *in bonum et aequum concepta*, in modo da affidare al giudice la determinazione, con ampia discrezionalità, dell'ammontare della condanna; oppure quelle in cui il convenuto (*dominus* o *pater* dello schiavo o del *filius familias* che avesse compiuto un illecito) era chiamato a rispondere della condotta del sottoposto, ma poteva liberarsi da tale responsabilità, anche dopo la condanna, effettuando la *noxae deditio* a favore dell'attore, ossia la *mancipatio* dell'autore del *delictum* (*actiones noxales*). Qualora infine la peculiarità dell'azione fosse costituita dall'estensione della legittimazione attiva a qualsiasi cittadino che intendesse promuoverla, si parlava di *actiones populares* («popolari»), previste a tutela di interessi pubblici o collettivi, la cui buona riuscita avrebbe comportato la destinazione della condanna pecuniaria a favore, in tutto o in parte, di chi (per primo) avesse esperito l'azione.

### 3.12. Le distinzioni fra «iudicia».

*a) «Iudicia legitima» e «iudicia imperio continentia».* In altri casi gli elementi distintivi, per quanto percepibili già dal tenore della *formula*, interessavano soprattutto il tipo di *iudicium* che sulla base di essa si instaurava. È il caso, in primo luogo, della contrapposizione (su cui ci siamo soffermati nel § 3.3) tra *iudicia legitima* e *iudicia imperio continentia*, laddove uno dei requisiti richiesti perché fosse integrata la prima forma di giudizio, e cioè che esso fosse affidato a un giudice unico, era rilevabile sin dall'esordio della *formula*. La classificazione aveva rilievo soprattutto in riferimento alla durata – non piú di diciotto mesi dall'inizio del processo per i *iudicia legitima*, non oltre la durata della carica del magistrato, presso cui si era svolta la fase *in iure*, per gli altri –, e agli effetti della *litis contestatio* e della sentenza, che nel caso di *iudicia imperio continentia* non avrebbero mai esplicato effetti sul piano del *ius civile* (possibilità che era invece prevista, col concorso di altri requisiti, per gli *iudicia legitima*: §§ 3.3, 3.8 e 3.10).

*b*) *«Iudicia arbitraria»*. Un'altra tipologia cui abbiamo accennato (§ 3.7) è quella dei *iudicia arbitraria*, i quali – in forza della possibilità, contemplata nella *formula*, di una *restitutio arbitratu* (o *arbitrio*) *iudicis* – prevedevano che il convenuto, già dichiarato soccombente con una *pronuntiatio* del giudice, fosse effettivamente condannato solo ove si rifiutasse di compiere la restituzione o esibizione o ripristino della situazione preesistente, in conformità alle determinazioni del *iudex*. Come rilevato, tale opportunità era propria di tutte le *actiones in rem* e di alcune *in personam* (come l'*actio doli*, *metus* o *ad exhibendum*), ed era favorita dalla previsione che, qualora il convenuto non procedesse alla *restitutio*, a determinare il valore del bene e quindi l'ammontare della condanna sarebbe stato l'attore, sia pure sotto giuramento e limitato da una *taxatio*.

*c*) *«Iudicia bonae fidei» e «iudicia stricti iuris»*. Un particolare rilievo riveste infine la distinzione tra *iudicia bonae fidei* e *iudicia stricti iuris* o *stricta* (giudizi di buona fede o di stretto diritto) – che è in questi termini ampiamente nota ai giuristi del principato, mentre sensibilmente piú tardi (di età tardoantica o giustinianea) sono gli slittamenti metonimici per cui si giunse a parlare di *actiones*, o addirittura di *contractus*, *bonae fidei* e *stricti iuris*. Mentre i giudizi di stretto diritto costituivano una categoria eterogenea, comprensiva dei giudizi scaturenti dalle *actiones in rem* e da alcune *in personam*[104], erano di buona fede i soli giudizi instaurati a seguito della concessione di una *formu-*

[104] Basti pensare alle *condictiones* e all'*actio ex stipulatu*: mezzi processuali per far valere le obbligazioni sorgenti dai principali contratti reali e verbali (rispettivamente, mutuo e *stipulatio*: cap. VI, §§ 3.4 e 3.2).

*la* ove fosse menzione, nell'*intentio*, di un *oportere ex fide bona* (ossia da valutare ed eseguire in conformità alla buona fede, non scaturente da essa, come se fosse una fonte normativa). Il richiamo a quel parametro comportava un piú ampio margine di apprezzamento, da parte del giudice, in merito al rapporto fra i contraenti, e una maggior libertà rispetto al tenore della *formula* (che produceva invece un vincolo piú rigido nel caso di *iudicia stricti iuris*). Il *iudex* avrebbe cosí potuto tener conto di comportamenti dell'attore contrari alla buona fede (in particolare, del suo contegno doloso o della minaccia da cui aveva tratto vantaggio) anche ove non sollevati dal convenuto, nella fase *in iure*, richiedendo l'inserimento nella *formula* della relativa *exceptio*; avrebbe potuto operare una compensazione fra il credito vantato dall'attore ed eventuali controcrediti che dal medesimo rapporto fossero sorti in capo al convenuto; valutare gli interessi nell'ipotesi di un adempimento ingiustificatamente ritardato da parte del debitore; tener conto delle variazioni che, rispetto al contenuto tipico di un contratto, erano state ottenute dalle parti col ricorso a patti aggiunti contestualmente alla conclusione del contratto stesso (*pacta adiecta in continenti*)[105], e avrebbe dovuto infine assolvere il convenuto ove questi avesse soddisfatto (anche dopo, quindi, la *litis contestatio*) la pretesa attorea[106].

### 3.13. Altri mezzi processuali.

Il nostro discorso si è finora concentrato sulle azioni, che possiamo considerare la principale forma di tutela promessa nell'editto (o concessa caso per caso, nell'ipotesi di *actiones decretales* o *in factum* in senso stretto). Le azioni

[105] In modo che quanto con essi stabilito veniva fatto valere con la medesima azione sorgente dal contratto (e non con una a sé stante, come accadeva per le *stipulationes* che intervenivano a modificare e completare quanto convenuto con un contratto protetto da un *iudicium stricti iuris*). Un caso esemplare è quello del deposito «irregolare» e del diverso regime che lo interessava rispetto al mutuo corredato di *stipulatio usurarum*: cap. VI, § 3.4.

[106] Il punto era pacifico presso la giurisprudenza del principato. I soli giuristi sabiniani (o cassiani) stimavano invece – diversamente dai proculiani – che lo stesso regime dovesse valere anche per i *iudicia stricti iuris*.

non costituivano però l'unico mezzo processuale nel cui allestimento si esplicasse il lavoro dei magistrati e per il quale fosse prevista una *formula*[107]. Nelle previsioni pretorie trovavano infatti spazio ulteriori strumenti, la cui concessione non dava luogo alla procedura che abbiamo finora esaminato: si tratta degli interdetti (*interdicta*), delle stipulazioni pretorie (*stipulationes praetoriae*) e delle rimissioni in pristino (*in integrum restitutiones*), cui dobbiamo aggiungere – sebbene non fosse loro dedicata una specifica sezione edittale, ma venissero via via disposte, per casi determinati, tramite *decretum* – le immissioni in possesso (*missiones in possessionem*)[108].

*a) «Interdicta».* Per gli interdetti è discussa la natura di atti *magis imperii quam iurisdictionis* (ossia espressione piú del potere di comando militare che della facoltà di *dicere ius*), che sembra invece riconosciuta per tutti gli altri provvedimenti in esame. Gli *interdicta* risultano comunque di estremo rilievo sia per i particolari interessi che miravano a tutelare, sia per la procedura cui davano luogo, nettamente distinta da quella propria delle azioni. Si trattava infatti di ordini che, su istanza di una parte, il pretore rivolgeva ad altro soggetto, affinché questi tenesse un determinato comportamento. Previsti nell'editto[109], o concessi in via decretale previa una sommaria valutazione (*causae cognitio*), essi non richiedevano un puntuale accertamento della situazione di fatto da parte del magistrato, e costituivano pertanto uno strumento di estrema rapidità, idoneo a tutelare situazioni che non avrebbero tollerato i tempi (re-

[107] Parlando di quest'ultima abbiamo sinora fatto riferimento alla sua principale tipologia, che è la *formula iudicii*, quale programma del giudizio cui dava luogo l'esperimento di un'azione. Ma nelle fonti troviamo testimonianze di *formula* anche in riferimento ad altri mezzi processuali di cui diremo fra breve (*formula stipulationis* e *formula interdicti*).

[108] Un discorso diverso concerne le *exceptiones*: per quanto contemplate in una parte dell'editto ben distinta da quella riservata alle *actiones*, esse non davano luogo a una procedura autonoma, ma venivano a inserirsi nella formula *iudicii*, secondo le modalità che abbiamo esaminato (§ 3.7).

[109] Tramite il consolidamento, come nel caso delle azioni, di schemi tipici cui vennero via via ricondotti i singoli interventi interdittali disposti per situazioni concrete.

lativamente) lunghi di un *iudicium*. Quest'ultimo avrebbe avuto luogo, secondo modalità diverse e complesse, solo laddove il destinatario contestasse la fondatezza dell'*interdictum* (se esibitorio o restitutorio) oppure, non ottemperandovi, costringesse chi lo aveva richiesto ad attivarsi per raggiungere l'esito sperato.

Il contenuto dell'ordine impartito con gli interdetti poteva avere una portata diversa, il che condusse a una loro prima classificazione: essi potevano avere, come anticipato, carattere esibitorio (ove il pretore imponesse l'esibizione, al proprio cospetto, di persone o cose), restitutorio (se il comando era di restituire un bene o di rimettere in pristino una situazione) o proibitorio (nel caso di divieto di compiere una determinata attività: verosimilmente la categoria piú antica). Poiché poi gli *interdicta* interessavano di frequente situazioni possessorie (in origine, aventi a oggetto l'*ager publicus*: cap. V, § 2.6), se ne ebbe una seconda classificazione: a seconda che mirassero all'acquisto, alla conservazione o al recupero del possesso (*adipiscendae*, *retinendae* o *reciperandae possessionis*).

*b*) «*Stipulationes praetoriae*». Le stipulazioni pretorie erano poi cosí denominate non perché fosse onorario il mezzo giuridico con cui si realizzavano – il quale era appunto costituito da una *stipulatio* (cap. VI, § 3.2), che era accessibile anche agli stranieri ma riposava su norme (e poteva produrre effetti sul piano) del *ius civile* –, ma perché il soggetto era indotto a promettere dall'ordine che, previo decreto, gli rivolgeva il pretore, e dai mezzi di coazione con cui tale disposizione veniva rafforzata. Con queste *stipulationes* (spesso si parlava di *cautiones*) il destinatario dell'intervento pretorio si impegnava cosí al pagamento di una somma, o ad altra prestazione, in modo che venisse salvaguardata una situazione per la cui tutela non era prevista azione (secondo la terminologia di Papiniano, il magistrato interveniva quindi *supplendi iuris civilis gratia*: cap. I, § 4.3 e nota 31). Come esempio basti ricordare – oltre alla *cautio damni infecti*, di cui parleremo fra un attimo – la *cautio fructuaria* (cap. V, § 4.1), con la quale l'usufruttuario prometteva di usare il bene e percepirne i frutti in conformità alle determinazioni di un uomo per bene (*boni viri arbitratu se usurum fruiturum*) e di restituire la cosa, o quanto ne rimaneva, alla scadenza dell'usufrutto: il carattere pretorio, nel senso che abbiamo chiarito, di tale *stipulatio* è ben visibile nell'ipotesi di usufrutto costituito tramite legato, in quanto il magistrato, qualora l'usufruttuario non avesse prestato la *cautio*, gli avrebbe denegato la *vindicatio usufructus* (oppure avrebbe concesso, a seconda dei casi, un'*exceptio* o una *replicatio* a favore del nudo proprietario).

*c) «Missiones in possessionem».* Fra i mezzi di coazione cui abbiamo accennato a proposito delle *stipulationes praetoriae* trovavano spazio anche le *missiones in possessionem* (di cui appunto era questo uno degli ambiti operativi, mentre in altre ipotesi erano finalizzate alla custodia o conservazione di un patrimonio, o per evitare, e quindi sanzionare, l'*indefensio* del convenuto, che sappiamo [§ 3.6] avrebbe impedito lo svolgimento di un processo). Esse consistevano nell'autorizzazione, che il pretore formulava con decreto su istanza (*postulatio*) dell'interessato e previa *causae cognitio*, a immettersi nella disponibilità – solitamente la detenzione, non il possesso[110] – di un intero patrimonio (*missio in bona*) oppure di un singolo bene (*missio in possessionem*). Un esempio di quest'ultimo caso, che illustra anche lo stretto legame che poteva instaurarsi con le *stipulationes praetoriae*, è offerto dalla situazione in cui taluno temesse, per i propri beni, un danno derivante da case o alberi pericolanti di un fondo contiguo (*damnum infectum*). Il soggetto che correva tali rischi poteva chiedere che il vicino promettesse il relativo risarcimento (*cautio damni infecti*): l'ordine che a tal fine rivolgeva il magistrato era rafforzato dalla previsione che, qualora il destinatario non vi si fosse attenuto, l'istante sarebbe stato immesso nella detenzione del bene (il che gli avrebbe fra l'altro consentito di effettuare direttamente le operazioni volte a evita-

[110] Un'eccezione poteva aversi, come vedremo fra breve, nell'immissione in possesso, *ex secundo decreto*, del bene appartenente a chi non aveva ottemperato all'ordine di prestare una *cautio damni infecti*.

re il danno), e poi addirittura, qualora la *cautio* ancora non venisse prestata, nel suo possesso, tale da garantirgli la tutela tramite *actio Publiciana* e l'acquisto del *dominium* per usucapione (*missio ex secundo decreto*, cioè in forza di un secondo decreto del pretore).

*d*) *«In integrum restitutiones»*. Quanto infine alle *in integrum restitutiones*, esse erano contemplate in un apposito capo dell'editto, ma non nella parte conclusiva di quest'ultimo (come accadeva per interdetti, eccezioni e stipulazioni pretorie). Non si tratta di un dato casuale, o irrilevante: la rimessa in pristino costituisce infatti il risultato cui conduceva l'intervento del pretore, piú che un autonomo provvedimento magistratuale. Cosí, ad esempio, laddove un negozio fosse stato concluso per timore di una violenza o da un soggetto di età inferiore ai venticinque anni, il pretore non avrebbe potuto annullarne gli effetti sul piano del *ius civile*, ma avrebbe concesso al minacciato o al minore – su sua richiesta e previa *causae cognitio* – un adeguato strumento processuale: spesso un'azione (onoraria) congegnata con una *fictio*, tale per cui il giudice avrebbe deciso considerando non avvenuto quell'atto giuridico, in modo da ripristinare, nella sostanza, la situazione a esso preesistente.

Le *in integrum restitutiones* si rivelano cosí come uno dei piú importanti risultati cui poteva condurre il lavoro di «correzione» del *ius civile* svolto dai pretori (cap. I, § 4.3 e nota 31): significativo è poi come esse partecipassero[111] di quell'insieme di strumenti, tutti di carattere pretorio, allestiti a protezione di chi avesse concluso un atto in virtú di condizionamenti che, irrilevanti per il *ius civile*, attraevano invece, per ragioni di equità, l'attenzione dei magistrati. Cosí, per riprendere l'ipotesi della minaccia ingiusta, tale da produrre un giustificato timore (*metus*), chi ne era stato vittima poteva ottenere con la *in integrum restitutio* la

[111] Sicuramente nel caso del *metus*, forse (ma in questo caso è controversa l'esistenza di una *in integrum restitutio*) anche in quello del dolo. Su queste due figure – cui i moderni sono abituati a guardare come a «vizi della volontà», ma in una prospettiva sistematica mai espressamente enunciata dai giuristi romani – cfr. cap. VI, § 3.5g.

rescissione dell'atto o negozio da lui concluso, ma disponeva di altri due strumenti: qualora, impegnatosi a compiere una prestazione, l'avesse già eseguita, avrebbe infatti potuto promuovere un'*actio quod metus causa* (azione penale, infamante, esperibile anche contro chi avesse approfittato della minaccia da altri compiuta, con condanna nel quadruplo ma con possibilità di *restitutio arbitrio iudicis*), mentre, se ancora inadempiente, si sarebbe potuto difendere facendo valere il *metus* o tramite un'*exceptio* (inserita nella *formula* di un *iudicium stricti iuris*) o almeno riferendosi a esso e dimostrandone l'esistenza nella fase *apud iudicem* (nel caso di *iudicia bonae fidei*).

Simili, ma non identici, i rimedi nel caso del dolo (cap. VI, § 3.5*g*): ove cioè un soggetto fosse stato indotto alla conclusione di un contratto, o di altro negozio, dall'errore in cui era caduto a seguito dell'astuzia, raggiro o macchinazione da altri predisposto per trarlo in inganno. A parte la dubbia esistenza di una *in integrum restitutio* a favore della vittima di tali raggiri, quest'ultimo avrebbe potuto certamente difendersi tramite *exceptio doli* (se, non ancora adempiente, fosse stato citato con azione che dava luogo a *iudicium stricti iuris*) o invocando comunque l'inganno sofferto, e dandone prova, nel corso del *iudicium* (se *bonae fidei*); oppure, ove già avesse compiuto la prestazione, avrebbe potuto esperire (solo) contro l'autore del dolo un'*actio doli* (anch'essa, come l'*actio quod metus*, infamante; ma con condanna nel *simplum* e natura sussidiaria, cioè fruibile solo laddove a tutela dell'integrità patrimoniale del raggirato non fosse stato esperibile altro mezzo processuale)[112].

[112] Proprio la natura sussidiaria dell'*actio doli* consente di apprezzare il lungo e raffinato lavorio giurisprudenziale in materia, giacché la previsione del pretore («concederò un giudizio [ossia appunto l'azione di dolo] se al riguardo non vi sarà altra *actio*») venne intesa dilatando progressivamente tale nozione di (altra) *actio*, in modo da escludere l'azione di dolo anche ove la vittima del raggiro potesse fruire di una *in integrum restitutio* (Labeone), di un interdetto o di un'eccezione (Pedio), di una *stipulatio praetoria* o di una *denegatio actionis* (Pomponio). A quest'ultimo giurista risale anche la piú generale interpretazione – di carattere, diremmo noi, teleologico – secondo cui l'azione di dolo non sarebbe stata da concedere ove con qualunque altro mezzo fosse possibile evitare un pregiudizio patrimoniale alla vittima del raggiro.

## 4. *Amministrazione imperiale e giustizia civile.*

### 4.1. L'origine delle «cognitiones extra ordinem».

Abbiamo già osservato (§ 1.2) come la successione di diverse forme di processo civile non comportò, a Roma, l'automatica sostituzione dell'una all'altra, e di come anzi all'età augustea, in cui è da collocare la piena legittimazione del processo formulare (§ 3.3), risalga anche l'apparizione delle prime *cognitiones extra ordinem* (o *extraordinariae*, come leggiamo in alcune fonti). Non casuale è in proposito – come già per i riti di età arcaica, l'uno ben distinto dall'altro, e a differenza del processo formulare – l'impiego del plurale (*cognitiones*, non *cognitio*), che indica chiaramente come in quest'ambito non si dette luogo, almeno fino al III secolo d.C., a un unitario *modus agendi*, quanto piuttosto allo stratificarsi di procedure diverse via via approntate, a Roma e nelle province, dal principe e dai suoi funzionari. L'obiettivo di questi ultimi era quello di tutelare situazioni che la *iurisdictio* dei magistrati repubblicani avrebbe lasciato prive di una sicura protezione (si pensi ai casi, già ricordati al § 1.3, del fedecommissario o del professionista cui non siano stati corrisposti gli onorari[113], a favore dei quali il pretore avrebbe potuto concedere, al massimo, un'azione decretale [§ 3.11]), o che, pur contemplate nell'*ordo iudiciorum privatorum*, ottennero una piú efficiente salvaguardia con le *cognitiones* che vennero ad affiancare le azioni formulari (come accadde per la *querela inofficiosi testamenti*: cap. IV, § 5.2). Delle *cognitiones* potremo cosí tentare di cogliere qualche tratto comune, certe innovazioni che scolpirono il loro impianto tecnico o segnarono lo spirito di fondo che vi era sotteso (§§ 4.2 e 4.3): ma senza mai dimenticare quest'eterogenea fisionomia che storicamente fu loro impressa.

Anche in ciò si riflettono, del resto, caratteri e dinamiche propri di quel potere imperiale a cui la nostra tipologia

[113] A queste ipotesi possiamo aggiungere almeno quelle di pretese alimentari fra parenti e in materia di tutela.

di processo appare inscindibilmente legata. Come la svolta augustea si consuma cautamente all'ombra delle vecchie istituzioni repubblicane – svuotate dal di dentro e riempite di contenuti inediti, o affiancate da apparati e funzioni nuove, che con esse convissero ancora a lungo, anziché toglierle direttamente di scena –, cosí per secoli vedremo coesistere processo formulare e *cognitiones extra ordinem*: dapprima in modo fortemente asimmetrico (atteso il carattere eccezionale del ricorso alle seconde); successivamente con una "diarchia"[114] piú bilanciata, che non mancherà di favorire anche contaminazioni tra le due modalità processuali[115]; infine con una netta prevalenza delle *cognitiones*, destinate a monopolizzare l'amministrazione della giustizia civile, col progressivo declino del processo formulare (pur ufficialmente abrogato, da Costanzo e Costante, solo nel 342 d.C., con una motivazione che lascia intendere quanto fosse ormai lontana l'idea stessa di un litigare *per concepta verba* – ormai ridotto, nelle parole dei due imperatori, a un gioco di insidiose trappole verbali).

L'apparizione delle *cognitiones extra ordinem* rispecchia, piú specificamente, la tendenza dei principi a intervenire, sin dai primi decenni del nuovo regime, in materia giuridica: nella produzione del diritto (dapprima proponendo testi normativi poi approvati dalle assemblee popolari o dal Senato, piú tardi emanando direttamente costituzioni a carattere generale o particolare), cosí come nella disciplina delle dinamiche del *ius controversum* giurisprudenziale[116] e, appunto, nella gestione del contenzioso privato (oltre che

[114] Riprendiamo volutamente il termine impiegato da Mommsen per qualificare il delicato equilibrio che, con Augusto, si instaurò fra il principe e le strutture repubblicane (in particolare, il Senato). Probabilmente una simile interpretazione forzava non poco la sostanza politica, per privilegiare il solo profilo delle forme giuridiche (con una simmetria solo apparente dei due centri di potere): dal punto di vista delle tipologie processuali e del sovrapporsi di certe competenze di magistrati e funzionari (pensiamo solo agli edili curuli e al prefetto dell'annona), vi furono comunque indubbi meccanismi di duplicazione, sia pure su un piano non propriamente paritario.

[115] Ad esempio in tema di *in integrum restitutiones*, ma anche per certe influenze che le *cognitiones* esercitarono, fra II e III secolo d.C., sulla *vocatio in ius* o la *litis contestatio* dei processi formulari.

[116] Si pensi al *ius respondendi* (cap. I, § 5.1), ma anche all'articolato rescritto di Adriano di cui dà conto Gaio in *Istituzioni* 1.7.

nella repressione penale). Il fondamento istituzionale su cui Augusto fece leva per conoscere e giudicare di tali vertenze è probabilmente da rinvenire, ancor piú che nei poteri repubblicani che egli conservò anche dopo il 23 a.C. (*tribunicia potestas* e *imperium proconsulare maius et infinitum*), nella sua *auctoritas*, ossia in quella posizione di prestigio e preminenza politica, volutamente irriducibile a un rigido schema giuridico, che – come egli stesso scrisse nelle *Res gestae* – lo avrebbero anteposto a ogni altro cittadino, garantendogli la conservazione del potere. Dal punto di vista tecnico, le *cognitiones* trovavano poi giustificazione in una legge che lo stesso Augusto aveva fatto approvare nel 30 a.C., e che gli consentiva di giudicare (andando ben al di là, dunque, della funzione dei magistrati repubblicani) su richiesta di una parte.

Quest'ultima previsione (che conosciamo da un brano di Dione Cassio, ove si parla di *ékkleton dikázein*) è peraltro di controversa interpretazione, poiché alcuni intendono le parole dello storico greco nel senso che l'imperatore sarebbe potuto intervenire solo a seguito dell'impugnazione di una precedente sentenza (inizialmente, resa da un funzionario in altra *cognitio*, successivamente anche in un processo formulare), mentre altri ritengono che gli sarebbe stata attribuita la facoltà di giudicare anche in primo grado, ossia in qualsiasi ipotesi in cui gli venisse fatta istanza. Quel che in ogni caso appare indubbio è l'estraneità di simili procedimenti al processo formulare: il loro porsi, appunto, fuori dall'*ordo* (*iudiciorum*). Significativa è anche la circostanza che l'imperatore, decidendo la lite, avrebbe emanato una sentenza – *decretum*, ma in senso ben diverso dall'omonimo provvedimento del processo formulare –, che era annoverata tra le costituzioni, e stimata perciò fonte del diritto (civile in senso stretto).

### 4.2. Principe e funzionari imperiali.

Protagonista del nuovo processo non è piú, dunque, un magistrato che riconduce a una *formula* la contesa e ne affida la decisione a un giudice privato, ma appunto il principe che «conosce» interamente la controversia. Egli tuttavia non è solo: accanto a lui – ed è anche questo un tratto fondamentale sia del regime imperiale che delle *cognitiones* – troviamo i suoi funzionari, esponenti di quella macchina amministrativa la cui progressiva articolazione segna la storia istituzionale fra Augusto e i Severi. Col tempo, in effetti, il quadro delle figure chiamate a giudicare in queste «cognizioni straordinarie» si va considerevolmente dilatando, per dar vita a competenze e meccanismi cui potremo accennare solo sommariamente. Assai rilevante appare il ruolo dei prefetti: prefetto dell'annona e prefetto dei vigili (con compiti giurisdizionali rispetto agli ambiti per cui già rivestivano funzioni amministrative: quello dell'approvvigionamento di derrate e quello di incendi e crimini di strada), ma soprattutto prefetto della città e prefetto del pretorio[117]. La vicenda di quest'ultimo – dapprima solo comandante di un corpo di guardie scelte (i pretoriani), destinati alla difesa del principe; col tempo il funzionario di piú alto rango, con crescente importanza giurisdizionale, sino a poter emanare sentenze che risultavano, al pari di quelle imperiali, inappellabili – illustra assai bene la trasformazione che interessò le istituzioni pubbliche, e l'esperienza processuale in particolare.

Se questi costituivano, accanto all'imperatore, i vertici del nuovo apparato giurisdizionale, non dobbiamo dimenticare una serie di funzionari, anche fuori di Roma, che erano a loro gerarchicamente subordinati (il che appunto consentiva l'impugnazione delle loro decisioni, e preordinava la direzione in cui doveva essere rivolto l'appello), nonché altre due figure che contribuiscono a far emergere i tratti di fondo del nuovo processo. Si tratta, in primo luogo, dei cosiddetti *iudices pedanei*: funzionari di rango minore (non privati cittadini) cui poteva essere delegata la disamina delle prove e l'emanazione della sentenza. Una simile prassi trovava giustificazione tanto nell'incremento del contenzioso devoluto ai giudici delle *cognitiones* (e quindi nell'esigenza che il loro lavoro venisse snellito tramite queste col-

[117] A essi fu tra l'altro delegata, nel corso del II secolo d.C., la trattazione degli appelli (in senso tecnico, ossia impugnazioni di sentenze) rivolti al tribunale imperiale.

laborazioni), quanto nella bipartizione che già aveva connotato *legis actiones* (dichiarative) e processo formulare. Sbaglieremmo, tuttavia, a ritenere che, con tale ricorso agli *iudices pedanei*, la tradizionale distinzione del processo in due fasi fosse puntualmente riproposta: sia perché stavolta non era obbligatorio il coinvolgimento del giudice, sia perché quest'ultimo aveva a sua volta una funzione amministrativa e una collocazione gerarchica, sia infine perché non era piú rintracciabile un perentorio discrimine fra inquadramento giuridico della controversia e accertamento dei fatti.

Da ricordare sono, in secondo luogo, altri giudici delle *cognitiones*, che in apparenza si pongono in assoluta continuità con le magistrature repubblicane, ma che in realtà partecipano del nuovo clima istituzionale e delle peculiarità introdotte con queste «cognizioni straordinarie». Cosí è per ulteriori pretori che vennero istituiti con specifiche competenze – in tema di processi di libertà (*praetor de liberalibus causis*) o attinenti alla tutela (*praetor tutelarius*) o per i processi fiscali (materia poi affidata, peraltro, ai *praefecti aerarii*) –, ma anche per i consoli, la cui *iurisdictio*, a lungo quiescente ma mai venuta meno, fu ridestata ai tempi di Augusto, cosí da affidare loro varie *cognitiones* (in tema di fedecommessi, pretese alimentari, accertamenti di paternità ecc.).

### 4.3. Un'idea nuova di processo civile.

Quanto appena rilevato in merito agli organi giudicanti delle *cognitiones* consente già di comprendere la svolta di fondo introdotta con queste forme processuali. Ad affermarsi è l'idea di un'amministrazione della giustizia civile che non sia piú rimessa alla disponibilità delle parti e affidata alla *iurisdictio* di magistrati eletti dalle assemblee popolari, ma venga interamente devoluta a un apparato giudiziario dalla struttura gerarchica, al cui vertice si trova l'imperatore. La possibilità dell'appello – forse la piú significativa innovazione delle «cognizioni straordinarie» – è evidente espressione di questo mutamento istituzionale, nel senso che riflette una catena, via via piú articolata, di relazioni di sovra e subordinazione fra organi pubblici che era assolutamente estranea al precedente processo. In effetti, se è possibile, ma assai controversa (§ 4.1), l'identificazione delle prime *cognitiones* proprio con la prassi dell'appello, non vi è dubbio che quest'ultimo conobbe nel principato una consistente diffusione[118], sino a ricevere una piú articolata e complessa fisionomia a partire soprattutto dall'età dioclezianea (allorché, in conseguenza della riorganizzazione amministrativa dell'Impero, contro certe sentenze divenne praticabile un doppio grado di appello).

Ma non meno indicativa è la circostanza che il nuovo processo dipese sempre meno dall'impulso dei contendenti e dalla loro (piú o meno spontanea) cooperazione, cosí come vide concentrarsi l'uso della forza nelle sole mani del principe e dei suoi delegati[119]. Si pensi, innanzi tutto, alle modalità con cui veniva ora ottenuta la comparizione del convenuto in giudizio: modalità che, diversamente dalla *in ius vocatio* del processo formulare, coinvolgevano un organo pubblico[120], chiamato a notificare al convenuto la *denuntiatio* dell'attore, o direttamente autore della convocazione – con possibilità che, ove questa fosse disattesa (nonostante, di regola, l'emanazione di tre editti), tale disobbedienza (*contumacia*) venisse rilevata con un ulteriore editto e si desse vita a un processo contumaciale (che non necessariamente si concludeva con una condanna)[121]. Ma pensiamo anche alla portata completamente diversa che venne assumendo la *litis contestatio*[122]: se nel processo formulare essa

[118] Sino a poter avere a oggetto, come rilevato, anche sentenze emanate in processi formulari: ma inizialmente solo nel senso che l'esito vittorioso dell'impugnazione avrebbe comportato la ripetizione del processo presso il giudice *a quo*.

[119] Ben diversa era la situazione che abbiamo riscontrato ancora nel processo formulare: ad esempio, in tema di *in ius vocatio*, ma anche di *ductio* del convenuto *indefensus* su autorizzazione del magistrato.

[120] Solitamente coincidente col competente ufficio giudiziario, anche se non sempre era cosí (ne abbiamo notizia soprattutto per l'Egitto, a proposito della disciplina della figura che sostanzialmente corrispondeva alla *denuntiatio*, ossia la *paranghelía*).

[121] Laddove invece, nella piú rara ipotesi di una contumacia dell'attore, questi avrebbe senz'altro perduto la lite.

[122] Della quale, rispetto al precedente processo, si mantenne il nome ma non la sostanza. Un significato diverso assunsero anche altri termini rinve-

rappresentava la sintesi di quel comune apporto dei contendenti e del magistrato, per mezzo del quale si passava dalla fase *in iure* a quella *apud iudicem* (§ 3.8), nelle *cognitiones* il suo rilievo diminuí notevolmente, per indicare solo il momento della contestazione, da parte del convenuto, della pretesa attorea (cosí che gli effetti connessi alla *litis contestatio* nel precedente processo vennero ora generalmente ricondotti alla sentenza).

Significativo è inoltre l'ampliarsi dei poteri dell'organo giudicante – non piú vincolato dal dettame di alcuna *formula* – in merito alla valutazione delle prove e all'emanazione della sentenza. Poiché quest'ultima poteva adesso risolversi, sia pure di rado, in una condanna diversa da quella pecuniaria (ed è anche questa una novità delle *cognitiones extra ordinem*), di nuovo assistiamo a un monopolio della forza da parte dell'organo pubblico: in tal caso, lo stesso che aveva provveduto alla condanna e che poteva attivarsi per ottenerne, *manu militari*, l'esecuzione da parte del convenuto. Ma esiti difformi da quelli del processo formulare erano riscontrabili anche a seguito di una condanna pecuniaria, in quanto il medesimo funzionario o magistrato che l'aveva emanata – ancora una volta lui, e non l'attore vittorioso – poteva procedere all'apprensione di singoli beni della parte soccombente, in modo da dar vita a una forma d'esecuzione (*pignus in causa iudicati captum*) che non coinvolgeva piú l'intero patrimonio del debitore[123] ma solo gli elementi necessari e sufficienti a soddisfare, tramite una vendita all'asta, le pretese del creditore.

Si tratta, come evidente, di una serie di svolte tecniche – crescente rilievo dell'organo pubblico e sua esclusiva disponibilità dei mezzi di coazione, possibilità di condanna in forma specifica (o *in ipsam rem*), appello, carattere esclusivamente patrimoniale dell'esecuzione forzata e sua con-

nuti nell'esperienza formulare (§ 3.7): cosí l'*exceptio* (che in genere designò le argomentazioni del convenuto, e non piú la specifica clausola inserita nella *formula*), la *praescriptio* (riferita ai mezzi difensivi del convenuto e non all'eventuale parte, a favore di attore o convenuto, posta in apertura della stessa *formula*) ecc.

[123] Come abbiamo visto per il processo formulare, sia pure con progressivi temperamenti: § 3.10.

centrazione su singoli beni – che esprimono una diversa concezione di fondo del processo: sempre piú lontano dall'esperienza formulare, e destinato assai piú di questo a influenzare l'esperienza giuridica moderna.

## 4.4. Sviluppi tardoantichi e giustinianei.

I caratteri d'insieme che abbiamo segnalato si conservarono, e spesso si accentuarono, nel corso dei secoli, in coincidenza con il rafforzarsi del carattere autocratico dell'Impero (si è soliti parlare di transizione dal principato al dominato) e col progressivo declino del processo formulare, sino alla sua ufficiale abolizione nel 342 d.C. È qui impossibile seguire analiticamente tali sviluppi, dei quali possiamo solo richiamare alcune linee essenziali.

In primo luogo è da segnalare l'estensione dei poteri dell'organo giudicante: sebbene per certi versi (come riguardo alla concessione o denegazione di azione) egli godesse di una discrezionalità minore dei vecchi magistrati del processo formulare, per altri aspetti il suo ruolo venne ulteriormente rafforzato anche rispetto all'esperienza delle *cognitiones* di età proto-imperiale. Ciò è percepibile, ancor prima che nell'istruzione probatoria e nelle varie forme di condanna cui si poteva pervenire, negli stessi atti introduttivi del processo: in proposito la pratica della *litis denuntiatio*, con la quale un atto scritto (*libellus*) veniva notificato dall'attore al convenuto su autorizzazione del funzionario imperiale, venne infatti sostituita, nel v secolo, dal ricorso al *libellus conventionis*, la cui notifica al convenuto era, con ogni probabilità, compiuta direttamente dal funzionario (e non solo da lui autorizzata). Tale notifica era usualmente realizzata per mezzo di un ausiliario: figura che è peraltro rinvenibile non solo in questo frangente, giacché un altro tratto di fondo nella storia delle *cognitiones* è costituito dal crescente rilievo di simili collaboratori – ulteriori tasselli del mosaico amministrativo tardoantico –, cui si ricorreva ove fosse necessario l'impiego della forza pubblica.

Non meno coerenti con gli scenari istituzionali che si aprono da Diocleziano in avanti sono le innovazioni che interessano la trasparenza dei processi e la pubblicità del dibattimento (che almeno dal v secolo furono sensibilmente ridotte, date le restrizioni per l'accesso alle udienze, cosí che il luogo ove queste venivano celebrate prese il nome di *secretarium* e non piú di *auditorium*), la loro durata (che si allungò sensibilmente, tanto da indurre gli imperatori a ripetuti interventi in proposito)[124], i relativi costi[125] (tanto che si affermò la possibilità di una condanna alle spese della parte soccombente), la maggior articolazione dei gradi di appello cui abbiamo accennato (§ 4.3), alcune piú rigorose prescrizioni in tema di prove (la cui valutazione era per altri versi, come nell'*ordo*, ancora rimessa alla discrezionalità del giudice)[126]. Significativa è, a tale riguardo, l'apparizione di prove legali – sottratte cioè alla libera valutazione del giudice, ed efficaci indipendentemente da essa (era questo, ormai, il caso di confessione e giuramento) – e di presunzioni (quali inferenze, pur passibili di smentita[127], che dall'esistenza di fatti noti erano tratte onde accertarne di ignoti), ma anche il crescente rilievo attribuito alle prove documentali.

Quest'ultimo è un aspetto che, di nuovo, trova ampio riscontro in tutta la cultura giuridica tardoantica, ove l'elemento scritto – probabilmente per influenza della prassi ellenistica – venne ad assumere un'importanza assai maggiore che in passato (tanto che la scrittura venne talora richiesta *ad substantiam*, cioè come indispensabile requisito di forma per la validità di alcuni negozi [come la donazio-

[124] Ma verosimilmente con scarso successo, se ancora Giustiniano dovette intervenire in materia, lamentando che la durata delle cause superava quella della vita umana, e prescrivendo che la sentenza dovesse essere emanata entro tre anni dalla *litis contestatio* (*C.* 3.1.13).

[125] Fra cui sono da ricordare – quale ulteriore espressione della burocratizzazione tardoantica – le *sportulae*, ossia elargizioni sostanzialmente obbligatorie (che non di rado davano luogo a pratiche di corruzione) cui le parti erano tenute a favore dell'ufficio giudicante, e soprattutto dei suoi ausiliari.

[126] Discrezione che per certi aspetti veniva ulteriormente incrementata, nel senso che il giudice poteva ora attivarsi anche d'ufficio (cioè non su impulso delle parti) per acquisire informazioni idonee a condurlo verso la verità e la decisione piú corretta – finalità che ormai rivestivano un significato anche pubblico, sottratte alla disponibilità dei contendenti.

[127] Si trattava dunque – secondo una terminologia non romana ma medievale (e tuttora impiegata) – di *praesumptiones iuris tantum*, non *iuris et de iure* (che non consentono prova in contrario).

ne: cap. IV, § 7]; e scritti divennero, come osservato, gli stessi atti introduttivi del processo). L'attenzione riservata a questo tipo di prove – fra cui spiccano non a caso i documenti pubblici, redatti da un funzionario nell'esercizio delle proprie competenze – era tale da imporre vari interventi imperiali per disciplinarne i criteri di autenticità e le forme di impugnazione di falso, ma soprattutto per regolarne la valenza probatoria rispetto alle testimonianze, che nelle *legis actiones* e nel processo formulare abbiamo visto (§§ 2.4 e 3.9) essere il principale mezzo di convincimento del giudice (mentre con Costantino il loro valore venne ufficialmente parificato a quello dei documenti, e piú tardi notevolmente compresso da Giustiniano).

Visibilmente connesso ad altre linee di fondo della storia tardoantica – in cui la questione religiosa assunse un rilievo centrale, e sempre piú significativo risultò il ruolo istituzionale della Chiesa, anche in campo giuridico – è infine un'ultima innovazione, di cui abbiamo notizia sin dal tempo di Costantino. Si tratta del procedimento noto come *episcopalis audientia*, ossia un processo celebrato, su accordo delle parti, dinanzi a un vescovo: non solo per questioni afferenti alla sfera religiosa e che vedessero coinvolti esponenti del clero, ma ben presto in ogni ambito e riguardo anche ai laici. A costituirne il fondamento era il notevole prestigio goduto dai vescovi – sulla scena mondana non meno che in ambito teologico (ove ancora non si era nettamente delineato un primato del pontefice di Roma) –, mentre a garantirne l'efficacia processuale furono alcune costituzioni imperiali, alla cui stregua la pronunzia del vescovo veniva in tutto equiparata alle sentenze rese da un organo giudiziario secolare, e rispetto a molte di esse risultava addirittura superiore, in quanto (con limitate eccezioni) considerata inappellabile.

Capitolo terzo

# Persone, famiglia e parentela

Alcune regole e tratti caratteristici della famiglia e dei rapporti di parentela romani sono sopravvissuti nel mondo occidentale quantomeno sino agli ultimi decenni del secolo appena trascorso, quando in molti paesi europei una serie di riforme ha adeguato la struttura giuridica di queste relazioni al mutare dei tempi. Ciò non toglie che, per capire la realtà romana, sia necessario osservarla con lo «sguardo da lontano» che la ricerca antropologica ci ha additato quale metodo indispensabile per comprendere le diversità, tanto moderne quanto antiche. E i Romani sotto molti aspetti erano altri, diversi da noi.

Per rendercene conto occorre – ancor prima di scendere nel dettaglio delle soluzioni tecniche in materia di diritto delle persone, della famiglia, della parentela e del matrimonio – soffermarsi sul ruolo che, entro la vita sociale e nelle forme mentali romane, rivestirono le varie aggregazioni di sangue («famiglia per diritto proprio», «famiglia per diritto comune», *gens*) e le trame potestative che le percorrevano, a iniziare da quell'autentica figura archetipica del potere che è la *patria potestas*, riservata all'ascendente maschio su tutti i propri discendenti, maschi e femmine, nonché sulle mogli dei maschi, se su di esse era costituita la *manus* (§ 4.1).

## 1. *Tra diritto e antropologia.*

### 1.1. Padri e figli.

In effetti, ogni tentativo di indagare la disciplina degli *status* personali e delle relazioni di parentela non può essere disgiunta dallo studio delle peculiarità della famiglia romana, e la disamina di quest'ultima – nella sua configurazione giuridica, ma anche nella sua effettiva vicenda sociale, e nell'antropologia che vi era sottesa – deve necessariamente muovere dall'analisi dei poteri paterni. Come verificheremo nel descrivere la struttura della famiglia (§ 3), la potestà del *pater* era qualcosa di ben diverso dai poteri parentali moderni, e a ben vedere era anche diversa dai poteri dei capifamiglia di altre comunità antiche. «Nessun altro popolo – scrive infatti Gaio – ha sui figli un potere come quello che noi abbiamo»[1]; né mancano fonti in cui autori greci (abituati a un'egemonia familiare del *patér* che, soprattutto in diritto attico e nei confronti di figli ormai maggiorenni, si presentava sostanzialmente come quella di un *primus inter pares*) manifestano un certo stupore per come, a Roma, erano disciplinati giuridicamente i rapporti fra *patres* e *filii familias*, e soprattutto la *potestas* del primo.

In che cosa consiste questa specificità romana? Forse nell'ampiezza dei poteri attribuiti ai padri romani? Indiscutibilmente, si trattava di poteri forti, come risulta dall'elenco che ne fa Dionigi di Alicarnasso; in età arcaica il *pater familias* poteva incarcerare il figlio, percuoterlo, costringerlo a lavorare nel suo fondo, venderlo e ucciderlo[2].

Sulla base di questa e altre testimonianze, molti storici hanno tradizionalmente considerato l'autorità dei padri romani come il vero fondamento della stabilità sociale e dell'ordine politico di Roma, anche se, bisogna dire, con alcune differenze: secondo alcuni, infatti, la durezza della potestà paterna sarebbe rimasta immutata per tutta l'antichità; secondo altri, con il trascorrere del tempo il diritto avrebbe limitato questi poteri, e i padri avrebbero cominciato ad avere una diversa relazione emotiva con i figli (come in effetti sembra davvero essere accaduto). La circostanza che l'esercizio della *patria potestas* sia andato incontro, nella prassi sociale, a un progressivo temperamento, e che lo stesso potere di vita e di morte abbia conosciuto, nel tempo, significative limitazioni giuridiche non deve co-

[1] Gaio, *Istituzioni* 1.55.

[2] Dionigi di Alicarnasso, *Antichità romane* 2.26.27.

munque affatto sminuire – ad avviso di alcuni studiosi (come Yan Thomas) – l'enorme rilievo che tali figure assunsero sul piano della costruzione giuridica, ove a esse va anzi attribuito un valore paradigmatico: prima e costitutiva immagine di come i Romani intesero il potere (inizialmente, all'interno della famiglia, ma per poi estenderne struttura e dinamiche negli spazi istituzionali pubblici).

L'opinione tradizionale, anche considerando la possibilità di una mitigazione dei poteri, rappresenta dunque il padre romano dell'età tardorepubblicana e del principato come un tipico patriarca autoritario, che domina un gruppo composto da due, tre, perfino quattro generazioni, nonché da un certo numero di schiavi. Appartenere a una famiglia romana, dunque, significava essere sottomessi alla completa autorità del capofamiglia, liberi o schiavi che si fosse. La principale differenza tra figli e schiavi sarebbe consistita per molti secoli nel fatto che, quando il padre moriva, gli schiavi continuavano a essere tali (ovviamente passando a un nuovo padrone, sempre che non venissero manomessi), mentre i discendenti immediati, sia maschi sia femmine, nonché i figli e le figlie dei figli maschi premorti, cessavano di essere «di diritto altrui», e acquistavano la capacità giuridica nel campo del diritto privato (§ 2.3). Ma, si dice, questo privilegio dei figli, anche quando (e se) il potere del padre venne a essere mitigato, non era sufficiente a eliminare l'inconveniente creato dalla loro protratta sottomissione alla potestà paterna. Ancora durante il principato, insomma, i rapporti fra generazioni erano rapporti gerarchici, assai piú che «familiari», nel senso moderno del termine.

Questa, sostanzialmente, la ricostruzione che ha dominato sino ad alcuni decenni or sono, ovviamente con sfumature e coloriture diverse, e con interpretazioni differenti degli effetti della struttura familiare sulla realtà sociale; qualcuno, per esempio, è arrivato a vedere nella supremazia assoluta del padre sui figli una delle ragioni che spiegherebbero l'amore dei Romani per attività cruente, come i giochi nel circo. Altri studiosi hanno però sviluppato teorie piú interessanti e credibili, come per esempio quella – sostenuta in particolare da Paul Veyne – di una sorta di nevrosi collettiva dei Romani, originata appunto dalla potestà paterna. Ma su questa ipotesi torneremo. Quel che ora è necessario mettere in evidenza è che la vera particolarità della famiglia romana (quella che, forse, la rendeva veramente diversa da altre famiglie antiche), non era rappresentata dalla durezza dei poteri paterni, bensí dalla loro durata.

A Roma infatti, come vedremo, a meno che i figli non venissero «emancipati» (§ 2.4), la sottoposizione ai padri non cessava quando i figli raggiungevano la maggiore età, ma durava finché il padre era in vita. Alla morte del *pater familias*, inoltre, diventavano «indipendenti» o «di diritto proprio» solo i suoi discendenti immediati. Tutti gli altri («di diritto altrui») passavano sotto il potere personale dell'ascendente superstite. Il che, alla luce di quanto osserveremo a proposito della incapacità giuridica delle persone diverse dal padre (2.3), poteva creare problemi non irrilevanti nei rapporti tra questo e i suoi figli e discendenti adulti.

### 1.2. Nuove metodologie e nuove ipotesi.

Dal punto di vista del diritto, dunque, la famiglia romana sembra essere stata una famiglia patriarcale, autoritaria e gerarchica; ma questa ricostruzione è stata oggetto, come già rilevato, di revisioni e di forti critiche. Secondo alcuni studiosi, la famiglia romana, a partire dal II secolo a.C., non mostrerebbe piú le sue caratteristiche arcaiche e patriarcali. Essa tenderebbe a essere composta da padre, madre, e un paio di figli[3]. Di conseguenza, le relazioni tra generazioni non sarebbero state caratterizzate da paura, obbedienza e autorità ma ispirate invece da affetto e reciproco rispetto.

A fondamento della nuova teoria sta, in primo luogo, una forte critica alla storiografia tradizionale, accusata di aver sempre trascurato l'apporto delle ricerche demografiche, che, a partire dalla metà degli anni Sessanta del secolo scorso, hanno individuato in età imperiale una distinzione tra

[3] In altre parole, da un piccolo gruppo simile a quella famiglia nucleare, che rappresenta ancor oggi il modello di famiglia tipico dell'Occidente, nonostante la crescente presenza di famiglie con un solo genitore, di famiglie miste e, in alcune società, di matrimoni omosessuali.

modelli familiari basata, in particolare, sull'età del primo matrimonio. Nell'Europa orientale e nei Balcani, infatti, sia gli uomini sia le donne si sposavano per la prima volta in età adolescenziale, mentre in Europa occidentale il primo matrimonio si collocava all'incirca fra i venticinque e i trent'anni. In conseguenza, essendo l'età tipica del matrimonio uno dei fattori che caratterizzano il rapporto tra genitori e figli nonché le dimensioni e la struttura della famiglia, la famiglia orientale appariva come un gruppo familiare ampio e numeroso, mentre quella occidentale era assai simile alla famiglia nucleare. Sulla scorta di questi esempi, dunque, alcuni storici cominciarono a mettere in dubbio la ricostruzione tradizionale della famiglia romana; indagini condotte sulle epigrafi funerarie, infatti, avevano portato a concludere che, a Roma, si tendeva a sposarsi a un'età analoga a quella della media dell'Europa occidentale. In questo caso, i mariti dovevano vivere almeno fino a sessant'anni per vedere i propri nipoti *ex filio*. E poiché nelle società preindustriali era ben difficile per un uomo superare i cinquant'anni, se ne dovrebbe dedurre che a Roma dovevano essere ben pochi i figli adulti ancora sottoposti all'autorità del padre, e ben pochi anche i gruppi familiari che comprendevano tre generazioni[4]. Le famiglie patriarcali, composte di due o tre generazioni sottoposte a un unico capofamiglia, non avrebbero potuto essere la regola; le famiglie romane sarebbero state simili alle moderne famiglie nucleari.

Gli uomini adulti sottoposti alla potestà paterna, dunque – per venire agli aspetti psicologici del problema –, sarebbero stati troppo pochi per creare un vero problema; l'ostilità verso il padre non poteva essere una sorta di at-

[4] In sé considerato, peraltro, questo dato non sarebbe assolutamente sufficiente a giustificare il mutamento delle strutture familiari che alcuni studiosi hanno ipotizzato, come si è visto, per il periodo che va dal II secolo a.C. in avanti: non sarebbe infatti credibile che, nell'età precedente, la durata della vita media fosse piú alta (è anzi molto probabile il contrario) e che proprio per questo fosse piú comune il caso di una *patria potestas* esercitata su piú generazioni di discendenti. È piú verosimile – anche per chi voglia seguire queste interpretazioni e condividere il rilievo da esse prestato alle testimonianze funerarie e ai dati demografici – che un ruolo significativo sia stato giocato da ulteriori fattori, tra cui probabilmente il crescente numero di adozioni ed emancipazioni che, attuando precise strategie politiche e familiari, avevano luogo soprattutto presso i ceti piú alti.

teggiamento (come sostenuto da Paul Veyne) capace di mettere in pericolo i rapporti tra generazioni. Cosí risulterebbe anche da testimonianze letterarie, dalle quali emergerebbe l'esistenza tra padri e figli di una relazione, che prevedeva da parte dei figli devozione e affetto, e da parte dei padri considerazione e rispetto. La celebre *pietas*, abitualmente considerata un doveroso atteggiamento di deferenza e obbedienza dei figli verso i padri, sarebbe stata in realtà un dovere morale e sociale anche da parte dei padri. Rispettando la *pietas*, dunque, i padri, nonostante avessero sui figli quasi gli stessi poteri che avevano sugli schiavi, ne avrebbero valorizzato la dignità e la personalità; le punizioni corporali, per esempio, e in particolare la fustigazione – tipica punizione domestica – sarebbero state risparmiate ai figli e riservate esclusivamente agli schiavi. Le norme giuridiche erano severe, insomma, ma non venivano osservate. Tra le prescrizioni giuridiche e la vita reale non vi sarebbe stata molta corrispondenza.

Il nuovo e diverso quadro dei rapporti tra padri e figli cosí delineato ha trovato subito molti seguaci, influenzando fortemente la storiografia, soprattutto anglosassone. Ultimamente, però, contro queste ipotesi si sono levate voci decisamente discordi, che anche senza arrivare a riproporre l'immagine estrema di una famiglia e una società ossessionate dal parricidio, hanno messo in discussione l'idea che la famiglia romana potesse essere un organismo davvero simile alla moderna famiglia nucleare, fondata sulla solidarietà e sugli affetti. La famiglia romana, insomma, è diventata il centro di un dibattito con importanti implicazioni di metodo, che, tuttavia, nei termini prospettati, sembra livellare e semplificare in modo eccessivo una realtà sociale assai piú articolata e complessa.

### 1.3. Tipologie familiari e realtà romana: famiglia patriarcale, famiglia nucleare, famiglia mista.

In realtà, a partire dagli ultimi due secoli della repubblica, a Roma coesistevano diversi tipi di famiglia. Per convincersene, basta pensare alle conseguenze concrete che alcune fondamentali regole giuridiche avevano, inevitabilmente, sulla vita, sulle dinamiche e sulla struttura stessa dei gruppi parentali.

Come avremo modo di osservare (§ 4.4 e 4.7), negli ultimi secoli della repubblica i divorzi erano facili e frequenti. In parte, certamente, perché i coniugi decidevano, per loro personali ragioni, di interrompere il matrimonio; ma in parte perché, non di rado, i matrimoni venivano interrotti dall'esterno. Come vedremo (§ 4.3), perché un matrimonio fosse valido se gli sposi erano «di diritto altrui» era necessario, oltre al loro consenso, quello dei loro capifamiglia, che, quantomeno fino all'età degli Antonini, poteva essere revocato. I padri, insomma, potevano interrompere il matrimonio dei figli del tutto indipendentemente dalla volontà di questi. Che simili poteri venissero effettivamente esercitati è dimostrato dal fatto che solo attorno al II secolo d.C.[5] alcuni figli riuscirono a opporsi al volere paterno. Ma ancora nel III secolo d.C., contro i figli che non volevano lasciare il coniuge, era concesso ai padri chiedere ai magistrati un ordine che consentiva loro di recuperarli (*interdictum de liberis ducendis*). Un passo di Ulpiano, infatti, allude alla possibilità, concessa al marito, di opporre un'eccezione al suocero che aveva fatto ricorso a questo rimedio[6].

Insomma, pur entro un quadro piú complesso – ove non mancarono innovativi indirizzi della giurisdizione romana nelle province, e anche interventi imperiali[7] tesi a proteggere la stabilità dei matrimoni (piú precisamente, dei *bene concordantia matrimonia*) a fronte dell'intervento dei *patres familias*, in modo da neutralizzare lo stesso *interdictum de liberis ducendis* da questi esperibile –, i padri non rinunciarono facilmente ai loro antichi diritti.

Come pensare che l'esistenza di tali regole non avesse effetti sui comportamenti matrimoniali? A Roma, il matrimonio era una questione familiare dalle importanti conseguenze economiche e sociali. L'ideale romano dell'amore

[5] Quantomeno nell'Egitto romano, da cui provengono i documenti in questione.

[6] *D.* 43.30.1.5.

[7] Come la costituzione di Antonino Pio di cui si parla in *Pauli Sententiae* 5.6.15.

coniugale, pertanto, non poteva che essere diverso da quello moderno; per i Romani, esso era un sentimento pacato, che si sviluppava e cresceva dopo il matrimonio, non prima di esso. Era un affetto ragionevole, non una passione. Come scrive Seneca, è disdicevole amare la propria moglie come un'amante.

Non è da escludere, dunque, che uno degli elementi che contribuivano a determinare l'elevato numero di divorzi fosse legato alla mancanza di investimento emotivo nella scelta del coniuge. Anche se la propaganda esaltava il matrimonio unico, non v'è dubbio che, quantomeno tra i ceti abbienti, molte erano le persone che, nel corso della vita, si sposavano tre, quattro, se non addirittura cinque o sei volte. Questo, come è ovvio, aveva conseguenze non irrilevanti sulla struttura della famiglia. Se non altro fra i ceti piú elevati, dunque, esistevano numerose famiglie «miste», composte dai coniugi e dai figli nati dai successivi matrimoni di questi.

Di nuovo, questa considerazione solleva perplessità sulla legittimità di identificare come prevalente a Roma un modello di famiglia nucleare. Del resto, persino nel mondo moderno, anche là dove si è imposto il modello della famiglia nucleare, accanto a esso esistono anche le famiglie con un solo genitore (divorziato o vedovo), quelle composte da coniugi senza figli, quelle «miste» (che uniscono figli di piú matrimoni), ed esistono, in alcuni paesi con qualche riconoscimento giuridico, famiglie composte da coppie omosessuali.

Orbene, fatte salve le ovvie diversità, ritroviamo già nel mondo romano una simile pluralità di forme matrimoniali. E se questo è vero, il tentativo di ricostruire la struttura (anche giuridica) della famiglia romana (quantomeno quella delle classi alte) deve tener conto dei fattori sopra indicati: mancanza di stabilità, scarsa durata nel tempo, spostamenti di figli a causa dei divorzi e dei nuovi matrimoni, con le inevitabili conseguenze sui rapporti con i genitori.

Senza negare la tendenza alla costituzione di famiglie nucleari nelle regioni occidentali dell'Impero, e senza negare che all'interno di queste famiglie tendessero a stabilirsi rapporti emotivi basati sul rispetto, sul reciproco affetto e sulla solidarietà, bisogna ricordare tra l'altro che l'esistenza di questo tipo di rapporti emerge, fondamentalmente, solo dalle iscrizioni funerarie, e che queste sono una fonte molto particolare. L'occasione in cui esse erano e sono redatte fa inevitabilmente emergere l'aspetto solidaristico della famiglia, che non necessariamente esiste nella realtà in modo altrettanto forte.

### 1.4. Il rapporto fra generazioni alla luce delle ricerche antropologiche.

Negli ultimi trent'anni una serie di ricerche antropologiche ha analizzato la struttura familiare presso numerose popolazioni di interesse etnografico, mettendo in luce un'interessante correlazione tra i rapporti tra padre e figlio e le credenze nell'aldilà, e piú specificamente il culto degli antenati. Molte società, infatti, secondo gli antropologi, hanno un atteggiamento ambivalente nei confronti delle anime divinizzate degli antenati, a volte considerate benevolmente protettrici, altre volte invece viste come entità punitive, e quindi con grande paura, se non con vero e proprio terrore.

Di tale ambivalenza sono state proposte diverse spiegazioni. La prima di esse vede una relazione tra la rappresentazione del divino e l'atteggiamento verso l'infanzia: le divinità sarebbero viste come benevole là dove l'atteggiamento verso i bambini è mite, mentre sarebbero viste come malevole là dove è severo e punitivo. La seconda spiegazione collega la percezione della divinità alla durata della sottoposizione al potere dei genitori, sostenendo che il culto di divinità punitive è tipico di società in cui i figli sono sottoposti sino in età avanzata a questo potere e al controllo che ne consegue sulla loro vita[8]. Ebbene, l'atteggiamento

[8] Alcune ricerche condotte presso società cinesi, infatti, hanno individuato un collegamento fra la percezione degli dei-antenati come entità benevole e il fatto che i figli, in quelle società, non siano costretti ad aspettare la morte dei genitori per ottenere l'indipendenza economica; a conferma di questa ipotesi sono intervenuti, successivamente, i risultati delle ricerche di Jack Goody sulla popolazione africana dei LoDagaa, tra i quali la morte dei genitori era per i figli a lungo sottomessi un evento tanto desiderato quanto temuto, vissuto al tempo stesso con un senso di liberazione e di colpa.

dei Romani verso gli antenati appare come un argomento di non poco rilievo in favore dell'ipotesi che la *patria potestas* rappresentasse effettivamente, per il gruppo familiare, un grave problema psicologico e sociale.

Pensiamo, per cominciare, al rapporto con le anime degli antenati. I Romani, che credevano nell'esistenza di un aldilà, ritenevano che nella tomba, non a caso chiamata «casa eterna» (*domus aeterna*), i defunti vivessero una seconda vita, concepita esattamente come una copia di quella mortale. Chiamati «dei Mani» (*di manes*), i defunti avevano dunque le stesse esigenze dei mortali, e i loro discendenti, per soddisfarle, erano tenuti a sacrificar loro periodicamente cibi e vino. Se lo facevano, i *manes* erano benevoli nei loro confronti e li proteggevano. Se le offerte mancavano o erano insufficienti, i *manes* – diventati «larve» (*larvae*) o «lemuri» (*lemures*) – non esitavano a punirli severamente.

I Romani, insomma, avevano verso i loro antenati un atteggiamento analogo a quello riscontrato presso molte popolazioni «primitive». D'altra parte, tutto sembra mostrare che il loro atteggiamento verso l'infanzia era improntato, piú che a indulgenza e tenerezza, a un rigore e a una severità che comportavano la sottoposizione a pene corporali, anche molto severe. Anche se, come abbiamo accennato, vi è chi esclude che i figli venissero sottoposti alla fustigazione, e anche ammesso che l'ipotesi sia fondata, sappiamo che i maestri romani erano tristemente noti per la facilità e la durezza con cui facevano ricorso alle pene corporali. E risulta in verità assai difficile pensare che una società che ammetteva il regolare impiego di queste pene nelle scuole, ne condannasse l'uso domestico.

Anche a Roma, perciò, sembra riprodursi il medesimo legame fra durata del potere paterno, severità verso i figli e timore verso gli antenati. La comparazione antropologica, dunque, sembra portare ulteriori elementi che inducono a escludere la possibilità che la famiglia romana fosse simile, nella struttura e negli affetti, alla moderna famiglia nucleare.

### 1.5. Un tentativo di bilancio sugli effetti della potestà paterna.

Ricostruire storicamente i rapporti emotivi, come è ovvio, è cosa difficile. Ciononostante, ci sembra di poter concludere che, anche ammettendo che solamente una minoranza di cittadini romani fosse ancora «di diritto altrui» in età adulta, questo non significa che le caratteristiche della potestà paterna non determinassero tensioni sociali e psicologiche. L'esistenza, all'interno della stessa generazione, di molte persone «indipendenti» e di una minoranza di persone dipendenti dai padri, infatti, avrebbe se mai reso la condizione di questa minoranza ancor piú difficile.

Sia pure con tutte le cautele del caso, da quanto è stato detto sin qui sembra si possa affermare che la teoria che drammatizza gli effetti della potestà paterna appare piú convincente di quella che li minimizza. Ma quel che maggiormente interessa è mostrare come il confronto con altre discipline e metodologie eviti il rischio di cadere in schematizzazioni che allontanano dalla comprensione della realtà. Il che vale, come è evidente, sia per il giurista che sottovaluta gli strumenti di analisi della realtà sociale, sia per lo storico, il demografo o l'antropologo che non tengano nel dovuto conto la funzione e l'importanza del diritto.

## 2. *Le persone.*

### 2.1. Concetti moderni, soluzioni antiche.

Se la famiglia romana si è rivelata, dal punto di vista sia dell'antropologia che del diritto, per molti aspetti lontana dalla nostra sensibilità e dalla nostra esperienza (torneremo fra breve, piú nello specifico, sul suo regime giuridico: §§ 3 e 4)[9], non meno diverso era il modo antico di conce-

[9] La scelta di aprire la trattazione propriamente giuridica dei nostri temi – dopo avere saggiato (§ 1) la necessità di contestualizzarli in una prospettiva di problemi antropologici, sociologici e demografici – con la parte relativa alle persone, cui seguirà l'analisi della famiglia e del matrimonio, non vuole certo ricalcare la sistematica che, in questa materia, seguono i codici moder-

pire le persone, di individuare quelli che oggi chiamiamo «soggetti di diritto», e di riconoscere a questi – sempre per usare la terminologia moderna – la capacità giuridica e la capacità di agire.

Centrale appare, al riguardo, soprattutto quella che vedremo (§ 2.3) essere assunta da Gaio come «*summa divisio de iure personarum*», ossia la distinzione fra liberi e schiavi. Nell'esperienza romana (cosí come in quella di molte altre realtà antiche) la schiavitú rappresentò davvero un «fatto totale», che segnò di sé molteplici ambiti della vita, dall'economia alle forme di socialità alla letteratura fino ovviamente al diritto. Certo, il numero degli schiavi, le loro condizioni di vita e il ruolo da essi giocato nell'economia romana variò enormemente con il mutare dei secoli. In età arcaica, il numero degli schiavi era modesto, e la loro posizione all'interno delle famiglie non era molto diversa da quella dei figli, impegnati anch'essi accanto al padre, esattamente come gli schiavi, nella coltivazione di piccoli appezzamenti di terreno. Tuttavia, in conseguenza delle successive, crescenti conquiste belliche la schiavitú divenne un fenomeno che interessava milioni di persone. Per avere un'idea delle sue dimensioni, basta pensare ai 50 000 Cartaginesi venduti da Scipione Emiliano, o ai 150 000 offerti all'asta da Paolo Emilio dopo il saccheggio dell'Epiro. Cifre enormi, che peraltro impallidiscono rispetto a quelle successive. Si racconta, infatti, che dopo le conquiste di Pompeo in Oriente venissero importati in Italia piú di due milioni di schiavi. A partire dal II secolo a.C., l'economia romana si resse sostanzialmente su di essi.

I contadini arruolati come soldati, trovando i campi improduttivi al ritorno dalla guerra, erano costretti ad abbandonarli, e a recarsi in città, dove andavano ad aumentare il numero dei disoccupati. I grandi proprietari terrieri aristocratici, a partire dal II secolo a.C., iniziarono a sperimentare su terre estesissime un nuovo e sempre piú pro-

ni e i cultori del diritto vigente. Piuttosto, è proprio la *summa divisio* che incontreremo a proposito del diritto delle persone (quella fra liberi e schiavi: § 2.3*a*) a giustificare questa successione, giacché ogni osservazione che proporremo in merito ai rapporti familiari e matrimoniali vale sostanzialmente solo per gli uomini liberi.

duttivo tipo di azienda agricola. Essa aveva la forma e il nome di «fattoria» (*villa*), ed era affidata a «fattori» (*vilici*) i quali, vivendo nei campi, dirigevano e controllavano il lavoro di un numero enorme di schiavi, divenuti strumenti di produzione e dunque sfruttati senza risparmio finché erano in grado di lavorare, e abbandonati quando la vecchiaia o le malattie li rendevano improduttivi: «Il padrone – scrisse Catone nel trattato *Sulla agricoltura* – deve abbandonare un arnese rotto, uno schiavo vecchio e uno schiavo malato».

A fronte di un ruolo che, almeno dagli ultimi secoli della repubblica all'età dei Severi, assunse tanta rilevanza sulla scena economica, del mondo servile venne elaborata un'articolata disciplina giuridica, che da un lato muoveva dall'assunzione degli schiavi in termini di mere cose (*res*: cap. V, § 1) – negando loro quella che tra breve vedremo modernamente indicata come soggettività e capacità giuridica –, ma dall'altro riconosceva in essi l'attitudine (che oggi denominiamo capacità di agire) a compiere atti giuridicamente rilevanti, dai cui esiti inizialmente il padrone poteva trarre solo i vantaggi, mentre piú tardi (in forza di alcuni interventi del pretore: § 2.3*a2*) sarà chiamato anche a rispondere, in forme e misure diverse, dei relativi debiti.

Per comprendere le peculiarità di un simile assetto, e piú in generale di tutte le norme che regolavano gli *status* personali, converrà soffermarsi brevemente proprio sulla terminologia moderna (soggettività e capacità giuridica, capacità di agire) che abbiamo appena richiamato. In effetti, secondo le vedute odierne, soggetto di diritto è, in primo luogo, l'essere umano che un sistema giuridico considera destinatario delle sue regole e assume come titolare di situazioni giuridiche soggettive (ossia, in primo luogo, di diritti e doveri giuridici). Ma va subito messo in rilievo che l'essere umano non è soggetto di diritto automaticamente, per il fatto stesso di essere nato. Il soggetto di diritto è una creazione dell'ordinamento. Di conseguenza, si può verificare (cosí come si è verificato nella storia, e tuttora si verifica, in sistemi diversi da quelli occidentali) che alcuni esseri umani non siano soggetti di diritto. Senza andare molto indietro nel tempo, e restando all'Occidente, basterà pensare, per esempio, che sino a circa centocinquant'anni fa negli Stati Uniti esisteva la schiavitú (e gli schiavi, per definizione, non sono soggetti di diritto). In materia di diritto pubblico, negli Stati Uniti le donne hanno ottenuto il diritto di voto solo nel 1920, in Inghilterra nel 1928, in Francia e in Italia nel 1945; nella Federazione svizzera tale diritto è stato concesso soltanto nel 1970, e l'anno successivo è stato promosso un referendum per tentare, senza successo, di abrogare la legge che lo aveva istituito.

D'altro canto, cosí come un essere umano può non essere soggetto di diritto, possono esistere soggetti di diritto diversi dall'essere umano. In questo caso, il soggetto di diritto è un ente astratto, punto di imputazione artificiale di situazioni giuridiche soggettive, e viene definito «persona giuridica», in contrapposizione all'essere umano soggetto di diritto, chiamato «persona fisica».

Dell'essere umano riconosciuto come soggetto di diritto si dice che ha la capacità giuridica, vale a dire che è idoneo a essere titolare di diritti e di doveri, o di altre situazioni giuridiche soggettive. Con riferimento alle persone giuridiche, invece, si preferisce parlare di personalità.

Dalla capacità giuridica si distingue la capacità di agire, intesa come idoneità dell'individuo a compiere atti capaci di produrre gli effetti che il diritto vi ricollega. Negli ordinamenti moderni, la capacità di agire viene riconosciuta a chi ha la capacità di intendere e di volere. Nel nostro diritto, in particolare, sono considerate capaci di intendere e di volere le persone (maschi e femmine) che hanno compiuto la maggiore età, purché non siano inferme di mente o vittime di menomazioni che ne diminuiscano la capacità. Tutti coloro che non hanno la capacità di intendere e di volere (e quindi non hanno la capacità di agire) sono posti sotto la protezione di un'altra persona. Nel caso dei minori di età e degli infermi di mente totalmente incapaci di gestire i propri interessi, questa persona è un tutore, che rappresenta l'incapace in tutti gli atti civili e ne amministra i beni. Nel caso di persone mentalmente inferme in misura minore – dei prodighi, di chi fa abuso di bevande alcoliche o di stupefacenti nonché dei sordomuti e ciechi dalla nascita che non abbiano avuto un'educazione sufficiente – essa è invece un curatore, il quale assiste l'inabilitato nel compimento degli atti aventi rilevanza giuridica.

Come è evidente, dunque, l'elenco degli incapaci dipende dalle valutazioni dei diversi ordinamenti, che possono variare non solo da paese a paese, ma anche nello stesso Stato, in momenti diversi. In Italia, per esempio, è di pochi decenni or sono la decisione di abbassare la soglia per il raggiungimento della maggiore età (con tutte le conseguenze che ne derivano) dai ventuno ai diciotto anni.

E ora torniamo a Roma. Nel suo diritto, i concetti sin qui esposti non sono espressamente formulati, e a volte, quando appaiono alcune delle parole alle quali fa ricorso la moderna terminologia, esse hanno un significato diverso. Ad esempio, il termine *persona* (che originariamente significava «maschera teatrale») indica l'essere umano, indipendentemente dal fatto che sia o meno soggetto di diritto: designa cioè, come facendo riaffiorare il suo piú risalente campo semantico, l'uomo sulla scena del diritto, col ruolo che egli vi incarna (in primo luogo, stando a Gaio, o quello di libero o quello di schiavo)[10]. E la parola *caput* (originariamente «testa», poi in senso traslato «individuo»), che per secoli indica anche gli schiavi[11] e a volte gli animali, acquista il valore di «capacità» solo nelle *Istituzioni* di Giustiniano, nell'unico passo nel quale il latino usa un termine tecnico che esprime una nozione generale paragonabile a quelle moderne[12].

### 2.2. Definizione di vita e sua rilevanza giuridica.

Il presupposto di ogni discorso sulla capacità degli esseri umani è oggi, ed era nel mondo romano, la loro esistenza in vita. Individuare giuridicamente il momento nel quale una persona nasce e quello in cui muore è un fatto di estrema importanza in qualunque epoca, come del resto ha dimostra-

[10] Anche il *servus* è dunque, nel manuale gaiano, configurato come *persona*: ma senza che ciò implicasse – e qui sta appunto la distanza fra la concezione antica e quella moderna – il riconoscimento, a suo favore, di alcun diritto o capacità giuridica.

[11] *D.* 4.5.3.1 (Paolo); *D.* 26.1.1.pr. (Paolo).

[12] *Istituzioni* 1.16.4.

to, in tempi recentissimi – per limitarci a un esempio – il dibattito sulla definizione di «morte» ai fini del trapianto di organi. E nulla rileva che, in ipotesi, un sistema giuridico (come, appunto, quello romano) non consideri la nascita condizione sufficiente per l'acquisto della capacità giuridica. Questo non toglie, infatti, che anche in un simile sistema la nascita possa produrre effetti nel mondo del diritto: si pensi, per esempio, all'importanza della definizione di «nascita» ai fini ereditari, o ai fini dell'applicazione della regola, stabilita da Augusto, secondo la quale le donne che partorivano un certo numero di figli erano esonerate dalla tutela (alla quale, come vedremo, le donne che non avevano un ascendente maschio vivente erano sottoposte per sempre).

Qual era dunque, nel diritto romano, il momento in cui si riteneva che un essere umano fosse nato? Secondo la giurisprudenza del principato era l'attimo in cui il feto si staccava completamente dal seno materno (*partus editus*), a condizione che in quel momento fosse vivo[13]. Non era da considerare nato, peraltro, il *monstrum vel prodigium*, vale a dire – come spiegheranno i giuristi – il neonato cosí mostruosamente deforme da essere piú simile a un animale che a un essere umano[14]. Ma a dare una soluzione concreta alle nascite mostruose, ben prima che se ne occupassero i giuristi, intervennero le prime norme cittadine. Secondo una disposizione attribuita a Romolo, infatti, il padre che abbandonava alla sua sorte il figlio «mostruoso» non incorreva nelle pene previste per l'abbandono dei neonati. L'unico adempimento che si richiedeva da lui era che convocasse cinque vicini, perché accertassero che il nuovo nato era veramente «mutilo o mostro»[15].

Sino al momento in cui non era nato, il feto di regola non aveva rilevanza per il diritto. Sino ad allora, dice Ulpiano, il *partus* «è una porzione della donna o delle sue viscere»[16]. Tuttavia, in casi eccezionali, anche il nascituro veniva preso in considerazione; in caso di divorzio, per esem-

[13] *D.* 25.4.1.1 (Ulpiano); *D.* 50.16.128 (Paolo).
[14] *D.* 1.5.14 (Ulpiano); *D.* 50.16.135 (Ulpiano).
[15] Dionigi di Alicarnasso, *Antichità romane* 2.15.
[16] *D.* 25.4.1.1.

pio, se un marito temeva che la moglie incinta abortisse poteva chiedere che fosse nominato un *curator ventris*, vale a dire una persona incaricata di impedire alla donna di liberarsi del figlio (lo scopo di questa pratica, peraltro, non era quello di tutelare la vita del nascituro, ma di impedire alla moglie di privare l'ex marito della futura prole).

### 2.3. Il problema della capacità giuridica: percezione e soluzioni romane.

Nel mondo romano, quella che oggi chiamiamo «capacità giuridica» spettava solo a una minoranza di persone; per individuarle è necessario partire da una serie di classificazioni delle persone (*personae*) in diverse categorie, dall'appartenenza alle quali si faceva discendere il riconoscimento della capacità. Queste classificazioni erano tre: tra liberi e schiavi – considerata da Gaio, *Istituzioni* 1.9, come già ricordato (§ 2.1), la distinzione fondamentale (*summa divisio de iure personarum*), da cui procedono le altre (e quindi anche ogni nostra trattazione in merito a struttura e regime giuridico di famiglia e matrimonio: *supra*, nota 9) –, quella fra Romani e stranieri (*peregrini*) e quella tra persone «indipendenti» o «di diritto proprio» (*sui iuris*) e persone «dipendenti» (*alieni iuris*).

*a) Liberi e schiavi.* Liberi o schiavi si poteva nascere e si poteva diventare. Nasceva schiavo, secondo un principio riconosciuto da tutte le popolazioni antiche, chi nasceva da madre schiava al momento del parto. La regola infatti voleva che i figli nati da un matrimonio legittimo seguissero la condizione del padre al momento del concepimento, e che i figli che nascevano fuori del matrimonio seguissero la condizione della madre al momento della nascita. Poiché con una schiava non era possibile contrarre matrimonio, i nati da lei erano schiavi e appartenevano al padrone della madre[17].

Diventava schiavo, invece, chi cadeva prigioniero del nemico. A tale fonte della schiavitú se ne aggiunsero altre, diverse a seconda dei tempi. In età arcaica, per esempio,

[17] Gaio, *Istituzioni* 1.82; *Tituli ex corpore Ulpiani* 5.9; *D.* 1.5.5.1 (Marcello).

diventava schiavo chi veniva venduto «al di là del Tevere» (*trans Tiberim*), vale a dire in territorio etrusco: questa era la sorte riservata al debitore insolvente[18], al disertore, e a colui che si era sottratto al servizio militare (*infrequens*)[19] o al censimento (*incensus*)[20].

Inoltre, diventava schiavo, quantomeno di fatto, il figlio o il discendente venduto dal capofamiglia o da questi consegnato ad altro capofamiglia ai danni del quale il discendente aveva commesso un delitto (per esempio un furto). I Romani, in ossequio al principio per cui «sangue romano» non poteva essere schiavo in patria, parlavano a questo proposito di persone *in mancipio*, e non in servitú; ma la realtà delle cose emerge dalla considerazione che alla morte del capofamiglia cui era stato venduto, la persona *in mancipio* passava, assieme agli schiavi, sotto il potere del nuovo capofamiglia. Inoltre, quando si ammise che la persona *in mancipio* potesse essere liberata dal compratore – a partire da un'epoca indeterminata ma certamente molto antica – l'atto con cui veniva liberata era lo stesso con il quale era concessa la libertà agli schiavi.

Con il trascorrere dei secoli, peraltro, alcune di queste regole cambiarono. Con riguardo alla nascita da madre schiava, per esempio, si stabilí che il figlio nasceva libero sia se la madre era libera al momento del concepimento e schiava al momento della nascita, sia se era schiava al momento del concepimento e libera al momento della nascita[21]. Con riferimento alla prigionia di guerra, vennero elaborate nuove regole in materia di *postliminium*, l'istituto in forza del quale se un Romano cadeva in prigionia, nel momento in cui tornava in patria riacquistava la titolarità dei suoi diritti. Attorno all'80 a.C. una *lex Cornelia de captivis* stabilí che, se un cittadino romano moriva in stato di prigionia, si fingesse che egli fosse morto libero, cosí che il suo testamento potesse essere considerato valido[22].

[18] *XII Tab.*, 3.5. Cfr. cap. II, § 2.3.

[19] Cicerone, *Orazione a favore di Cecina*, 34.99; *D.* 49.16.4.10 (Menandro).

[20] Liv., *ep.* 55.

[21] *D.* 1.5.5.2 e 3 (Marciano). Si discute, peraltro, se il passo sia genuino o sia stato rimaneggiato dai giustinianei.

[22] *Tituli ex corpore Ulpiani* 23.5.

D'altro canto, però, vennero considerate fonte di schiavitú alcune circostanze nuove: un senatoconsulto del 52 d.C., per esempio, stabilí che la donna che intratteneva rapporti sessuali con uno schiavo diventasse schiava del padrone di questo, se, dopo tre diffide, avesse continuato la relazione[23]. Era una regola eccezionale, che infrangeva il principio per cui non si poteva essere schiavi in patria. Tuttavia, l'eccezione fu ammessa in considerazione dell'importanza dell'interesse protetto, che non era la moralità della donna, come forse si potrebbe pensare, bensí un interesse patrimoniale del padrone dello schiavo; scopo della disposizione, infatti, era quello di non diminuire, sottraendolo al padrone, il rendimento produttivo e riproduttivo dello schiavo.

Chi era nato o era diventato schiavo poteva diventare libero. La schiavitú infatti, pur essendo una condizione perenne, poteva cessare per un atto di volontà del padrone, detto manomissione (*manumissio*). I nostri testi elencano tre diversi tipi di manomissione, certamente esistenti sin da epoca molto antica: la manomissione testamentaria era una dichiarazione di ultima volontà del padrone (*dominus*), che donava la libertà allo schiavo; la manomissione *vindicta* («con la bacchetta») era l'applicazione di un rito processuale nel corso del quale, dopo che una persona di fiducia del padrone – toccando lo schiavo con una bacchetta – aveva dichiarato che questo era di condizione libera, il magistrato, di fronte al silenzio del padrone, presente e consenziente, dichiarava che lo schiavo era libero; la manomissione attraverso il censo consisteva nella richiesta del padrone al censore di iscrivere lo schiavo nelle liste del censo. Lo schiavo liberato, a differenza di chi era nato libero (detto *ingenuus*) era chiamato libertino (*libertinus*): egli però acquisiva di regola, attraverso la manomissione, anche la cittadinanza romana, secondo un regime molto diverso, ad esempio, da quello che vigeva nelle città greche (a iniziare da Atene, ove lo schiavo liberato era sostanzialmente equiparato a un meteco, ossia a uno straniero residente, il cui protettore e garante [*prostátes*] era necessariamente costituito dall'ex padrone).

[23] Gaio, *Istituzioni* 1.160; *Pauli Sententiae* 2.21a; *Istituzioni* di Giustiniano 3.12.1.

Negli ultimi secoli della repubblica, accanto alle forme appena ricordate, entrarono in uso procedure nuove e non formali di manomissione, all'interno delle quali vennero consolidandosi tre tipi: quella tra «amici» (*inter amicos*), quella «per lettera» (*per epistulam*) e quella «per desco» (*per mensam*)[24].

La prima aveva luogo ogniqualvolta il padrone dichiarava esplicitamente dinanzi a un gruppo di amici di voler dare libertà allo schiavo; la seconda quando egli inviava allo schiavo una lettera nella quale dichiarava la sua intenzione di liberarlo, e la terza quando lo schiavo veniva ammesso a un banchetto, in mezzo agli amici del padrone. In questo caso, anche se non veniva resa esplicita, la volontà di liberare lo schiavo risultava dal comportamento.

In un primo momento, peraltro, queste manomissioni non avevano effetti giuridici. In difesa degli schiavi cosí manomessi intervennero però il pretore (donde il nome di «manomissioni pretorie» dato alle nuove forme), e successivamente la *lex Iunia Norbana* (con ogni probabilità, del 19 d.C.), di cui piú avanti nel testo (§ 2.3*b2*). La libertà di quanti erano stati cosí manomessi, tuttavia, aveva dei limiti, in quanto non prevedeva la capacità di fare testamento. Di conseguenza alla loro morte i loro beni tornavano all'ex padrone. Di poco precedenti a questa disposizione furono invece altri provvedimenti, come la *lex Fufia Canina* (del 2 a.C.) e la *lex Aelia Sentia* (del 4 d.C.: cfr. anche *infra*, § 2.3*b2*), che posero significative limitazioni alla libertà di manomettere nelle forme civili[25].

*a1*) *La schiavitú e il concetto di uguaglianza degli antichi e dei moderni.* A partire dalla teorizzazione in materia compiuta da Aristotele, la schiavitú, nel mondo antico, era con-

[24] Questo tipo di manomissioni è scarsamente documentato nelle fonti giuridiche. Si veda tuttavia Gaio, *Istituzioni* 1.41.

[25] La prima legge si riferiva alle *manumissiones testamento* (limitando il numero dei *servi* che potevano esserne interessati, e richiedendo specifiche modalità), la seconda anche alle altre manomissioni civili, qualora avessero a oggetto schiavi dalla condotta turpe, o fossero realizzate in frode ai creditori, oppure compiute (senza determinate formalità) da parte di padroni minori di vent'anni o in relazione a servi inferiori ai trenta.

siderata un'istituzione «naturale». Ma al di là della razionalizzazione fornitane dai Greci, il fatto che gli esseri umani non fossero tutti uguali, che non tutti godessero degli stessi diritti e che alcuni di essi potessero essere sfruttati da altri era cosa normalmente ammessa. Il che non significa, peraltro, che nel mondo antico il concetto di uguaglianza non esistesse, ma soltanto che aveva un significato diverso da quello moderno.

La moderna concezione dell'uguaglianza si riflette per esempio nell'articolo 3 della nostra Costituzione, là dove si afferma che «tutti i cittadini sono uguali senza distinzione di razza, di sesso o di religione». Come è evidente, questa norma non intende negare le diversità di razza, di sesso e di religione (ovviamente esistenti). Essa intende dire che queste non possono essere causa di discriminazione. L'articolo 3, dunque, esprime una concezione universale di uguaglianza: esso afferma che tutti sono uguali nel trattamento giuridico, al di là delle diversità. Che poi questa uguaglianza universale sia o meno realizzata è un altro discorso, sul quale non possiamo soffermarci. Quel che qui interessa è osservare che un simile principio non esisteva nel mondo antico. In quel mondo, infatti, non ci poteva essere uguaglianza tra diversi. Gli «uguali», coloro che venivano definiti e trattati come tali erano in realtà «uguali» all'interno della cerchia piú o meno ristretta di persone alla quale appartenevano, e con i cui esponenti condividevano caratteristiche comuni. Essi non erano uguali, dunque, in senso universale. Di conseguenza, tutti quelli che per una ragione o per l'altra erano diversi dagli «uguali» venivano da questi trattati in modo differente. Gli «uguali», in altre parole, erano uguali solo a se stessi. La miglior dimostrazione di questa concezione viene dagli Spartani, che per indicare la loro appartenenza al numero dei cittadini definivano se stessi «gli uguali». Uguali, piú precisamente, a tutti quelli che come loro erano maschi, liberi, adulti, atti alle armi e appartenenti a un determinato e ristretto ceto sociale ed economico (quello dei possessori di terre). Solo a queste condizioni a Sparta si era «uguali», e in quanto tali, a differenza di tutti gli altri abitanti della città e dei dintorni, si era cittadini di pieno diritto. I non «uguali» –

per usare una terminologia moderna, i «diversi» – erano dunque numerosi nel mondo antico. A Roma, in particolare, con diverse caratteristiche e per diverse ragioni, erano «diversi» gli schiavi, gli stranieri, le donne.

*a2) La capacità di agire degli schiavi, il «peculium» e la responsabilità patrimoniale del «dominus».* Anche se considerati sotto alcuni profili come oggetti, gli schiavi, per altri profili particolarmente sviluppati dai Romani, vedevano riespandersi la loro soggettività umana (§ 2.1). Se erano puberi e non erano infermi di mente, essi avevano la capacità di intendere e di volere. Di conseguenza i padroni si servivano di loro, incaricandoli di svolgere determinate attività (spesso commerciali), e affidando loro (cosí come facevano con i figli adulti) una quantità di denaro o di beni detta peculio (*peculium*)[26], della quale lo schiavo poteva liberamente disporre, anche se formalmente la proprietà restava del padrone. La concessione del peculio, dunque, non veniva fatta nell'interesse dello schiavo. Infatti, tutti gli acquisti che questi realizzava gestendo il peculio si producevano in capo al padrone, che grazie all'attività dello schiavo poteva incrementare il suo giro d'affari e il suo patrimonio. Ma il *ius civile* (cap. I, § 4.1) non prevedeva una regola simmetrica per quanto attiene debiti e perdite cagionati dallo schiavo, che non si riversavano nella sfera patrimoniale del padrone. Il fatto poi che il peculio fosse di proprietà di quest'ultimo, creava difficoltà: non avendo lo schiavo un suo patrimonio, coloro che concludevano affari con lui non avevano modo di recuperare i propri crediti. Condizione indispensabile perché gli affari del padrone prosperassero era che i terzi sapessero di poter superare questo ostacolo. Un simile risultato fu raggiunto grazie all'intervento del pretore, che mise il padrone in condizione di dover rispondere dei debiti contratti dallo schiavo[27], introducendo delle

[26] *D.* 15.1.5.3-4 (Ulpiano) e *D.* 15.1.39 (Fiorentino).

[27] In apparenza, dunque, si tratta di un'innovazione che sembra penalizzare i padroni, a beneficio dei terzi che si siano procurati un credito negoziando coi loro schiavi: in realtà a trarne il maggior vantaggio erano proprio i *domini* degli schiavi impegnati sulla scena commerciale, in quanto questi ultimi – a seguito di simili interventi pretori – si sarebbero presentati come af-

azioni dette poi, dai giuristi di età medievale, *actiones adiecticiae qualitatis*[28]. Queste azioni consentivano di superare gli inconvenienti che abbiamo rilevato grazie a una «trasposizione di soggetti», vale a dire grazie a un espediente processuale che consisteva nell'indicare nella *intentio* della *formula* il nome dello schiavo e nella *condemnatio* il nome del padrone (cap. II, § 3.11). In questo modo il padrone era costretto a rispondere col suo patrimonio dei debiti contratti dallo schiavo, entro limiti diversi a seconda dell'azione esperita: se questa era l'*actio* detta *de peculio* (quella di applicazione piú generale, che veniva concessa per il semplice fatto che il *dominus* avesse fornito lo schiavo di un peculio), il padrone rispondeva solo nei limiti del peculio, calcolato al netto di eventuali debiti «naturali» che lo schiavo avesse nei suoi confronti – cosí che il padrone finiva col configurarsi, rispetto ai terzi, quale creditore privilegiato: una posizione preferenziale che perdeva qualora fosse stato a conoscenza dell'affare intrapreso dal *servus* e nel peculio di questi si trovassero beni destinati a formare oggetto di scambio (*merces peculiares*). Proprio su tali beni, in tal caso, si sarebbero soddisfatti, su un piano paritario, padrone e terzi (i quali avrebbero poi potuto esperire contro il primo l'*actio tributoria*, qualora la spartizione da lui compiuta lo avesse dolosamente avvantaggiato).

Il *dominus* avrebbe poi risposto non oltre l'ammontare dell'incremento patrimoniale che a lui stesso era derivato dalla conclusione dell'affare ove, in assenza di peculio e nell'impossibilità di intentare altra e piú favorevole azione, il terzo creditore esperisse un'*actio de in rem verso* (ossia relativa a quanto riversato nel patrimonio del padrone: in sostanza, un'azione di arricchimento)[29]. La responsabilità del *dominus* era invece illimitata se egli aveva preposto lo schiavo alla direzione di un'attività commerciale terrestre, incaricandolo quindi di svolgere le funzioni di *insti-*

fidabili interlocutori economici, e quindi piú facilmente avrebbero trovato con chi concludere affari (il che ovviamente moltiplicava le occasioni di guadagno per i loro padroni).

[28] Gaio, *Istituzioni* 4.70-74; *D.* 14.1.5.1 (Paolo).

[29] Nella *formula* di quest'azione, cosí come di quella *de peculio*, sarà stata cosí presente una *taxatio* (cap. II, in particolare § 3.7*d*).

*tor*; oppure quando allo schiavo fosse affidata la gestione di un'attività commerciale marittima, ossia fosse stato posto dall'armatore (*exercitor*) nel ruolo di *magister navis*. In questi casi, nei confronti del padrone potevano essere esperite rispettivamente un'*actio institoria* e un'*actio exercitoria*. Infine, il padrone rispondeva per l'intero quando avesse egli stesso invitato il terzo a concludere un affare col proprio schiavo, garantendogli con apposito *iussum* che quest'ultimo agiva sostanzialmente come una sua *longa manus*: in tal caso l'azione esperibile dal creditore era appunto denominata *quod iussu*.

Per quanto riguarda l'eventualità che uno schiavo commettesse un delitto civile (cap. VI, § 4), va infine ricordato che, in base ai principî del *ius civile*, il padrone aveva la scelta tra difenderlo in giudizio (e pagare l'eventuale condanna) e darlo «a nossa» (*noxae deditio*), rendendolo di fatto schiavo della vittima del delitto[30].

*b) Romani e stranieri («peregrini»).* Questa classificazione riguardava le sole persone di stato libero, distinte a seconda che avessero la cittadinanza romana ovvero appartenessero a un'altra comunità politica[31].

Cittadini romani si nasceva o si diventava. Nasceva romano, in base alla regola generale già ricordata, il figlio legittimo di un cittadino, o il figlio naturale di una cittadina[32] (è in questa prospettiva che, come è stato osservato, il matrimonio si delineava quale indispensabile per il padre, e non per la madre, al fine di procreare figli che avessero la qualifica di *cives*)[33]. Diventava invece romano, come ri-

[30] Gaio, *Istituzioni* 4.75-76. Cfr. cap. II, § 3.7.

[31] Gaio, *Istituzioni* 1.12.

[32] *Ibid.*, 1.76 e 1.89.

[33] La filiazione maschile veniva cosí costruita artificialmente dal diritto, ed era dominata dalla logica potestativa piú che dal dato naturalistico del legame di sangue; laddove invece, sino a Giustiniano, scarso rilievo venne significativamente attribuito (soprattutto ai fini delle successioni *mortis causa*) alla distinzione fra maternità legittima e maternità naturale. Ne emergono – è stato rilevato – "due modelli di legami antitetici", in forza dei quali si poteva nascere cittadini sia di padre sia di madre, ma mai di entrambi. L'alterità dei due meccanismi è confermata dalla particolare vicenda della cittadinanza municipale (*origo*): per i nati da *iustae nuptiae* essa si identificava con

levato, lo schiavo manomesso dal padrone secondo le forme previste e riconosciute dall'ordinamento, e lo straniero cui il potere pubblico aveva concesso (in forme diverse) la cittadinanza. Si poteva diventare cittadini romani anche in quanto appartenenti a una comunità politica sottomessa dai Romani nella forma della *civitas sine suffragio* [cittadinanza senza diritto di voto].

*b1) Lo straniero.* Nel mondo antico, in linea di massima, lo straniero, in quanto «diverso», era considerato inferiore e guardato con sospetto. Ma la diffidenza verso di lui non era originaria; per convincersene basta pensare a quanto emerge in proposito dal primo documento della letteratura europea, cioè i poemi omerici. In essi la difficoltà a rapportarsi con lo straniero non esiste. Lo storico greco Tucidide osserva, a questo proposito, che Omero non chiama mai «barbari» i Troiani. Egli non li qualifica, dunque, con il termine spregiativo con cui, in età successiva, verranno indicati gli stranieri. Anche se Troia è un regno asiatico, nella visione di Omero Greci e Troiani appartengono allo stesso universo morale e civile, alla stessa cultura. La miglior prova di questa originaria mancanza di ostilità viene dal fatto che in greco una sola parola, *xenos*, indica sia lo straniero sia l'ospite (che originariamente si identificavano, in quanto allo straniero si offriva ospitalità). Una considerazione analoga può essere fatta a proposito della lingua latina. La parola *hostis*, infatti, assunse solo in un secondo momento il significato di «nemico». Il nemico, originariamente, era detto *perduellis*, e *hostis* – come dimostra il suo legame con *hospes* – significava ospite[34].

Non può meravigliare, dunque, che dai suoi inizi – come abbiamo visto – Roma sia stata disposta a integrare al suo interno (grazie anche al celebre *asylum*) tutti coloro che erano stati costretti per qualunque motivo ad abbandona-

quella paterna (piú correttamente, con quella che il padre aveva a sua volta tratto dal proprio *pater*, e cosí via a ritroso, ripercorrendo la catena dei rapporti potestativi che si era sviluppata nel tempo); per i figli illegittimi rispecchiava quella materna, ma sorgeva come per la prima volta al momento del parto (*prima origo*: cosí Nerazio in *D.* 50.1.9).

[34] Varrone, *Sulla lingua latina* 5.3 e Festo p. 91 [Lindsay].

re la patria. Se pure diversa dalla *xenia* omerica, esisteva anche a Roma una pratica dell'ospitalità che, sin dalla sua fondazione, ne fece una «città aperta», la cui cultura, oltre che degli influssi sabini, si giovò di fortissimi apporti etruschi e di non meno rilevanti influenze greche. Questo «cosmopolitismo», pur non impedendo ai Romani di considerarsi superiori agli altri popoli, fu certamente una delle ragioni che determinarono la loro politica verso gli stranieri.

*b2) Gli stranieri privilegiati: i Latini.* Tra gli stranieri, godevano di un trattamento particolare i membri delle comunità dell'antico Lazio appartenenti alla lega latina, con cui i Romani avevano stretto nel 493 a.C. un accordo militare e politico (*foedus Cassianum*). I cittadini di queste comunità venivano detti *Latini Prisci*. Avevano la condizione di Latini, e venivano detti *Latini coloniarii* anche gli abitanti delle colonie alle quali accanto ai Romani erano ammessi i Latini. Infine, una *lex Iunia Norbana*, del 19 d.C., riconobbe la condizione di *Latini*, insieme con la libertà, agli schiavi liberati in forme non solenni e non riconosciute dal *ius civile*. Questi Latini venivano detti *Latini Iuniani*. Uno *status* per molti aspetti assimilabile a quello dei *Latini coloniarii* fu attribuito anche agli schiavi, minori di trent'anni, manomessi senza l'osservanza delle formalità richieste dalla *lex Aelia Sentia* del 4 d.C.

I privilegi concessi ai Latini comprendevano il diritto di acquistare la cittadinanza romana trasferendosi a Roma (*ius migrandi*), il diritto di votare qualora si trovassero a Roma il giorno in cui si riunivano i comizi (*ius suffragii*), il diritto di compiere atti di trasferimento con il negozio solenne chiamato *mancipium* o *mancipatio*[35] (*ius commercii* o *commercium*), e il diritto di sposare un cittadino o una cittadina romana (*ius conubii* o *conubium*). Il Latino che sposava la donna romana, però, non acquistava su di lei il potere, detto *manus*, di cui parleremo piú avanti (§ 3.1).

*c) Persone «indipendenti» («sui iuris») e persone «dipendenti» («alieni iuris).* Questa distinzione riguardava soltan-

[35] Cfr. cap. v, § 2.10.

to coloro che avevano (non solo lo *status* di liberi, ma anche) la cittadinanza romana, e concerneva la collocazione all'interno della famiglia. Indipendenti erano coloro (maschi o femmine) che non avevano ascendenti maschi superstiti, o che erano stati emancipati. Dipendenti erano coloro che avevano un ascendente maschio ancora in vita, e non erano stati emancipati[36]. A seconda del rapporto con la persona indipendente alla quale erano sottoposti, e che vedremo meglio quando ci occuperemo della struttura della famiglia, costoro si distinguevano in persone «in potestà», «in mano» e *in mancipio*[37].

### 2.4. Capacità di diritto privato e capacità di diritto pubblico.

Come abbiamo premesso, il riconoscimento della capacità giuridica era legato alla posizione di una persona rispetto alle tre classificazioni ora elencate, ma in modo diverso a seconda che si trattasse della capacità di diritto pubblico o di quella di diritto privato.

La capacità giuridica privata spettava solo a chi aveva lo stato di persona libera, di cittadino romano, ed era indipendente. Nel momento della sua prima formazione, infatti, il diritto romano riconobbe come suoi interlocutori, nel campo del diritto privato, solamente i capi dei diversi gruppi familiari (*patres familiarum*). I componenti del gruppo, dal punto di vista del diritto privato, non esistevano, con la conseguenza che qualora uno di essi avesse compiuto atti che producevano l'acquisto di un diritto, questo diritto si fissava in capo al *pater familias*.

Con riferimento al diritto pubblico la scelta fu diversa: la capacità di partecipare alla gestione della cosa pubblica venne riconosciuta in base alle caratteristiche ritenute rilevanti a questi fini, del tutto indipendentemente dalla situazione familiare. Tali caratteristiche erano il sesso (maschile) e l'età (maggiore). In altre parole, tutti i componenti maschi e adulti di un gruppo familiare avevano – a partire, con

[36] Gaio, *Istituzioni* 1.48.

[37] *Ibid.*, 1.49.

ogni probabilità, dal tempo della monarchia etrusca – la capacità di diritto pubblico.

In conseguenza di questa scelta, la situazione dei maschi adulti «dipendenti» era molto delicata. Essi infatti potevano partecipare alle assemblee e ricoprire le cariche magistratuali, ma essendo sottoposti al potere personale paterno non avevano la capacità di decidere autonomamente gli atti fondamentali della loro vita privata (per esempio, se sposarsi e con chi sposarsi); e, soprattutto, non possedevano un patrimonio proprio, e quindi dipendevano economicamente dalle decisioni e dalla liberalità paterna (o addirittura dell'ascendente maschio, di grado ulteriore, ancora in vita). A meno che, come poteva accadere, non fossero stati «emancipati» dal padre; questi, infatti, se voleva, poteva rinunciare alla potestà paterna, rendendo i suoi figli «indipendenti». L'atto con cui egli poteva raggiungere questo risultato (*emancipatio*) era stato escogitato dai pontefici utilizzando una norma delle XII Tavole [IV, 2]: «si pater filium ter venum duit, filius a patre liber esto» [se il padre ha alienato per tre volte il figlio, il figlio sia libero dalla sua potestà]: norma che, pur emanata per tutt'altro fine (ossia reprimere gli abusi del diritto di alienare i figli), fu posta alla base di un complesso congegno negoziale, con cui il *filius familias*, dopo tre fittizie alienazioni, otteneva di uscire dalla *potestas* paterna[38]. Con quale frequenza i padri emancipassero i figli, peraltro, non è dato sapere; cosí come non è dato sapere (anche se a noi sembra logico pensare che questo accadesse) se era una regola della prassi emancipare i figli che intraprendevano la carriera politica.

### 2.5. La capacità di agire.

Agli effetti della capacità di agire, avevano rilevanza criteri completamente diversi. Questa era riconosciuta a chi era considerato capace di intendere e di volere. Di conseguenza, vi erano persone che avevano la capacità giuridica e non quella di agire (per esempio, i pazzi o gli impuberi che non avevano piú ascendenti maschi in vita), e altre che

[38] Vi abbiamo già accennato al cap. I, § 3.2 e nota 19. Cfr. anche *infra*, § 3.1.

pur non avendo la prima potevano avere la capacità di agire (per esempio, gli schiavi o i figli, beninteso se maggiori di età e sani di mente)[39]. Le persone considerate incapaci o limitatamente capaci di agire erano gli impuberi, le donne (per tutta la vita), i pazzi (*furiosi*) e, a partire dalle XII Tavole, i prodighi.

Queste persone non potevano amministrare autonomamente i loro beni, ma erano sottoposte al potere di una persona incaricata di controllarli, impedendo loro di compiere atti avventati o inopportuni. Questa persona, come abbiamo già detto, era un tutore nel caso degli impuberi e delle donne, e un curatore nel caso del pazzo, del minore pubere e del prodigo.

Va comunque ribadito che nel diritto romano il problema della tutela e della cura si poneva solo ed esclusivamente per le persone indipendenti. Chi era dipendente, infatti, non era titolare di un patrimonio.

A differenza dell'odierno istituto che porta questo nome, la tutela (e lo stesso vale per la cura) non aveva tanto finalità protettive, quanto piuttosto potestative. Qualora una persona ritenuta incapace di intendere e di volere diventasse «indipendente», i suoi familiari si preoccupavano di controllarla, per salvaguardare le loro aspettative ereditarie. Le persone sottoposte a tutela erano impuberi «indipendenti» e le donne indipendenti, per tutta la vita.

Il tutore poteva essere «testamentario» (se nominato per testamento dal capofamiglia) o «legittimo» (se, in mancanza di testamento, era tale in base alla regola del diritto civile, che assegnava questo compito al parente piú stretto in linea maschile o, in mancanza, ai *gentiles*). La trasformazione della tutela in istituto protettivo ebbe inizio solo sul finire del III secolo a.C., quando una legge (la *lex Atilia*) stabilí che il pretore dovesse nominare un tutore per chi non lo aveva. In questo caso, il tutore (detto *tutor Atilianus*), pur essendo titolare di un potere (definito *vis*, *ius* o *potestas*),

[39] Si tratta, in questo secondo caso, di una situazione che non ha corrispondenti negli ordinamenti moderni, nei quali la capacità giuridica viene acquistata, dalle persone fisiche, al momento della nascita, e non è quindi configurabile il caso di chi, privo di tale capacità giuridica, sia invece provvisto di quella di agire.

esercitava anche un *munus*, vale a dire una funzione che era suo dovere svolgere nell'interesse del pupillo. Il *munus* si estese poi anche alle tutele diverse da quella *Atiliana*.

Va peraltro ricordato che dagli ultimi secoli della repubblica le norme che sottoponevano le donne a tutela perpetua subirono notevoli modificazioni. Accadeva infatti non di rado, e da tempo, che i mariti anziché nominare un tutore alla moglie *in manu*, dessero a questa la possibilità di sceglierne uno di suo gradimento (*tutoris optio*), con ulteriore possibilità di cambiarlo se il suo comportamento non le soddisfaceva. Sotto Claudio venne abolita la tutela legittima sulle donne nate libere (*ingenuae*), e a partire dall'epoca di Costantino la tutela muliebre scomparve.

Quanto alle funzioni del tutore, va ricordato che egli non sempre sostituiva la persona sottoposta al suo potere-dovere, ma piú spesso – come nel caso di affari conclusi da una donna, o da un pupillo che ormai non fosse piú infante – si limitava a essere presente al momento in cui questa compiva gli atti giuridici di maggiore importanza, e a concedere il suo assenso (*auctoritas*), integrando cosí la manifestazione di volontà proveniente dal soggetto in sua tutela.

Le persone sottoposte a curatela erano i pazzi (*furiosi*), i minori puberi e i prodighi. Secondo le XII Tavole erano considerati pazzi – e sottoposti al potere del parente piú prossimo in linea maschile (*adgnatus proximus*: § 2.2) o, in mancanza, degli appartenenti alla medesima *gens* (*gentiles*: § 2.1) – i pazzi che manifestavano clamorosamente la loro follia[40]. Poiché l'assenso del curatore non veniva considerato sufficiente a sanare il totale difetto di capacità di queste persone, al curatore veniva affidata la gestione del patrimonio. Pur avendo il potere di alienare i beni del *furiosus*, tuttavia, il curatore non poteva compiere atti personali come l'emancipazione, il testamento, la manomissione o gli atti di liberalità. In età piú avanzata vennero sottoposti a curatela anche i pazzi tranquilli, detti *mente capti* o *dementes*.

I minori puberi erano quanti avessero raggiunto l'età in cui si ha la capacità di generare: per essi, e su loro istanza,

[40] *XII Tab.*, V, 7 a (= *Retorica ad Erennio* 1, 23); *Tituli ex corpore Ulpiani* 12.2.

il pretore procedeva a nominare un curatore (*curator minoris* o *adulescentis*), il quale provvedeva a gestire direttamente il patrimonio dell'adolescente oppure (piú spesso) prestava il proprio consenso (non l'*auctoritas*, come nel caso del tutore) agli atti da quello compiuti.

Quanto ai prodighi, identificati con coloro che dilapidavano il patrimonio familiare, le XII Tavole prevedevano che essi potessero essere interdetti dal magistrato[41]. L'interdizione li privava della possibilità di amministrare il loro patrimonio, e li sottoponeva alla cura dell'*adgnatus proximus*, e probabilmente, in mancanza, dei *gentiles*[42].

Da ultimo, deve essere menzionata la particolare situazione in cui si trovavano, da un lato, i minori di venticinque anni e, dall'altro, i soggetti colpiti da *infamia*. Sotto il primo aspetto, va ricordato che sul finire del III secolo a.C., una *lex Laetoria* o *Plaetoria* si propose di tutelare i minori di venticinque anni dai raggiri, e che a seguito di questa disposizione coloro che avevano concluso affari con questi minori rischiavano di vedere i loro atti resi inefficaci. Lentamente, dunque, a tutela del terzo contraente, si iniziò, in occasione della conclusione dei singoli affari, a nominare ai minori di venticinque anni dei curatori, che divennero permanenti con Marco Aurelio. In tal modo, questi minori costituirono una nuova categoria di incapaci. Quanto a coloro che erano soggetti a *infamia* o *ignominia*, si trattava di individui che erano stati condannati in determinati giudizi, avevano tenuto comportamenti riprovevoli o svolto attività stimate vergognose. Con l'istituzione della censura[43], essi si andarono identificando, principalmente, con quanti subivano la «nota censoria»: quest'ultima non rappresentava solo una forma di riprovazione morale ma precludeva, di fatto, la carriera politica, e aveva anche preci-

[41] *D*. 27.10.1.pr. (Ulpiano); *Tituli ex corpore Ulpiani* 12.2. Secondo le fonti questa norma sarebbe stata introdotta dai *mores*. In questo senso anche *Pauli Sententiae* 3.4a.7.

[42] *Tituli ex corpore Ulpiani* 12.2; *Istituzioni* di Giustiniano 1.23.3.

[43] Compito dei censori era quello di effettuare, ogni cinque anni, il censimento della popolazione e quindi di assegnare, a seconda delle ricchezze, ciascun cittadino a una delle sei classi. All'assegnazione si accompagnava il cosiddetto *regimen morum*, ossia il potere di giudicare il comportamento tenuto da ciascun *civis* nel quinquennio precedente.

se conseguenze giuridiche, limitando la capacità di colui che ne era stato colpito sul piano sia del diritto pubblico che di quello privato[44].

## 3. *I rapporti familiari.*

### 3.1. La famiglia.

Come abbiamo anticipato (§ 1), la composizione della famiglia romana era molto diversa, nonostante l'identità del nome, da quella della famiglia attuale. A differenza di quelli della famiglia odierna, i suoi membri non erano tutti uniti da vincoli di matrimonio o di sangue, e non tutti coloro che erano uniti da vincoli di sangue appartenevano alla famiglia.

Originariamente, nei primi nuclei di vita cittadina, un insieme di famiglie che discendevano da un capostipite comune formavano la *gens*, un gruppo i cui legami di parentela erano particolarmente forti all'interno del patriziato (dal che l'idea, espressa da Livio, che solo i patrizi disponessero di *gentes*, ma intese nel senso di realtà plurifamiliari di notevole rilievo pubblico). Ma di esso nei testi giuridici resta traccia solo in materia di successione o di tutela.

Come scrive Ulpiano, la famiglia era un gruppo che comprendeva piú persone sottoposte al potere del capofamiglia (*pater familias*) «in base alla natura o al diritto» (*natura aut iure*)[45]. Queste persone erano la moglie del *pater familias* e le mogli dei discendenti maschi (se *in manu*, vale a dire entrate nella famiglia del marito a seguito del matrimonio), i

[44] Da un lato, infatti, chi era colpito da «nota censoria» vedeva peggiorata la propria collocazione negli organismi che erano alla base delle assemblee popolari (veniva infatti posto in una centuria di una classe inferiore a quella originaria, e in una tribú di minor rilievo politico), sino addirittura a subire, in casi estremi, la privazione dei diritti politici, di voto ed eleggibilità, oltre che essere iscritto nella lista degli *aerarii*, soggetti a una piú gravosa imposizione fiscale. Dall'altro, a chi era colpito da *nota censoria* veniva proibito di «*postulare nisi pro se et certis personis*», ossia di assistere in giudizio (cap. II, § 3.5, nota 56), proponendo le relative istanze, altri che non fossero se stesso o i piú stretti congiunti.

[45] *D.* 50.16.195.2 (Ulpiano).

figli e i discendenti in linea maschile (maschi e femmine, se non passate in altra famiglia a seguito di matrimonio), e in qualche misura gli schiavi.

Quello che accomunava i membri di una famiglia, dunque, era la pari sottoposizione al capofamiglia, l'unico soggetto «indipendente» (cosí come era «indipendente» la donna che non aveva piú ascendenti maschi – ma quest'ultima, in coerenza con la logica e la struttura di un gruppo patriarcale qual era la famiglia romana, non era capofamiglia, bensí, come dice Ulpiano, «l'inizio e la fine della sua famiglia»)[46].

Tutti gli altri membri del gruppo erano sottoposti al potere personale del capofamiglia, che come abbiamo già detto aveva nome e contenuti diversi: sulla moglie e sulle mogli dei figli (che in età arcaica e fino al primo principato entrano, con il matrimonio, nella famiglia del marito) era la «mano» (*manus*); sugli schiavi era il «potere di padrone» (*dominica potestas*: propriamente, si trattava dunque di un potere di carattere patrimoniale, piú che personale); sui figli e sui discendenti in linea maschile (maschi e femmine) era la *patria potestas*. A quest'ultimo potere, oltre ai figli naturali, erano sottoposti anche coloro che erano entrati nella famiglia a seguito di adozione. Il diritto romano, infatti, ammise fin da epoca molto antica la possibilità di ammettere artificialmente un estraneo nel gruppo, in posizione di discendente.

Gli atti utilizzati erano due. Il primo, chiamato «arrogazione» (*adrogatio*), consisteva nella sottoposizione di un *pater familias* a un altro *pater familias*, e presumibilmente, in origine, serviva a chi volesse procurarsi un erede, non avendo figli naturali. L'atto comportava dunque l'estinzione di un gruppo familiare, con tutte le implicazioni economiche, politiche e religiose che questo aveva. Di conseguenza, fino a tutto il II secolo d.C., esso veniva compiuto davanti alla piú antica assemblea popolare, i comizi curati. A partire dall'età dioclezianea si ammise che essa potesse avvenire per effetto di un rescritto imperiale.

La forma piú recente, detta «adozione» (*adoptio*) aveva

[46] *D.* 50.16.195.5 (Ulpiano).

invece la funzione di trasferire una persona «dipendente» da un gruppo familiare all'altro. Esso aveva prevalentemente, quantomeno alle origini, la funzione di spostare forze lavorative, ed essendo un atto privato non richiedeva la presenza dei comizi, come l'*adrogatio*. L'*adoptio* era tuttavia un atto complesso, che la giurisprudenza escogitò, esattamente come fece con l'*emancipatio*, sfruttando la regola che la patria potestà si estingueva dopo tre vendite. Dunque, la procedura dell'*adoptio* era nella prima parte identica a quella dell'*emancipatio*, e consisteva in tre vendite successive a un fiduciario del padre. La seconda parte, invece di consistere nella manomissione del figlio, come nell'*emancipatio*, consisteva in una *in iure cessio* (cap. V, § 2.11), vale a dire in una finta rivendicazione della patria potestà da parte dell'adottante davanti al magistrato, il quale di fronte al silenzio del padre naturale dichiarava l'adottante titolare della patria potestà.

### 3.2. La parentela.

Diversa dalla famiglia ora descritta, detta «famiglia per diritto proprio» (*iure proprio*), era la «famiglia per diritto comune», la cui composizione è determinante per comprendere i rapporti di parentela.

Questa famiglia, di cui parla sempre Ulpiano, era composta da tutti coloro, maschi e femmine, che erano (stati) soggetti a un comune capofamiglia in condizione di figli naturali, figli adottivi, o mogli sottoposte alla *manus*. Infatti, dice Ulpiano, anche se alla morte di un capofamiglia i suoi discendenti non appartengono piú tutti alla stessa «famiglia di diritto proprio», ma a famiglie diverse[47], il fatto che siano stati tutti sottoposti alla potestà dello stesso capofamiglia induce a considerarli membri di una «famiglia per diritto comune». Come i membri della famiglia «di diritto proprio», queste persone erano dette «agnati» (*adgnati*), ed erano legate dall'unico vincolo di parentela originariamente riconosciuto dal diritto civile e rilevante ai

[47] Tante quanti sono i discendenti immediati del capofamiglia, alla sua morte diventati «indipendenti».

fini giuridici (*adgnatio*), che univa in linea retta gli ascendenti ai discendenti, e in linea collaterale i discendenti dallo stesso capostipite, sino al sesto grado. Tale famiglia era dunque indipendente dai vincoli di sangue (in quanto comprendeva, per esempio, i figli adottivi e le mogli sottoposte alla mano), per dare rilievo ai soli legami (di origine naturale o adottiva) attraverso i quali scorrevano le relazioni potestative.

La parentela di sangue, sia in linea maschile sia in linea femminile, detta *cognatio* (i cui gradi venivano computati allo stesso modo in cui si computavano i gradi della *adgnatio*), non era invece riconosciuta dal diritto civile; in età arcaica essa veniva presa in considerazione solo agli effetti della capacità matrimoniale (nel senso di escludere la possibilità di giuste nozze fra *cognati* in linea retta, o collaterale entro il sesto grado), nonché a quelli penali e sacrali. A seguito dell'intervento del pretore, essa – priva invece di conseguenze ai fini della piú antica successione legittima del *ius civile* (cap. IV, § 3.1) – acquistò rilievo anche agli effetti successori (*bonorum possessio*: cap. IV, § 2).

## 4. Il matrimonio.

### 4.1. Matrimonio e «manus».

Nei primi secoli di Roma, il matrimonio comportava l'ingresso della moglie nella famiglia del marito. La cerimonia nuziale piú antica capace di produrre tale effetto era la *confarreatio*, la quale prendeva il nome da una focaccia di farro (*panis farreus*) che gli sposi dividevano come simbolo della futura vita comune. Riservata ai patrizi, la *confarreatio* era un rito religioso, celebrato alla presenza del *pontifex maximus*, del sacerdote di Giove (*Flamen Dialis*) e di dieci testimoni. Essa comprendeva varie solennità, quali la *dexterarum iunctio* (unione della mano destra degli sposi) e la pronunzia da parte della sposa della celebre frase «*Ubi tu Gaius ego Gaia*».

Quando la *confarreatio* cadde in desuetudine, restando in uso solo in occasione del matrimonio del massimo sacerdote di Giove[48], l'inizio del vincolo continuò a essere accompagnato da riti nuziali, che peraltro non trasferivano la donna nella famiglia del marito. E poiché originariamente non si concepiva che un matrimonio non fosse accompagnato da questo passaggio, i riti nuziali che non producevano tali effetti vennero affiancati da atti e fatti appositamente previsti per produrli, la *coemptio* e l'*usus*.

La *coemptio* era un'applicazione della *mancipatio* (cap. V, § 2.10) il che induce a ritenere che originariamente fosse un matrimonio per compera, quale del resto rimase per molti secoli nella percezione sociale: ancora nel II secolo d.C., infatti, nell'elencare la *coemptio* tra i modi di acquisto della *manus*, Gaio scrive, in modo molto significativo, che con la *coemptio* il marito «compra la moglie» (*emit mulierem*)[49]. In età storica, però, la *coemptio* aveva certamente perso questo carattere, ed era diventata una compravendita fittizia, che non faceva acquistare la donna, bensí la *manus* su di lei. Tra le varie ipotesi sulle ragioni della sua coesistenza con la *confarreatio* (come rito nuziale) sembra plausibile quella secondo la quale alla *coemptio* avrebbero fatto ricorso originariamente i plebei, ai quali la *confarreatio* era preclusa. Quando la *confarreatio* cadde in desuetudine, la *coemptio* quindi venne utilizzata anche dai patrizi, per risolvere il problema sollevato dalla celebrazione di riti nuziali che non trasferivano la moglie nella famiglia del marito.

Il terzo modo di acquisto della *manus* era l'*usus*, una forma speciale di usucapione (cap. V, § 2.14): dopo un anno di convivenza (il termine fissato dalle XII Tavole per l'usucapione delle cose mobili), il marito (o il capofamiglia di questi) usucapiva la *manus* sulla moglie. Questa entrava nella nuova famiglia in condizione di figlia (*loco filiae*) presso il marito (se egli era «indipendente»), e alla morte di questi concorreva alla sua eredità come erede legittima, assieme ai propri figli. Se il marito era *alieni iuris*, era sottoposta alla *manus* del suocero[50], e quindi in condizione di figlia

[48] Gaio, *Istituzioni* 1.112.
[49] *Ibid.*, 1.113.
[50] O eventualmente dell'ulteriore ascendente maschio in vita.

presso quest'ultimo e in condizione di sorella (*loco sororis*) nei confronti del marito.

Quanto ai poteri personali attribuiti dalla *manus*, va rilevato che secondo una tradizione antichissima il marito aveva il diritto di uccidere la moglie che avesse commesso adulterio o avesse bevuto vino[51]. I casi in cui era consentito uccidere una donna sottoposta alla *manus*, dunque, erano indicati con precisione, mentre nessuna norma individuava i casi in cui il capofamiglia poteva punire con la morte sua figlia (al pari di tutti gli altri sottoposti a quel potere di «uccidere e lasciare in vita» connesso alla *patria potestas*, quale piú antica e paradigmatica forma del potere conosciuta dai Romani: § 4). Presumibilmente, la previsione normativa che elencava i casi in cui era consentito uccidere la moglie rispondeva all'esigenza di garantire alla famiglia d'origine che la *manus* venisse esercitata in giusta misura.

### 4.2. Il matrimonio «consensuale».

A partire dal II secolo a.C., l'abitudine di trasferire la moglie nella famiglia del marito cominciò a cadere in desuetudine.

Tale abitudine, del resto, era evidentemente già un problema all'epoca delle XII Tavole. Una delle disposizioni di cui si componeva questo testo, infatti, stabiliva che se la moglie ogni anno si allontanava per tre notti dalla casa del marito, compiendo l'atto detto *trinoctium* o *trinoctis usurpatio*, il termine richiesto per l'acquisto della *manus* non si compiva, ed ella restava sotto il potere paterno[52].

Evidentemente, la regola che rendeva inevitabile il trasferimento nella famiglia maritale aveva delle controindicazioni. Chi erano coloro che la avversavano, o quantomeno volevano che si potesse eluderla? Erano, forse, le stesse donne, che avevano influenzato un processo sociale in questa direzione? L'ipotesi appare del tutto incompatibi-

[51] Dionigi di Alicarnasso, *Antichità romane* 2.25.6. La legge parla del marito, ma deve intendersi che, qualora costui fosse un *filius familias*, il diritto di uccidere la donna spettava al suocero. Si veda anche Plutarco, *Vite parallele. Romolo* 22.

[52] Gellio, *Notti attiche* 4.3.3.

le con la cultura dell'epoca. Nell'età in cui nacque il *trinoctium* (presumibilmente prima della metà del v secolo a.C., quando fu codificato nelle XII Tavole), le donne non avevano alcuna autonomia di volontà, e forse neppure di desiderio. Anche se l'allontanamento dalla casa maritale presupponeva la collaborazione della moglie, ciò non significava che fosse da lei voluto. Volontario è solo un atto autonomamente deliberato, e il *trinoctium* realizzava una decisione che non era, con ogni probabilità, di chi materialmente lo metteva in atto. A decidere dell'allontanamento di una moglie dalla casa coniugale (cosí come del suo matrimonio, alla celebrazione del quale, pure, ella ovviamente collaborava) erano il *pater familias* e il futuro marito o il di lui padre; la scelta dell'uno o dell'altro tipo di matrimonio, infatti, aveva una forte incidenza economica sulla vita delle due famiglie coinvolte. Le donne romane partecipavano alla successione del padre assieme ai maschi. Lo spostamento di una di esse da un gruppo all'altro, dunque, aveva effetti sull'intero gruppo. Una famiglia con molti figli maschi poteva aver interesse a trasferire una figlia in un'altra famiglia per non frazionare eccessivamente l'asse ereditario (la donna, d'altro canto, acquistando aspettative ereditarie nella nuova famiglia, non veniva necessariamente danneggiata dallo spostamento). Altre volte i parenti della futura sposa potevano aver interesse a che il matrimonio non inglobasse la moglie nella famiglia maritale: nel caso, in particolare, di una donna «indipendente» fornita di un buon patrimonio, i parenti in linea maschile, destinati a essere i suoi eredi, non avevano alcun interesse a rompere i legami con lei, e quindi, presumibilmente, erano contrari a trasferirla in un'altra famiglia. Cosí come la donna stessa, evidentemente, non aveva interesse a diventare «dipendente».

A prescindere dalla difficoltà di immaginare nelle donne di quell'epoca l'autonomia di volontà e di movimenti necessaria per programmare e realizzare un allontanamento dalla casa maritale, insomma, è molto difficile pensare che la decisione di far ricorso o meno al *trinoctium* fosse della donna. Questa scelta, come già detto, era fatta dal suo capofamiglia, d'accordo con quello del marito. E poiché il nuovo tipo di matrimonio si rivelava in molti casi piú vantaggioso, a partire dal II secolo a.C. le unioni matrimoniali furono celebrate sempre piú spesso senza ricorrere alle vecchie formalità.

L'inizio della convivenza, ovviamente, continuava a essere accompagnato da feste e cerimonie, ma queste servivano soltanto a solennizzare e rendere di pubblico dominio la nascita del nuovo focolare domestico. Abitualmente il costume prevedeva che, una volta presi gli auspici[53] e compiuti i sacrifici[54], nella casa della sposa venisse offerto un banchetto[55]. La sposa quindi veniva accompagnata in processione, al lume delle torce, nella casa del marito (*in domum deductio*), mentre gli amici dello sposo cantavano canzoni che esaltavano la virilità di questi e gettavano noci sugli sposi come augurio di fecondità[56]. Giunta nella futura casa, la sposa ne varcava la soglia sulle braccia del marito[57] e offriva agli dei acqua e fuoco[58]. Tuttavia, nessuna di queste cerimonie era tassativa: la solennità del matrimonio, oltre che dalla condizione sociale, dipendeva dall'età degli sposi, dal fatto che si trattasse del primo, del secondo o terzo matrimonio, e via dicendo. E in ogni caso le celebrazioni, quali che fossero, erano solo atti sociali, che consentivano di distinguere un matrimonio da un concubinato, in caso di contestazione sullo *status* della donna, e soprattutto in caso di contestazione a fini ereditari della legittimità dei figli. In altre parole, avevano valore probatorio, e non costitutivo dell'unione.

Altre prove dell'esistenza del matrimonio erano alcuni comportamenti che segnalavano la dignità sociale di moglie (*honor matrimonii*), come il fatto che la donna accompagnasse il suo convivente in determinate occasioni alle quali solo le mogli erano ammesse (per esempio i funerali), o che vestisse e si adornasse in un certo modo tipico delle mogli.

[53] Cicerone, *Sulla divinazione* 1.28.
[54] Servio, *Commentari all'Eneide di Virgilio* 3.136.
[55] Plauto, *Aulularia* 294 sgg.; Giovenale, *Satire* 2.119 sgg.
[56] Catullo 61, 62.
[57] Plutarco, *Questioni romane* 29; *Vite parallele. Romolo* 15.5.
[58] Plutarco, *Questioni romane* 1; *D.* 24.1.66.1 (Cervidio Scevola).

L'esistenza del matrimonio dipendeva dunque da cose diverse dai riti nuziali: esso esisteva quando due persone fornite di capacità matrimoniale (*conubium*) iniziavano una convivenza accompagnata dall'intenzione di essere marito e moglie (*maritalis affectio*).

La capacità matrimoniale spettava, in primo luogo, solo alle persone libere: l'unione tra schiavi non era matrimonio, ma *contubernium*[59]. Salvo eccezioni, il *conubium* spettava solo ai cittadini romani[60]. Fino al 445 a.C., inoltre, non aveva effetti giuridici neppure il matrimonio tra patrizi e plebei. Solo in quella data, infatti, il plebiscito Canuleio ammise il matrimonio tra esponenti dei due gruppi. Lo stato familiare degli sposi, invece («indipendenti» o «dipendenti»), non incideva sulla capacità matrimoniale. Infine, il *conubium* era legato a un requisito naturalistico, rappresentato dal raggiungimento della pubertà, che in un primo momento andava accertata con un'ispezione corporale (*inspectio corporis*).

Nel corso del tempo, e soprattutto in riferimento alla *maritalis affectio*, il modo di concepire il matrimonio mutò sensibilmente, tanto che si è soliti parlare di un nuovo matrimonio, «libero» e «consensuale». Ma sull'uso di questi termini è necessario intendersi. La libertà del nuovo matrimonio era puramente formale, e consisteva nella mancanza di cerimonie costitutive. Dal punto di vista sostanziale, vale a dire dei diritti e doveri dei coniugi, esso era identico a prima. Quanto alla sua consensualità, è certamente vero che in alcune fonti il matrimonio appare un vincolo consensualmente scelto e paritario: «le nozze sono unione di un uomo e una donna, un consorzio di tutta la vita, la condivisione del diritto divino e umano», scrive Modestino[61]. Ma che esso fosse veramente «consensuale» è cosa assai discutibile. O, quantomeno, è cosa che dipende dal significato che, come vedremo fra un attimo (§ 4.3), si attribuisce a questo termine.

[59] *Tituli ex corpore Ulpiani* 5.5; *Pauli Sententiae* 2.19.6.

[60] Gaio, *Istituzioni* 1.56; *Tituli ex corpore Ulpiani* 5.4; *Istituzioni* di Giustiniano 1.10.pr.

[61] *D.* 23.2.1 (Modestino).

### 4.3. Quale consenso.

Il consenso necessario perché un'unione tra due persone fosse un matrimonio (sempre che avessero la capacità di contrarlo) non era solo quello degli sposi. Se questi erano «di diritto altrui» era necessario (lo abbiamo già segnalato *supra*, § 1.3) anche il consenso dei rispettivi capifamiglia, la cui volontà, del resto, cominciava a mostrare il suo peso fin dal momento del fidanzamento.

I testi antichi, infatti, pur chiarendo che il fidanzamento non poteva essere concluso senza il consenso dei futuri sposi[62], segnalano che non poteva esistere un fidanzamento che prescindesse dalla volontà paterna. Lo stesso principio valeva anche con riferimento al matrimonio[63]. Scrive Paolo che «il matrimonio non può esistere se non vi è consenso di tutti, di coloro che si sposano e di coloro che hanno la *potestas* su di essi»[64]. Con altrettanta chiarezza, poi, si illustra quale fosse il rapporto tra volontà filiale e volontà paterna: se un *filius familias* è obbligato dal padre a sposarsi, leggiamo in un passo di Celso, il suo matrimonio è valido[65].

Anche se a prima vista in contrasto con il principio che il consenso degli sposi, pur non essendo sufficiente, era tuttavia necessario, l'affermazione si spiega pensando che il consenso dei figli era ritenuto esistente a meno che questi non si fossero apertamente e pubblicamente opposti alla volontà paterna. Il consenso filiale considerato necessario, insomma, era un «consenso passivo», l'accettazione di una decisione altrui, che non necessariamente comportava il desiderio di sposarsi, o di sposare quella determinata persona. E non è tutto: quantomeno sino al II secolo d.C., i padri potevano interrompere il matrimonio dei figli, femmine o maschi che fossero. Il fatto che il consenso paterno fosse indispensabile all'esistenza del matrimonio, infatti, comportava che il venir meno di tale consenso portasse al divorzio.

Che l'intenzione di considerare come un matrimonio la

[62] *D.* 23.1.13 (Paolo).
[63] *D.* 23.1.11 (Giuliano).
[64] *D.* 23.2.2 (Paolo). Cfr. anche *Tituli ex corpore Ulpiani* V, 2.2.
[65] *D.* 23.2.22 (Celso).

propria convivenza con persona di altro sesso nulla avesse a che fare con il rapporto affettivo con il coniuge è dunque evidente. *Affectio*, del resto, non significava «affetto», ma «atteggiamento mentale», «intenzione»: *affectio societatis*, per esempio, indicava l'intenzione di essere soci, necessaria perché tra due o piú persone esistesse un rapporto di società (cap. VI, § 3.8). Il matrimonio, per concludere, era liberamente scelto dai coniugi e basato esclusivamente sul loro consenso solo nel caso che questi fossero entrambi «indipendenti». Ma ciononostante, rispetto ai primi secoli, le cose erano notevolmente cambiate, come sta chiaramente a dimostrare un fondamentale mutamento della condizione della moglie, in riferimento al problema del divorzio.

### 4.4. Lo scioglimento del matrimonio.

Un matrimonio, oltre che per morte di uno dei coniugi, poteva essere sciolto per varie ragioni, una delle quali era l'eventuale venir meno della capacità matrimoniale (*conubium*).

Ciò poteva accadere in molti casi, per esempio se uno dei coniugi perdeva lo stato di persona libera (come conseguenza della prigionia di guerra, ma anche in seguito a condanna penale), o se uno dei coniugi perdeva la cittadinanza romana, sempre che non avesse acquistato la cittadinanza di una comunità cui era stato concesso il *conubium*.

La causa di scioglimento tipica, comunque, era il divorzio. Come segnala la sua etimologia (da *divertere*, andare per strade separate), il divorzio era dovuto al venir meno della volontà dei coniugi, ovvero (ma di questo ci occuperemo piú avanti) di quella del *pater familias*.

In età arcaica, peraltro, solo il marito poteva divorziare. Piú che di divorzio dunque, per quest'epoca, sarebbe giusto parlare di ripudio, consentito al marito da una legge attribuita a Romolo qualora la moglie si fosse resa colpevole di «avvelenamento della prole» (aborto procurato a insaputa del marito), «sottrazione delle chiavi» (della cantina, in cui tra l'altro era conservato il vino, che le donne non dovevano bere), e adulterio[66].

[66] Plutarco, *Vite parallele. Romolo* 22.3.

Il divorzio venne quindi confermato dalle XII Tavole, che sembra prevedessero la necessità che il marito, al momento del ripudio, pronunziasse la celebre frase «prenditi le tue cose» (*tuas res tibi habeto*). Nei primi secoli, il divorzio non prevedeva alcun regolamento patrimoniale, ma ciò non toglie che esso richiedesse il compimento di atti solenni volti a ritrasferire la moglie alla famiglia paterna (o a renderla *sui iuris*, se tale era prima del matrimonio, o se il padre e tutti gli ascendenti maschi erano morti durante il periodo del matrimonio). L'unico divorzio che produceva l'estinzione della *manus* era quello che scioglieva le nozze confarreate (le uniche che l'avevano costituita). La formula *tuas res tibi habeto*, invece, non aveva alcun effetto sulla *manus*.

Con il diffondersi del matrimonio consensuale lo scioglimento del vincolo divenne estremamente semplice. Bastava che, venuta meno l'intenzione di essere marito e moglie, i coniugi cessassero di convivere. Le frasi solenni continuavano ad accompagnare il divorzio (*tuas res tibi habeto*, in particolare)[67], ma esse altro non erano che formalità destinate a rendere esplicita la volontà di divorziare e a servire eventualmente da prova, non diversamente dall'avviso scritto (*libellus repudii*) consegnato o inviato al coniuge[68]. La libertà di divorzio, insomma, era ormai totale, e spettava indistintamente a uomini e donne. Ovviamente, dal punto di vista sociale ed economico le donne incontravano maggiori difficoltà concrete e molti condizionamenti. Ma l'uguaglianza formale, nonostante gli ostacoli e le disparità sostanziali, è pur sempre un passo avanti rispetto alla disuguaglianza.

Le cose cambiarono nuovamente nella tarda antichità, quando l'influenza dei principî della religione cristiana condusse a rivedere sensibilmente l'istituzione matrimoniale, ormai fondata sul consenso iniziale dei coniugi anziché sulla quotidiana persistenza della *maritalis affectio*. Pur con rilevanti oscillazioni fra il mantenimento del regime di età tardorepubblicana e imperiale e le innovazioni conseguenti alla penetrazione dei valori cristiani, una serie di disposizioni imperiali cercò di limitare la libertà di divorzio agen-

[67] Cicerone, *Filippiche*, II, 28.96.

[68] Per esempio *D.* 24.2.7 (Papiniano).

do in due direzioni. Da una parte, infatti, la legislazione imperiale fece del divorzio un atto formale, dapprima statuendo la necessità che chi intendeva divorziare inviasse al coniuge un libretto, documento di ripudio (*libellus repudii*)[69], e richiedendo poi, con Giustiniano, la presenza di sette testimoni; dall'altra, si stabilirono una serie di circostanze in presenza delle quali, pur essendo valido, il divorzio era sottoposto a delle penalità. I divorzi vennero cosí classificati in «per giusta causa» (*ex iusta causa*), «senza causa» (*sine ulla causa*) e «per comune consenso» (*communi consensu*).

«Per giusta causa» erano i divorzi per iniziativa di uno solo dei coniugi, in casi tassativamente previsti dalla legge, e considerati dalla stessa altrettante colpe dell'altro. I comportamenti valutati come colpa erano diversi a seconda che fossero maschili o femminili. Solo alcune circostanze, infatti, giustificavano la richiesta di divorzio sia da parte della moglie sia da parte del marito: per esempio, l'aver attentato alla vita del coniuge. Al di là di queste, vi erano colpe del marito e colpe della moglie. Era colpa del marito, per esempio, l'aver tentato di far prostituire la moglie, o il tenere notoriamente una concubina. Colpa della moglie, invece (oltre ovviamente all'adulterio) erano comportamenti come l'essersi recata ai banchetti o ai bagni senza il consenso del marito. La presenza di simili circostanze, oltre a giustificare il divorzio, comportava sanzioni a carico del colpevole. Nel diritto giustinianeo, la sanzione per l'adulterio era la reclusione della moglie adultera in convento[70]. Qualora queste circostanze mancassero, invece, il ripudiante era sanzionato sia economicamente, sia con la statuizione della sua incapacità di contrarre nuovo matrimonio prima di un certo lasso di tempo.

«Senza causa» erano i divorzi per iniziativa di una sola parte, al di fuori dei casi previsti dalla legge: come i precedenti, essi erano variamente puniti.

«Per comune consenso», infine, erano i divorzi decisi concordemente dalle parti, senza giusto motivo. Le sanzio-

[69] Cfr. *D.* 24.2.9 (Paolo) e *C.* 5.17.8 del 449.

[70] Oltre a *C.* 5.17.8, già citato, si vedano *Nov.* XXII, 15 (del 535) e *Nov.* CVII, 8 (del 542).

ni stabilite da Giustiniano nel 542 a carico di chi divorziava «per comune consenso» furono accolte con tale disfavore che di lí a pochi anni l'imperatore Giustino, successore di Giustiniano, si vide costretto a revocarle[71].

A questo aggiungasi che, a partire dal III secolo d.C., la legislazione era intervenuta per eliminare un'antica causa di scioglimento del matrimonio per ragioni diverse dalla volontà dei coniugi: la perdita della libertà e della cittadinanza. Nel diritto giustinianeo si stabilí, inoltre, che i condannati ai lavori forzati (*ad metalla*) mantenessero la libertà e che di conseguenza il matrimonio di chi subiva questa condanna continuasse a esistere. Nuove regole vennero introdotte anche con riferimento alla perdita della cittadinanza. In alcuni testi della giurisprudenza severiana, si legge che la pena della deportazione (*deportatio*), causa della perdita della cittadinanza, non scioglie piú il matrimonio[72]. Cosí stabilí, in particolare, un rescritto di Alessandro Severo[73], formulando una regola seguita e confermata da Costantino e da Giustiniano[74].

## 4.5. Rapporti patrimoniali fra coniugi.

Il matrimonio veniva di regola accompagnato dallo spostamento di una certa quantità di beni, che il capofamiglia della donna trasferiva nella disponibilità del marito o del capofamiglia di questi. Essi costituivano la dote (*dos*)[75], destinata, come si legge, a sostenere i pesi (economici) del matrimonio[76]. Secondo quanto scrive Cicerone, se una donna «indipendente» si sposava, il suo intero patrimonio andava al marito a titolo di dote[77].

L'atto destinato a costituire la dote era un contratto verbale (cap. VI, § 3.2), detto «pronunzia di dote» (*dotis dictio*), consistente in una solenne dichiarazione della donna,

[71] *Nov.* CXVII, 10.
[72] *Nov.* XXII, caput VIII.
[73] Cfr. *D.* 48.20.5.1 (Marcello citato da Ulpiano) e *C.* 5.17.1.
[74] *C.* 5.17.1, anno 229.
[75] Festo, *sub vocem* «dotem» [Lindsay].
[76] *D.* 23.3.56.1 (Paolo).
[77] Cicerone, *Topica* 4.23.

dell'ascendente o del debitore di lei, che attribuiva al marito un diritto di credito sul patrimonio dotale (*res dotales*). Altro contratto verbale usato a questo scopo era la «promessa di dote» (*dotis promissio*) consistente in una *stipulatio* (cap. VI, § 3.2). Infine si poteva fare ricorso alla «dazione di dote» (*dotis datio*), consistente nel compiere gli atti necessari a trasferire al marito i diritti sui beni dotali.

La dote doveva essere restituita al momento dello scioglimento del matrimonio, salvo il diritto del marito di trattenerne una parte per il mantenimento dei figli (che, in caso di divorzio, restavano con il padre), e una parte «a causa dei costumi», vale a dire come una specie di risarcimento morale e come una sorta di pena per la donna, in caso avesse tenuto un comportamento disdicevole. La restituzione della dote – la cui mancata esecuzione dava luogo all'esperibilità, da parte di chi ne avesse diritto, di un'apposita *actio rei uxoriae* (la cui *formula* fu, almeno da un certo periodo, considerata *in ius*, e il relativo giudizio annoverato tra quelli *bonae fidei*: cap. II, § 3.11 e 3.12) – era importante anche perché garantiva alla donna la possibilità di risposarsi. Pur non essendo obbligatoria, infatti, la dote era un'usanza sociale cosí diffusa che i matrimoni «indotati» erano rarissimi.

### 4.6. L'aborto: un problema tra coniugi.

Come abbiamo visto, nei primi secoli della città l'aborto (beninteso, quello procurato dalla donna all'insaputa del marito) era considerato una gravissima colpa femminile, punita con il ripudio. Ma al di là dei riferimenti alle sanzioni, dai nostri testi non traspare una particolare preoccupazione per il problema, né risulta in alcun modo (e questo spiega, forse, la mancanza di preoccupazione) che le donne, di loro iniziativa, ricorressero con particolare frequenza all'aborto.

A partire dal I secolo d.C., però, si verifica un cambiamento. Autori diversi, come Ovidio[78] e Seneca[79], accusano

[78] Ovidio, *Amori* 2.14.
[79] Seneca, *Consolazione alla madre Elvia* XVI, 3.

le donne di non volere figli per leggerezza e per vanità. Plutarco parla di «donne dissolute, che fanno ricorso a espulsivi e abortivi per essere di nuovo ingravidate e provare piacere»[80]. Verso la metà del II secolo, il filosofo Favorino parla della follia delle donne, che non si limitano a rifiutare di allattare i figli, ma abortiscono per non sciupare il ventre[81]. Chiaramente, le denunce e le valutazioni di questi autori (che scrivono nel momento della cosiddetta «emancipazione» femminile romana) erano determinate dal fatto che spesso, a quei tempi, le donne decidevano di abortire autonomamente, senza consultare i mariti (e non obbedendo agli ordini di questi, come accadeva nei tempi antichi).

Ciò detto, però, va osservato anche che la contraccezione, pur se praticata, era certamente assai poco efficace, e dunque il ricorso all'aborto – al di là del modo in cui lo valutavano i moralisti dell'epoca – aveva presumibilmente una qualche diffusione, quantomeno in certi ambienti sociali. E i Romani non potevano che contrastare fermamente questa tendenza. Il che non significa, peraltro, che essi condannassero l'aborto in quanto tale. La condanna dell'interruzione della gravidanza come soppressione di una vita umana è concezione cristiana, che i Romani non condividevano[82]. Secondo Papiniano, «non è corretto dire che il nascituro è un uomo» (*homo non recte dicitur*)[83]. Per i Romani, in questo vicini alla cultura stoica, il feto era solo la speranza, l'aspettativa di una vita umana (*spes animantis*)[84]. Se erano contrari all'aborto, dunque, era piuttosto per ragioni di tipo sociale. Le donne che decidevano autonomamente di abortire defraudavano il marito di un diritto che non poteva essergli tolto: controllare sua moglie e la sua discendenza. E perché il controllo non sfuggisse loro di mano, i Romani inventarono un nuovo tipo di curatela. Al tempo di Marco Aurelio e Lucio Vero, un tal Rutilio Severo, avendo divorziato dalla moglie che a suo giudizio era incinta sebbene ne-

[80] Plutarco, *Precetti morali* 134 F.

[81] In Gellio, *Notti attiche* XII, 1, 8-9.

[82] Paolo, *Prima lettera ai Corinzi* 7.3-5, e *Lettera ai Galati* 3.28.

[83] *D.* 35.2.9.1 (Papiniano).

[84] *D.* 11.8.2 (Marcello).

gasse di esserlo, si rivolse agli imperatori sottoponendo loro il caso, e la risposta fu la seguente: «che la donna si rechi da tre ostetriche, che queste accertino il suo stato. E se risulterà incinta, che le sia nominato un custode, per impedirle di abortire»[85]. Posto che la donna incinta veniva indicata con il termine «ventre»[86] (lo stesso che indicava il feto)[87], il suo curatore veniva chiamato «curatore del ventre».

Tale curatore non era tuttavia un rimedio sufficiente. Nella convinzione che l'aborto mettesse in pericolo la compagine sociale (sia perché metteva in discussione il potere maschile, sia perché esisteva da tempo un forte problema demografico, determinato dal continuo calo delle nascite) si ritenne opportuno dettare nuove regole in materia. Come l'adulterio, l'aborto era stato per secoli un fatto privato, e tale era rimasto fino a tutto il II secolo d.C. Ma all'epoca di Settimio Severo e Antonino Caracalla (198-211 d.C.) le cose cambiarono. L'occasione fu offerta dal caso di una donna che aveva abortito dopo il divorzio, per non dare un figlio al marito ormai «nemico». La questione fu sottoposta al principe, e risolta con la condanna della donna alla pena dell'esilio[88]. Per la prima volta nella storia di Roma, l'interruzione della gravidanza veniva punita con una sanzione pubblica.

La disposizione imperiale non era certo ispirata al desiderio di adeguarsi ai precetti cristiani (la cui influenza sulla legislazione imperiale, piú in generale, si esercitò del resto solo nel corso del IV secolo). A essere punita, come abbiamo già detto, era solo la violazione di un fondamentale diritto maschile. Nel commentare il rescritto di Settimio Severo e Caracalla, il giurista Marciano è esplicito: la pena veniva applicata perché era indegno che la donna potesse «impunemente defraudare il marito della prole»[89].

[85] *D.* 25.4.1 (Ulpiano).

[86] Cfr. *D.* 25.4 (*de inspiciendo ventre costodiendoque partu*).

[87] Tanto che alcuni studiosi hanno scorto nel complesso organico del *venter* un soggetto (virtuale) di diritto, col corpo organico della madre che si traduce, per il diritto (che può elevarlo a centro di imputazioni, o a oggetto di diseredazione: cap. IV, § 4.3), nel corpo giuridico del nascituro.

[88] *D.* 48.19.39 (Trifonino); *D.* 48.8.8 (Ulpiano) e *D.* 47.11.4 (Marciano).

[89] *D.* 47.11.4 (Marciano).

### 4.7. La crisi del matrimonio.

In concomitanza con il diffondersi del nuovo matrimonio, cominciò a cambiare la vita familiare. Sul finire della repubblica gli uomini dei gruppi sociali piú elevati erano spesso lontani – in guerra o per affari, o nelle province per governare e sfruttare i territori conquistati; talvolta anche in esilio – e le mogli, di regola, restavano a Roma, d'abitudine in pieno accordo con il marito e nell'interesse di questi, al fine di intrattenere i rapporti sociali e politici indispensabili per mantenere le condizioni di ceto e per controllare che la gestione del patrimonio non finisse in mani estranee. Ma, come è evidente, l'assenza protratta dei mariti poteva anche essere, per le donne, un'occasione per assaporare una nuova libertà: secondo gli autori dell'epoca, un'occasione di cui pressoché tutte le donne profittavano.

In una società in cui da sempre il matrimonio era stato il cardine della ordinata vita sociale, questa idea (poco importa che corrispondesse o meno a realtà) era causa di seria preoccupazione. A convincere i Romani che la comparsa sulla scena sociale delle donne «emancipate» avrebbe portato Roma alla rovina contribuiva la crisi demografica. Già verso la fine della repubblica, infatti, si erano fatte evidenti le manifestazioni di un calo della natalità, di cui si attribuiva la colpa alle donne, che non avrebbero voluto figli per meglio sfruttare le nuove libertà, tra le quali in primo luogo quella di commettere impunemente adulterio. Questo almeno era quel che molti pensavano, e apparentemente quel che pensava anche Augusto, che dedicò non poche delle sue innovazioni legislative al problema della famiglia e della sua morale.

### 4.8. La legislazione augustea sul matrimonio e sull'adulterio.

Per tentare di indurre i Romani a riorganizzare la loro vita familiare intorno alle virtú che (nella sua idealizzazione del passato) avevano fatto grande Roma, Augusto fece approvare una nutrita serie di interventi normativi: piú precisamente, una serie di leggi (in realtà, plebisciti da lui proposti in forza della sua *tribunicia potestas*), rispettivamente note come *lex Iulia de maritandis ordinibus*, *lex Iulia de adulteriis* (entrambe del 18 a.C.), e *lex Papia Poppaea* (9 d.C.).

La *lex Iulia de maritandis ordinibus* e la *lex Papia Poppaea* stabilirono, in primo luogo, che tutti gli uomini tra i venticinque e i sessant'anni e tutte le donne tra i venti e i cinquanta dovessero contrarre matrimonio. Chi non lo faceva era considerato «celibe» (*caelebs*), e come tale punito con la perdita di alcune capacità patrimoniali (piú precisamente, quella di ricevere eredità e legati). Inoltre, per indurre le persone sposate ad avere figli, la legge stabilí che gli orbi (coloro che non avevano prole) potessero ricevere per testamento solo la metà di quanto era stato loro destinato. Infine, come ulteriore incentivo alla procreazione, venne concessa l'esenzione della tutela «per diritto di figli» (*iure liberorum*) alle donne che avevano partorito tre figli, se nate libere, o quattro se liberte[90] (cap. IV, § 4.1).

La novità piú rilevante della legislazione augustea in materia matrimoniale fu però l'introduzione delle nuove norme sull'adulterio, inteso come crimine che comprendeva tutte le relazioni extramatrimoniali intrattenute da una donna, coniugata, vergine o vedova che fosse (a meno che, ovviamente, questa donna non fosse una prostituta, e fatto salvo il rapporto di concubinato, che per la sua stabilità era ritenuto degno di una certa tutela).

La *lex Iulia de adulteriis*, dunque (nella quale erano contenute queste norme) non si limitava a punire la violazione della fede coniugale. Essa aveva un intento moralizzatore ben piú ampio, che affidava la speranza di ottenere dei risultati a una profonda trasformazione dell'ottica con cui si guardava ai reati sessuali. Per secoli, la punizione di questi reati era stata una questione familiare, risolta attraverso l'esercizio della giurisdizione domestica. Ora, essi diventavano un crimine (*crimen*), vale a dire un reato pubblico, giudicato da un apposito tribunale (*quaestio de adulteriis*) e perseguibile su iniziativa non solo del marito o dei familiari interessati, ma di qualunque cittadino prendesse

[90] *Tituli ex corpore Ulpiani* 16.1 e 14.

l'iniziativa di denunciare l'adultera (nel senso piú lato del termine, appena esplicitato). Piú precisamente, le regole augustee erano le seguenti. Il marito e il padre della donna colpevole avevano sessanta giorni per denunciarla. Il marito che non lo facesse e che non ripudiasse la moglie poteva essere denunciato per lenocinio. Scaduto il termine dei sessanta giorni, il diritto di accusa passava agli estranei, che potevano esercitarlo nel termine di quattro mesi. La pena era la relegazione su un'isola (*relegatio in insulam*) sia per la donna, sia per il complice (prudentemente relegati su isole diverse), accompagnata da pesanti sanzioni patrimoniali.

### 4.9. Inefficacia delle leggi augustee.

A giudicare dalle testimonianze dell'epoca, le leggi augustee non produssero gli effetti desiderati. In Giovenale, la descrizione della nequizia femminile è tale da indurre inevitabilmente a chiedersi quale sia il rapporto tra la realtà e la personale, implacabile avversione del poeta verso le donne. Ma la sua testimonianza va tuttavia valutata. I 661 versi della celebre sesta *Satira* sono un'accusa di rara e inaudita ferocia; al di là delle differenze di appartenenza sociale, di età, di ricchezza, di origine familiare, scrive Giovenale, «la lussuria è vizio di tutte, schiave e padrone». Da quella che va scalza per le strade della città, a quella che si fa portare in lettiga da schiavi siriani, le donne, tutte, senza scampo, sono dissolute[91].

Ovviamente Giovenale non va preso alla lettera. La satira, per definizione, è genere letterario che enfatizza ed esaspera la realtà, ne mostra gli aspetti estremi e caricaturali; e Giovenale, in particolare, è afflitto da una misoginia quasi patologica. Nel contesto di una descrizione parodistica, possiamo tuttavia cogliere nelle sue parole alcuni accenni a situazioni che dovevano in qualche modo avvicinarsi alla realtà. Nella seconda *Satira* un personaggio di sesso maschile, peraltro tutt'altro che irreprensibile, nel mezzo di una vibrata accusa al genere femminile e ai suoi vizi,

[91] Giovenale VI, 347-49.

conclude la sua requisitoria con una domanda: «dove sei *lex Iulia*, stai forse dormendo?»[92].

Probabilmente Giovenale aveva ragione nel denunciare l'inefficacia della *lex Iulia*. Esistono, d'altra parte, testimonianze databili all'età severiana le quali, oltre ad attestare ancora l'esistenza della *quaestio de adulteriis*, lascerebbero presumere un numero significativo di processi. La tradizione per la quale l'adulterio era un problema privato era troppo radicata perché i Romani accettassero un'intrusione degli organi pubblici nelle loro questioni familiari. Ed è molto significativo, a questo proposito, il fatto che a un secolo di distanza dalla legge Tacito accusi Augusto di avere introdotto le spie nelle famiglie: «ogni casa era sconvolta dagli intrighi dei delatori. Prima erano i delitti a provocare dei mali, adesso le leggi»[93]. La critica di Tacito, in effetti, è dovuta piú a ragioni di principio che a un effettivo diffuso ricorso a quella che egli chiama «delazione». Se i familiari erano portati a non far ricorso alla legge, gli estranei non erano particolarmente motivati a esperire azioni giudiziarie che non li riguardavano direttamente; accusare di adulterio la moglie di un nemico poteva essere una facile ma pericolosa vendetta privata, o un'arma politica che poteva facilmente ritorcersi contro chi la usava.

### 4.10. La nascita della nuova morale di coppia: regime politico e vita privata.

La soluzione alla crisi della famiglia, dunque, non venne dai provvedimenti di Augusto. Essa, quando giunse, e nella misura in cui giunse, fu la conseguenza dei profondi mutamenti sociali e psicologici che vengono abitualmente ricondotti al diffondersi del cristianesimo.

La concezione evangelica secondo la quale, per usare le parole dell'apostolo Paolo, non vi era differenza «tra giudeo e greco, tra schiavo e libero, tra uomo e donna»[94], ebbe infatti un effetto profondo sui rapporti interpersonali, e quin-

[92] *Ibid.*, 247-49.
[93] Tacito, *Annali* III, 25.2.
[94] Paolo, *Prima lettera ai Galati* 3.28.

di anche sulla concezione del matrimonio e della famiglia. In estrema sintesi, si può certamente dire che i nuovi principî cristiani limitarono il rigore dei rapporti fra il capofamiglia e i suoi sottoposti, dando nuovo spazio al rispetto della personalità e della dignità degli individui. E le nuove concezioni etiche vennero poi tradotte in nuove regole giuridiche, anche se con difficoltà, e talvolta solo a distanza di alcuni secoli. A mostrarlo basterà l'esempio degli sforzi imperiali tesi a limitare i poteri paterni. Ancora nel 323, infatti, Costantino ritenne opportuno affermare in linea di principio che il diritto di vita e di morte sui figli «dipendenti» (anche se nei fatti sempre piú raramente esercitato) continuava tuttavia a esistere[95]. Solo nel 395 Valentiniano e Valente, occupandosi del problema dei minori, stabilirono che al padre spettasse semplicemente un potere correzionale, e che qualora le infrazioni dei figli fossero di gravità tale da richiedere l'irrogazione di vere e proprie pene, queste venissero irrogate dal potere imperiale[96]. A partire da quel momento, il processo di «mitigazione» proseguí, fino a cancellare anche giuridicamente, e non solo nei fatti, l'esistenza del diritto di vita e di morte, come dimostra la costituzione del Codice giustinianeo, che ne parla come di un diritto «un tempo» consentito[97].

Tuttavia, sul fatto che questi cambiamenti, prima sul piano etico e poi su quello giuridico, siano stati conseguenza esclusiva della predicazione cristiana possono essere avanzati dei dubbi. Come Paul Veyne ha messo in luce, nella società pagana, all'incirca tra l'età di Cicerone e quella degli Antonini, si era verificata una metamorfosi dell'etica familiare del tutto autonoma dall'influsso cristiano.

Con il passaggio dalla repubblica al principato, poi, nel corso dei primi due secoli dell'Impero, la vita dei Romani aveva subito una radicale trasformazione, legata al cambiamento del regime politico. Il primo fattore di questa trasformazione, secondo Paul Veyne, fu il passaggio da quella che egli definisce una «aristocrazia concorrenziale» a una «aristocrazia di servizio».

[95] *Cod. Theod.* 4.8.6.
[96] *Ibid.*, 9.13.1 (= *C.* 9.15.1).
[97] *C.* 8.46.10.

Cerchiamo di chiarire questo concetto. Per secoli, i capifamiglia dell'aristocrazia erano stati i capi incontrastati di gruppi familiari in concorrenza reciproca, e avevano riposto il proprio prestigio nella capacità di imporre agli altri il loro potere e la loro superiorità. Con l'avvento del principato, la situazione si era trasformata: i capi dei diversi gruppi familiari, ormai, erano tutti sottomessi al principe, tutti uguali fra loro, tutti ugualmente soggetti a un potere che per molti aspetti mortificava la loro tradizionale autorità. Ora essi erano tutti, e solo, dei collaboratori del governo imperiale. Ciò portò, inevitabilmente, a un cambiamento sia del loro stile di vita, sia della loro psicologia.

Al posto della competizione per il primato, la nuova regola era quella della rispettabilità, misurata sui parametri di un'etica «umanistica», nella società, in famiglia e nei confronti della moglie.

Si formava una nuova immagine. L'aristocratico prese a trattare con maggior umanità gli schiavi, a rispettare la personalità, i desideri e l'autonomia dei figli adulti, e assunse con la moglie il modello del marito premuroso e fedele; la moglie non era piú una proprietà da considerare con distacco e sufficienza, se non addirittura con un certo disprezzo. Ora doveva essere considerata una compagna, un sostegno, una persona da rispettare e con la quale presentarsi in società; una donna alla quale si doveva essere legati da stima e da solidarietà, da affetto e complicità. Alla fine del II secolo d.C. si era cosí affermata, nel mondo pagano, una «morale di coppia», che nella sostanza era uguale a quella cristiana.

Dettata da esigenze indiscutibilmente egoistiche, da un bisogno sempre piú forte di tranquillità e di rassicurazione, oltre che dalla necessità di adattarsi a un nuovo conformismo sociale, la morale di coppia dunque emerse negli strati sociali piú alti, ma non rimase un fatto limitato ai piú ricchi e potenti. Rapidamente, la nuova morale si diffuse anche nei ceti meno privilegiati. Il meccanismo che avrebbe determinato questa assimilazione e questo adeguamento, secondo Veyne, fu a sua volta un meccanismo psicologico: le classi piú basse avrebbero visto nell'autorepressione, capace di rendere il loro comportamento simile a quello dei potenti, lo strumento del loro riscatto morale e sociale. Nell'autocontrollo, essi avrebbero intuito la possibilità di darsi una nuova dignità di fronte a se stessi, ai nobili e agli dei. Dimostrandosi capaci di autodeterminarsi, essi confermavano il loro stato di liberi e di cittadini. In altre parole, reprimendosi essi traevano dalla loro inferiorità sociale «benefici secondari», che li compensavano dell'oppressione. Liberamente e spontaneamente quindi, adeguandosi al modello delle classi alte, essi fecero sí che la nuova morale si generalizzasse e si diffondesse come morale comune.

In ogni caso, e al di là di alcune perplessità che una simile interpretazione può suscitare, con la sua raffigurazione piuttosto univoca di certi meccanismi, il rapporto davvero fondamentale per comprendere appieno le dinamiche interne alla vita familiare romana non è quello tra marito e moglie, ma piuttosto quello tra padre e figlio maschio adulto: il rapporto da cui appunto abbiamo preso le mosse (§ 1) nel tentare una ricostruzione, fra antropologia e diritto, delle concezioni romane attorno alla famiglia.

Capitolo quarto

# Successioni a causa di morte e donazioni

## 1. *Le forme della successione e le successioni «mortis causa».*

Con il termine *successio* (successione) i giuristi romani designavano il fenomeno del subentrare di un soggetto a un altro nella titolarità di uno o piú rapporti giuridici patrimoniali. *Successio* (*succedere*) *in locum*, *in ius*, *in locum et ius* sono espressioni da essi frequentemente usate per sottolineare che un nuovo titolare di diritti veniva a collocarsi al posto del titolare precedente e nella sua stessa posizione giuridica. Si parla anche, in piú testi, di *succedere in universum ius* o *in omne ius*, con specifico riferimento alla successione universale, cioè in tutti i rapporti di cui l'antecessore era titolare, in contrapposto alla successione particolare, cioè in singoli e determinati rapporti (cosiddetta *successio in singulas res*).

Successione universale poteva aversi, a Roma, sia *inter vivos* (tra vivi), sia *mortis causa* (a causa di morte): successore universale era non solo l'erede, che subentrava *in universum ius* di una persona defunta, ma anche chi acquistava in blocco (*per universitatem*) il patrimonio di una persona vivente in conseguenza di un'*adrogatio* (cap. III, § 3.1), di una *conventio in manum* (cap. III, § 4.1) o di una *bonorum venditio* (cap. II, § 3.10). La successione *mortis causa* era tuttavia la piú importante, poiché era destinato immancabilmente a esserne oggetto il patrimonio di ogni *pater familias*[1]: di essa sola, pertanto, ci occuperemo in queste pagine.

Nel sistema del *ius civile* (cap. I, § 4.1), il complesso dei rapporti giuridici che faceva capo al defunto e che si trasmetteva all'erede prendeva il nome di *hereditas* (eredità).

[1] Il che giustifica le ampie trattazioni e la minuta casistica che troviamo negli scritti dei giuristi.

L'erede subentrava nell'intero patrimonio del defunto o in una quota di tale patrimonio, e quindi sia nei rapporti attivi sia in quelli passivi, sia nei crediti sia nei debiti: conseguentemente, egli rispondeva delle passività del defunto non solo con i beni che questi gli aveva lasciato, ma anche col proprio patrimonio (quando i debiti superavano il valore del patrimonio ereditario, i giuristi parlavano di *hereditas damnosa*). Erano peraltro esclusi dalla successione i diritti reali parziari che avevano carattere strettamente personale (come l'usufrutto e l'uso: cap. v, § 4) e i rapporti obbligatori legati alle qualità e alle attribuzioni delle persone (come quelli derivanti dai contratti di società e di mandato: cap. vi, §§ 3.8 e 3.9). Intrasmissibili erano pure, dal lato passivo, tutte le obbligazioni da delitto (cap. vi, § 4) e, dal lato attivo, quelle di esse in cui la pena aveva carattere sostitutivo della vendetta.

Presupposto necessario dell'acquisto della *hereditas* era la chiamata a succedere. L'eredità si diceva *delata*, cioè offerta, quando era attribuita a una persona la possibilità di acquistarla (automaticamente o per atto di accettazione: § 6.1). Tale «delazione» poteva aver luogo o perché l'aveva voluta il defunto mediante il testamento (delazione testamentaria), o perché, in mancanza di testamento, era stabilita dalla legge (delazione legittima o *ab intestato*). Essa aveva carattere strettamente personale, quindi era intrasmissibile agli eredi (ma a tale regola furono apportate col tempo varie eccezioni, finché Giustiniano ammise in via generale che gli eredi del «delato» morto prima dell'accettazione potessero acquistare in sua vece).

La delazione testamentaria era incompatibile con quella *ex lege*. L'ereditando non poteva disporre per testamento solo di una parte dei beni e lasciare che il resto si devolvesse secondo le regole della successione intestata[2]. In caso di disposizione parziale, la parte di eredità di cui non aveva disposto non andava agli eredi *ab intestato*, ma si accresceva agli eredi istituiti in proporzione alle loro rispettive quote.

[2] *Nemo pro parte testatus pro parte intestatus decedere potest*. Tale principio – attestato soprattutto in Cicerone, *De inventione* 2.21.63 e nelle *Istituzioni* giustinianee (2.14.5) – deve essere stato fissato nel lavoro della giurisprudenza: forse già di quella pontificale.

Non era ammessa altra causa di delazione fuori di quelle ora menzionate. In particolare, non era riconosciuto come titolo di vocazione ereditaria il patto successorio, cioè l'accordo per cui una persona si impegnava con un'altra a istituirla erede, o rinunciava a un'eredità futura, o disponeva dell'eredità che avrebbe potuto conseguire da un terzo ancora in vita. Giustiniano, tuttavia, considerò valido il patto dispositivo dell'eredità di un terzo, a condizione che fosse stato concluso col consenso dell'ereditando (ossia del soggetto il cui patrimonio era oggetto di successione *mortis causa*) e che questi non avesse mutato volontà fino alla morte.

## 2. *La «bonorum possessio».*

Alla formazione del sistema successorio romano concorse, in ampia misura, anche il *ius honorarium* (cap. I, § 4.3). Il pretore, come aveva creato con la concessione dell'*actio Publiciana* e con l'*in bonis habere* una nuova forma di proprietà (cap. V, § 2.3), distinta dal vecchio *dominium ex iure Quiritium*, cosí nel campo della successione integrò e corresse in piú punti l'antiquata regolamentazione civilistica dell'*hereditas*, dando vita, in pratica, a un nuovo e prevalente sistema successorio. Poiché egli non aveva il potere di riconoscere la qualità di erede a chi non era contemplato dal *ius civile*, la via che seguí fu quella di concedere alle persone che riteneva degne di venire alla successione non il *dominium* (il che sarebbe stato impossibile), ma il possesso dei beni del defunto (*bonorum possessio*)[3]. Possesso che fu in origine temporaneo, destinato a cadere di fronte all'azione intentata dall'erede civile (*bonorum possessio sine re*), ma che in seguito nella maggior parte dei casi fu difeso anche nei suoi confronti (*bonorum possessio cum re*).

I casi di concessione erano previsti nell'editto. L'interessato, per ottenere il possesso dei beni, doveva farne richie-

[3] Trattandosi di una situazione possessoria l'immissione in essa era garantita da un interdetto (*interdictum quorum bonorum*: § 6.2), che faceva appunto parte degli *interdicta adipiscendae possessionis*: cap. II, in particolare § 3.13*a*.

sta al pretore, il quale lo accordava senza particolari indagini (*de plano*), constatati solo gli estremi di applicabilità della disposizione edittale (*bonorum possessio edictalis*). In casi particolari, tuttavia, il magistrato poteva concedere il possesso per decreto anche in assenza di una disposizione edittale, previa approfondita valutazione (*causa cognita*) delle ragioni addotte dal richiedente (*bonorum possessio decretalis*)[4].

Sensibile interprete delle esigenze sociali, il pretore utilizzò la *bonorum possessio* essenzialmente a tre fini: per estendere la successione intestata anche ad altre persone oltre quelle contemplate dal *ius civile* (*bonorum possessio sine tabulis* o *ab intestato*: § 3.2); per favorire chi era stato istituito erede in un testamento non confezionato nelle forme richieste (*bonorum possessio secundum tabulas*: § 4.2); per ammettere alla successione taluni congiunti che il testatore aveva omesso nel testamento (*bonorum possessio contra tabulas*: § 4.3*a*). Con i suoi incisivi interventi, a poco a poco il magistrato diede vita a un sistema completo di successione, che riguardava entrambe le cause di delazione e comprendeva sia le persone da lui stesso contemplate sia gli eredi civili (i quali venivano cosí a essere contemporaneamente *heredes* e *bonorum possessores*).

Benché formalmente e concettualmente distinti, i due sistemi successori, in quanto volti alla medesima finalità, tesero sempre piú ad avvicinarsi. Già nell'età del principato il regime della *bonorum possessio* presentava notevoli analogie con il sistema successorio civile. Al pari di questo, essa attuava una successione universale, con tutte le conseguenze che ne derivavano. Il *bonorum possessor*, pur non essendo qualificato come *heres*, era sostanzialmente considerato tale (*heredis loco*), e gli era riconosciuta, con la finzione della qualità di erede, la legittimazione attiva e passiva alle azioni che si potevano esercitare dal defunto o contro di lui. I principî fondamentali delle due eredità erano in gran parte gli stessi. Solo il regime di delazione e di acquisto presentava – come si è veduto – sensibili differenze.

[4] In merito agli interventi processuali (in particolare azioni) assicurati dal pretore in base o a una previsione edittale o a una valutazione *ad hoc*, che dava luogo a un decreto, si veda cap. II, in particolare § 3.11*c*.

In età tardoantica, venuta meno la distinzione fra *ius civile* e *ius honorarium*, il processo di avvicinamento e di fusione fra *hereditas* e *bonorum possessio* andò ulteriormente accentuandosi. Nella compilazione giustinianea i due sistemi, pur essendo ancora formalmente distinti, configurano nella sostanza un sistema di successione unitario.

## 3. *La successione «ab intestato».*

### 3.1. L'originario sistema civilistico.

La successione *ab intestato* fu quasi certamente la prima, e in origine l'unica, forma di successione a Roma. Come presso tutte le società primitive, i beni della famiglia dovevano trasmettersi secondo una gerarchia necessaria e inviolabile, determinata dal succedersi delle generazioni: alla morte del *pater* subentravano automaticamente i suoi discendenti, i quali continuavano a godere del patrimonio familiare in stato di indivisione (*consortium ercto non cito*), e non vi era possibilità di istituire eredi altre persone o di concentrare i beni ereditari in capo a uno dei figli, escludendone gli altri. Solo se l'ereditando era privo di discendenti naturali, il costume gli concedeva di assicurarsi artificialmente un erede, adottando in qualità di figlio un estraneo alla famiglia (*adrogatio*: cap. III, § 3.1). Ciò consentiva di evitare la deprecata estinzione dei *sacra*, i sacri riti della religione domestica, e la cessazione del culto degli antenati. La tesi, vigorosamente sostenuta da Pietro Bonfante, della precedenza della successione testamentaria su quella intestata non trova oggi piú seguito, in quanto legata alla concezione, ormai superata, della famiglia romana delle origini come organismo politico e alla correlativa idea che l'antica eredità non avesse lo scopo di trasmettere il patrimonio, bensí quello di far trapassare il complesso dei poteri che costituivano la sovranità del *pater* sul gruppo familiare.

Il rigido regime dell'età piú antica si venne attenuando nel corso del tempo. All'epoca delle XII Tavole era ormai riconosciuta al *pater* la facoltà di disporre per testamento dei beni familiari: ma se egli non aveva fatto testamento, o se questo era invalido, tornava ad applicarsi il vecchio sistema automatico di successione. La qualità di erede *ab intestato* fu peraltro estesa dai discendenti diretti ad altri membri del complesso familiare.

Una famosa norma delle XII Tavole stabiliva: «Se taluno muore senza aver fatto testamento e non ha un *heres suus*, abbia i suoi beni l'*adgnatus proximus*; se non vi è un *adgnatus*, abbiano i suoi beni i *gentiles*»[5]. In forza di questa disposizione[6] erano chiamate alla successione *ab intestato* tre categorie di persone. In primo luogo gli *heredes sui*, cioè coloro che erano soggetti alla potestà del *pater* e in conseguenza della sua morte diventavano *sui iuris*: in pratica i figli e le figlie, sia naturali sia adottivi, e la vedova del defunto già sottoposta alla *manus*. Questi eredi diventavano titolari del patrimonio ereditario in modo automatico, senza bisogno di un atto di accettazione e senza possibilità di rinuncia (essi erano detti, appunto per ciò, «eredi necessari»: *infra*, § 6.1). Non era fatta alcuna differenza riguardo al sesso. L'eredità si ripartiva fra tutti in quote eguali, ma se uno dei figli era premorto e al suo posto erano subentrati i suoi discendenti (nipoti dell'ereditando), questi ultimi, qualunque fosse il loro numero, non conseguivano se non la quota che sarebbe spettata al loro genitore.

Se non vi erano *heredes sui*, la legge chiamava all'eredità l'*adgnatus proximus*, cioè il piú vicino parente collaterale in linea maschile: il fratello o la sorella del defunto, in loro assenza il nipote, e via dicendo. L'agnato prossimo escludeva il meno prossimo (il fratello, ad esempio, escludeva il nipote). Se poi vi erano piú agnati dello stesso grado (ad esempio, piú fratelli), essi venivano alla successione per quote eguali. Originariamente l'eredità era deferita senza distinzione di sesso, ma in seguito la giurisprudenza escluse dalla successione le donne che non fossero consanguinee del defunto: mantennero dunque il diritto di succedere le sorelle, ma non anche la zia paterna o la nipote dal fratello.

A differenza dei *sui*, che succedevano automaticamente, l'*adgnatus proximus* era libero di accettare o meno l'eredità.

[5] Cfr. Gaio, *Istituzioni* 3.1 sgg.

[6] Che rimarrà, almeno formalmente, in vigore fino alle riforme giustinianee.

Se però non l'accettava, questa non veniva deferita successivamente all'agnato piú prossimo dopo di lui, ma restava vacante. Come tale, poteva essere liberamente appresa da qualunque interessato il quale, comportandosi rispetto a essa come proprietario, in capo a un anno ne diveniva titolare per usucapione (*usucapio pro herede*: *infra*, cap. v, § 2.14). Contro una siffatta usucapione, che nell'età piú antica era ritenuta utile al fine di spingere l'erede ad accettare, ma che col tempo apparve ingiusta e dannosa, furono introdotti, a partire dalla tarda repubblica, vari rimedi intesi dapprima a limitarne gli effetti e poi, di fatto, a escluderla[7].

In mancanza di agnati, erano chiamati all'eredità i *gentiles*, vale a dire i membri della *gens* a cui apparteneva il defunto. Le regole di questa successione, caduta in disuso già alla fine dell'epoca arcaica, ci sono tuttavia ignote.

Per la successione dei liberti esistevano regole particolari: la prima classe era sempre costituita dai *sui*, ma in loro assenza, non essendovi collaterali agnatizi, i beni andavano al patrono o, se questi era premorto, ai suoi discendenti maschi.

### 3.2. Il sistema del diritto pretorio.

Il sistema di successione intestata del *ius civile* imperniato sulle regole delle XII Tavole – col ruolo primario attribuito a *patria potestas* e vincolo agnatizio – era estremamente rigido: i figli emancipati, i parenti per parte di donna e la stessa moglie, se non era *in manu*, erano esclusi dall'eredità. A eliminare simili inconvenienti fu rivolta l'opera del pretore, il quale, sotto l'impulso della mutata coscienza sociale, diede vita a un nuovo sistema di successione basato sulla parentela di sangue (*cognatio*): la *bonorum possessio ab intestato* o *sine tabulis* (in assenza di tavole testamentarie). Al tempo di Cicerone, come risulta dalle *Verrine*, il nuovo sistema successorio era ancora in formazione; esso appare invece ormai compiuto e definitivamente ordinato nell'editto perpetuo di Salvio Giuliano.

[7] Tanto che un senatoconsulto di età adrianea attribuí all'erede la possibilità di esperire la *hereditatis petitio* «come se l'usucapione non vi fosse stata» (si trattava dunque di un'azione *ficticia* o *utilis*: cap. II, § 3.11).

Il pretore accordava la *bonorum possessio* a quattro classi di persone, ammesse nell'ordine a richiederla: *liberi*, *legitimi*, *cognati*, *vir et uxor*.

Nella classe dei *liberi* erano compresi tutti i discendenti del defunto indipendentemente dalla loro soggezione alla *patria potestas*: dunque non soltanto gli *heredes sui*, ma anche coloro che sarebbero stati *heredes sui*, se essi stessi o il loro padre non fossero stati emancipati (cap. III, § 2.4). Poiché tuttavia appariva iniquo che gli emancipati, i quali dal momento dell'emancipazione avevano potuto costituirsi un patrimonio proprio, concorressero alla successione paterna alla pari con i *sui*, i quali avevano continuato ad acquistare al *pater familias*, il pretore dispose che i primi dovessero conferire ai secondi tutto ciò che avevano acquistato fino alla morte del padre (*collatio bonorum*). Analogamente il pretore obbligò la figlia, maritata senza *manus*, alla quale fosse stata costituita dal padre la dote, a conferire la stessa ai coeredi, sia *sui* sia emancipati (*collatio dotis*)[8].

In assenza di *liberi*, o in caso di loro rinuncia, potevano chiedere i beni del defunto i *legitimi*, vale a dire gli eredi contemplati dal *ius civile*. Essendo tuttavia i *sui* già compresi nella prima classe, ed essendo ormai scomparsi i *gentiles*, in questa classe praticamente rientravano i soli agnati. La successione aveva luogo secondo le regole della vocazione civilistica: l'agnato prossimo, anche se rinunciante, escludeva il meno prossimo.

Se non vi erano *legitimi*, o pur essendovene non avevano chiesto la *bonorum possessio*, i beni erano accordati ai *cognati*, ossia ai parenti di sangue in linea collaterale fino a tutto il sesto grado (eccezionalmente fino al settimo), i quali erano ammessi alla successione in ordine gerarchico, secondo il criterio della prossimità di grado. Questa categoria di successibili, che l'antico diritto ignorava, venne a estendere considerevolmente la cerchia dei chiamati all'eredità, dando la possibilità di succedere anche alla madre e ai parenti per parte di madre (cioè in linea femminile).

[8] L'emancipato, o la figlia, procedeva a concludere *stipulationes praetoriae* (cap. II, § 3.13), per mezzo delle quali prometteva a tutti i *sui* la quota dovuta dei propri beni personali (ma poteva anche procedere direttamente al conferimento di parte di questi ultimi: *collatio re*).

Infine, in assenza di *cognati*, la vedova era legittimata a chiedere l'eredità del marito e il vedovo quella della moglie. La disposizione era resa necessaria dal diffondersi dei matrimoni non accompagnati dalla *manus* (cap. III, § 4.1): in tali matrimoni infatti, come si è detto, la moglie non poteva succedere al proprio marito, non essendo legata a lui da nessun rapporto di parentela civile. Poiché, d'altro canto, la donna maritata *sine manu* non era giuridicamente incapace e poteva avere un proprio patrimonio, era logico ammettere che anche il marito potesse venire alla successione della moglie premorta.

Quanto alla successione nei beni dei liberti, l'editto introdusse numerose disposizioni particolari intese a soddisfare le aspettative dei patroni. Basterà qui ricordare che se il liberto non aveva figli propri e la classe dei liberi era costituita soltanto da figli adottivi, il patrono poteva ottenere la *bonorum possessio* di metà del patrimonio ereditario, e che in assenza di liberi la *bonorum possessio* era data al patrono e ai suoi discendenti come *legitimi*.

### 3.3. Riforme di età imperiale.

L'opera del pretore aprí la strada a ulteriori innovazioni. Prima per mezzo di senatoconsulti, poi con costituzioni imperiali furono apportate al regime successorio sopra esposto numerose modifiche, volte a una piú efficace tutela delle aspettative successorie dei *cognati*.

Le prime riforme, che videro la luce nella seconda metà del II secolo d.C., riguardarono la successione reciproca fra madri e figli. Come già sappiamo, salvo il caso sempre meno frequente di matrimoni con soggezione alla *manus*, la madre rispetto ai figli e i figli rispetto alla madre non erano successori civili, e quindi non erano neppure chiamati alla *bonorum possessio* come *legitimi*. Essi avevano la possibilità di succedere reciprocamente solo entro la classe dei *cognati*. A questa situazione, che alla nuova coscienza sociale appariva ripugnante, posero rimedio due importanti statuizioni senatorie, il *senatus consultum Tertullianum*, risalente all'età di Adriano (117-38 d.C.), e il *senatus consultum Orphitianum*, emanato nel 178 d.C. sotto Marco Aurelio e Commodo. Il primo chiamò la madre fornita di *ius liberorum* (cap. III, § 4.8) all'eredità del figlio subito dopo i discendenti, il padre e i fratelli consanguinei, ma a preferenza degli altri agnati; il secondo chiamò il figlio all'eredità della madre a preferenza di qualunque altro successibile[9]. Avendo i senatoconsulti efficacia normativa pari a quella delle antiche leggi comiziali, i due provvedimenti erano fonte di *ius civile*: venne cosí per la prima volta attribuita la qualifica di eredi a persone non appartenenti alla famiglia civile del defunto, superando il sistema di successione pretorio.

Nello stesso indirizzo si mosse, in seguito, anche la legislazione imperiale. Costituzioni del IV e V secolo fecero prevalere sempre piú la parentela di sangue su quella agnatizia. Al figlio fu accordato il diritto di succedere, oltre che alla madre, agli ascendenti materni; la madre fu ammessa, entro certi limiti, all'eredità del figlio anche se priva del *ius liberorum*; i fratelli e le sorelle emancipati furono equiparati ai fratelli e alle sorelle agnati. Alcune costituzioni, a partire dall'età di Diocleziano, tesero altresí a unificare il regime successorio, assimilando, quanto agli effetti, la *bonorum possessio* all'eredità civile.

### 3.4. Il sistema giustinianeo.

Un tale succedersi di norme spesso occasionali e non prive di contraddizioni diede luogo col tempo a un sistema di successione complicato e farraginoso, nel quale era tutt'altro che facile orientarsi.

Giustiniano, dopo una serie di provvedimenti particolari intesi a modificare singoli punti dell'ordinamento precedente, decise di rompere definitivamente con il passato, e con un'importante novella dell'anno 543 (*Nov.* CXVIII), integrata da una successiva novella dell'anno 548 (*Nov.* CXXVII), procedette a una riforma generale della successione intestata, che unificava definitivamente il sistema civilistico e il sistema pretorio, ponendo alla base della nuova disciplina unitaria il criterio della *cognatio*.

[9] Cfr. *D.* 38.17: in particolare *D.* 38.17.1 e *D.* 38.17.2.

I successibili furono ripartiti in quattro classi. Nella prima furono chiamati a succedere tutti i discendenti, sia in linea maschile che femminile; nella seconda gli ascendenti paterni e materni, i fratelli e le sorelle germani (cioè figli degli stessi genitori) e i loro figli; nella terza i fratelli e le sorelle consanguinei o uterini (per parte cioè o di solo padre o di sola madre) e i loro figli; nella quarta tutti gli altri collaterali, secondo il grado di parentela. In mancanza di collaterali succedeva, secondo le vecchie regole, il coniuge superstite[10].

La successione dei liberti fu regolata a somiglianza della successione degli *ingenui*, sulla base del riconoscimento della parentela servile.

Solo se i chiamati a una classe non accettavano o mancavano, l'eredità si deferiva ai chiamati della classe successiva. Nell'ipotesi, poi, di concorso di discendenti, ciascuno di essi aveva l'obbligo di conferire alla massa ereditaria le liberalità ricevute in vita dal defunto: in particolare la dote, la donazione nuziale, le somme elargite per l'acquisto di una carica (*collatio descendentium*).

## 4. *La successione testamentaria.*

### 4.1. Il testamento e la «testamenti factio».

Già in età repubblicana, tuttavia, la chiamata *ab intestato* non costituiva nella società romana il tipo piú normale e frequente di *vocatio* successoria, poiché era raro che il *pater familias* morisse senza aver fatto testamento.

Il testamento era l'atto solenne con cui un *pater* nominava il proprio erede e dava altre eventuali disposizioni di carattere patrimoniale o personale per il tempo successivo alla propria morte. La coscienza sociale romana lo considerava uno dei piú importanti atti di volontà del cittadino: grazie a esso, la suprema autorità del *pater familias* aveva la possibilità di manifestarsi non solo durante la vita, ma an-

[10] Ma alla vedova priva di mezzi fu riconosciuto il diritto ad avere una parte dei beni ereditari anche in presenza di parenti eredi del marito.

che oltre. Cicerone lo paragona, per la sua importanza nel diritto privato, alla *lex* nel diritto pubblico. Non fa dunque meraviglia che la successione testamentaria, specie presso i ceti abbienti, si presentasse nella pratica come preminente, mentre la successione *ab intestato* veniva in seconda linea, sussidiariamente rispetto all'altra.

In linea di principio, aveva capacità di far testamento (*testamenti factio* attiva) ogni cittadino romano *sui iuris* pubere e intellettualmente capace. Anche le donne, che in origine erano sprovviste di tale capacità[11], ottennero, grazie a un senatoconsulto del tempo di Adriano, il diritto di disporre per testamento, se *sui iuris*, con l'*auctoritas* dei loro tutori[12] (cap. III, § 2.5): *auctoritas* che poi neppure era necessaria qualora a voler fare testamento fosse una donna provvista di *ius liberorum* (cap. III, § 4.8). La *testamenti factio* doveva sussistere al momento della confezione dell'atto e perdurare ininterrotta (almeno di regola) fino alla morte.

Potevano ricevere per testamento (*testamenti factio* passiva) tutti i cittadini romani che non fossero stati privati per disposizione positiva della capacità di essere istituiti eredi, nonché i loro schiavi. Gli schiavi altrui naturalmente non acquistavano a se stessi, ma all'avente potestà; avevano invece capacità di succedere in proprio gli schiavi istituiti eredi dal loro padrone, purché nello stesso tempo manomessi (§ 6.1). Erano capaci di ereditare anche i *postumi sui*, cioè i figli nati dopo la confezione del testamento o do-

[11] Lo escludeva la stessa struttura delle forme testamentarie piú risalenti (*calatis comitiis* e *in procintu*: § 4.2), dal momento che la donna non poteva partecipare né ai comizi né all'esercito.

[12] Del provvedimento adrianeo parla Gaio, ma in due contesti che presentano lacune (*Istituzioni* 1.115a e 2.112): ne possiamo comunque desumere l'introduzione di un'importante novità. Per effetto di tale senatoconsulto, infatti, rimaneva necessaria l'*auctoritas* del tutore, ma quest'ultimo si identificava col comune *tutor mulieris*, e di regola poteva essere costretto a prestare l'*auctoritas* da un intervento magistratuale. In tal modo, la donna poteva esser quasi certa di ottenere gli effetti desiderati, e non era costretta – come invece nell'età precedente (cfr. Cicerone, *Topica* 4.18 e Gaio, *Istituzioni* 1.115a) – a compiere una particolare *coemptio* (cap. III, § 4.1) fiduciaria (*coemptio testamenti faciendi causa*), volta a far sí che a prestare l'*auctoritas* fosse il *tutor fiduciarius*, verosimilmente piú disposto ad assecondare la volontà della testatrice di quanto lo fosse un *tutor legitimus* (vantaggio che era però pagato dalla donna con la *capitis deminutio*, almeno momentanea, che a suo carico scaturiva dalla *coemptio*).

po la morte del testatore i quali divenivano o sarebbero divenuti *heredes sui* se questi fosse ancora vissuto[13]. Per una norma della *lex Voconia* del 169 a.C., le donne non potevano essere istituite eredi da cittadini di censo superiore a 100 000 assi (forse allo scopo di evitare lo smembramento dei grandi patrimoni): ma la disposizione, anche per il venir meno dell'antico censimento, cadde in desuetudine durante il principato. Mancavano poi della capacità di succedere le *personae incertae*, ovvero i beneficiari non determinabili individualmente all'atto del testamento: si consideravano tali, in origine, anche i *municipia*, le *civitates* e le *coloniae*, in quanto collettività i cui componenti variavano in continuazione[14].

La *testamenti factio* passiva era richiesta sia al momento della confezione del testamento, sia al momento della morte del testatore, sia al momento dell'accettazione dell'eredità (i cosiddetti *tria momenta*).

Alcune persone, pur potendo essere validamente contemplate in un testamento, non potevano far propri i beni ereditari (*incapaces*) in conseguenza di leggi speciali. Meritano di essere ricordate al riguardo soprattutto le leggi *Iulia de maritandis ordinibus* del 18 a.C. e *Papia Poppaea* del 9 d.C., fatte votare da Augusto allo scopo di favorire i matrimoni e la procreazione di figli, le quali stabilirono che le persone non coniugate (*caelibes*) o coniugate senza prole (*orbi*) comprese entro determinati limiti di età non potessero acquistare – in tutto o in parte – ciò che era stato a esse lasciato per testamento, sia a titolo di eredità che di legato (cap. III, § 4.8). Accertata l'*incapacitas* della persona contemplata, le quote o i lasciti rimasti vacanti (*caduca*) si acquistavano a coloro, tra i beneficiari del testamento, che avevano figli, e in loro assenza all'*aerarium populi Romani* (piú tardi sostituito dal fisco).

[13] Non anche i *postumi alieni*, di persona cioè diversa dal testatore: a essi tuttavia il pretore concesse, se già concepiti al tempo della morte dell'ereditando, il possesso dei beni in base al testamento.

[14] Si trattava quindi di *incerta corpora*, inidonei a porre in essere i necessari atti di accettazione (*cretio* o *pro herede gestio*: § 6.1): cosí in *Tituli ex corpore Ulpiani* 22.5, ove però si ricorda la possibilità, introdotta per senatoconsulto, che essi potessero essere istituiti eredi da propri liberti (cfr. anche *D.* 38.3.1.1).

Va infine considerato che i destinatari di disposizioni *mortis causa*, per poter trattenere quanto acquistato, non dovevano essere indegni di succedere. L'indegnità era una qualifica di riprovazione che colpiva l'erede o il legatario che si fosse reso colpevole di determinati atti contro la vita, l'onore o la volontà del defunto. A differenza dell'*incapacitas*, che impediva la delazione, l'indegnità la consentiva, ma impediva di ritenere l'acquisto fatto. I beni tolti all'indegno passavano, a titolo di sanzione, all'*aerarium* (e poi al fisco).

### 4.2. Forme di testamento.

Sappiamo da Gaio e da Gellio che il piú antico diritto romano conosceva due forme di testamento: il *testamentum calatis comitiis*, che veniva fatto in due giorni fissi dell'anno davanti ai comizi curiati presieduti dal pontefice massimo, e il *testamentum in procinctu*, che era posto in essere in tempo di guerra, prima di incominciare la battaglia, dinanzi all'esercito schierato. I dati a nostra disposizione inducono a ritenere[15] che già in tale epoca il testamento avesse per effetto essenziale non quello di compiere un'arrogazione *mortis causa* o di regolare a titolo particolare la sorte di singoli beni, bensí quello di designare un erede. Il testatore, con una solenne dichiarazione orale, indicava chi doveva essere il destinatario, dopo la morte, del suo patrimonio, e il popolo o i suoi compagni d'armi erano chiamati a prestare testimonianza.

Poteva tuttavia accadere che il *pater familias*, non essendosi preoccupato di fare in tempo testamento e sentendosi minacciato da prossima morte, si trovasse a dover provvedere d'urgenza circa la sorte futura dei suoi beni. Stante l'impossibilità di attendere la riunione del comizio e mancando i presupposti per testare *in procinctu*, egli era costretto, per raggiungere le finalità pratiche del testamento, a ricorrere a un espediente: per mezzo di una *mancipatio* trasmetteva in blocco i suoi beni a un amico, che ne diveniva titolare, dandogli contestualmente l'incarico di attribuirli

[15] Anche se non mancano interpretazioni difformi, avanzate da diversi studiosi.

alla sua morte (alla morte, cioè, di chi aveva trasferito il patrimonio) alle persone da lui designate. Questa operazione era detta *mancipatio familiae* (mancipazione del patrimonio), e la persona che acquistava i beni per disporne in conformità della volontà del mancipante *familiae emptor* (compratore del patrimonio). È da osservare, al riguardo, che la *mancipatio familiae* non era un testamento, ma rimaneva un atto tra vivi, e quindi non impediva che alla morte del *pater* si aprisse la successione *ab intestato*: solo che gli eredi *ab intestato* non ricevevano nulla, poiché il patrimonio, durante la vita del titolare, era stato trasferito ad altri.

Dalla *mancipatio familiae* si sviluppò, in progresso di tempo, una nuova forma di testamento, il testamento *per aes et libram*, che si sarebbe conservato a lungo quale tipico testamento del *ius civile*. Lo spunto fu offerto dal precetto decemvirale «uti lingua nuncupassit, ita ius esto» («come la lingua avrà dichiarato, cosí sia diritto»), che attribuiva piena efficacia giuridica alle dichiarazioni accessorie connesse alla *mancipatio* (cap. v, § 2.10 e cap. vi, § 3.4 *f*)[16]. La parte essenziale dell'atto non fu piú considerata la mancipazione, che continuò a essere effettuata solo per rispetto degli usi tradizionali, bensí la dichiarazione orale (*nuncupatio*) del mancipante alla presenza del *familiae emptor*, dei testimoni e del *libripens*. Tale *nuncupatio*, che in precedenza era usata per dare istruzioni al *familiae emptor* circa la destinazione dei propri beni dopo la morte, serví ora per enunciare le proprie disposizioni di ultima volontà, in primo luogo l'istituzione di uno o piú eredi. Il *familiae emptor*, che un tempo diventava veramente proprietario dei beni (sia pure a titolo fiduciario), si ridusse a un mero figurante, la cui presenza era richiesta al solo scopo di permettere il compimento dell'atto librale: chi invece acquistava il patrimonio era la persona designata come erede, alla morte del testatore mancipante.

[16] Secondo una diversa interpretazione, la norma decemvirale che avrebbe fornito lo spunto sarebbe stata invece costituita da quella secondo cui «nel modo in cui qualcuno avrà disposto del suo patrimonio, cosí sia diritto» (*uti legassit suae rei, ita ius esto*: un precetto la cui interpretazione ha peraltro diviso gli studiosi moderni, soprattutto in merito al significato da attribuire al verbo *legare*).

La nomina dell'erede e le altre disposizioni di ultima volontà erano in origine formulate oralmente. In seguito, però, per rendere piú agevole la prova e per rispettare il segreto delle disposizioni, si ammise che il testatore potesse esprimere la sua volontà per iscritto su tavolette cerate che presentava chiuse ai testimoni durante la mancipazione, dichiarando nella *nuncupatio* che in esse era contenuto il suo testamento. Il *familiae emptor*, il *libripens* e i cinque testimoni della *mancipatio* garantivano l'autenticità delle tavolette apponendovi il loro sigillo.

Per i notevoli vantaggi che presentava, questo testamento con *nuncupatio* «di rinvio» divenne il tipo di testamento civile piú usato nella pratica. A rigor di diritto si trattava sempre di un atto orale, poiché i suoi effetti derivavano, come in passato, dalla *nuncupatio*, che si considerava assorbisse il contenuto del documento; di fatto, però, ciò che contava erano le tavolette, poiché solo da esse potevano desumersi le disposizioni testamentarie.

Il diritto onorario diede ancora maggior rilievo al documento scritto. In presenza di tavole recanti il sigillo di almeno sette testimoni (quante erano le persone che sigillavano il testamento civile), il pretore usò concedere il possesso dei beni all'erede in esse istituito, prescindendo dall'indagare se la *mancipatio familiae* e la *nuncupatio* fossero state veramente compiute (*bonorum possessio secundum tabulas*). Si suol parlare al riguardo di «testamento pretorio». Inizialmente il *bonorum possessor* non conseguiva la definitiva disponibilità del patrimonio ereditario, poiché gli eredi civili *ab intestato* potevano rivendicare l'eredità dimostrando che il testamento era invalido per il diritto civile; ma in seguito un rescritto di Antonino Pio (138-61 d.C.) consentí al successore pretorio di respingere la pretesa di tali eredi per mezzo dell'eccezione di dolo.

Il rilievo attribuito dal pretore alle tavole ebbe importanti conseguenze in materia di revoca testamentaria. Mentre infatti per diritto civile il testamento poteva essere revocato dal testatore solo facendo un altro testamento (cioè istituendo un nuovo erede con una nuova mancipazione e una nuova *nuncupatio*), per diritto pretorio poteva essere revocato con la semplice rottura del documento o dei sigilli. In tal caso il pretore negava la *bonorum possessio secundum tabulas* agli eredi istituiti, concedendo invece la *bonorum possessio sine tabulis* ai successibili pretori *ab intestato*.

Nella tarda età imperiale il cerimoniale del *testamentum per aes et libram* cadde in desuetudine. Sulla scia della prassi, Costantino eliminò con un'espressa disposizione ogni residuo dell'antico formalismo, considerando indispensabile solo l'intervento dei testimoni. Il testamento civile divenne cosí un documento scritto sostanzialmente identico al testamento pretorio.

Nel 439 d.C. Teodosio II regolò definitivamente la materia, fondendo i due testamenti precedenti in un unico testamento, a forma scritta, che doveva essere sottoscritto dal testatore dinanzi a sette testimoni (non necessariamente messi a conoscenza del suo contenuto) e da essi convalidato con le loro sottoscrizioni e i loro sigilli[17].

Accanto a queste forme di testamento privato furono introdotte alcune forme di testamento pubblico (quali il *testamentum apud acta*, fatto verbalmente di fronte alle autorità giudiziarie o municipali, e il *testamentum principi oblatum*, presentato per iscritto all'imperatore), e si facilitarono alcuni testamenti posti in essere in circostanze eccezionali (ad esempio quello fatto in tempo di peste). Valentiniano III riconobbe validità, per l'Occidente, al testamento olografo, cioè scritto di proprio pugno dal testatore e da lui sottoscritto senza intervento di testimoni.

Tutti i testamenti ora ricordati, a eccezione del testamento olografo[18], rimasero in vigore (sia pure con alcune modifiche) anche nel diritto giustinianeo.

### 4.3. Contenuto del testamento.

*a*) *Istituzione di erede*. Il contenuto del testamento, in origine limitato all'istituzione di erede (*heredis institutio*), andò nel corso del tempo progressivamente ampliandosi,

[17] L'imperatore ritenne ammissibile anche un testamento orale, purché fatto anch'esso alla presenza di sette testimoni convocati a tale scopo.

[18] Che era però destinato a una lontana fortuna, molto al di fuori del mondo antico: basti pensare a come oggi, in Italia (cfr. art. 602 c.c.), esso rappresenti la tipologia probabilmente piú importante e diffusa di testamento.

fino a comprendere numerose disposizioni della piú varia natura, quali sostituzioni, manomissioni di schiavi, nomina di tutori, legati, fedecommessi. La disposizione fondamentale e unicamente necessaria rimase però sempre l'istituzione di erede, che determinava la successione della persona prescelta nel complesso giuridico patrimoniale del defunto. Senza istituzione di erede non c'era testamento, e dalla validità della stessa dipendeva quella di tutte le altre disposizioni.

L'istituzione di erede *detracta certa re* (cioè con esclusione di una cosa determinata) e l'istituzione *ex certa re* (avente per oggetto una cosa determinata) furono ritenute inizialmente nulle in quanto contrarie alla funzione dell'*heredis institutio*, che era quella di nominare un successore universale: tuttavia la giurisprudenza della tarda repubblica e del primo principato, per salvare il testamento, considerò l'istituzione valida in entrambi i casi, come se non fosse stata apposta la menzione della *certa res*.

L'istituzione doveva essere fatta all'inizio del testamento, in lingua latina e con parole imperative. Non poteva essere a termine o sotto condizione risolutiva (mentre poteva essere contemplata una condizione sospensiva, nonché un *modus* [cap. I, § 7.2], ossia la previsione di un obbligo, a carico dell'erede, di tenere un certo comportamento, alla cui effettiva realizzazione non era però direttamente subordinata la disposizione testamentaria). In origine l'unica forma di *heredis institutio* ammessa era: «Tizio sia mio erede», ma in seguito fu considerata valida anche l'istituzione effettuata con le parole: «Ordino che Tizio sia mio erede». Altre formule erano in genere disapprovate.

Tale rigore formale subí tuttavia una progressiva attenuazione, tendendosi sempre piú a dar rilievo, anziché ai requisiti di forma, alla volontà del testatore[19]. Si ammise

[19] La quale, al momento dell'apertura del testamento, risultava ovviamente non modificabile: da qui, tanto nell'allestimento antico di nuove regole giuridiche quanto nelle moderne disposizioni che disciplinano l'interpretazione in materia testamentaria, l'emergere di un cosiddetto *favor testatoris* o *testamenti* (ossia di un orientamento volto a favorire la soluzione secondo la quale la volontà del testatore troverebbe attuazione, piuttosto che quella che la renderebbe nulla o inefficace).

che in certi casi la nomina dell'erede potesse anche non farsi all'inizio del testamento, e si consentí l'uso di formule non concepite imperativamente. Alessandro Severo riconobbe la possibilità di servirsi della lingua greca. Infine l'imperatore Costanzo, nel 339 d.C., sancí che l'istituzione di erede dovesse considerarsi valida in qualunque forma e con qualunque espressione fosse stata fatta, purché la volontà del disponente non risultasse equivoca. Norma questa poi accolta da Giustiniano.

Il testatore poteva anche istituire piú eredi (coeredità). Poiché il testamento dava luogo a una successione universale, ciascuno di essi non diveniva titolare di singoli e determinati beni, ma dell'intero patrimonio ereditario, nella misura della quota attribuitagli dal testatore. Se il testatore non aveva fatto attribuzioni di quote, l'eredità si ripartiva in quote eguali. Gli eredi potevano naturalmente rimanere in stato di comunione (ad esempio, se si trattava di fratelli e sorelle), ma in qualunque momento ciascuno di loro poteva chiedere con apposita azione la divisione giudiziale delle cose ereditarie (*actio familiae erciscundae*, nella cui formula era inserita una *adiudicatio*: cap. II, § 3.7*c*). Se poi il testatore aveva lasciato, per mezzo di un legato *per praeceptionem* (§ 4.3*e*), una determinata cosa a un dato erede, questi poteva ottenere dal giudice della divisione la preventiva assegnazione della cosa legatagli, con deduzione dall'intera eredità[20].

Regole particolari trovavano applicazione se il testatore, al momento dell'*heredis institutio*, aveva figli in potestà. Pur avendo facoltà di istituire erede un estraneo qualsiasi, egli non poteva escludere i *sui* dall'eredità semplicemente omettendoli nel testamento. All'istituzione di erede doveva accompagnarsi la diseredazione (*exheredatio*) degli stessi. «I *sui* – diceva un'antica massima del *ius civile* – devono essere o istituiti eredi o diseredati».

Anche per la diseredazione, al pari dell'istituzione, erano richiesti certi requisiti formali. Il figlio maschio dove-

[20] In tal modo si evitava che le regole della comunione ereditaria potessero dare luogo a conseguenze in contrasto con la volontà del testatore, che poteva desiderare che certi beni andassero all'uno, altri all'altro dei coeredi.

va essere diseredato nominativamente, con la formula: «Tizio, mio figlio, sia diseredato»; le figlie e i discendenti di grado ulteriore potevano esserlo anche cumulativamente, con le parole: «Tutti gli altri siano diseredati». La preterizione del primo rendeva nullo il testamento (e quindi si apriva la successione intestata); quella dei secondi dava loro il diritto di concorrere con gli eredi istituiti. Dovevano essere istituiti o diseredati anche i *postumi sui*: ove fossero stati pretermessi, il testamento perdeva la sua validità in caso di loro successiva nascita.

Tali regole non giovavano che ai *sui heredes*. Per i figli emancipati e i loro discendenti il *ius civile* non richiedeva l'istituzione o la diseredazione, poiché essi, uscendo dalla potestà del *pater familias*, avevano cessato di essere *sui*. Sul finire dell'età repubblicana, tuttavia, il pretore intervenne, promettendo a tutti i liberi, sia *sui* che emancipati, i quali non fossero stati né istituiti né diseredati, il possesso dei beni ereditari «contro le tavole testamentarie» (*bonorum possessio contra tabulas*). La diseredazione doveva essere nominativa per i liberi di sesso maschile, mentre poteva essere cumulativa per quelli di sesso femminile. Per ottenere la *bonorum possessio* non era necessario attendere che l'erede avesse accettato l'eredità: bastava che vi fosse un testamento formalmente valido, contenente una valida istituzione di erede. La concessione della *bonorum possessio* faceva cadere l'*heredis institutio*, e i liberi si dividevano l'eredità secondo le regole della successione intestata pretoria.

*b*) *Sostituzioni*. L'istituzione di erede poteva essere seguita da sostituzioni, cioè da disposizioni che chiamavano all'eredità in via sussidiaria altri soggetti.

La sostituzione piú consueta, per ciò detta «volgare» (*substitutio vulgaris*), consisteva nella nomina di un secondo erede per il caso che l'erede istituito non potesse o non volesse accettare. Di solito il testatore fissava un termine entro il quale l'istituito doveva compiere un atto solenne di accettazione (*cretio*): se questi non accettava nel tempo stabilito, subentrava il sostituto (§ 6.1). Si trattava, in sostanza, di un'istituzione di erede condizionale: il sostituto diventava erede se non diveniva tale l'istituito. Trovavano conseguentemente applicazione le comuni regole relative alle disposizioni sotto condizione[21].

Diverso era lo scopo della sostituzione pupillare (*substitutio pupillaris*). Essa consisteva nella nomina, fatta dal *pater familias* nel suo testamento, di un erede al proprio figlio impubere, per il caso che questi morisse prima di aver raggiunto la pubertà, e quindi prima di poter fare a sua volta testamento. Per comprensibili esigenze di segretezza[22], tale nomina generalmente non veniva fatta nelle stesse tavolette in cui il testatore disponeva delle proprie sostanze, ma in tavolette separate (*secundae tabulae*), che dovevano aprirsi soltanto alla morte del pupillo.

A imitazione della sostituzione pupillare, Giustiniano introdusse, sulla base di decisioni isolate di precedenti imperatori, la cosiddetta sostituzione quasi pupillare (o esemplare), in forza della quale l'ascendente di un infermo di mente poteva nominargli nel testamento un erede per il caso che esso morisse senza tornare alla ragione.

*c) Manomissioni.* Oltre alle sostituzioni, assai frequenti nel testamento erano le manomissioni di schiavi.

La concessione di libertà doveva essere effettuata in forma solenne e imperativa, con le parole: «Stico, mio schiavo, sia libero», oppure: «Ordino che Stico, mio schiavo, sia libero». Non erano consentite manomissioni collettive, come ad esempio: «Ordino che dieci dei miei schiavi siano liberi». Perché la disposizione fosse valida, occorreva che lo schiavo fosse in proprietà del testatore sia al momento della redazione del testamento sia a quello della morte. Lo schiavo conseguiva la libertà non appena l'eredità veniva accettata (anche da uno solo dei coeredi) ovvero, se alla disposizione era stata apposta una condizione, al verificarsi di questa. In caso di mancata accettazione, la manomissione cadeva.

[21] Sulla condizione (*condicio*) si veda, sia pure con prevalente riferimento all'ambito delle obbligazioni, cap. VI, § 2.5.

[22] Il sostituto, infatti, venendo a conoscenza della sua istituzione, avrebbe potuto essere indotto ad attentare alla vita dell'impubere.

*d*) *Nomina di un tutore.* Il testamento poteva anche contenere la nomina di un tutore (*datio tutoris*: cap. III, § 2.5). Essa doveva essere disposta in termini sacramentali, con la formula: «Do ai miei figli (o a mia moglie) Lucio Tizio quale tutore», oppure: «Lucio Tizio sia tutore dei miei figli (o di mia moglie)». Poteva essere designato all'ufficio qualunque cittadino romano. Destinatari della disposizione erano i figli in potestà (i maschi solo se impuberi, le femmine indipendentemente dall'età) e la moglie *in manu* del testatore, i quali alla morte sarebbero divenuti *sui iuris*. Il tutore acquistava la tutela *ipso iure*, nel momento in cui l'erede accettava l'eredità, tuttavia gli era consentito rifiutarla mediante *abdicatio*. Mancando l'accettazione, la nomina diventava inefficace.

*e*) *Legati.* Fra le varie disposizioni che potevano essere inserite nel testamento, particolare importanza rivestivano i legati. Con il termine *legatum* i Romani designavano una largizione patrimoniale disposta dal testatore in favore di una determinata persona (legatario o onorato) e a carico dell'erede (onerato). A differenza dell'istituzione di erede, il legato era una disposizione a titolo particolare, che, cioè, non comprendeva l'universalità dei beni del testatore. Esso dava sempre luogo all'acquisto di singole cose o di singoli diritti, non determinava una successione nella situazione giuridica complessiva del defunto, con la conseguenza che il legatario, diversamente dall'erede, non rispondeva dei debiti ereditari.

Naturalmente l'acquisto del legato era subordinato all'acquisto dell'eredità da parte dell'erede. Al riguardo vigeva un regime particolare. Il legatario acquistava il diritto al legato al momento della morte del testatore (*dies cedens*), e quindi se successivamente moriva trasmetteva tale diritto ai suoi eredi, ma il lascito diveniva esigibile solo al momento dell'acquisto dell'eredità (*dies veniens*).

I Romani conoscevano quattro tipi di legato, ciascuno con una propria forma e propri effetti: *per vindicationem*, *per damnationem*, *sinendi modo* e *per praeceptionem*.

Il legato *per vindicationem* (per rivendica) aveva effetti

reali (trasferiva, cioè, il *dominium*, oppure costituiva altri diritti reali, come servitú o usufrutto). Esso consisteva, nella sua principale applicazione, nell'attribuzione di una cosa di cui il testatore aveva la proprietà civile, con la formula: «Do e lego a Tizio lo schiavo Stico» (o quant'altro). La disposizione era egualmente valida se era stato usato uno solo dei due verbi, «do» oppure «lego», e ammessa dai piú era anche una formula concepita nei termini: «Tizio prenda (o abbia o faccia suo) lo schiavo Stico». La proprietà della cosa passava direttamente dal testatore al legatario, senza intervento dell'erede: di conseguenza il legatario poteva rivendicare la stessa dall'erede o da qualunque altro possessore. Come anticipato, oltre che trasmettere la proprietà di una cosa, il testatore poteva costituire *per vindicationem* a favore del legatario un diritto reale parziario su un proprio bene, come una servitú o un usufrutto (cap. V, §§ 3 e 4.1): nel qual caso l'azione competente all'onorato era, rispettivamente, la *vindicatio servitutis* o la *vindicatio usufructus*.

Il legato *per damnationem* (per imposizione) si aveva quando il testatore, invece di attribuire al legatario la proprietà o un diritto reale, ordinava all'erede di compiere a favore di quest'ultimo una prestazione patrimoniale. Si trattava, vale a dire, di un legato a effetti obbligatori[23]: l'erede era il debitore e il legatario il creditore. La formula tipica era: «Il mio erede sia tenuto a dare il mio schiavo Stico», ma erano ammesse anche alcune varianti, come: «dia», «faccia», «ordino che il mio erede dia». Avendo il legato natura obbligatoria, la cosa che si ordinava all'erede di trasmettere poteva essere cosí del testatore, come dello stesso erede o di un terzo: in quest'ultimo caso l'erede era tenuto ad acquistarla e a consegnarla al legatario, ovvero a pagargli la stima della stessa. La prestazione imposta all'erede poteva peraltro consistere non solo in un dare, ma anche in un fare o in un non fare. Per la varietà dei suoi possibili contenuti, il legato *per damnationem* aveva una funzione analoga a quella che nel campo contrattuale aveva la *stipulatio* (cap. VI, § 3.2). Contro l'erede inadempiente il

[23] Una di quelle fonti di obbligazione che, nelle *Res cottidianae* attribuite a Gaio, avrebbe trovato spazio tra le *variae causarum figurae* (cap. VI, § 1.3).

legatario poteva esperire un'*actio in personam* denominata *actio ex testamento*.

Anche il legato *sinendi modo* (per imposta permissione) era un legato di obbligazione, e differiva dal legato *per damnationem* per il fatto che l'erede non era costretto a un'attività positiva, ma a una mera astensione, cioè a non impedire che il legatario prendesse la cosa legatagli (la quale doveva dunque appartenere al testatore o all'erede, non a un terzo). All'epoca di Gaio, peraltro, molti giuristi ravvicinavano questo legato a quello *per damnationem* e ritenevano che l'erede fosse tenuto a trasmettere al legatario la proprietà della cosa oggetto del lascito. La formula era: «Il mio erede sia tenuto a permettere (o permetta) che Lucio Tizio prenda e abbia per sé lo schiavo Stico». Ma si poteva imporre anche un'obbligazione di non fare oppure costringere l'erede a non richiedere l'adempimento di un'obbligazione. A tutela del suo diritto il legatario aveva l'*actio ex testamento*.

Il legato *per praeceptionem* (per prelevamento) era un legato di proprietà a favore di uno tra piú coeredi. Veniva disposto con la formula: «Lucio Tizio prelevi lo schiavo Stico», e non poteva avere a oggetto che una cosa del testatore. Il legatario conseguiva la cosa legata con l'*actio familiae erciscundae* (cap. II, § 3.7*c*), ottenendone l'assegnazione nel giudizio di divisione dell'eredità, prima che si procedesse alla ripartizione delle cose ereditarie fra tutti i coeredi. Mentre alcuni giuristi ritenevano che un tale legato fosse nullo se disposto a favore di un estraneo (cioè di un non erede), altri (appartenenti alla scuola proculiana) lo consideravano valido come legato *per vindicationem*. Opinione, quest'ultima, che sembra essere stata confermata da una costituzione di Adriano[24].

Varie misure legislative limitarono, a partire dal II secolo a.C., la facoltà di disporre legati, al fine di evitare che i testatori potessero esaurire l'intero patrimonio ereditario lasciando all'erede istituito niente piú che il nudo nome di erede. La *lex Furia*, degli inizi del II secolo a.C., e la *lex Voconia*, del 169 a.C.[25] vietarono i legati che superassero una

[24] Cfr. Gaio, *Istituzioni* 2.221.

[25] La stessa che limitò la capacità di succedere delle donne: § 4.1.

certa misura, ma non posero un limite all'ammontare complessivo dei legati disposti nel testamento. Decisamente piú efficace fu la *lex Falcidia*, del 40 a.C., la quale stabilí che il testatore non potesse erogare in legati piú dei tre quarti del suo patrimonio, e che il rimanente quarto (*quarta Falcidia*) fosse riservato all'erede. Se egli avesse intaccato il quarto indisponibile, i legati sarebbero stati ridotti proporzionalmente, di pieno diritto, sino al limite fissato dalla legge.

La netta distinzione fra i vari tipi di legato venne sensibilmente attenuandosi nel corso del principato. Si è già accennato come molti giuristi vedessero nel legato *sinendi modo* una mera variante di quello *per damnationem*, e sostenessero che l'erede che ne era gravato dovesse anch'egli trasferire la cosa al legatario; e come, ad avviso dei proculiani, il legato *per praeceptionem* potesse impiegarsi non solo a favore di un coerede, ma anche di un estraneo, quasi fosse una sottospecie del legato *per vindicationem*. Risoluzioni che testimoniano una tendenza della giurisprudenza (o quanto meno di una parte di essa) ad avvicinare fra loro, per via d'interpretazione, le diverse specie di legati.

A un ulteriore avvicinamento fra le varie figure contribuirono gli usi testamentari. Il fatto che per ciascun tipo di legato fossero diversi forma e regime giuridico dava luogo nella pratica a seri inconvenienti. Se ad esempio il testatore lasciava con le parole: «Do e lego» una cosa al legatario credendola erroneamente sua propria, la disposizione era invalida perché il legato *per vindicationem* poteva avere per oggetto solo cose in dominio quiritario del disponente. Non era quindi raro il caso che il testatore, per evitare possibili nullità derivanti dall'uso di una forma non adatta, ripetesse nel testamento lo stesso legato in un'altra forma, o confermasse, alla fine dell'atto, tutti i legati che vi erano contenuti con una formula generale *per damnationem*[26]. Alle stesse esigenze che avevano dato luogo a questa prassi sovvenne un senatoconsulto emanato nell'età di Nerone (54-68 d.C.), su proposta dello stesso imperatore (*senatus consultum Neronianum*), il quale stabilí che ogni legato invalido in quanto disposto con parole non appropria-

[26] L'unica che consentiva di legare anche una cosa altrui.

te dovesse considerarsi valido come se fosse stato posto in essere nella forma piú idonea (che era quella del legato *per damnationem*).

Il processo di unificazione tra i *genera legatorum* si completò nella tarda età imperiale. Nell'anno 339 una costituzione dell'imperatore Costanzo[27] abolí l'osservanza delle forme solenni. Conseguentemente l'effetto dei legati non dipese piú dall'uso dell'una o dell'altra formula, ma dal contenuto della disposizione e dalla volontà del testatore. Giustiniano, infine, fuse i vari tipi di legato in un'unica struttura, attribuendo al legatario un'azione personale, che poteva essere esperita in ogni caso, e un'azione reale, esperibile solo ove ne esistessero i presupposti (e cioè quando la cosa legata appartenesse al testatore, e questi non avesse escluso l'acquisto immediato del diritto reale da parte dell'onorato).

*f) Fedecommessi*. A partire dall'epoca di Augusto[28] venne diffondendosi l'uso di disporre lasciti, oltre che per legato, per mezzo di fedecommesso (*fideicommissum*), cioè attraverso una semplice raccomandazione, rivolta all'erede o ad altra persona beneficata dal testatore, di compiere una prestazione in favore di un terzo (fedecommissario). A differenza dei legati, che dovevano essere disposti con parole sacramentali, i fedecommessi non richiedevano l'osservanza di forme solenni, ed erano normalmente posti in essere a mo' di preghiera, con espressioni come «chiedo», «prego», «desidero», «rimetto alla tua fede». Prima di Augusto i fedecommessi non godevano di tutela giuridica: erano considerati incarichi di carattere meramente fiduciario, in quanto tali tutelati solo dalla buona fede e dal costume. L'imperatore ritenne opportuno garantire, almeno in certi casi, la loro esecuzione e dispose interventi straordinari dei consoli a favore degli interessati. In seguito tali interventi si moltiplicarono, e divenne regola che, ogniqualvolta il fedecommesso non fosse stato rispettato, il fedecommissario potesse rivolgersi *extra ordinem* ai consoli con una *petitio fi-*

[27] Forse la stessa che abbiamo già ricordato in tema di istituzione di erede.
[28] Cfr. *Istituzioni* di Giustiniano 2.23.1.

*deicommissi* per ottenere che esso venisse eseguito (cap. II, §§ 1.3 e 4.1). Piú tardi Claudio sostituí alla competenza dei consoli quella di due speciali pretori, i *praetores fideicommissarii*, poi ridotti a uno dall'imperatore Tito.

I fedecommessi potevano disporsi sia nel testamento sia in uno scritto autonomo, confermato o meno nel testamento (codicillo). Non era richiesto l'uso della lingua latina, ed erano ritenuti validi anche i fedecommessi stabiliti verbalmente o addirittura con un semplice cenno di assenso. Onerati potevano essere, oltre che l'erede testamentario e il legatario, l'erede *ab intestato*, il fedecommissario (dando cosí luogo a una successione nel fedecommesso), e in genere tutti coloro che ricevevano qualche cosa in conseguenza della morte del disponente.

Per mezzo di fedecommesso si potevano ordinare non solo lasciti a titolo particolare, ma anche lasciti a titolo universale. Ciò consentiva di attribuire i propri averi anche a persone che non era possibile istituire eredi: ad esempio ai *peregrini*, i quali erano privi della *testamenti factio* passiva, e alle donne, che erano soggette alle limitazioni della *lex Voconia*. Era sufficiente all'uopo che il disponente chiedesse all'erede di trasmettere, dopo averla acquistata, l'intera eredità, o una quota di essa, alla persona che intendeva beneficare. Tale *fideicommissum hereditatis* veniva in origine adempiuto attraverso una vendita fittizia dell'eredità, o della quota, fatta dall'erede al fedecommissario, accompagnata da stipulazioni reciproche con cui si regolava il passaggio dei debiti e dei crediti dell'ereditando. In seguito, però, un senatoconsulto dell'età di Nerone, forse del 56 d.C., il *senatus consultum Trebellianum*, semplificò le cose, disponendo che le azioni spettanti per diritto civile all'erede e contro l'erede fossero concesse in via utile dal pretore a colui e contro colui al quale l'eredità era stata trasferita. Con ciò il fedecommissario, che prima era un semplice compratore delle *res hereditariae*, divenne sostanzialmente un erede, cui passavano per effetto del trasferimento tanto le cose corporali quanto i debiti e i crediti: il che rese inutili le stipulazioni precedentemente in uso. Alcuni anni dopo, al tempo di Vespasiano (69-79 d.C.), fu emanato un altro senatoconsulto, il *senatus consultum Pegasianum*, inteso a evitare che l'erede gravato di fedecommesso, non avendo un interesse proprio all'eredità, preferisse non accettarla, facendo cosí cadere il lascito. Esso stabilí, analogamente a quanto aveva previsto per i legati la *lex Falcidia*, che il fedecommesso non potesse superare i tre quarti del compendio ereditario, rimanendo il residuo quarto riservato all'erede; e che se ciò non fosse stato sufficiente a indurre l'erede ad accettare l'eredità, il fedecommissario potesse rivolgersi al pretore perché lo costringesse ad adirla (nel qual caso, però, l'erede non era autorizzato a trattenere la quarta). Il sovrapporsi di questa normativa a quella del Trebelliano diede luogo a un regime assai complesso, poiché se il fiduciario tratteneva la quarta, tornava ad assumere l'antica veste di erede, mentre il fedecommissario era considerato come un legatario, e si rendeva quindi necessario ripristinare il vecchio sistema delle stipulazioni reciproche.

Il fedecommesso di eredità era il tipo di fedecommesso piú diffuso nell'età del principato. Meno frequente era il fedecommesso di cose singole, che era analogo al legato *per damnationem*, ma, a differenza di questo, poteva essere disposto non solo a carico dell'erede, ma anche a carico dei legatari[29]. Mediante fedecommesso potevano altresí disporsi prestazioni di natura non patrimoniale, ad esempio liberazioni di schiavi.

Già nel corso del principato si venne delineando la tendenza a un superamento delle differenze esistenti tra i fedecommessi e i legati. Giuristi e imperatori estesero spesso ai primi disposizioni e principî dei secondi, mentre per converso i legati andarono sempre piú perdendo il loro antico rigore formale. Il diffondersi della *cognitio extra ordinem* (cap. II, § 4) favorí ulteriormente questo processo di avvicinamento, eliminando quella distinzione di procedura che separava, sotto il profilo della tutela giudiziaria, le due specie di disposizione. A una completa assimilazione

[29] Ulteriori differenze si possono cogliere sul piano della tutela processuale (come visto, una *cognitio extra ordinem* per il fedecommissario, un'*actio ex testamento*, propria del processo formulare, per il legatario) e a proposito del documento in cui le due disposizioni potevano trovar spazio (quale un codicillo anche non confermato, ossia non approvato da una posteriore previsione testamentaria, nel solo caso dei fedecommessi).

si giunse in epoca tardoimperiale. L'imperatore Costanzo, con una costituzione che abbiamo già a suo tempo ricordata (si veda *supra*, § 4.3*a*), stabilí che i legati, al pari dei fedecommessi, potessero essere disposti con qualsiasi espressione verbale. Giustiniano, infine, operò la loro completa fusione. Solo il fedecommesso d'eredità mantenne un suo particolare regime: l'imperatore soppresse la complicata regolamentazione del senatoconsulto Pegasiano e ristabilí in linea di massima le disposizioni del Trebelliano, conservando peraltro del Pegasiano il diritto dell'erede di ritenere la quarta e la possibilità di costringerlo ad accettare l'eredità.

### 4.4. Il «testamentum militis».

Abbiamo fin qui esaminato la forma e il contenuto dei testamenti ordinari. Alquanto diverse erano le norme che regolavano il testamento militare (*testamentum militis*). Sappiamo che prima Giulio Cesare, poi gli imperatori flavi accordarono piú volte in via straordinaria ai soldati il diritto di far testamento come loro piacesse, senza alcun vincolo di forma. Piú tardi, Nerva riconobbe tale privilegio a tutti i *milites*, e Traiano ne seguí l'esempio[30]. Da allora divenne consueto inserire nelle istruzioni che si davano ai governatori provinciali (*mandata*) la disposizione che i soldati fossero lasciati liberi di testare «come volessero e come potessero», non richiedendosi altro che essi manifestassero in modo serio e inequivoco il loro volere in ordine alla successione nei loro beni in caso di morte.

In forza di tali disposizioni, i soldati ebbero facoltà di far testamento anche senza la partecipazione del numero prescritto di testimoni e prescindendo dalla solennità della *mancipatio familiae* e della *nuncupatio*: essi potevano dichiarare le loro ultime volontà oralmente o per iscritto, in latino o in qualunque altra lingua[31], purché risultasse che avevano inteso testare e che avevano effettivamente disposto delle loro sostanze.

[30] Cfr. *D.* 29.1.1.pr.

[31] Qualche imperatore riconobbe perfino la validità di disposizioni scritte dal *miles* «sul suo scudo, col rosso del suo sangue, o nella polvere con la spada».

Il privilegio non era riservato ai soli soldati impegnati in operazioni belliche: spettava loro sia in guarnigione sia al campo, a datare dal giorno in cui erano entrati a far parte di un corpo di truppa, e durante tutto il periodo di permanenza in servizio, fino al momento del congedo. Il testamento perdeva la sua validità un anno dopo il congedo, ed era quindi necessario, entro quella data, rinnovarlo nelle forme ordinarie.

Non può esservi dubbio che questo speciale regime fosse stato introdotto, da un lato, in considerazione della difficoltà di osservare, sotto le armi, tutte le formalità previste per il testamento ordinario; dall'altro, allo scopo di consentire a soldati di culture diverse, che non avevano alcuna pratica della successione testamentaria romana, di disporre validamente dei propri beni per il tempo dopo la morte. Tuttavia, è anche evidente che esso era del tutto consono alla politica del principato, contribuendo, al pari degli altri privilegi riconosciuti ai *milites*, a fare dei soldati una categoria distinta dalla società cittadina.

Ciò spiega perché il testamento militare non solo fosse dispensato da ogni forma, ma potesse disporsi con amplissima libertà anche in ordine al contenuto. Alcuni dei principî fondamentali della successione romana, come quello dell'incompatibilità fra delazione testamentaria e *ab intestato*, o quello che imponeva di istituire l'erede secondo precise formalità, non trovavano in esso applicazione. Il soldato poteva inoltre istituire eredi *ex re certa*, o sotto condizione risolutiva o a termine (*supra*, § 4.3*a*); non era tenuto a istituire o a diseredare i propri figli; poteva nominare un sostituto al figlio impubere senza nominare un erede a se stesso; poteva, in particolare, istituire eredi anche dei *peregrini* (il che consentiva al *miles* che avesse acquistato la cittadinanza romana poco prima del reclutamento di lasciare i propri beni a parenti o amici del paese d'origine).

Nel diritto giustinianeo, il testamento militare cessò di essere un privilegio riconosciuto ai soldati in quanto tali. Giustiniano consentí di far testamento senza vincoli di forma solo ai soldati in zona di guerra, in considerazione della difficile situazione in cui si trovavano: tutti gli altri furono tenuti all'osservanza del diritto comune.

## 5. *Limiti alla libertà di testare. Inofficiosità del testamento.*

### 5.1. L'antico regime.

Come sappiamo, il *ius antiquum* non riconosceva ai parenti prossimi del testatore alcun diritto di ricevere in eredità una parte dei suoi beni. I *sui* avevano solo il diritto di essere menzionati nel testamento, ove potevano essere istituiti eredi o diseredati[32]; gli altri parenti non godevano neppure di tale prerogativa formale (*supra*, § 4.3*a*). Tuttavia, già in età repubblicana la coscienza sociale era decisamente contraria a questo regime, considerando iniquo che il testatore, senza alcun valido motivo, potesse privare il figlio dell'eredità oppure omettere di lasciare una parte, sia pur minima, del suo patrimonio ai prossimi congiunti. Iniziò cosí a farsi strada l'idea che un testamento contenente un'ingiusta diseredazione o un'ingiusta omissione di uno stretto parente dovesse considerarsi *inofficiosum*, cioè non conforme al dovere di affetto (*officium pietatis*) che occorre avere nei riguardi dei familiari. Nelle cause di petizione di eredità discusse davanti al tribunale dei *centumviri*[33] gli oratori si avvalsero piú volte di tale argomento a difesa dei loro assistiti, sviluppandolo nel senso che il disponente che non avesse adempiuto all'*officium pietatis* mostrava di non essere in condizioni di perfetto equilibrio mentale (le fonti parlano di *color insaniae*), e quindi il suo testamento non poteva avere alcun effetto. I *centumviri*, pur nella consapevolezza che si trattava di un mero artificio difensivo, accolsero di buon grado l'assunto dei retori, e dichiararono spesso nullo per insania del testatore il testamento con cui egli aveva ingiustamente privato dei beni il figlio o il parente prossimo.

### 5.2. La «querela inofficiosi testamenti».

Sulla scia delle decisioni centumvirali vide la luce, nell'ultimo secolo della repubblica, una particolare azione, det-

[32] Diritto poi esteso ai liberi a opera del pretore.

[33] Cui era attribuita una speciale competenza in materia di controversie ereditarie: cap. II, §§ 2.4 e 3.1.

ta *querela inofficiosi testamenti*, volta a ottenere la rescissione del testamento inofficioso e la conseguente apertura della successione *ab intestato*. Tribunale competente continuò a essere quello dei *centumviri*; ma nel corso del principato, probabilmente a partire dall'età di Vespasiano, venne sviluppandosi la competenza concorrente di organi giudicanti *extra ordinem* (in Italia, forse, il collegio dei *septemviri*; nelle province i governatori).

La *querela* si dirigeva contro l'erede istituito che avesse adito l'eredità, e doveva essere esperita, sotto pena di decadenza, nel termine di cinque anni dall'adizione. Legittimati a esercitarla erano (in ordine successivo) i figli, i genitori, i fratelli e le sorelle del testatore, i quali, senza una giusta causa, non avessero ricevuto da quest'ultimo almeno un quarto della quota che sarebbe loro spettata *ab intestato* (*portio debita*). Tale quarto poteva essere lasciato con qualunque disposizione di ultima volontà: non solo sotto forma di istituzione di erede, ma anche per legato (*supra*, § 4.3*e*), per fedecommesso (*supra*, § 4.3*f*) o per donazione *mortis causa* (*infra*, § 7).

L'esperimento della *querela* era precluso a chi aveva la possibilità di ricorrere ad altri mezzi d'impugnazione[34], o aveva dato seguito in qualche modo alla volontà del testatore espressa nel testamento (ad esempio, accettando un legato o pagando all'erede istituito un debito che aveva verso il defunto). L'azione non si trasmetteva agli eredi se non quando l'avente diritto l'avesse già intentata, o almeno ne avesse già preparato l'esercizio.

Il tribunale investito del giudizio valutava caso per caso, con ampia libertà di apprezzamento, se il testatore aveva effettivamente privato senza giusto motivo il querelante della *portio debita*, o se invece era stato il querelante, con il suo comportamento, a rendersi indegno di averla. Ove la mancata attribuzione della *portio* non apparisse giustificata, il tribunale accoglieva la richiesta del querelante. La sentenza dichiarava il testamento *inofficiosum*, con l'effetto di togliere a esso ogni valore, e conseguentemente si apriva la successione *ab intestato*.

[34] Cosí, ad esempio, il figlio preterito dal padre non poteva agire d'inofficioso, avendo la possibilità d'invocare la *bonorum possessio contra tabulas*.

Tale procedura portava tuttavia a un risultato pratico contrario al buon senso, perché mentre il congiunto che aveva ricevuto dal testatore il quarto doveva accontentarsi del lascito, quello che aveva ricevuto di meno veniva a ottenere, grazie all'esperimento vittorioso della *querela*, l'intera porzione *ab intestato*. Giustiniano modificò questo stato di cose, prescrivendo che chi fosse stato istituito in una quota inferiore alla *portio debita* (ora detta *portio legitima*) non potesse chiedere la rescissione del testamento ma solo l'integrazione della quota, per mezzo di un'apposita *actio ad implendam legitimam*. Piú tardi, con una novella dell'anno 542 (*Nov*. CXV), l'imperatore regolamentò *ex novo* tutta la materia, statuendo che i figli e i genitori del testatore dovessero in ogni caso ricevere mediante *heredis institutio* una porzione del patrimonio ereditario corrispondente alla quota legittima (che fu elevata nel suo ammontare), e non potessero essere diseredati se non per certi gravi motivi tassativamente stabiliti dalla stessa novella. Chi non fosse stato contemplato nel testamento poteva impugnarlo come inofficioso con la *querela*; chi invece aveva avuto una quota inferiore alla dovuta, poteva chiederne l'integrazione con l'*actio ad implendam legitimam*.

## 6. *Acquisto dell'eredità e difesa dell'erede.*

### 6.1. «Aditio» e acquisto «ipso iure».

Dal momento in cui l'*hereditas* era *delata* (§ 1) i chiamati avevano la possibilità di acquistarla. Tale acquisto tuttavia non si verificava sempre in base agli stessi presupposti. Si distingueva, al riguardo, fra «eredi necessari» (*heredes necessarii*) ed «eredi volontari» (*heredes voluntarii*).

Gli «eredi necessari» acquistavano l'eredità automaticamente (*ipso iure*), per effetto della delazione, senza bisogno di accettazione né possibilità di rinuncia. A tale categoria appartenevano i *sui*, cioè i familiari dell'ereditando che erano sotto la sua potestà al momento della morte[35],

[35] Anzitutto i figli, maschi e femmine, e la vedova sottoposta alla *manus*.

nonché gli schiavi manomessi nel testamento dal padrone e contemporaneamente istituiti eredi. I primi erano detti *heredes sui et necessarii*, i secondi semplicemente *heredes necessarii*.

Gli «eredi volontari» erano quelli che non rientravano nella categoria precedente. Essi acquistavano l'eredità solo mediante un atto di accettazione, ed erano quindi liberi di accettare o di rinunciare. Venivano detti anche «eredi estranei» (*heredes extranei*), in quanto non erano soggetti alla potestà del defunto.

La situazione degli eredi necessari (sia *sui*, sia schiavi), i quali non potevano in alcun modo rifiutarsi di acquistare l'eredità, era particolarmente gravosa. Essi infatti, in conseguenza dell'acquisto, dovevano rispondere per i debiti contratti dal defunto anche oltre i limiti del patrimonio ereditario, cioè col proprio patrimonio. Cosicché, se il defunto lasciava un'eredità passiva, i creditori potevano rivolgersi contro di loro e venderne i beni, con le conseguenze infamanti che ne derivavano. Per porre riparo a tale inconveniente, il pretore introdusse a favore dei *sui* un particolare rimedio: il *beneficium abstinendi*. Grazie a esso, il *suus* che non si fosse «immischiato» (*se immiscere*) nell'eredità, che cioè non avesse compiuto alcun atto che rivelasse la volontà di acquistarla, era considerato erede solo nominalmente, e non rispondeva con il proprio patrimonio dei debiti ereditari.

La facoltà di astenersi non era concessa agli schiavi manomessi nel testamento. Solitamente essi venivano istituiti eredi da padroni oberati di debiti, per far sí che l'infamia conseguente all'esecuzione patrimoniale colpisse loro anziché essi stessi[36]. L'esercizio del *ius abstinendi* da parte degli schiavi manomessi sarebbe stato pertanto in contrasto con le finalità per cui si soleva fare un'istituzione del genere. Il pretore accordò tuttavia a tali eredi il *beneficium separationis*, cioè il diritto di separare dal patrimonio ereditario i beni che essi avevano acquistato dal momento in

[36] Si riteneva del resto, con una buona dose di ipocrisia, che tale svantaggiosa situazione patrimoniale fosse piú che compensata dall'enorme dono – la libertà – che lo schiavo aveva ottenuto col medesimo testamento.

cui erano pervenuti alla libertà: ciò faceva sí che, pur restando gli istituiti sempre liberi ed eredi, l'esecuzione patrimoniale da parte dei creditori gravasse solo sui beni dell'ereditando.

A differenza degli eredi necessari, gli eredi volontari – come si è detto – non potevano acquistare l'eredità che tramite un atto di accettazione. Tale accettazione, che prendeva il nome tecnico di «adizione» (*aditio*), poteva aver luogo o formalmente, attraverso la pronuncia di parole determinate (*cretio*), o informalmente, manifestando in qualsiasi modo la propria volontà di acquistare (*pro herede gestio*).

La *cretio* era una dichiarazione solenne, che esprimeva, con parole rituali, la volontà di accettare l'eredità. La sua formula era: «Avendomi Publio Mevio istituito erede nel suo testamento, adisco e cerno quell'eredità» («cernere» significava, a quanto riferisce Gaio, «decidere e stabilire»: donde la denominazione di *cretio*). Sembra che fosse usuale (anche se non obbligatoria) la presenza di testimoni.

Solitamente la *cretio* era effettuata quando il disponente l'aveva espressamente imposta all'erede, per far sí che l'eredità venisse acquistata entro breve tempo. Di regola, il termine assegnato era di cento giorni. Se il testatore comminava all'istituito la diseredazione per il caso in cui non avesse ottemperato, si parlava di *cretio perfecta*; quando invece la diseredazione non era espressamente prevista, la *cretio* era detta *imperfecta*. La *cretio perfecta* faceva sí che, mancando l'atto solenne di accettazione, l'eredità fosse deferita al sostituto, se il defunto aveva disposto una sostituzione (§ 4.3*b*); nel caso di *cretio imperfecta*, invece, se l'istituito, pur non avendo fatto la *cretio*, aveva posto in essere atti di gestione ereditaria, tanto lui quanto il sostituto diventavano eredi a metà[37].

Salvo il caso che la *cretio* fosse stata imposta dal testatore, essa era lasciata alla libera determinazione dell'erede, sia testamentario sia *ab intestato*. Questi poteva accettare l'eredità con tale atto solenne, ma poteva anche accettarla tacitamente, per *pro herede gestio*, cioè mediante il compi-

[37] Ma in seguito Marco Aurelio modificò questo regime, stabilendo che l'istituito fosse erede per l'intero.

mento di atti di gestione del patrimonio del defunto, che rivelassero inequivocabilmente la sua volontà di essere erede (ad esempio, pagando un debito ereditario o esigendo un credito). In prosieguo di tempo, peraltro, si ammise che all'uopo bastasse anche una pura e semplice dichiarazione di voler essere erede (*aditio nuda voluntate*).

Se il testatore non aveva fissato un termine per l'accettazione, il chiamato era libero di adire l'eredità fino alla propria morte. Tuttavia il pretore, su richiesta dei creditori ereditari, poteva invitarlo a decidere entro un certo tempo, solitamente entro cento giorni (il cosiddetto *spatium deliberandi*), decorso il quale, se non aveva accettato, era considerato rinunciante.

A differenza dell'*hereditas*, la *bonorum possessio* non si acquistava mediante un atto di accettazione, formale o non formale, del chiamato. Era necessaria un'istanza dell'interessato al pretore (*petitio* o *adgnitio bonorum possessionis*), il quale, solitamente in base a un accertamento sommario (§ 2), accordava, se ne ricorrevano i presupposti, il possesso dei beni (*datio bonorum possessionis*).

### 6.2. Azioni a difesa dell'erede.

Con l'acquisto dell'eredità, l'erede diveniva titolare di tutti i diritti (trasmissibili) del defunto[38], ed era quindi legittimato a esercitare le azioni reali e personali che competevano a questo, a tutela dei singoli diritti nei quali era subentrato. Se però non si trattava di difendere i singoli diritti già spettanti al defunto e che erano in lui trapassati con la successione ereditaria, bensí la sua stessa posizione di erede e i diritti che gli competevano in tale qualità nei confronti di chi, possedendo le cose ereditarie, li contesta-

[38] Pertanto egli non subentrava in certe situazioni di *status* personale proprie del *de cuius* (ad esempio non diveniva, ovviamente, marito della vedova di lui), ma neppure ne acquisiva la legittimazione attiva o la legittimazione passiva in quelle azioni (come l'*actio iniuriarum* sul primo versante e tutte le azioni penali sul secondo) che potevano essere esperite solo da o contro il diretto interessato (vittima o autore del *delictum*): sempre che, come rilevato (cap. II, § 3.8) la morte del legittimato attivo o passivo non fosse intervenuta dopo la *litis contestatio*.

va, egli poteva esperire, anziché le azioni speciali ordinarie fondate sulla sua qualità di proprietario o di creditore, un'azione generale relativa all'intera eredità, detta *petitio hereditatis*.

Tale «petizione di eredità» era un'azione reale[39] assai simile alla *rei vindicatio*. Essa competeva all'erede civile (il quale doveva fornire la prova del suo diritto) contro chiunque possedesse l'eredità, o anche singole cose ereditarie, affermando di essere lui l'erede (*possessor pro herede*) o non dando giustificazione alcuna del suo possesso (*possessor pro possessore*). Un senatoconsulto emanato nel 129 d.C., durante il consolato del giurista Publio Giuvenzio Celso (*senatus consultum Iuventianum*), in riferimento alla rivendicazione dei *caduca* da parte del fisco (§ 4.1), ma ben presto esteso all'*hereditatis petitio* privata, rese l'azione esperibile anche contro colui che si fosse dolosamente spogliato del possesso per sottrarsi alla lite (*possessor qui dolo desiit possidere*). Successivamente, l'azione fu altresí ammessa contro chi dolosamente avesse accettato il processo pur non essendo possessore (*qui liti se obtulit*), allo scopo di distogliere l'attore dal vero legittimato.

Il *bonorum possessor* era inizialmente difeso per mezzo di un interdetto, l'*interdictum quorum bonorum*, che ordinava ai possessori *pro herede* o *pro possessore* delle cose ereditarie di restituirle. Tuttavia, intorno alla prima metà del I secolo d.C. il pretore estese, come pare, anche a lui l'azione di petizione ereditaria che spettava all'erede civile (*hereditatis petitio possessoria*).

## 7. *La donazione.*

Fino alla tarda età imperiale, la donazione (*donatio*) non fu concepita come un atto tipico, con speciali caratteristiche ed efficacia, ma come una semplice causa che giustificava un atto di attribuzione patrimoniale (*causa donandi*). Essa non aveva una propria forma, né una propria struttura. Ciò che rilevava era l'intento del disponente (donante)

[39] Sulle *actiones in rem* cfr. cap. II, in particolare § 3.11*a*.

di attribuire senza corrispettivo, per fine di liberalità (*donandi animo*), un'utilità economica a un'altra persona (donatario): tale intento trovava attuazione in forme diverse, le quali variavano a seconda della natura del diritto che si voleva trasmettere. Cosí, ad esempio, per trasferire a titolo di donazione la proprietà di una cosa si doveva far uso della *mancipatio*, della *in iure cessio* o della *traditio*[40]; per assumere *donationis causa* un'obbligazione era necessaria una *stipulatio* (cap. VI, § 3.2); per liberare il donatario da un debito doveva effettuarsi un'*acceptilatio* (cap. VI, § 3.2*c*) o un *pactum de non petendo* (cap. VI, § 2.7*j*-*k*).

La *lex Cincia de donis et muneribus*, un plebiscito fatto votare dal tribuno Marco Cincio Alimento nel 204 a.C., segna la tappa iniziale del travaglio interpretativo che condusse la giurisprudenza a elaborare un concetto tecnico di donazione. La legge conteneva (almeno) due disposizioni: una che proibiva le donazioni agli avvocati per la difesa in giudizio (*ob causam orandam*); l'altra che vietava in generale le donazioni eccedenti una certa misura (a noi non nota), salvo che fossero fatte a determinate persone, tra le quali rientravano soprattutto i congiunti (cognati fino al quinto grado, affini in primo grado, coniugi ecc.). Scopo della disposizione era verosimilmente quello di reprimere il malcostume delle donazioni estorte in base a un rapporto personale di diseguaglianza sociale: malcostume di cui le elargizioni, spesso coartate, dei litiganti ai loro avvocati costituivano un esempio caratteristico.

La *lex Cincia* era una *lex imperfecta*, in quanto proibiva le donazioni eccedenti il limite da essa stabilito ma non dichiarava la nullità delle stesse né stabiliva alcuna sanzione per il caso di violazione del divieto. A tale deficienza pose – almeno in parte – rimedio il pretore, concedendo al donante, qualora la donazione non avesse ancora avuto piena attuazione (non fosse cioè una *donatio perfecta*), un'eccezione con cui poteva respingere il donatario che ne chiedesse l'esecuzione (*exceptio legis Cinciae*). Cosí, ad esempio, se la donazione era stata realizzata mediante *stipulatio*, il

[40] A seconda ovviamente della natura, *mancipi* o *nec mancipi*, del bene che si intendeva donare: cap. V, §§ 2.10-12.

donante che non aveva ancora eseguito la prestazione promessa poteva opporre l'*exceptio* al donatario che lo convenisse per l'adempimento.

La giurisprudenza piú tarda, non intendendo piú quello che era il fondamento politico-sociale della legge, tese in vari modi a limitarne la portata: in particolare, elaborò il principio che qualora il donante fosse morto senza essersi avvalso dell'*exceptio*, manifestando cosí il proposito di perseverare nella sua volontà liberale, la donazione dovesse considerarsi *perfecta*, e quindi gli eredi non potessero opporre al donatario l'eccezione (*morte Cincia removetur*).

La *lex Cincia* annoverava anche i coniugi tra le persone alle quali il divieto non si applicava. Tuttavia già prima della fine della repubblica era venuta affermandosi una regola di origine consuetudinaria che, in contrasto con il dettato legislativo, sanciva la nullità *ipso iure* delle donazioni tra marito e moglie (*inter virum et uxorem*). Il fondamento della regola è oscuro e gli stessi giuristi nelle loro opere ne dànno giustificazioni alquanto speciose[41]. Certo è che il divieto delle donazioni tra coniugi non fu visto con favore dalla giurisprudenza, la quale ne mitigò il rigore per via di interpretazione, soprattutto escludendo dalla sua applicazione quelle donazioni che non importavano un arricchimento del coniuge donatario o un impoverimento del donante (come i regali d'uso o la donazione di luoghi destinati a sepoltura). Nello stesso senso si mosse la cancelleria imperiale: una disposizione di Settimio Severo e Caracalla del 206 d.C.[42] giunse a convalidare le donazioni fatte in costanza di matrimonio, qualora il donante non le avesse revocate fino alla morte.

I giuristi dedicarono particolare attenzione anche alla *donatio mortis causa*. Era, questa, l'attribuzione di una cosa da parte del donante nel timore di essere in imminente pericolo di vita o anche solo di dover morire prima del donatario, con l'intesa che gli fosse restituita qualora egli fos-

[41] Ulpiano, ad esempio, riteneva che essa fosse volta a evitare che l'affetto coniugale potesse spingere gli sposi a sconsiderate elargizioni reciproche: cfr. *D.* 24.1.1.

[42] Cfr. soprattutto *D.* 24.1.32.

se sfuggito al pericolo o comunque sopravvissuto al donatario. In siffatta attribuzione la giurisprudenza ravvisò un trasferimento immediato di proprietà a favore del donatario e la restituzione della cosa fu assicurata con una *condictio*. Con il passare del tempo la *donatio mortis causa* fu sempre piú assimilata ai legati e le furono estese le limitazioni imposte a questi ultimi. Tale assimilazione divenne praticamente integrale all'epoca di Giustiniano.

Nella tarda età imperiale, la *lex Cincia* cadde in desuetudine. Una costituzione di Costantino del 316 d.C. assoggettò, a fini di pubblicità, la donazione a rigorosi requisiti formali, consistenti nella redazione di un documento scritto, nella consegna della cosa alla presenza dei vicini e nella trascrizione dell'atto nei pubblici registri (*insinuatio*)[43]. Di conseguenza, la donazione non fu piú considerata causa di negozi giuridici, bensí negozio autonomo, traslativo di proprietà. In seguito Giustiniano stabilí che l'*insinuatio*, tranne speciali ipotesi, fosse necessaria solo per le donazioni che superavano i cinquecento solidi, sotto pena di nullità della parte eccedente tale somma.

[43] Cfr. *Vaticana Fragmenta* 249, *Cod. Theod.* 8.12.1 e *C.* 8.53.25.

Capitolo quinto

# I modelli dell'appartenenza

## 1. *Le cose.*

### 1.1. Le «res» e la loro appartenenza («res privatae», «res nullius», «res communes omnium», «res publicae»).

Le risorse del mondo in cui viviamo, che potremmo chiamare, in via di prima approssimazione, «cose», non sono sufficienti a soddisfare in egual misura i bisogni di tutti; sorge cosí la necessità di regolarne l'appartenenza. In questa esigenza si intrecciano il piano della natura e quello della storia: a cominciare dall'alternativa per cui le risorse possono essere riservate (in tutto o in parte) alla collettività oppure ai singoli. Data l'importanza di tale decisione, che implica una presa di posizione politica, si può comprendere come già presso i giuristi romani sia invalso l'uso, penetrato fin nei codici attualmente in vigore (cfr. artt. 810 sgg. c.c.), di anteporre alle regole disciplinanti i rapporti di potere tra gli uomini, la trattazione delle cose; in effetti, il potere di un uomo nei confronti di un altro uomo, quando non si eserciti direttamente su quest'ultimo[1], consiste, di massima, nella pretesa ad avere per sé una fra le molte cose che ciascuno viene a trovare nel mondo esterno, escludendo tutti gli altri componenti della società.

Può essere utile, a questo punto, leggere l'esordio della «parte sulle cose» di cui al II libro delle *Istituzioni* di Giustiniano (2.1.pr.):

> Nel libro precedente abbiamo esposto il diritto delle persone: ora trattiamo delle cose. Queste, o sono nel nostro patrimonio, o

[1] Ridotto, nel caso, esso stesso a cosa, come nel rapporto di schiavitú ben noto ai Romani.

sono fuori del nostro patrimonio. Cosí alcune sono comuni a tutti per diritto naturale, altre pubbliche, altre di una collettività, altre di nessuno, la maggior parte dei singoli, che le acquistano per effetto di svariate cause, come si evidenzierà in seguito.

Idee analoghe si rintracciano già nel manuale di Gaio (*Istituzioni* 2.1 sgg.).

Le cose (*res*) vengono anzitutto classificate (*rerum divisio*) secondo a chi esse appartengano. Può anche accadere, avverte Giustiniano, che una cosa non appartenga a nessuno (*res nullius*). Cosí è per le cose abbandonate (*res derelictae*) da colui al quale appartenevano prima che un altro se ne appropriasse; o per gli animali selvatici (*ferae bestiae*) prima della cattura. Cosí è, ancora, per le cose che il pensiero giuridico romano colloca in una sfera inaccessibile alle capacità di appropriazione dell'uomo, cioè le «cose di diritto divino» (*res divini iuris*), destinate al culto (come i templi) o a onorare i morti (come i sepolcri). Ma estranee al novero delle «cose di diritto umano» (*res humani iuris*) erano considerate, forse per la loro funzione di confine, anche le porte e le mura delle città. Ora, le *res divini iuris*, in quanto escluse dall'ambito del dominio umano, restavano altresí al di fuori del patrimonio (*extra patrimonium*) di chicchessia, e non commerciabili (*extra commercium*).

Può anche accadere, informa ancora Giustiniano (*Istituzioni* 2.1-3), che certe cose appartengano a tutti (*res communes omnium*): cosí è per l'aria, l'acqua corrente, il mare e, per attrazione, anche il lido (il cui confine si considera segnato dal massimo flutto invernale). Esse non possono appartenere a un soggetto singolo, e a tutti deve esserne assicurata la fruizione; pertanto, anche le *res communes omnium* non possono rientrare in alcun patrimonio, né sono commerciabili. La comune appartenenza era effettiva e fornita di tutela processuale: qualunque cittadino avrebbe potuto ottenere la condanna pecuniaria di chi gli avesse impedito, ad esempio, di pescare liberamente nel mare o di accedere al lido.

Senz'altro prevalenti, osserva infine Giustiniano (*Istituzioni* 2.11), sono quelle cose di cui è possibile, per natura e per diritto, l'appropriazione in via esclusiva da parte dei singoli (*res privatae*). Ciò era conforme a un paradigma sociale consolidato sin dall'età arcaica. Tuttavia, il modello alternativo dell'appartenenza pubblica non fu del tutto assente nell'esperienza giuridica romana; si ritenne infatti che le strade di grande scorrimento, i porti, i fiumi perenni, i circhi ecc. dovessero essere pubblici (*res publicae*) e, in quanto tali, appartenere alla comunità organizzata[2]. *Res publicae* di tal genere, indispensabili per l'esercizio delle funzioni dell'amministrazione pubblica o destinate all'uso di tutti i cittadini (e appunto dette *res in usu populi*), dovevano necessariamente restare *extra commercium*. Ma la comunità organizzata poteva avere nel proprio patrimonio, oltre alle *res publicae* con i caratteri ora indicati, anche ulteriori *res* – come gli schiavi pubblici o taluni edifici pubblici – che le fonti qualificano *in pecunia populi*[3], liberamente alienabili, e dunque in commercio.

### 1.2. «Res corporales» e «res incorporales».

Nelle *Istituzioni* di Giustiniano (2.2) è successivamente prospettata un'altra divisione delle *res*, già presente nelle *Istituzioni* gaiane (2.12-14) e al pensiero dei giuristi: le cose sono corporali (*corporales*) o incorporali (*incorporales*). Le prime «per loro natura si possono toccare» (come un fondo, un uomo, un vestito, l'oro o l'argento), le seconde «non si possono toccare» (come l'eredità, l'usufrutto e le obbligazioni, che «consistono in un diritto»). Ai fini di questa *divisio*, viene spiegato, non ha rilevanza che la *res incorporalis* abbia a oggetto una *res corporalis*: l'obbligazione resta incorporale anche qualora il diritto del creditore consista nella pretesa ad avere un appezzamento di terreno dal debitore.

La distinzione aveva rilievo, ad esempio, in tema di possesso (§ 2), che non era ammesso per le cose incorporali in quanto non suscettibili di apprensione fisica; essa fondava, ancora, la struttura della *traditio* con la quale si poteva trasferire la proprietà di certe cose corporali mediante la consegna, cioè il passaggio dalle mani del cedente alle mani del

[2] Ossia il *populus Romanus* o gli abitanti di una comunità minore, quale un municipio.

[3] Corrispondenti al nostro patrimonio disponibile: cfr. art. 826 c.c.

cessionario; e fu ritenuta necessaria da Gaio anche ai fini dell'organizzazione sistematica del diritto privato. In conseguenza di tale distinzione, il termine *res* finiva con l'avere un'amplissima latitudine di significato, per cui una trattazione delle cose cosí intese avrebbe esaurito l'intero diritto patrimoniale e, dunque, l'esposizione delle regole concernenti tutto il patrimonio (in effetti composto di cose materiali, ma anche di diritti e di obblighi aventi pur essi un valore economico) di un soggetto. Su tale idea si basa appunto la parte sulle cose delle *Istituzioni* gaiane e giustinianee, che occupa i libri secondo e terzo di questi manuali.

### 1.3. «Res mancipi» e «nec mancipi»; «mobiles» e «immobiles».

Fondamentale nell'organizzazione economico-sociale della Roma dei primi secoli, e ancora valida nel diritto nell'età del principato, è la divisione delle *res* a seconda che siano o no *mancipi*, cioè idonee a costituire oggetto di *mancipatio*, atto mediante il quale, fin dai tempi piú antichi, potevano essere trasferite nell'altrui dominio (§ 2.5). Sono *res mancipi*, secondo l'elencazione delle *Istituzioni* gaiane (2.14a), i fondi e gli edifici situati sul suolo italico, gli schiavi e gli animali che si domano per il collo o per il dorso, come i buoi, i cavalli, i muli, gli asini; e anche le piú antiche servitú rustiche, di passaggio (a piedi, a cavallo, con veicoli) o di conduzione dell'acqua sull'altrui fondo. *Nec mancipi* restano tutte le altre *res* diverse dalle *mancipi*. Questa *divisio* perde progressivamente rilievo con il passare dei secoli e il complicarsi della vita economica. A evitare distinzioni inutili, Giustiniano nemmeno vi fa cenno nelle sue *Istituzioni*; da tempo era, d'altronde, scomparsa la stessa *mancipatio*.

La divisione delle cose in mobili (*mobiles*) e immobili (*immobiles*) non ebbe, almeno nel diritto dei primi secoli, analogo rilievo, anche se essa appare già nelle XII Tavole, ove le *res immobiles*, identificate nei fondi, sono suscettibili di essere usucapite (§ 2.14) conservandone il possesso per un biennio, mentre per tutte le altre cose era sufficiente il possesso annuale. Per interpretazione si ammise poi che il possesso biennale dovesse valere anche in ordine agli edifici esistenti sui *fundi*; e si vedrà che, ai fini della difesa del possesso, si consideravano immobili appunto i fondi e gli edifici. Il maggior valore che, nei fatti, era tendenzialmente riconosciuto agli immobili non si tradusse, almeno per tutta l'età del principato, nell'imposizione di particolari forme ai fini del trasferimento della loro proprietà: gli *immobiles* si trasferivano con il rito della *mancipatio* (o della *in iure cessio*) in quanto *res mancipi*, e nei limiti in cui lo fossero[4]. In età tardoantica si afferma, con riscontro anche nella legislazione imperiale, l'uso del documento scritto e del suo deposito presso un ufficio pubblico per gli atti di maggior valore economico, tra i quali erano generalmente comprese le vendite immobiliari.

### 1.4. Ulteriori divisioni.

Il pensiero giuridico romano ha elaborato ulteriori, e piú specifiche, distinzioni delle cose, funzionali alla costruzione di dati rapporti interpersonali. Se ne farà ora brevemente cenno, con l'avvertenza che si tratta di distinzioni da non assumere come il risultato di un'osservazione scientifica delle *res* o dell'analisi della loro composizione chimica; piuttosto, esse sembrano espressione del senso comune antico e delle sue valutazioni, suscettibili di modifica a seconda del contesto socio-economico.

*a*) *Cose divisibili e indivisibili*. Le prime possono essere fisicamente divise in singole porzioni che conservano, ridotta, la funzione socio-economica della cosa intera: ad esempio, un animale macellato, un appezzamento di terreno, una somma di denaro. Indivisibili sono le cose che, se divise, perirebbero o si rovinerebbero («non possono essere divise senza la loro perdita»): un animale vivo, un tessuto preziosamente ricamato ecc. La distinzione rileva quando si tratti di dividere una cosa che appartenga a piú soggetti (*res communis*).

[4] Cioè il terreno doveva essere ubicato in Italia o, se allocato fuori dell'Italia, essere espressamente assimilato al fondo italico.

*b*) *Cose consumabili e inconsumabili.* Vi sono cose che, secondo la comune valutazione, sono inconsumabili; esse sono in grado di offrire ripetutamente, talora indefinitamente, l'utilità che le caratterizza. Si pensi a un'opera artistica (un quadro o una scultura), o a un fondo, ma anche a un veicolo di trasporto o a un vestito, seppure l'uso ripetuto o intenso non sia per essi senza conseguenze (pur logorabili, tali beni rimangono però incosumabili). Consumabili sono, invece, quelle *res* di cui è consentito fruire una volta soltanto; godendone, se ne provoca la distruzione (come nel caso delle derrate alimentari) o la perdita per chi ne dispone (come nel caso del denaro speso). La nozione di cose consumabili ha costituito una premessa essenziale nella costruzione del regime dell'usufrutto (§ 4.1) e del comodato (cap. VI, § 3.4).

*c*) *Cose fungibili e infungibili.* Talune cose sono dette infungibili, altre fungibili. Le prime vengono considerate ciascuna nella sua individualità fisica (il fondo Corneliano, lo schiavo Stico). Le seconde si caratterizzano per l'appartenenza a un genere, piú o meno ampio, nell'ambito del quale si considerano in base «al numero, al peso o alla misura». Come singole *res* (una libbra d'olio di una certa qualità, un denario d'argento) esse restano cosí sostituibili le une con le altre. Ma una stessa *res* potrebbe essere infungibile o fungibile a seconda dell'intenzione dei soggetti di un rapporto: se mi accordo con te e prometto che ti darò Stico, questo sarà infungibile; ma se nell'accordo prometto di darti uno dei miei cento schiavi, Stico resterà fungibile con ciascuno degli altri.

*d*) *Cose semplici, composte e complesse.* Alcune cose costituiscono all'evidenza – per loro natura si direbbe – un corpo unitario («ciò che è contenuto in un unico spirito») e, per questo, oggi le diciamo semplici: uno schiavo, una trave, una pietra. La maggior parte delle cose di cui ci serviamo risultano, però, dall'unione materiale, conseguente all'opera dell'uomo, di piú cose tra loro contigue, aderenti («il che avviene quando vi siano piú cose tra loro congiunte»):

un edificio, una nave, un armadio. In questi casi è corrente, nel nostro linguaggio, parlare di cose composte. Accade inoltre che piú cose semplici o composte, senza essere unite materialmente fra di loro e mantenendo dunque la loro individualità («è ciò che risulta da cose tra loro distanti»)[5], siano soggette a una sorta di vincolo ideale che ne consente un'unica denominazione e, per certi aspetti, una considerazione unitaria: un popolo, una legione, un gregge[6].

È da vedere se le cose composte e quelle complesse siano da considerarsi, per la produzione di certi effetti giuridici, come un tutt'uno. Cosí il giurista Pomponio (II secolo d.C.) rileva che può sorgere questione in tema di usucapione: ad esempio, se si usucapiscano ugualmente quelle tegole o quelle colonne che, quando manchino pochi giorni per la loro usucapione a vantaggio del possessore, vengono incorporate in un edificio posseduto da quel medesimo soggetto il quale sta per usucapirle come cose singole; oppure se, possedendo singoli capi, si possa usucapire il gregge nel suo complesso. Pomponio risponde affermativamente sulla prima questione, negativamente sulla seconda (*D.* 41.3.30.1-2).

*e*) *Parte di cosa e frutti.* I Romani delinearono anche l'idea di parte di cosa, individuandola, innanzi tutto, in quelle porzioni materiali o elementi strutturali della medesima privi, per loro stessa natura, di ogni autonomia (come il braccio rispetto alla statua raffigurante un personaggio). Ma parte di cosa, insegnavano Servio e Alfeno (I secolo a.C.), sono anche il timone, l'albero, le vele di una nave; tali *res* sono «come una specie di membra della nave» in quanto materialmente congiunte a quest'ultima (*D.* 21.2.44). Però, precisava Ulpiano (*D.* 19.1.17), l'unione materiale può anche mancare: si pensi alle cisterne, ai pozzi, ai coperchi dei pozzi, ai rubinetti delle condutture: *res* che possono essere interrate, ma non necessariamente im-

[5] *Corpora ex distantibus*, secondo la terminologia di (Pomp. 30 *ad Sab.*) *D.* 41.3.30.pr.

[6] Oggi questi insiemi sono qualificati come cose complesse o universalità di mobili: cfr. art. 816 c.c.

piantate o infisse, e che sono comunque considerate parti dell'edificio. E altrettante parti della costruzione sono considerate le porte, le chiavi, le serrature; anche per queste *res* resta evidente la mancanza di congiunzione o di congiunzione inseparabile.

Il criterio che dovrebbe guidare l'interprete nell'individuazione della parte di cosa, in particolare laddove non vi sia la connessione fisica, è indicato da Labeone (fine I secolo a.C.), secondo il quale sono parte dell'edificio (*aedificii esse*) «quelle cose che si trovano negli edifici allo scopo di fornire un servizio duraturo» (*quae perpetui usus causa sunt*), a differenza di «quelle che vi siano collocate temporaneamente» (*D.* 19.17.7). La destinazione sembra essere piuttosto l'espressione di un atto di volontà[7].

Il criterio della durevole destinazione di una cosa al servizio di un'altra è alla base della definizione che il nostro codice civile dà di pertinenze (art. 817). Per i giuristi romani si può dire che «le cose che sono dell'edificio o del fondo», anche quelle non incorporate destinate però a fornire «un servizio duraturo», seguono la sorte giuridica dell'edificio o del fondo nel caso, ad esempio, di vendita o legato che abbiano a oggetto la cosa principale.

Parte del fondo (*pars fundi*) sono i frutti ancora pendenti dagli alberi in esso impiantati, con la conseguenza che, vendendo il fondo, si vendono anche i frutti se non si dichiara il contrario, perché è con il distacco dalla pianta che questi acquistano la loro individualità e, con essa, l'idoneità a costituire oggetto di vendita autonoma. Altra cosa sono i cosiddetti frutti civili, consistenti nel corrispettivo che il padrone consegue per aver concesso ad altri il godimento della propria *res*; si pensi al canone locatizio o agli interessi, accomunabili ai frutti naturali solo per il reddito che (entrambi) assicurano al *dominus*.

Peraltro, i Romani esclusero che potessero qualificarsi *partes* le cose che servono alla coltivazione del fondo o alla raccolta e alla conservazione dei frutti (*instrumentum fun-*

[7] Ulpiano porta l'esempio dei pali destinati a sorreggere il vigneto: prima che siano collocati, essi non sono parte del fondo, ma restano parte del fondo se siano stati rimossi con l'intenzione di destinarli nuovamente al medesimo scopo (*qui exempti sunt hac mente*).

*di*); o quelle che servono alla custodia e alla manutenzione della casa (*instrumentum domus*); cosí, l'*instrumentum* non seguiva la sorte giuridica del fondo o della casa.

Si capisce, infine, che piena è l'autonomia delle cose – come le suppellettili o gli arredi – che servono all'utilità prettamente personale del *dominus* (*instrumentum patris familias*).

### 1.5. «Res privatae» e «actiones in rem» (e diritti reali).

Nelle sue *Istituzioni* (2.11) Gaio osserva che «sono private le cose dei singoli uomini». Che la cosa sia di un uomo vuol dire che gli appartiene. Il discorso che segue verterà dunque sui modelli dell'appartenenza delle *res privatae*. Se si abbandona il piano dell'empiria (nel quale si potrebbe anche concludere che l'alloggio dove abita Tizio gli appartenga anche se egli paga una pigione a chi glielo abbia concesso in locazione), sorge la questione di stabilire a quali condizioni ciascuno possa affermare, sul piano tecnico-giuridico, che una *res* sia sua. Ora, è nel momento del conflitto, cioè del processo, che al singolo si impone di affermare (e poi di dimostrare) che una certa *res* sia sua contro chi contesti questa appartenenza e abbia la disponibilità della cosa. Tuttavia, quando affermo che la cosa è mia proclamo una tale appartenenza non solo contro Tizio, ma potenzialmente contro tutti: la cosa è mia in quanto a me riservata a esclusione di ogni altro.

Lo strumento processuale (l'*actio*) con cui si fa valere verso tutti (*erga omnes*) questa appartenenza esclusiva di una cosa è qualificata dai Romani *in rem* (cap. II, § 3.11) e specificamente denominata, nel processo formulare, *rei vindicatio* (perché con essa si rivendica la cosa propria).

Si vedrà che sulla cosa il singolo può rivendicare, almeno a partire dagli ultimi secoli della repubblica, anche posizioni di appartenenza, per cosí dire, minori in confronto all'appartenenza piena spettante al padrone (*dominus*), cioè a colui che può sostenere con fondamento, provare, che la cosa è sua. Tali situazioni di minore appartenenza sono sorte in funzione delle esigenze dell'agricoltura: cosí, ad esempio, se il mio fondo non ha accesso alla via pubblica, dovrò necessariamente passare su quello altrui.

A questo punto si comprende ciò che intende Gaio (*Istituzioni* 4.3), quando definisce «sulla cosa (*in rem*) l'azione con la quale affermiamo che una cosa corporale sia nostra oppure che (su di essa) ci competa un diritto, come quello di usare o di usare e godere, di passare o di condurre l'acqua o di sopraelevare o di affacciarsi». Modernamente si parla in proposito di diritti reali, laddove i Romani – come attesta il passo gaiano ora richiamato – prospettavano i modelli dell'appartenenza dal punto di vista delle azioni che giudiziariamente li tutelavano (cap. II, §§ 1.3 e 3.11). Prototipo dei diritti reali è la proprietà[8], mentre le situazioni che si sono qualificate di minore appartenenza identificano i diritti reali su cosa altrui (*iura in re aliena*), o limitati (§§ 3 e sgg.). Comparativamente, la proprietà si pone come il diritto eminente nel senso che essa può insistere solitaria sulla *res*, mentre gli *iura in re aliena* si innestano su una proprietà preesistente che, anzi, torna a riespandersi spontaneamente nella sua naturale pienezza (cosiddetta elasticità del dominio) sol che il diritto reale limitato venga a estinzione.

## 2. *Proprietà, comunione, possesso.*

### 2.1. Alle origini del «dominium».

Nella giurisprudenza romana non si rinviene alcuna definizione della proprietà. Anche il corrispondente termine latino (*dominium*; il termine *proprietas* è piuttosto tardo) a quel che si sa, non fu adoperato fin dalle origini, ma solo alla fine dello sviluppo storico. Piú antico appare l'uso di altri termini (*potestas*, *manus*, *mancipium*), a indicare, peraltro, il potere spettante, in età arcaica, al *pater* indifferenziatamente sulle persone libere a lui soggette, cosiddette *alieni iuris* (mogli *in manu*, *filii*: cap. III, §§ 4.1 e 2.3c), e sulle cose della famiglia.

[8] A seconda delle circostanze, *dominium* oppure *in bonis esse* o *habere*: § 2.1.

Gaio (*Istituzioni* 4.16) ci riferisce il formulario della piú antica azione di rivendica (la *legis actio sacramento in rem*), con la quale nel processo arcaico il cittadino faceva valere la proprietà a lui spettante su una cosa (cap. II, § 2.2): «dico che la tal cosa è mia (*meum esse aio*) per diritto dei Quiriti». Il rivendicante pronunziava tale solenne affermazione al cospetto del magistrato e dell'avversario[9]. In questa affermazione di appartenenza, da far valere innanzi tutto nei confronti di chi la contestava, sta il nocciolo del *dominium* di *ius civile* (cap. I, § 4.1): il *meum* implica che una certa cosa è a completa disposizione propria, a esclusione di chiunque possa avere un interesse contrario e, dunque, di una pretesa concorrente. Si tratta di un'idea di dominio i cui contorni restano tracciati nettamente nei testi romani. Essa persiste tuttora alla base delle definizioni codicistiche della proprietà, come quella oggi presente nell'articolo 832 del codice civile, ove si statuisce che «il proprietario ha diritto di godere e disporre delle cose in modo pieno ed esclusivo». Dal punto di vista socio-economico si può aggiungere che il fatto di avere la cosa per sé basta a risolvere (almeno egoisticamente) quella condizione di scarsità di risorse cui si è prima accennato; il rapporto, tuttavia, intercorre, anche in questi casi, tra uomini, in quanto l'esclusione dell'altro attraverso il *meum esse aio* (dico che è mio) non può aversi qualora l'eventuale concorrente non sia tenuto ad accettare questa situazione.

Il formulario ora richiamato era applicato non solo per la difesa processuale, ma anche, tramite alcuni adattamenti, per l'acquisto del potere sulle cose (tramite l'atto della *mancipatio*: § 2.5). Il medesimo formulario era inoltre utilizzato per difendere e acquistare quelle potestà spettanti al *pater* sulle persone libere a lui soggette: per rivendicare la *patria potestas* sui *filii* o per acquistare la *manus* sulla moglie (cap. III, § 4.1), egli pronunciava la stessa formula, esprimente appartenenza, che avrebbe potuto adoperare con riguardo alle cose. Ciò ha fatto supporre che, in età arcaica, la proprietà, come potere specifico sulle cose, non

[9] Il quale, per parte sua, affermava altrettanto, e con ciò evidenziava la controversia: cap. II, § 2.2.

esistesse nemmeno, e constasse piuttosto nel *mancipium* del *pater*, cioè in un piú ampio potere da questi esercitato ugualmente su persone e cose della famiglia.

D'altra parte, si è pure supposto che, sempre in età arcaica, il *meum esse aio*, e dunque la solenne affermazione dell'appartenenza con l'esclusione del concorrente, fosse affermabile solo in confronto delle cose mobili. Lo spunto per una tale ricostruzione è offerto dal contesto nel quale quella formula doveva essere pronunciata, quantomeno nella sua applicazione processuale (*legis actio sacramento in rem*, si è detto prima; si veda anche *supra*, cap. II, § 2.2). Come ci informa ancora Gaio, chi rivendicava l'appartenenza toccava con un bastone, in segno di signoria, la cosa controversa, che doveva pertanto essere presente nel luogo del processo. Solo in un tempo successivo sarebbe stato consentito portare in tribunale un simbolo della *res* rivendicata[10].

L'appartenenza al *pater* della casa (*domus*) e del fondo avito (significativamente denominato *heredium*, cioè acquistato ereditariamente e, dunque, trasmesso in morte dal *pater* precedente) sarebbe stata tanto rigidamente funzionalizzata alle esigenze di sopravvivenza della *familia*, che il titolare non avrebbe potuto trasmettere se non ai propri *filii* il potere sugli immobili; in questa visione potrebbe allora cogliersi il significato di quella nota affermazione – comune ancora ai giuristi Sabino, Gaio e Paolo[11] – per cui i figli, vivo il *pater*, dovevano considerarsi, in un certo senso, anch'essi come dei padroni, in quanto destinati a succedergli (necessariamente: cap. IV, § 3.1).

Si è ancora supposto che, alle origini, le esigenze connaturate alla proprietà agraria, quali il passaggio sul fondo del vicino o la conduzione dell'acqua attraverso il medesimo, fossero soddisfatte mediante l'estensione all'interessato dell'appartenenza della relativa striscia di terra: questa sarebbe stata, cosí, soggetta alla contemporanea signoria di due persone. A sostegno di tale ulteriore supposizione starebbe, ancora una volta, l'unicità del formulario disponi-

[10] E dunque, ad esempio, una zolla per l'intero fondo.

[11] Cfr. Gaio, *Istituzioni* 2.157 e *D.* 28.2.11 (un frammento tratto dal commentario che Paolo svolse, appunto, sull'opera di Sabino).

bile per la difesa processuale, il quale esprimerebbe identicamente l'appartenenza anche ai fini della soddisfazione di esigenze diverse da quelle (che diventeranno poi) tipicamente proprietarie. Cosí, due persone avrebbero potuto contemporaneamente proclamare senza contraddizione la rispettiva appartenenza della medesima porzione di suolo, in quanto destinata a servire diversamente ai coappartenenti (*infra*, § 3).

Ammesso che quella ora descritta fosse la condizione primitiva del potere del *pater* su persone e cose della sua *familia*, è da dire che già a partire dal III secolo a.C. inizia il superamento dell'ipotizzata indifferenziazione delle origini, con la conseguente emersione di situazioni di potere distinte a seconda che oggetto ne sia una persona (libera) o una cosa (e cose erano considerati anche gli schiavi). La stessa solenne formula esprimente l'appartenenza (il *meum esse aio*) finisce con l'essere adoperata anche nei confronti degli immobili; se ne ricava che i fondi erano divenuti suscettibili di rivendica (tramite appunto la *legis actio sacramento in rem*) e anche liberamente trasmissibili (almeno) tra vivi.

I profondi mutamenti della vita economica determinati dall'espansione mediterranea pongono in crisi l'idea originaria dell'indistinta signoria del *pater familias*: in particolare il *mancipium*, a cui erano assoggettate persone e cose (*mancipi*) della *familia*, non è piú sufficiente a esprimere l'ambito del potenziale potere del *pater*, il quale ha, ora, di fronte a sé tutta una gamma di *res* nuove (le *res nec mancipi*) che non vi possono rientrare e che, però, possono avere un notevole valore economico. Verso la fine della repubblica emerge cosí il *dominium* come «proprietà» delle cose, di tutte le cose (*mancipi* e *nec mancipi*). In quest'epoca, si vedrà, il pensiero giurisprudenziale crea un nuovo diritto, l'usufrutto, che si colloca in origine oltre la concezione materialistica alla base del *mancipium* e del *dominium*: a differenza delle antiche servitú, *res mancipi* corporali perché identificantisi con una parte del fondo, l'usufrutto implica una facoltà di pieno godimento della *res* che prescinde dalla sua proprietà, segnando cosí l'emergere di un nuovo modo di trarre utilità dalle cose, rispetto al quale il profilo della proprietà risulta indifferente.

### 2.2. Obblighi del proprietario.

Il potere del *pater* sulle cose si specifica per l'emergere di una serie di regole che oggi definiremmo proprietarie[12]; corrispettivamente, altre regole sorgono a conformare il potere del *pater* sulle persone. Ne consegue che il *meum esse aio* ha una valenza diversa a seconda dell'oggetto materiale cui è riferito. Già le XII Tavole ci trasmettono uno statuto del *meum esse* alquanto evoluto, che prova l'impegno, verosimilmente da parte dei pontefici, nell'individuazione di una linea discriminante il mio dal tuo, la quale corrisponde a un'esigenza ineliminabile nella prospettiva essenzialmente individualistica dell'appartenenza romana.

Cosí si impone di tenere piante e opere (edifici, fossi, pozzi) ad almeno una certa distanza dal confine; si consente il taglio dei rami invadenti di altezza inferiore a quindici piedi (pari, all'incirca, a quattro metri e mezzo); si consente di introdursi nel fondo del vicino per la raccolta dei propri frutti ivi caduti. Ma si prevedono anche specifiche azioni processuali nel caso in cui il vicino muti, attraverso nuovi manufatti, il decorso naturale dell'acqua piovana, o l'albero del fondo del vicino inclini pericolosamente sul proprio, ovvero egli edifichi una nuova costruzione[13].

Una regola precedente stabiliva che ciascuno doveva astenersi dall'impiantare colture e comunque dall'utilizzare la striscia di terreno prospiciente il confine fino al limite minimo di due piedi e mezzo (poco meno di un metro), sí che si venisse a creare, tra fondo e fondo, una fascia libera (innanzi tutto, per il passaggio) di poco meno di due metri (in tutto cinque piedi); di tale fascia, usualmente denominata *iter limitare*, le XII Tavole sanciscono l'inusucapibilità. Analoga disposizione sussisteva per gli edifici urbani, fra i quali doveva esistere uno spazio (di cinque piedi) denominato *ambitus*. In ogni caso, alla manutenzione delle vie scorrenti lungo i fondi privati avrebbero dovuto

[12] Cfr. artt. 840 sgg. c.c.

[13] Esigenze cui, dagli ultimi secoli della repubblica, saranno preordinate, rispettivamente, l'*actio aquae pluviae arcendae*, la *cautio damni infecti* (cap. II, § 3.13) e l'*operis novi nuntiatio*.

provvedere, sempre secondo le XII Tavole, coloro ai quali quei fondi fossero appartenuti, pena il dover tollerare il passaggio sul proprio.

### 2.3. Proprietà civile, proprietà pretoria, proprietà provinciale.

Tra il III e il II secolo a.C., con l'espansione di Roma a seguito delle guerre puniche, maturano le condizioni per l'ulteriore sviluppo del fenomeno dell'appartenenza delle cose. Si afferma, come sappiamo, un nuovo tipo di processo, che supera il rigido formalismo dell'epoca arcaica (cap. II, § 3).

La nuova formula della rivendica si esprime ancora (come il formulario della *legis actio sacramento in rem*) attraverso l'affermazione dell'appartenenza della cosa al rivendicante, sebbene essa sia, al momento, nella disponibilità di un altro (e ciò giustifica l'iniziativa processuale contro quest'ultimo): «se sembra che la tal cosa, di cui è controversia, sia di Tizio rivendicante per diritto dei Quiriti, ed essa non sia stata restituita da Sempronio secondo le modalità discrezionalmente stabilite dal giudice» ecc. Ma, occorre sottolineare, l'appartenenza cosí ipotizzata (da verificare cioè mediante il giudizio) diventa prerogativa esclusiva di quello che inizia a definirsi senz'altro quale *dominus* (padrone) della cosa. Sicché non è piú concepibile che all'appartenenza del *dominus* si continuino ad assimilare, almeno processualmente, le situazioni di appartenenza, per cosí dire, minore, come quelle implicanti il passaggio (pedonale, con animali, con veicoli) sul fondo del vicino, oppure la conduzione dell'acqua attraverso questo fondo; per la loro tutela il pretore conia *formulae* che, pur modellate sulla formula volta a tutelare il *dominus*, esprimono tuttavia in termini diversi dall'appartenenza il potere di ingerenza sulla cosa altrui (ai fini del passaggio ecc.) nel quale si traducono queste situazioni (*infra*, § 3) e altre come l'usufrutto (*infra*, § 4.1). Corrispettivamente, verso la fine della repubblica, il pretore crea formule di segno contrario a quelle appena ricordate (e denominate, in progresso di tempo, *actiones confessoriae*); *formulae* (e *actiones*) dette *negatoriae*, con le quali il proprietario postulava, a fronte di attività del convenuto corrispondenti all'esercizio di una servitú o dell'usufrutto, che venisse accertata l'inesistenza presso l'avversario del diritto reale limitato, con implicita valutazione di quelle attività alla stregua di arbitrarie turbative (si veda *infra*, §§ 3 e 4.1; cfr. anche art. 949 c.c.).

D'altra parte, la vecchia formula dell'appartenenza («affermo che la tal cosa è mia per diritto dei Quiriti» ecc.), nelle sue applicazioni extraprocessuali, in particolare ai fini del trasferimento (per mezzo della già ricordata *mancipatio*: § 2.5) ad altri dell'appartenenza del bene (una *res mancipi*), doveva essere inderogabilmente accompagnata da un complesso rituale, che prevedeva la presenza di cinque testimoni maschi, liberi, cittadini e puberi, di un pesatore con la stadera (*libra*: cap. VI, § 1.2, nota 1), e della cosa o, almeno, di un suo simulacro, che l'acquirente doveva toccare con un bastone (affermando con ciò, anche fisicamente, la propria appartenenza). Se un simile rituale poteva essere congruo rispetto all'assetto della società agricolo-pastorale delle origini, esso diviene invece incongruo nella società mercantile degli ultimi secoli della repubblica, quando i vecchi riti del *ius civile* (cap. I, § 4.1) dovevano essere avvertiti come inutili.

Sicché poteva accadere, e spesso accadeva, che una *res mancipi*, ad esempio uno schiavo, venisse semplicemente consegnata (mediante *traditio*) dal *dominus ex iure Quiritium*, cioè dal proprietario civilistico, all'acquirente, e non trasferita a quest'ultimo in osservanza delle forme imposte dal *ius civile* (l'accennata *mancipatio* o, come si vedrà, la *in iure cessio*: § 2.6) per il passaggio del *dominium*. Ora, proseguendo nell'esempio, colui al quale fosse cosí stato consegnato lo schiavo, se pur non ne aveva acquistato il *dominium* civilistico, era portatore di una situazione meritevole di protezione processuale, tanto piú se egli aveva pagato un prezzo[14]. La protezione si rendeva indispensabile qualora un'altra persona si fosse impossessata di quello schiavo e chi l'avesse ricevuto tramite *traditio*, pagandone il prezzo, non riuscisse a riprenderselo. A una simile esigenza di tutela dà soddisfa-

[14] Nel caso in cui la *traditio* fosse stata compiuta «per causa di vendita» cioè nel contesto di una compravendita consensuale (cap. VI, § 3.6).

zione il pretore, che crea una *formula* nuova, quella dell'*actio Publiciana* (cap. II, § 3.7*h*), da far valere nel nuovo processo da lui controllato, in grado di garantire anche colui che avesse ricevuto una *res mancipi* senza il rituale della *mancipatio*, bensí mediante la consegna manuale del bene.

La protezione era completata, e cosí resa assoluta, per il tramite di un ulteriore strumento processuale, da utilizzarsi nel caso in cui il *dominus ex iure Quiritium* cercasse di riprendersi quella *res mancipi* pur da lui consegnata mediante *traditio*, e a tale scopo esercitasse la *rei rivindicatio*, azione civile di cui egli era rimasto (esclusivo) titolare. Anzi, si deve pensare che il pretore abbia considerato innanzi tutto controversie del genere, perché, almeno in un primo tempo, colui al quale la *res mancipi* fosse stata consegnata con *traditio* avrebbe dovuto difendersi innanzi tutto dalle insidie del *dominus*. Ma un simile esercizio strumentale della *rei vindicatio* dovette essere subito scoraggiato in grazia della concessione di un'apposita *exceptio rei venditae et traditae* («di cosa venduta e consegnata») che, inserita nel contesto della formula della *rei vindicatio*, avrebbe consentito di respingere definitivamente le pretese del *dominus*.

Ha cosí origine, nel sistema del *ius praetorium*, un ulteriore tipo di signoria sulle cose, denominato dai Romani *in bonis habere* o *esse* (avere o essere nel patrimonio), e dai moderni proprietà pretoria; in effetti, sostanzialmente identico, dal punto di vista del potere del titolare, al *dominium* del *ius civile*. Come si vedrà piú avanti, questa proprietà pretoria era destinata a durare per un tempo limitato: a seconda che la cosa fosse mobile o immobile, rispettivamente uno o due anni, il periodo, cioè, richiesto per l'usucapione, da cui conseguiva l'acquisto appunto del *dominium* civilistico in conseguenza del possesso, cioè della disponibilità nei fatti della cosa, protrattasi per un certo periodo di tempo. Dal caso originario della *res mancipi* consegnata mediante *traditio* il pretore venne a riconoscere e a tutelare, nei modi anzi detti, in molte altre situazioni l'*in bonis esse* o *habere*[15].

[15] Cosí come, ad esempio, nel campo delle successioni ereditarie, attraverso la *bonorum possessio* (cap. IV, § 3.2).

L'esistenza di due piani normativi, l'uno sovrapposto all'altro, di *ius civile* e di *ius praetorium* – una caratteristica tipica, come sappiamo, dell'ordine giuridico romano (cap. 1, § 4.3) – spiega tale duplicità, radicata fino al punto da spingere Gaio (*Istituzioni* 1.54 e 2.41) a parlare di un *duplex dominium*, l'uno civilistico (*ex iure Quiritium*), l'altro consistente nell'*in bonis habere*.

La proprietà civilistica, e pure quella pretoria, restavano riservate ai cittadini romani; d'altra parte, entrambe, ove relative a immobili, potevano avere a oggetto solo fondi situati in Italia (*in solo Italico*). Ciò spiega perché i due moduli proprietari ora esaminati non fossero estensibili ai territori extraitalici via via conquistati da Roma e ridotti in *provinciae*, cioè in distretti amministrativi governati da un magistrato romano. Nelle province[16] la terra apparteneva al *populus Romanus*, ed era solo concessa in sfruttamento ai residenti, ai quali era richiesto il pagamento di un tributo. A questo proposito i moderni parlano di proprietà provinciale; Gaio invece, a sottolineare l'inesistenza sui fondi provinciali (*provincialia praedia*) dei due moduli proprietari riservati ai cittadini, utilizzava l'endiadi «possesso o usufrutto» (*Istituzioni* 2.7). Nei fatti, quella che noi denominiamo proprietà provinciale non differiva poi molto dal *dominium* o dall'*in bonis habere*, a parte l'assoggettamento a tassazione. Quando, con Diocleziano, anche i fondi italici incominciarono a essere gravati dall'imposta, venne a cadere definitivamente la ragione della distinzione tra terre provinciali e suolo italico, e dunque la necessità di distinguere una proprietà provinciale.

D'altronde, la scomparsa, alla fine del principato, della *iurisdictio* pretoria, aveva già condotto all'unificazione dei moduli proprietari riservati ai cittadini romani. Si delinea cosí in quest'epoca un tipo unitario di proprietà, soggetto a un regime uniforme, derivante dall'innesto sul tronco del *dominium* civilistico di regole proprie di ciascuno dei precedenti tipi di proprietà (in particolare, dall'*in bonis habere* deriva la possibilità del trasferimento tramite *traditio* e, dunque, senza forme solenni; dai *provincialia*

[16] La prima delle quali fu la Sicilia, a partire dal 227 a.C.

*praedia* il generalizzato assoggettamento all'imposizione fiscale).

### 2.4. Limiti alla proprietà nell'interesse privato o pubblico.

È stato osservato che è preferibile non definire la proprietà a causa dell'indeterminatezza delle prerogative spettanti al *dominus* di cui si può dire (conformemente, in fondo, alla portata semantica del *meum esse*) che la cosa veramente gli appartenga. Ma su tale appartenenza possono gravare limiti di varia natura, per cui in concreto il potere del *dominus* finisce con l'essere sempre, piú o meno, limitato[17]. Taluni di questi limiti derivano da esigenze imprescindibili: si pensi ai limiti di cui alle XII Tavole, i quali rappresentano, almeno in sé, a prescindere dunque dalla loro estensione, una conseguenza naturale della contiguità tra fondi. Ma a limiti di tal genere è da ricondursi anche il divieto di immissioni moleste; paradigmaticamente il giurista Aristone (I-II secolo d.C.) fissa il principio secondo il quale «a uno è consentito di fare nel suo fino al punto in cui non immetta alcunché nell'altrui» (*D.* 8.5.8.5). Ne consegue che non è tollerabile l'immissione di fumi molesti negli edifici sovrastanti, di acqua o altro nei luoghi sottostanti, di schegge di pietra (derivanti dal taglio) nel fondo vicino.

L'introduzione di limiti di altro genere dipende piú direttamente dagli orientamenti sociali, i quali possono ritenere opportuno sacrificare, piú o meno intensamente, il proprietario in vista della soddisfazione di interessi di altri soggetti o, piú spesso, della collettività in generale. Anche a questo riguardo è possibile cogliere un'evoluzione, la cui tendenza è verso un aumento dei limiti, in misura maggiore in confronto della proprietà provinciale, che avrebbe contribuito a conformare la proprietà unica del diritto giustinianeo.

Particolarmente significative sono talune prescrizioni attinenti alla proprietà immobiliare, quali cominciano a es-

[17] Anche a prescindere dall'insistenza di eventuali *iura in re aliena*, dei quali si dirà *infra*, § 3 sgg.

sere introdotte dalla prima età imperiale a tutela di interessi pubblici. Già Augusto avrebbe sancito un limite massimo di altezza degli edifici, fissato in settanta piedi, poi abbassato a sessanta da Tiberio verosimilmente al fine di prevenire pericoli in caso di incendio. Con successivi senatoconsulti[18] si interdí anche lo smantellamento di singole parti (nelle fonti tarde si menzionano specificamente i marmi e le colonne) degli edifici al fine di aliernarne i materiali, nonché il commercio degli edifici per la medesima ragione, e ciò allo scopo di non deformare la struttura architettonica (*publicum decus*) delle città[19]. In età tardoantica questa tendenza alla tutela delle città a livello urbanistico si accentua; si può qui ricordare una costituzione dell'imperatore Zenone (*C.* 8.10.12), la quale prescrive una distanza minima tra edifici vicini (dodici piedi) e vieta di costruire in modo tale da togliere al vicino la veduta, diretta od obliqua, del mare, da cui la specifica prescrizione di edificare a una distanza non inferiore ai cento piedi. Si tratta, come si vede, di discipline alquanto restrittive, volte a una precisa conformazione della proprietà edilizia, e che sottendono la convinzione secondo la quale anche le norme di vicinato hanno una loro dimensione pubblicistica e sociale.

L'interesse generale si erge a limitare il potere del proprietario anche in ordine al sottosuolo; si giunge persino ad ammettere che chiunque possa effettuare ricerche finalizzate alla scoperta di giacimenti minerari, salvo il pagamento al *dominus* di una quota del valore del prodotto estratto.

Ragioni di *publica utilitas* o di *necessitas* giustificano anche l'espropriazione, in effetti praticata in età tardoantica (e, riguardo ai beni mobili, le frequenti requisizioni di derrate alimentari e di mezzi di trasporto per le superiori esigenze dello Stato). Ragioni piú strettamente umanitarie inducono a limitare anche il potere dei padroni sugli schiavi; a qualche limite in tal senso si è già accennato.

[18] Il primo dei quali, l'*Hosidianum*, del 44 d.C.; l'ultimo, l'*Acilianum*, del 122 d.C.

[19] Simili disposizioni avevano precedenti negli statuti municipali, come quello del municipio di Taranto (90 a.C.), dove era espressamente vietato deteriorare o distruggere qualunque edificio cittadino.

## 2.5. La comunione.

Una cosa può appartenere a una sola persona o, anche, a due o piú persone: in questa seconda ipotesi i Romani parlavano di *communio*. Si tratta di una situazione presente fin dai primordi, e ricorrente ogniqualvolta al *pater familias* fossero successi i suoi *filii* (si parla, in questo caso, di comunione incidentale). Ma una comunione poteva derivare anche da fatti ulteriori (ad esempio, nel caso di unione di cose appartenenti a proprietari diversi); e, in progresso di tempo, divenne ammissibile costituire una *communio* in conseguenza di un accordo, come nel caso in cui due o piú soggetti avessero concluso un contratto di società che contemplasse l'obbligo di mettere in comune una o piú cose, o al limite, tutte le cose di proprietà dei *socii*, ivi comprese quelle che si venissero ad acquistare nel futuro (*societas omnium bonorum*: cap. VI, § 3.8*b*).

Dall'antica *communio* a base familiare deriva la struttura fondamentale della comunione romana di età piú sviluppata. Alle origini, la comunione che si instaurava tra i *filii* alla morte del *pater* era piuttosto un consorzio familiare (*consortium* cosiddetto *ercto non cito*, cioè «a dominio indiviso»: cap. IV, § 3.1 e cap. VI, § 3.8) nel quale era in tutto prevalente l'interesse del gruppo. Un simile spirito solidaristico, che si postulava nell'attività dei singoli consorti, determinava tra loro un tal affidamento reciproco che ciascuno avrebbe potuto compiere da solo tutti gli atti di gestione e finanche disporre della *res communis* (ad esempio, alienandola), salvo il veto preventivo (*ius prohibendi*) degli altri; la *res* si considerava appartenere a ogni consorte nella sua totalità (concezione, questa, della cosiddetta proprietà plurima integrale). L'idea della quota, cioè della porzione del tutto idealmente spettante (*pars quae iuris intellectum habet*) a ciascun partecipe, doveva essere alquanto sfumata, e tuttavia destinata inevitabilmente a emergere in sede di divisione del patrimonio ereditario[20].

[20] Che era sempre possibile esperendo l'apposita azione divisoria, l'*actio familiae erciscundae*: cap. II, § 3.7*c* e cap. IV, § 4.3.

Il modello consortile doveva essere ancora presente nelle idee della giurisprudenza piú tarda. Cosí, Ulpiano spiega che nella comunione il singolo comproprietario non è padrone di una parte della cosa, bensí di tutta la cosa indivisa (seppure) in proporzione alla quota di sua spettanza (*D.* 13.6.5.15). E Papiniano, richiamando l'opinione di Sabino, conferma che solo il veto manifestato preventivamente dal condomino era idoneo a impedire validamente l'atto di gestione unilateralmente deciso dall'altro condomino (*D.* 10.3.28); cosí, in difetto di proibizione tempestiva, l'opera realizzata dal singolo comproprietario sulla *res communis* non avrebbe potuto essere abbattuta. Inoltre, l'idea che il diritto del condomino investa non una porzione ma la cosa nella sua interezza resta pur sempre a base del cosiddetto accrescimento (*ius adcrescendi*): se uno dei partecipanti avesse abbandonato la *res* e con ciò rinunciato alla proprietà, i comproprietari superstiti si sarebbero spartiti la quota *derelicta* in proporzione alla propria.

Anche in età avanzata, dunque, la quota veniva in rilievo soprattutto nella spartizione dei frutti prodotti dalla cosa comune e delle spese, oltre che nella divisione della medesima[21]. Al contrario, la quota non aveva alcun peso laddove si trattasse di decidere un programma di amministrazione e i singoli atti di gestione; a tal fine, almeno nel caso di dissenso fatto constare preventivamente, sarebbe stata necessaria l'unanimità, non essendo ammessa una decisione adottata a maggioranza.

D'altra parte, l'idea opposta della proprietà pro quota si afferma, nella *communio* di età piú sviluppata, in ordine agli atti di disposizione della cosa comune: questa (nella totalità o in sua porzione materiale) avrebbe potuto essere alienata o gravata di servitú passiva solo con il consenso unanime dei partecipanti. Congruamente, nessun veto avrebbe invece potuto impedire al singolo condomino di decidere quel che desiderava circa la sorte della propria quota; e cosí egli avrebbe potuto liberamente alienarla, darla in usufrutto, costituirvi un pegno, locarla ecc.

[21] Che, nel caso di comunione non ereditaria, poteva essere provocata da ciascuno dei partecipanti mediante l'esercizio dell'*actio communi dividundo*: cap. II, § 3.7*c*.

Ne emerge un modello di comproprietà[22] tutto sommato imperfetto; il principio unanimistico rende piú difficile la gestione della cosa comune e l'irrilevanza del volere della maggioranza a vantaggio del diritto del singolo partecipante può creare conflitti irragionevoli. Di ciò, si direbbe, i Romani furono perfettamente consapevoli se ritennero irrinunciabile il diritto di chiedere la divisione e solo ammisero la validità del patto di rimanere in comunione alla condizione che fosse stabilito un termine finale e che la permanenza dello stato di indivisione fosse opportuna per il miglioramento della cosa.

### 2.6. La «possessio».

Oltre la proprietà riconosciuta dal *ius civile*, i Romani tutelavano un'ulteriore, diversa, forma di appartenenza della *res*: il possesso (*possessio*).

Storicamente, le prime *possessiones* dovettero avere quale oggetto i terreni conquistati ai nemici, e divenuti con ciò di proprietà del *populus Romanus*, ma lasciati alla libera occupazione (*ager publicus occupatorius*) di quei cittadini che ne avessero i mezzi (schiavi, animali, attrezzi agricoli). In tale contesto non dovevano mancare la concorrenza e i conseguenti conflitti fra gli occupanti, per dirimere i quali erano necessarie la rapidità e l'assenza di formalismi proprie dei procedimenti interdittali che verosimilmente qui trovarono la loro matrice (cap. II, § 3.13). La dura opposizione alle riforme agrarie graccane da parte dei *possessores* degli *agri occupatorii* dimostra che, almeno nella convinzione degli occupanti, le *possessiones* costituivano veri e propri domini loro riservati. Se in tali *possessiones* è da vedere, come accennato, l'origine della *possessio* civilistica, la struttura di quest'ultima sembra esserne stata fortemente determinata.

Cosí, Festo (*sub vocem* «possessio» [Lindsay 260]) ci tramanda che il giurista Elio Gallo (I secolo a.C.) definí il possesso come «l'uso di un fondo o di un edificio»: se il possesso non è da confondere con la cosa, esso può, però, avere

[22] Almeno per certi aspetti trapassato nel diritto moderno; cfr. artt. 1100 sgg. c.c.

per oggetto solo quelle cose che si possono toccare, cioè le *res corporales*. Piú diffusamente, Paolo spiega che il possesso si acquista *corpore et animo* (cfr. *D.* 41.2.3.1); l'apprensione fisica della cosa (*corpore*) non deve intendersi nel senso che, se uno voglia possedere un fondo, debba perlustrare ogni zolla, essendo sufficiente l'ingresso in qualsivoglia parte di quel fondo accompagnato però dall'intenzione (*animo*) di possederlo fino ai suoi confini.

Integrano il possesso, dunque, due distinti elementi, entrambi presenti al pensiero giuridico romano: l'uno materiale, implicante la presa della cosa, l'altro ideale, consistente nella volontà di tener la cosa per sé a esclusione di ogni altro. Si ammise, tuttavia, che si potesse acquistare il possesso *corpore alieno*, cioè per il tramite di un intermediario qualificato, come un figlio o uno schiavo o, almeno dall'età imperiale, per mezzo di una persona non soggetta a potestà, quale il procuratore; solo si richiedeva che gli intermediari avessero una sufficiente maturità intellettuale, fossero cioè capaci di agire[23]. Si poteva (continuare a) possedere a mezzo di una persona estranea che, prima o poi, fosse giuridicamente obbligata alla restituzione della *res* al possessore: cosí il colono, l'inquilino, il depositario che disponevano della cosa *nomine alieno* (e, in età giustinianea, pure chi abitasse una casa per concessione gratuita del *dominus*). Ma in taluni casi si consentí di conservare il possesso anche senza l'intermediazione altrui e, pertanto, *solo animo*, mantenendo cioè la volontà di riservare per sé la *res*: cosí per i pascoli invernali ed estivi, in quanto a essi si sarebbe pur fatto ritorno in periodi determinati dell'anno.

A questo punto dovrebbe essere chiaro che, come insegnava Ulpiano (*D.* 43.17.1.2), l'idea di possesso nulla ha in comune con quella di proprietà (*dominium*): può ben accadere che il possessore della *res* non ne sia anche il *dominus* e che, inversamente, il *dominus* non sia anche il possessore. Il *dominium* presuppone l'esistenza di un vincolo giuridico sulla *res* che nulla ha a che vedere con la sua disponibilità materiale; il possesso non fa che riconoscere uno sta-

[23] Mentre va da sé che chi acquistava doveva avere quella che noi indichiamo come capacità giuridica.

to di fatto. Qualora però il *dominus* abbia la disponibilità della propria *res*, certamente egli ne è anche il possessore. Insomma, chi abbia la cosa e la voglia riservare per sé indipendentemente dall'esistenza del *dominium*, questi ha la *possessio* e perciò è protetto dal diritto, sebbene la proprietà possa anche spettare ad altri; ed è, anzi, possibile che il possessore sia tutelato, ricorrendone i presupposti, anche contro il *dominus*.

### 2.7. Gli interdetti possessori.

Per cogliere l'idea che sta alla base dell'opzione di proteggere la *possessio* è necessario prendere le mosse da una constatazione empirica. Osservando la realtà, noi percepiamo che Tizio ha una certa *res* perché ne ha la disponibilità fisica, e non ci poniamo neppure la questione se quella *res* sia (in proprietà) di chi materialmente l'abbia in quel momento, o, semplicemente, siamo portati a pensare che la cosa sia di Tizio proprio perché vediamo che ne dispone. Ora, se Caio cercasse di sottrargliela clandestinamente o, peggio, di portargliela via con la forza, noi riterremmo corretto prestare aiuto a Tizio allo scopo di conservargli la cosa o, nel caso in cui Caio fosse riuscito ad attuare il suo proposito, di fargliela restituire; ma se Caio fosse stato, a sua volta, derubato o rapinato da Tizio di quella certa *res*, potremmo pensarla diversamente e giudicare l'iniziativa di Caio una reazione approvabile. Potremmo però anche ritenere che Caio avrebbe dovuto rivolgersi alla pubblica autorità la quale, presa cognizione dei fatti, avrebbe ordinato la pronta restituzione.

Valutazioni analoghe ispiravano il sistema romano di tutela del possesso (cap. II, § 3.13*a*).

Pedio aveva correttamente constatato che ogni controversia possessoria verte o sulla restituzione di quel che noi non possediamo, oppure sulla sua manutenzione (*D.* 43.17.1.4).

Si poteva pertanto presentare innanzi tutto l'esigenza di recuperare la *res* che avevamo, e che ci era stata portata via contro il nostro volere e, dunque, con l'uso della violenza, se, ad esempio, eravamo stati scacciati dal nostro fondo da chi avesse in tal modo preso il nostro posto o ci era stato impedito di accedervi da chi lo avesse occupato durante la nostra temporanea assenza. In tali casi avremmo potuto rivolgerci entro l'anno al pretore, che ci avrebbe soccorso emanando contro l'usurpatore un apposito ordine, l'interdetto *unde vi*, intimante l'immediata restituzione del possesso di un fondo o di un edificio (secondo la formula «restituiscilo nel possesso dal quale tu o i tuoi lo avete scacciato con la violenza in quest'anno» ecc.). *Vis* significa «violenza», ma i giuristi romani interpretavano giustamente il termine con una certa larghezza, cosí che si poteva considerare sussistente anche soltanto in virtú della considerazione del timore suscitato dalla natura malvagia dell'occupante.

Nelle controversie possessorie del secondo genere, l'esigenza era piuttosto quella di non perdere la pienezza del possesso, come nel caso di immissioni moleste, di fumi o rumori, oppure di occupazione con manufatti. In casi come questi il molestato avrebbe potuto ottenere, sempre entro un anno dal fatto, che il pretore emanasse l'interdetto *uti possidetis*, con cui si vietava ogni turbativa violenta del possesso di un immobile, un fondo o un edificio (secondo la formula: «vieto che sia fatta violenza affinché non possediate quell'edificio cosí come lo possedete» ecc.); anche qui la violenza era interpretata con una certa larghezza e cosí, ad esempio, l'immissione sarebbe stata considerata come arrecata vi sol che fosse persistita nonostante l'espressa proibizione di chi la subisse.

Ora, l'interdetto *uti possidetis* non era dato (e altrettanto può dirsi per l'*unde vi*) nei casi di possesso ingiusto (*iniusta possessio*): possesso, cioè, acquisito con violenza (*vi*) o clandestinamente (*clam*) o per concessione (*precario*) del *dominus*, con l'intesa che quest'ultimo avrebbe potuto esigere in qualunque tempo l'immediata restituzione della *res* concessa al cosiddetto precarista. Di qui la cosiddetta «eccezione di possesso vizioso» inserita nella formula degli interdetti prima esaminati, l'*unde de vi* e l'*uti possidetis*, e in quella dell'interdetto *utrubi* di cui si dirà tra breve: «sempre non vi sia stato da parte dell'uno in confronto dell'altro impossessamento violento o clandestino o concessione a titolo di precario».

Nei tre casi ora enunciati la tutela possessoria non era dunque negata al possessore ingiusto verso tutti, ma solo in confronto di quello dal quale fosse stata conseguita l'*iniusta possessio*. La ragione per la quale tali ingiuste *possessiones* non giovassero nella contesa con chi avesse subito l'affronto doveva, d'altronde, essere generalmente percepita (*palam*, dice Ulpiano: *D.* 43.17.1.9); cosí, il *dominus* cui il precarista avesse rifiutato la restituzione (della cosa) o l'occupante abusivo che avesse impedito l'accesso al proprio fondo avrebbe potuto riprendersi la cosa anche *vi*. Né il possessore ingiusto avrebbe potuto giovarsi, se scacciato da chi avesse subito la sottrazione violenta o clandestina oppure dal *dominus* che gli avesse dato a precario, del già ricordato *unde vi*, in quanto, come si è appena osservato, nemmeno questo interdetto veniva concesso nei casi di *iniusta possessio*[24]. Tale impunità sarebbe però venuta meno se l'espulsione fosse stata attuata facendo ricorso alle armi: come ancora ci informa Gaio (*Istituzioni* 4.155), l'atrocità del delitto che cosí sarei venuto a commettere mi avrebbe imposto di restituirgli il possesso (e, anzi, avrei potuto esservi costretto a mezzo dell'apposito interdetto *de vi armata*).

Fatto salvo quanto si è appena detto per i casi di *iniusta possessio*, si potrebbe concludere, con Paolo, che «qualsivoglia possessore, per il fatto di essere possessore, ha piú diritto di chi non possiede» (*D.* 43.17.2). Nel conflitto è cosí preferito chi abbia la cosa; è protetto anche il possessore ingiusto in confronto di ogni altro che non sia la vittima del torto. Con ciò il diritto manifesta una fondamentale opzione di regime intendendo che nessuno possa, di norma, attentare a o compromettere lo stato di fatto rappresentato dall'essere una cosa a disposizione di un dato soggetto. D'altra parte, la giurisprudenza rafforza tale orientamento di fondo interpretando, come si è accennato, la vis nel senso che essa ricomprenda ogni atto volto ad annientare l'opposizione di chi possieda.

In tale prospettiva appare congruo che, per le cose mobili, l'interdetto pretorio *utrubi* proteggesse il possesso di

[24] Come rileva Gaio (*Istituzioni* 4.154), io avrei potuto espellere impunemente chi avesse da me derivato il possesso *vi aut clam aut precario*.

chi fra i due litiganti avesse posseduto per la maggior parte dell'ultimo anno[25]. Verosimilmente l'*utrubi* fu concepito per la tutela del possesso degli schiavi e degli animali: infatti, se ad esempio un cavallo fosse fuggito dal suo padrone, poteva accadere che di esso si impadronissero, in successione, piú soggetti, ed era pertanto ragionevole che il pretore proteggesse, non l'ultimo possessore, ma chi avesse trattenuto piú a lungo con sé l'animale. Per il resto, anche il regime dell'*utrubi* conosceva l'eccezione rappresentata dai casi di *iniusta possessio*. Nel diritto giustinianeo gli interdetti *utrubi* e *uti possidetis* furono però parificati, nel senso che entrambi proteggevano il possessore al tempo dell'inizio del processo (*litis contestatione tempore*).

L'impostazione romana, di tutela dell'appartenenza fattuale di una cosa mediante l'adozione di provvedimenti immediati per le necessità della sicurezza sociale, è giunta fino a noi, come si può ora cogliere attraverso la semplice lettura dell'articolo 1168, 1° comma del codice civile: «Chi è stato violentemente od occultamente spogliato del possesso può, entro l'anno dal sofferto spoglio, chiedere contro l'autore di esso la reintegrazione del possesso medesimo».

### 2.8. Apprensione della cosa e «animus possidendi»

Paolo ci ha trasmesso il pensiero di Nerva figlio (I secolo d.C.), secondo il quale la proprietà delle cose ebbe principio nella *naturalis possessio*, cioè nell'avere fisicamente la *res* (*D.* 41.2.1.1); traccia di una tale apprensione che crea dominio si rinverrebbe a proposito di quelle cose che si prendono in terra, in mare e in cielo, come l'isola nata nel mare o le gemme trovate nei lidi. In casi del genere la presa di possesso determina, anche nel mondo del diritto, l'immediato acquisto della proprietà per occupazione. E pur quando l'apprensione non origini giuridicamente il dominio, essa, se accompagnata dall'elemento volontaristico del-

[25] Secondo la formula: «vieto che sia fatta violenza affinché non conduca con sé lo schiavo chi di voi lo abbia tenuto per la maggior parte di quest'anno» ecc.

l'*animus*, è di grande rilievo. Intanto perché il mondo dei fatti potrebbe risultare prevalente sul diritto: è Paolo a portare l'esempio di quel *dominus* che perse la *possessio* del proprio fondo in quanto atterrito dal delinquente che l'aveva occupato (*D.* 41.2.3.8). Poi, è da tenere presente che il possesso, sussistendo certi requisiti, può condurre all'acquisto del dominio per usucapione, con ciò superando lo iato tra fatto e diritto. Addirittura lo stesso *dominus* avrebbe potuto preferire farsi tutelare come possessore e non agire per l'affermazione del diritto di proprietà mediante l'esercizio della *rei vindicatio*: nel giudizio di rivendica egli avrebbe dovuto portare la prova della proprietà, mentre ai fini della tutela interdittale possessoria sarebbe bastata la dimostrazione che egli aveva la cosa per sé per ottenere rapidamente una decisione a proprio favore (e, cosí, se del caso, riprendersi la cosa). Come si spiega nelle *Istituzioni* giustinianee (4.15.4), la contesa possessoria avrebbe potuto indirettamente risolvere anche il giudizio petitorio, cioè sulla spettanza della proprietà: in quest'ultimo giudizio chi avesse perso nella questione possessoria, avrebbe assunto la veste dell'attore gravato del relativo onere probatorio; e se i diritti vantati dai litiganti fossero rimasti oscuri nel loro fondamento, era uso che il giudice decidesse sfavorevolmente per l'attore in rivendica[26].

Quel che i Romani non consentirono è l'estensione della tutela possessoria ai possessori *nomine alieno*, nella terminologia moderna qualificati «detentori»: l'assenza in questi dell'«intenzione di avere a disposizione la cosa per sé» (*animus rem sibi habendi*) era considerata a tal fine determinante[27]. Segno che nella *possessio* doveva essere immanente l'idea dell'appartenenza, in effetti espressa dall'elemento volontaristico dell'*animus*. Né vi era contraddizione nell'attribuzione della tutela interdittale pretoria al precarista, al creditore pignoratizio e al sequestratario: se è vero che costoro, essendo obbligati alla restituzione, non

[26] E cosí la parte già vittoriosa nella controversia possessoria avrebbe conservato definitivamente la cosa.

[27] Cfr. il diverso orientamento che è oggi alla base dell'art. 1168, 2° co. c.c., che legittima all'azione di reintegrazione anche il detentore.

avevano l'*animus rem sibi habendi* (e, dunque, non potevano usucapire), resta che essi erano i soggetti piú indicati alla difesa del possesso della *res* (il precarista, per la durata indefinita della concessione a precario; il creditore pignoratizio, per l'interesse preminente che egli aveva a mantenere il valore economico della cosa; il sequestratario, per la rinuncia dei contendenti ad avere la cosa nell'attesa del verdetto sulla proprietà della medesima).

## 2.9. I modi di acquisto della proprietà.

Gaio riferisce che «certe cose si alienano secondo il diritto naturale, come quelle cose che si alienano tramite la consegna (*traditio*); altre secondo il diritto civile, in quanto appartengono al diritto dei cittadini romani gli istituti (*ius*) della *mancipatio*, della *in iure cessio* e dell'usucapione» (*Istituzioni* 2.65). *Alienare* significa rendere altrui (*aliena*) una cosa: l'acquirente acquista la proprietà in quanto questa gli è stata trasferita dal precedente titolare. Sicché non è inesatto concludere che qui Gaio, adoperando il verbo *alienare*, si riferisca a quelli che i moderni qualificano come modi di acquisto a titolo derivativo, i quali alludono alla circostanza che la proprietà deriva dalla trasmissione fattane dal precedente titolare: in effetti, si vedrà, tali sono la *traditio*, la *mancipatio*, e la *in iure cessio*; mentre dubbi ha suscitato la qualificazione dell'usucapione come modo di acquisto derivativo. L'espressione «modi di acquisto della proprietà», occorre aggiungere, ricorre nella sostanza nelle *Istituzioni* giustinianee: «modi attraverso i quali le cose divengono dei singoli uomini» (cfr. art. 922 c.c.).

## 2.10. La «mancipatio»

La forma della *mancipatio* è già stata descritta prima: chi deve acquistare (il cosiddetto *mancipio accipiens*) dichiara solennemente l'appartenenza a sé di una cosa (*res mancipi*) in presenza di testimoni e di un pesatore. La formula dell'appartenenza è completata dal richiamo al modo dell'acquisto (titolo o causa nella terminologia giuridica contemporanea): «dico che quest'uomo è mio per diritto dei Quiriti ed egli mi sia acquistato con questo bronzo e con la stadera bronzea»[28]. Nella struttura originaria di quest'atto in epoca arcaica, alla dichiarazione dell'acquirente faceva seguito la pesatura del bronzo e la consegna del medesimo all'alienante (il *mancipio dans*); il bronzo valeva come prezzo (*quasi pretii loco*).

Si capisce che questa struttura si poté mantenere inalterata nella sua funzione primitiva (di vendita, per lo scambio contestuale della cosa di contro al pagamento del prezzo costituito dal bronzo pesato) fino a quando – spiega Gaio (*Istituzioni* 1.122) – il valore (*vis ac potestas*) delle monete bronzee dipese non dal loro numero, ma dal loro peso. È probabile che monete argentee con potere d'acquisto convenzionalmente predeterminato dalla pubblica autorità siano comparse solo nel III secolo a.C. Quando ciò avvenne, la pesatura del bronzo dato dall'alienante venne a perdere ogni reale significato, e si conservò solo in quanto essenziale al compimento del rito; di conseguenza, se pure la *mancipatio* mantenne la forma originaria, il bronzo pesato non poté comunque piú valere come prezzo e, cosí, ci si limitò a pesarne simbolicamente un pezzetto.

Appare pertanto giustificata la conclusione di Gaio secondo cui, introdotta la moneta coniata, la *mancipatio* divenne una vendita fittizia o, come egli dice, un'*imaginaria venditio* (*Istituzioni* 1.119); l'effetto di quest'atto non muta, ed esso continua a servire per trasferire la proprietà (come la *potestas* sulle persone libere), però la funzione concretamente realizzata può essere varia: di vendita, se vi sia l'effettivo pagamento di un prezzo; di donazione, se non vi sia alcun pagamento; di costituzione della dote (*datio dotis*: cap. III, § 4.5), se il trasferimento avvenga in favore del futuro marito.

Nel caso in cui la funzione realizzata fosse stata quella della vendita, l'alienante era impegnato all'*auctoritas*, cioè garantiva, in forza di una disposizione del *ius civile*, per l'ipotesi in cui un terzo estraneo avesse dimostrato, in un giudizio di rivendica da lui stesso intrapreso, che la cosa mancipata era invece sua: il *mancipio dans* aveva dunque alie-

[28] Cosí nell'esemplificazione gaiana relativa alla *mancipatio* di uno schiavo.

nato una cosa a lui non appartenente, e rettamente poteva essere costretto a pagare il doppio del prezzo corrispostogli dal *mancipio accipiens*, il quale disponeva a tal fine di un'apposita azione processuale (l'*actio auctoritatis*).

L'alienante, si è visto, confermava con il proprio silenzio l'affermazione di appartenenza fatta dall'acquirente. Ad altri effetti, tuttavia, egli avrebbe potuto prendere la parola. La legge delle XII Tavole consentiva che, nel corso di una *mancipatio*, si effettuassero delle dichiarazioni, le quali avrebbero vincolato il dichiarante sul piano giuridico: «quel che sia stato dichiarato oralmente, nel mentre si faccia un *nexum* o una *mancipatio*, sia diritto» (cap. VI, § 3.4*f*). Cosí, il *mancipio dans* avrebbe potuto dichiarare che il fondo mancipato aveva una certa misura, che non era gravato da alcun peso o servitú: egli sarebbe stato ritenuto responsabile nel caso in cui dichiarazioni del genere (cosiddette *nuncupationes*) si fossero dimostrate inesatte o false. Ma il *mancipio dans*, tramite dichiarazione orale, si sarebbe potuto riservare un qualche potere sulla cosa pur alienata: ad esempio, una servitú o l'usufrutto[29].

La *mancipatio* era utilizzata anche per scopi diversi dal trasferimento di proprietà: vi si faceva ricorso, ad esempio, per acquistare la potestà sulle persone libere (la *manus maritalis* nella *coemptio*, la *patria potestas* nell'*adoptio*) o per rinunciarvi, come nell'*emancipatio* del *filius* (cap. III, §§ 4.1, 3.2 e 2.4).

La *mancipatio* sopravvive fino al principato; in età tarda quasi non ne resta traccia e Giustiniano, ai cui tempi è ormai venuta meno la stessa distinzione fra *res mancipi* e *nec mancipi*, non ne fa piú menzione.

### 2.11. La «in iure cessio».

Si ricorderà che, a fronte della rivendica di una certa *res* come propria da parte di chi aveva preso l'iniziativa processuale (e non aveva la materiale disposizione della cosa), la controparte, il convenuto in quel processo (*legis actio sacramento in rem*: cap. II, § 2.2), avrebbe dovuto, a sua

[29] Che sarebbero stati costituiti, si diceva, per *deductio*.

volta, effettuare una *contra vindicatio*, cioè affermare che, invece, la cosa era sua (e dunque a ragione la teneva); a questo punto sarebbe stato necessario il giudizio per accertare quale dei due contendenti avesse avuto ragione. Ora, nella *in iure cessio* ci si avvaleva della struttura processuale appena ricordata per l'acquisto del *dominium* sulle cose (sia *mancipi*, sia *nec mancipi*) secondo il *ius civile*. A ciò si poteva pervenire sulla base di un accordo tra acquirente e alienante, che implicava l'instaurazione di un finto processo di rivendica davanti al magistrato, come segue. Chi doveva acquistare effettuava la rivendica della cosa altrui come propria («affermo che la tal cosa è mia per diritto dei Quiriti» ecc.); chi doveva alienare non rivendicava, ma taceva: a questo punto il magistrato, che pur aveva interrogato il proprietario sulla sua volontà di rivendicare, dava vinta la causa al rivendicante-acquirente. Il *dominium* era cosí trasferito, con evidenti finzioni, tuttavia irrilevanti in quanto, per la produzione dell'effetto traslativo, ciò che contava era solo l'osservanza della forma processuale stabilita.

La *in iure cessio*, al pari della *mancipatio*, poteva essere compiuta per realizzare svariate funzioni, fermo restando l'effetto traslativo della cosa ceduta in iure: vendita, donazione, costituzione di dote ecc. Peraltro, nei fatti, la *in iure cessio* non era molto utilizzata. L'acquisto della cosa in questo modo era valutato, ci riferisce Gaio (*Istituzioni* 2.25), non necessario e piú difficoltoso di quello che si poteva ugualmente conseguire attraverso una *mancipatio*, per la quale non occorreva andare davanti al magistrato, essendo sufficiente procurarsi la presenza di un numero sufficiente di amici.

Invece, la *in iure cessio* era frequentemente utilizzata per altri scopi, non implicanti il trasferimento della proprietà: già si è accennato alla sua applicazione a fini di manumissione (*manumissio vindicta*: cap. III, § 2.3*a*), di emancipazione (cap. III, § 2.4) e di adozione (cap. III, § 3.1).

Anche la *in iure cessio* scompare in età tardoantica, ed è ignorata da Giustiniano.

## 2.12. La «traditio»

Dei modi di acquisto della proprietà a titolo derivativo già indicate sopravvive in età giustinianea la sola *traditio*. Nelle *Istituzioni* giustinianee (2.1.40) essa è cosí descritta:

> nulla vi è di tanto conforme all'equità naturale che il considerare efficace la volontà del padrone il quale voglia trasferire ad altri la cosa propria. E pertanto le cose corporali, di qualsivoglia genere esse siano, possono essere consegnate e, consegnate dal padrone, sono alienate.

Trattandosi di un modo di acquisto che non ricorre a particolari rituali, la *traditio* è accessibile anche ai non cittadini. La struttura è quella piú semplice, consistendo nel passaggio della cosa da mano a mano: per questo l'atto non può riguardare se non le cose corporali. L'effetto traslativo può determinarsi solo se la consegna sia effettuata dal padrone allo scopo di fare avere la proprietà a chi riceva[30].

Per il pensiero giuridico del principato la consegna effettuata dal *dominus* con l'intenzione di alienare ad altri (e la corrispettiva volontà dell'accipiente di acquistare) trasferisce la proprietà (civile o pretoria a seconda che la *res* sia, rispettivamente, *nec mancipi* o *mancipi*) qualora vi sia dunque una causa adeguata, cioè un rapporto giuridico tra le parti ritenuto idoneo a giustificare l'effetto traslativo: «se ti avrò consegnato – spiega Gaio (*Istituzioni* 2.20) – una veste oppure dell'oro o dell'argento per causa di vendita o di donazione o per qualsivoglia altra causa, quella cosa diventa subito tua, purché io ne sia il proprietario». Si parla in proposito della necessità che ricorra una *iusta causa traditionis*: oltre alle *causae* già note, è da considerare che la consegna può avvenire per l'adempimento di un debito (*solutionis causa*: cap. VI, § 2.7) o per la costituzione di un credito (*solvendi causa*[31]: cap. VI, § 3.4).

[30] Si capisce che il padrone potrebbe consegnare ad altri la cosa per farne deposito o per consentire che il consegnatario la usi; in entrambi i casi, alla consegna dovrebbe inevitabilmente seguire la restituzione al proprietario, che mai avrebbe cessato di esser tale.

[31] Come quando uno consegni del denaro in prestito, con ciò contraendo un mutuo.

Nei fatti si ammette che la causa possa essere anche inesistente, consentendosi che essa esista solo nell'intenzione delle parti. Cosí, se uno consegna del denaro per un pagamento non dovuto perché l'accipiente non è creditore (e benché creda in buona fede di esserlo), la proprietà passa ugualmente, solo che il tradente potrà chiedere la restituzione di quanto indebitamente corrisposto (*solutio indebiti*: cap. VI, § 3.10g). Diverso è il caso in cui vi sia dissenso tra le parti circa l'individuazione della causa (*in causis vero dissentiamus*), come quando uno consegni un certo anello a causa di donazione, e chi riceve intenda che gli sia prestato: è disputato tra i classici se in un tal caso la proprietà passi ugualmente all'accipiente. La *causa*, reale o supposta, deve essere comunque *iusta*, cioè conforme al diritto: la *causa iniusta* impedisce che l'accipiente acquisti la proprietà, come avviene qualora un marito consegni una cosa alla moglie per causa di donazione, e dunque in violazione del divieto di donazione tra coniugi, esistente almeno dagli inizi dell'età del principato (cap. IV, § 7).

È importante sottolineare come la materialità della consegna, imprescindibile nella concezione originaria dell'atto che postulava l'apprensione fisica della cosa (*corpore et tactu*), si sia venuta attenuando in progresso di tempo già per opera della giurisprudenza, finendo con l'essere superata nel diritto giustinianeo. Si cominciò con l'ammettere, sulla base del presupposto naturalistico dell'impossibilità dell'apprensione di tutto il fondo alienato, che potesse sostituirla l'indicazione, fatta dall'alienante dall'alto di una torre, dei confini delimitanti l'immobile trasferito (la cosiddetta *traditio longa manu*); e si giunse a ritenere perfezionata la consegna sebbene avente a oggetto i documenti relativi alla cosa alienata (la cosiddetta *traditio instrumentorum*, o *professio censualis*, se i documenti consegnati concernevano specificamente il pagamento dei tributi). Si cominciò con il consentire che, alla consegna delle merci, potesse sostituirsi la consegna delle chiavi del magazzino nel quale esse erano custodite (la cosiddetta *traditio clavium*), purché tale consegna avvenisse dinanzi a quel magazzino (*apud horrea*); e si finí con il prescindere da tale requisito, pervenendosi a ritenere comunque sufficiente la sola consegna delle chiavi.

Si tratta, come si vede, di uno sviluppo che tende al superamento di ogni *traditio effectiva* in luogo della quale si colloca, con la medesima efficacia traslativa, una *traditio* simbolica. Viene qui in considerazione anche la cosiddetta *traditio brevi manu*: se chi ha la disponibilità della cosa in virtú di un rapporto con il proprietario (che gliel'abbia locata, prestata ecc.) si accordi con questi per l'acquisto della medesima (e cosí, ad esempio, ne paghi il prezzo), non vi è necessità di alcuna consegna dal momento che la cosa è già presso l'acquirente che solo comincia ora a tenerla come proprietario (e non piú come inquilino o comodatario). Poteva darsi anche il caso inverso, di chi sia proprietario di una cosa che aliena a un terzo riservandosi contestualmente di continuare a tenere la cosa alienata in virtú di un rapporto di locazione, prestito, deposito ecc.: si parla in proposito di costituto possessorio.

In età giustinianea resta formalmente inalterato il principio per cui è la *traditio* a trasferire la proprietà. Tuttavia, l'idealizzazione di tale atto, evidente nei casi surriferiti, porta a ritenere che la proprietà possa passare anche in virtú della sola volontà delle parti, come è affermato nelle *Istituzioni* giustinianee: «talora la mera volontà del padrone basta a trasferire la cosa, come quando uno ti abbia venduto o donato quella cosa che ti aveva comodato o locato o che aveva depositato presso di te».

### 2.13. L'occupazione, l'accessione, la specificazione, l'unione.

Gaio (*Istituzioni* 2.66) spiega che le cose si acquistano per diritto naturale non soltanto in seguito a consegna (*traditio*), ma anche per il tramite dell'occupazione, purché si tratti di cose che non siano di alcuno, quali sono tutte quelle che vengono catturate in terra, mare e cielo. La proprietà si può dunque acquistare senza che vi sia un rapporto con il precedente titolare, poiché nell'occupazione essa sorge *ex novo*[32]. Si acquistano per occupazione gli animali selvatici (le *ferae bestiae*) di cui ci si impadronisce con la caccia o la

[32] In epoca moderna si parla a tale proposito di acquisto a titolo originario.

pesca, e anche quelli addomesticati (come potrebbero essere i colombi e i cervi), qualora abbiano persa la cosiddetta *revertendi consuetudo*, cioè l'abitudine di ritornare presso il padrone. Ma si acquistano in tal modo anche le cose prese al nemico, o (ipotesi rara) l'isola nata nel mare o le cose rinvenute sulla spiaggia. Nel diritto giustinianeo la disciplina ora riferita non muta; né muta quella degli altri modi di acquisto originari, di cui si riferirà ora in breve non senza previamente sottolineare come regole sostanzialmente identiche siano state recepite ancora nei codici moderni.

È a sé il caso del tesoro, definito da Paolo come «un antico deposito di denaro, di cui non esista memoria, di talché non abbia un proprietario» (*D.* 41.1.31.1). Secondo il principio dell'occupazione, il tesoro sarebbe dovuto spettare allo scopritore; però, la proprietà romana si estendeva potenzialmente «fino agli inferi» (oltreché «fino alle stelle»), almeno a condizione dell'effettiva sfruttabilità del sottosuolo (e del soprassuolo), e pertanto il tesoro (casualmente ritrovato, si capisce, da un terzo) avrebbe dovuto essere acquistato dal proprietario del fondo. Questi contrari argomenti furono sintetizzati in una costituzione di Adriano, accolta da Giustiniano nelle *Istituzioni* (2.1.39): la proprietà del tesoro compete per metà allo scopritore, e per l'altra metà al proprietario del fondo.

Sempre in conformità al diritto naturale (nella sua concezione romana), il proprietario del fondo rivierasco acquista per alluvione la terra che il fiume venga ad aggiungervi a poco a poco (Gaio, *Istituzioni* 2.70). Può accadere che l'impeto del fiume (*vis fluminis*) stacchi una parte del fondo dell'uno e la trasporti presso il fondo dell'altro: in tal caso, Gaio (*Istituzioni* 2.71) afferma che immediatamente la proprietà non muta, ma, qualora la parte staccata abbia aderito stabilmente al fondo altrui[33], essa è acquistata dal proprietario di questo fondo. Può ancora accadere che nel mezzo del fiume nasca un'isola (Gaio, *Istituzioni* 2.72): que-

[33] Come quando gli alberi vi abbiano messo le radici, iniziando cosí a nutrirsi del nuovo terreno.

sta si acquisterà dai proprietari dei fondi ubicati presso entrambe le sponde, proporzionalmente alla lunghezza della proprietà di ciascuno. Però, se l'isola non è al centro, bensí piú vicina a una delle due sponde, essa si acquisterà dai soli proprietari dei fondi affacciantisi su questa sponda. In ultimo può darsi che il fiume muti il suo corso: l'alveo cosí abbandonato si acquista dai proprietari dei fondi prospicienti, e proporzionalmente alla lunghezza dei medesimi.

È da aggiungere che, a proposito di tutti questi acquisti (a titolo originario) connessi al movimento dei fiumi, i Romani non coniarono alcuna espressione unitaria; oggi si parla correttamente di incrementi fluviali.

Il proprietario del suolo acquista tutto ciò che vi sia edificato (*inaedificatio*), anche nel caso in cui i materiali adoperati (da egli stesso oppure da un terzo) siano altrui: il principio generale è infatti che «la costruzione accede al suolo» (*superficies solo cedit*); o, piú estesamente, che tutto quanto venga edificato accede al suolo (*omne, quod inaedificatur, solo cedit*; cfr. art. 934 c.c.). Il proprietario dei materiali non ne perde tuttavia la proprietà, solo che, fin quando esiste il fabbricato, non può rivendicarli. D'altra parte, qualora abbia la disponibilità del suolo e sia convenuto dal proprietario in rivendica, il costruttore potrà trattenere il fondo nel caso in cui il rivendicante non gli abbia rimborsato le spese sostenute per la costruzione: occorreva però che il costruttore ignorasse di edificare sull'altrui (fosse cioè in buona fede). Lo stesso principio, della preminenza del suolo su qualunque cosa vi aderisca, vale per il prodotto della seminagione (il frumento, per esempio) o per gli alberi impiantati, non appena abbiano messo le radici. In tali casi si parla modernamente di accessione.

Una regola identica vige anche con riferimento a beni esclusivamente mobili, quando l'uno acceda all'altro, e il proprietario di quest'ultimo divenga proprietario del tutto: si capisce che uno dei due beni è considerato, secondo la comune valutazione economico-sociale, principale, e accessorio, invece, quello che accede, cosí come, nei casi di accessione sopra considerati, l'immobile è valutato comunque come bene prevalente. Nella scrittura, le *litterae*, anche se d'oro, accedono alla carta o alla pergamena, cioè al materiale scrittorio: almeno nella loro consistenza grafica, la poesia, il racconto, l'orazione non appartengono al loro autore se questi ha scritto su materiale altrui. Tuttavia, nel caso della pittura, prevalse l'opinione che l'accessorio fosse la tavola o la tela; e dunque l'autore del disegno acquistava la proprietà della tavola o della tela.

Gaio lascia intendere che la regola per cui la *tabula* accede all'*imago* in essa *picta* si è affermata non senza contrasto, e anch'egli si dimostra perplesso, perché la reputa contraddittoria rispetto ai casi di accessione sopra visti, al punto che a stento se ne riesce a invidaure un'idonea *ratio* (*Istituzioni* 2.78). Nelle *Istituzioni* giustinianee (2.1.34) questa regola è giustificata ricorrendo al paradosso: «È ridicolo che un dipinto di Apelle o Parrasio venga in accessione a una vilissima tavola». La *ratio* è dunque evidente, e sta nel maggior valore solitamente annesso alla *pictura* rispetto alla *tabula*.

Generalizzando, si potrebbe dire che l'opera, cioè l'apporto personale di abilità e creatività dell'artefice, vale piú del materiale adoperato per la realizzazione. Questo criterio avrebbe dovuto guidare l'acquisto della proprietà nel caso della specificazione, che si ha quando taluno, dalla materia altrui, abbia ricavato una cosa nuova: del vino dall'uva, un vaso dall'oro o dall'argento, una nave dalle tavole, un vestito dalla lana. I giuristi si mostrarono divisi sulla spettanza della proprietà: per taluni, questa era acquistata dal proprietario della materia, per altri, invece, dall'artefice o specificatore (Gaio, *Istituzioni* 2.79). Con Giustiniano (*Istituzioni* 2.1.25) prevalse una tesi intermedia, pur già affacciata dai giuristi: se si poteva ritornare alla materia originaria (ad esempio, mediante la fusione del vaso), il nuovo oggetto era acquistato dal proprietario dei materiali, ma se tale trasformazione non era fisicamente possibile (come nel caso del vino, che non consentiva di tornare all'uva), l'acquisto avveniva in favore dello specificatore.

I giuristi considerano anche l'ipotesi in cui due corpi appartenenti a proprietari diversi si mischino a formare un sol corpo: modernamente si parla di unione o commistione. Si pensi all'unione di vini, o di argento con argento, oppure di miele e vino[34], o di argento e oro: secondo Gaio (*D.* 41.1.7.8-9), in casi come questi, avvenga l'unione tra specie uguali o tra specie diverse, il corpo unitario diviene comune, e i proprietari dei materiali acquistano la proprietà per quota del tutto. Questa regola si deve osservare sia nel caso in cui l'unione sia stata voluta dai proprietari, sia qualora sia stata accidentale; tuttavia le *Istituzioni* giustinianee (2.1.27) escludevano la proprietà comune in quest'ultima alternativa[35] e ammettevano la possibilità per ciascuno di rivendicare la propria parte.

### 2.14. L'usucapione.

Secondo una definizione di Modestino (III secolo d.C.), «l'usucapione è l'acquisto della proprietà attraverso il perdurare del possesso per il tempo stabilito dalle legge» (*D.* 41.3.3). Tuttavia, già nelle XII Tavole era stabilito il tempo richiesto per l'acquisto della proprietà tramite l'*usus*, cioè la disposizione materiale di una cosa: come si dirà, un anno o due a seconda della natura dell'oggetto. Si capisce che il bene doveva essere corporale, cioè idoneo a essere posseduto, e anche suscettibile di proprietà privata (il che non accadeva, ad esempio, per le cose *extra commercium*).

Modernamente, l'usucapione è qualificata, almeno dai piú, quale acquisto a titolo originario. Essa risponde a un evidente interesse di ordine pubblico, per il quale l'eventuale discrepanza tra l'avere materialmente la cosa e l'esserne proprietari deve contenersi entro limiti temporali definiti, trascorsi i quali la discrepanza si risolve con la coincidenza tra la situazione in fatto e quella in diritto.

Nelle XII Tavole, stando almeno alla testimonianza di Cicerone (*Topica* 23), la durata dell'*usus* per l'acquisto del *dominium* era identica a quella fissata per l'*auctoritas*, cioè per la garanzia che l'alienante doveva prestare per il caso

[34] Abituale tra i Romani: ne risultava il cosiddetto *mulsum*.

[35] Come pure nel caso in cui l'unione fosse avvenuta per la volontà di uno solo.

dell'evizione[36]: «l'uso l'autorità del fondo è di due anni, di tutte le altre cose è di un anno». Il precetto segnala una connessione evidente, e sulla quale si ritornerà: se vi è un difetto nella titolarità dell'autore, cioè in chi aliena, esso si riflette inevitabilmente nella titolarità trasmessa al successore, cioè in chi acquista. Ma il difetto è destinato a venire meno decorso il tempo stabilito per l'usus, in quanto l'acquirente può, da quel momento, fondare il *dominium* esclusivamente sull'usus stesso, il cui compimento rende inattaccabile l'acquisto. L'*usus* è un modo di acquisto di *ius civile* (cap. I, § 4.1), in quanto tale riservato ai soli cittadini romani; la connessione con l'*auctoritas* si riaffaccia anche da questo punto di vista, giacché quest'ultima sarebbe durata all'infinito («sia eterna») se l'acquirente della cosa mancipata fosse stato uno straniero, il quale non avrebbe mai potuto invocare in suo favore il compimento dell'usucapione.

Nelle XII Tavole vi era un altro precetto significativo, per il quale era vietata l'usucapione delle cose rubate (*res furtivae*) e delle cose di cui ci si fosse impossessati con la violenza (*res vi possessae*). La *lex Atinia* (II secolo a.C.) e le leggi *Plautia* e *Iulia de vi* (I secolo a.C.) stabilirono, rispettivamente, che le cose di cui ci si fosse impossessati con la violenza, non potessero essere usucapite nemmeno dal terzo di buona fede. Analogamente alla previsione circa l'*auctoritas* in confronto dello straniero, le XII Tavole stabilivano l'eterna durata della medesima garanzia nel caso di *mancipatio* avente a oggetto una *res furtiva*. Ci informa così Gaio che il vizio della furtività e quello della violenza nell'impossessamento si trasmettono, dal ladro o, rispettivamente, dal possessore violento, a tutti coloro cui la cosa sia stata successivamente trasferita: «non solo lo stesso ladro o chi possiede per atto violento non possono usucapire [...] ma nessun altro, sebbene abbia acquistato da quello in buona fede, ne ha diritto» (*Istituzioni* 2.49).

Si direbbe dunque che, nel diritto arcaico testimoniato nella legislazione decemvirale, il *bonum publicum* che è al-

[36] Vale a dire, dell'accertamento in sede giudiziaria dell'appartenenza ad altri della cosa mancipata, col conseguente spossessamento, ai danni del *mancipio accipiens*, di quest'ultima.

la base dell'introduzione dell'*usucapio* sia decisamente perseguito, dal momento che sanziona l'inerzia del *dominus* entro termini assai brevi, salvo che nel caso delle cose furtive (ed equiparate): per queste, sull'interesse della certezza nella titolarità dei rapporti proprietari, prevale un ulteriore interesse pubblico, lo stesso che in fondo, come si è visto, si erge a limitare la tutela pretoria del possesso mediante interdetti. È probabile che tanto rigore in confronto del proprietario inerte fosse adeguato al contesto sociale dell'età arcaica: la ristrettezza dei beni e degli orizzonti economici doveva rendere incredibile che un cittadino non riuscisse a rinvenire la cosa sua nei tempi legalmente stabiliti per l'usucapione.

Una simile prevalenza del *bonum publicum* volto a contenere cronologicamente gli *incerta dominia* risulta del tutto evidente nella cosiddetta *usucapio pro herede*, che determina l'acquisto del patrimonio ereditario a favore di chi si sia impossessato di cose di quel patrimonio pur non essendo egli l'erede, né ritenendo, per errata valutazione, di esserlo: in questo caso si impone addirittura l'esigenza della certezza nella titolarità dei rapporti complessivamente facenti già capo, quale soggetto dei medesimi, al defunto, anche qualora l'usucapiente, pur sapendo dell'esistenza di un erede, si sia ugualmente immesso nel possesso. D'altra parte, si sarebbe sempre potuto sostenere che non vi era contrasto con il divieto dell'usucapione delle *res furtivae*, argomentando dalla qualità di *res nullius*, cioè non appartenente ad alcuno, propria dell'eredità prima dell'acquisto di essa da parte dell'erede.

Negli ultimi secoli della repubblica si aggiunsero due ulteriori requisiti ai fini dell'acquisto per usucapione, la *bona fides* e la *iusta causa usucapionis*. Per il primo, era necessario che, al momento della presa del possesso, il possessore ignorasse di ledere l'altrui diritto proprietario. Per il secondo, occorreva che l'impossessamento fosse sorretto da una ragione obiettiva approvata dal diritto: le *causae* qui rilevanti coincidono, almeno in parte, con le *iustae causae traditionis* indicate prima.

Queste situazioni giustificatrici dell'acquisto di proprietà in favore dell'usucapiente sono state tipizzate dai giuristi a seguito di un dibattito segnato da frequenti contrasti. Può essere utile esemplificare con una compravendita[37] a seguito della quale il compratore (*emptor*) non aveva potuto conseguire la proprietà della cosa in quanto questa, pur essendo *res mancipi*, gli era semplicemente stata consegnata e non mancipata; oppure perché l'alienante non ne era il proprietario. Si capisce che una situazione di questo genere (la relativa *causa* è detta *pro emptore*) non solo giustifica il successivo acquisto della proprietà civilistica per effetto dell'usucapione, ma finisce anche con l'attribuire all'usucapione stessa la funzione, come è stato detto, di sanatoria di un trasferimento privo di rilievo sul piano del *ius civile* (§ 2.1 e cap. II, § 3.7), e tuttavia tutelato nel sistema pretorio come se si trattasse di proprietà civilistica, nel caso almeno della *res mancipi* consegnata tramite *traditio*. In questo stesso caso non si potrebbe nemmeno dire che l'usucapione elimini un'incertezza circa la titolarità del rapporto proprietario: il titolare dell'*in bonis*, cioè il proprietario pretorio, ha, da una parte, la disposizione della cosa, dall'altra, la tutela processuale, assicuratagli dal pretore, in tutto equivalente a quella riservata al *dominus* secondo il *ius civile*. Gaio però inizia proprio con l'esposizione di questo caso la sua trattazione dell'usucapione (*Istituzioni* 2.41 sgg.), segno che, fra i giuristi della sua epoca, la funzione sottesa doveva essere ritenuta primaria; è in relazione a essa che, probabilmente, ha avuto inizio la riflessione sulla necessità di una *iusta causa*, a sorreggere il riconoscimento di un'alienazione gravata da un difetto nella forma.

Per estinguere il *dominium* del proprietario civilistico e ammettere la creazione di un nuovo *dominium* doveva, dunque, proporsi una situazione obiettivamente meritevole di tutela; di qui l'origine di un requisito dell'usucapione, al quale si finí con l'assegnare l'ulteriore, e piú significativa, funzione di salvaguardia del *dominus*. Questi avrebbe, sí, potuto cessare di essere tale anche indipendentemente dalla sua volontà; però, chi se ne sarebbe avvantaggiato, cioè l'usucapiente, non avrebbe piú potuto lucrare l'acquisto in

[37] Ossia una *emptio venditio*, configurata come contratto consensuale: cap. VI, § 3.6.

conseguenza di un mero possesso continuato per il tempo legalmente fissato, in quanto si sarebbe postulata, oltre alla sua buona fede, la sussistenza di un'attività giuridica, al limite solo unilaterale[38], ma pienamente conforme ai valori riconosciuti dal *ius*. In modo congruo rispetto a tale contesto, l'*usucapio pro herede* viene eliminata in virtú di un senatoconsulto emanato su proposta di Adriano (cap. IV, § 3.1); non era piú tollerabile, sottolinea Gaio (*Istituzioni* 2.56-57), che si potesse lucrare una cosa altrui essendo perfettamente consapevoli della sua altruità.

### 2.15. La «praescriptio longi temporis»

Alla fine del principato riceve riconoscimento nella normativa imperiale (a partire da un rescritto di Severo e Caracalla) la *praescriptio longi temporis*, sorta di eccezione processuale di cui si sarebbe potuto avvantaggiare chi avesse posseduto un fondo provinciale per almeno dieci anni, se egli e il controinteressato fossero stati residenti nel medesimo luogo (*inter praesentes*), per almeno venti nel caso contrario (*inter absentes*); la *praescriptio longi temporis* non comportava l'acquisto di alcuna proprietà per l'essere i fondi provinciali insuscettibili di *dominium ex iure Quiritium* e, dunque, di *usucapio*, però consentiva, alle condizioni ora indicate, di difendere efficacemente il possesso respingendo l'altrui pretesa.

Resta incerto se ed entro quali limiti la *praescriptio longi temporis* dovesse essere assistita da *bona fides* e *iusta causa*. I due requisiti non erano richiesti da Costantino per la concessione di una *exceptio* in difesa di chi avesse posseduto la cosa per quarant'anni, anche se la presenza di un titolo avrebbe consentito di avvalersi dell'eccezione nel piú breve termine di dieci anni. Analoga la prospettiva di una costituzione di Teodosio II (424 d.C.), con la quale si introduceva la generale prescrizione di tutte le azioni (*in rem* e *in personam*) nel termine di trent'anni, con la conseguente inattaccabilità di ogni possesso di tale durata (*Cod. Theod.* 4.14.1).

[38] Com'era nel caso dell'impossessamento di cosa abbandonata dal *dominus*: *pro derelicto*.

In tal modo si finiva con il tutelare anche possessi acquisiti in perfetta mala fede; tuttavia, soluzioni del genere non si direbbero del tutto inique, in quanto il notevole allungamento dei termini rappresentava una garanzia in favore dello spossessato. A quest'ultimo si offrivano inoltre ulteriori provvidenze: gli si consentiva di interrompere il decorso del tempo tramite la mera proposizione dell'azione processuale contro il possessore; e si fissarono varie situazioni nelle quali il *silentium*, cioè la sua inerzia, non poteva obiettivamente imputarsi a sua colpa[39].

Se cosí il tempo poteva essere interrotto o sospeso in favore dello spossessato, d'altra parte esso poteva essere unificato (*continuatio temporum*) a vantaggio del possessore che, in tal modo, aggiungeva, al suo, il possesso dell'antecessore, cioè di colui dal quale egli avesse ereditato (*successio possessionis*) o, anche, acquistato per atto tra vivi (*accessio temporis* o *possessionis*).

Con Giustiniano i regimi dell'*usucapio* e della *praescriptio longi temporis* vengono fusi e semplificati, come può cogliersi nelle sintesi delle *Istituzioni* giustinianee (2.6). In omaggio alla tradizione, si mantengono entrambi i nomi di *usucapio* e di *praescriptio*; ma ora anche la seconda costituisce un modo di acquisto della proprietà. La differenza sta nella diversità degli oggetti, essendo l'*usucapio* relativa soltanto ai beni mobili, la *praescriptio* (secondo la sua origine) agli immobili, ovunque però essi fossero ubicati e, perciò, anche in Italia.

## 3. *Le servitú.*

### 3.1. Origini ed evoluzione delle servitú prediali.

Si è già accennato a come, in età arcaica, chi passasse attraverso un fondo altrui vicino al proprio o ne derivasse

[39] Casi, cioè, di sospensione del decorso del tempo in considerazione della condizione soggettiva dello spossessato, qualora fosse, ad esempio, pupillo o minore di età, militare, assente «per causa di Stato», prigioniero di guerra.

l'acqua, potesse (almeno secondo la ricostruzione preferibile) anch'egli rivendicare l'appartenenza della fascia di terreno interessata, la quale sarebbe cosí rimasta in comproprietà tra i proprietari dei due fondi. Si è discusso sulla struttura di questa comproprietà, e pare plausibile pensare che entrambi i proprietari potessero dichiarare la propria appartenenza secondo una funzione peraltro diversa in ognuno dei due, ma in conformità, si direbbe, a quella pluralità di *causae* (*secundum suam causam*) alle quali parrebbe ugualmente riferibile il *meum esse* nella formula della *mancipatio*; l'appartenenza in funzione del passaggio (*iter*, se a piedi o a cavallo, *actus*, se con animali o veicoli, *via*, se in tutti i precedenti modi) o della derivazione di acqua (*aquaeductus*) era cosí particolarmente circoscritta, per quanto essa dovesse rivestire una notevole importanza nell'economia delle origini, il che ne avrebbe giustificata la classificazione nel novero delle *res mancipi*, e, dunque, delle *res corporales*: inquadramento che conferma un'originaria concezione «materialistica» delle *servitutes*, ricomprese fra gli oggetti sui quali si esercitava il *mancipium* del *pater*.

Nemmeno è agevole ricostruire le linee dello sviluppo successivo. Si può dire che nell'indicata funzione di utilità di un fondo rispetto ad altro vicino, non si ritenne piú di individuare la ragione di una comune appartenenza, bensí un ulteriore, e nuovo, modo di avere la cosa per sé; questa restava esclusivamente altrui, però la funzione di utilità per il fondo vicino dava vita a un ius peculiare, al cui rispetto erano tenuti tutti, ivi compreso il *dominus* del fondo che assicurava l'utilità e, in questo senso, serviva al fondo che se ne avvantaggiava. Di qui il nome di *servitus* attribuito, in progresso di tempo, a tale *ius*, e la qualificazione dei fondi come servente e, rispettivamente, dominante.

Tale cambiamento si realizza nel corso dell'età repubblicana, in un contesto di notevole mutamento degli assetti proprietari conseguente all'affermazione di un'economia e di un ceto mercantili, sviluppatisi in seguito all'esito vittorioso delle guerre puniche, e si traduce anche nel superamento della vecchia concezione «materialistica», legata alla *res*, a vantaggio di una concettualizzazione piú matura che sottolineava piuttosto l'aspetto del vincolo, e avrebbe portato a una considerazione delle servitú come *res incorporales*.

Alla guida di un simile cambiamento sono la giurisprudenza e il pretore che, nel nuovo processo *per formulas* (cap. II, § 3), individuano forme di tutela processuale specificamente concepite per la difesa delle *servitutes*: nasce cosí la *vindicatio servitutis* che postula[40] la spettanza al rivendicante di un *ius* sulla cosa strutturalmente diverso dal *dominium* (conformemente a un'*intentio* del tenore seguente: «se sembra che Tizio abbia il diritto di passare attraverso il fondo Corneliano»). Resta però fermo il principio fondamentale – che riflette l'esperienza arcaica – della tipicità. Il contenuto (e quindi il numero e la denominazione) delle servitú è stabilito tassativamente dal *ius*, e non può essere rimesso alla volontà delle parti (e cioè dei proprietari dei fondi coinvolti).

Secondo una plausibile ipotesi, tra il II e il I secolo a.C. si afferma il principio dell'estinzione delle *servitutes* per *non usus*, in conseguenza cioè del loro mancato esercizio per un biennio. È un segno del rafforzamento del *dominium* civilistico che, d'ora in avanti, in tanto avrebbe potuto tollerare limitazioni, in quanto vi fosse un concreto, attuale, interesse, obiettivamente riconducibile alle esigenze del fondo vicino. Ma lo stesso favore per la pienezza della proprietà è sotteso al divieto dell'usucapione delle servitú introdotto, nel I secolo a.C., dalla *lex Scribonia*, che cosí poneva fine a un'esperienza di segno contrario, concernente l'antica appartenenza del passaggio e della conduzione dell'acqua, e conforme, d'altronde, alla generale rilevanza del possesso ai fini dell'acquisto della proprietà. Estinzione per non uso e divieto di usucapione delle servitú accompagnano il definitivo tramonto della configurazione originaria, in termini di appartenenza, dei poteri di ingerenza sull'altrui fondo.

A questa svolta deve avere contribuito anche il modificarsi delle strutture edilizie della città, in particolare di Roma, la quale conosce, negli ultimi secoli della repubblica, uno straordinario sviluppo urbanistico. Si diffonde il modello dell'*insula*, cioè dell'edificio a piú piani che riceve aria

[40] Pur essendo modellata sull'azione a difesa della proprietà, ossia la *rei vindicatio*.

e luce dall'esterno, a differenza del precedente modello della *domus*, cioè della casa singola, con le finestre affacciate sul cortile interno. Nasce cosí l'esigenza di regolamentare la coesistenza di piú *insulae* tra loro contigue e di individuare la forma giuridica idonea per la soddisfazione della necessità di appoggiare l'un edificio sull'altro, di sporgere o aprire finestre sull'altrui, di scaricare le acque sulla proprietà vicina ecc. A tali necessità non si poteva dare plausibile sistemazione tramite lo schema della coappartenenza, in quanto esse implicavano un'ingerenza inerente a tutta la proprietà contigua, e non a sue singole porzioni individuate[41]. In questo contesto era inevitabile la creazione di altrettanti *iura* che, data la loro funzione di assicurare un'utilizzazione pur sempre limitata dell'altrui edificio, non ne compromettessero inutilmente il *dominium*.

La diversità negli interessi materiali, a seconda che l'utilità del servire fosse riferibile alla soddisfazione delle esigenze dell'agricoltura o, piuttosto, dell'edilizia, conduce a distinguere tra servitú rustiche (*iura praediorum rusticorum*) e urbane (*iura praediorum urbanorum*). Tra le prime, si possono ricordare, oltre alle quattro derivanti dalle antiche esperienze agrarie, le servitú di pascolo (*pascendi*), di estrazione di vari minerali (*calcis coquendae*, *harenae fodiendae*, *cretae vel lapidis eximendae*), di attingimento dell'acqua (*aquae haustus*), di abbeverata (*servitus pecoris ad aquam appellendi adpulsus*). Tra le seconde, le servitú che, sull'altrui, consentono lo scolo dell'acqua piovana, direttamente (*stillicidii*) o tramite canalizzazioni (*fluminis*, *cloacae*), l'immissione di una trave (*tigni immittendi*), l'appoggio (*oneris ferendi*) o lo sporto di una costruzione (*proicendi*, se si tratta di un balcone; *protegendi*, se si tratta di una grondaia); e ancora le servitú che interdicono le facoltà di sopraelevare il proprio edificio (*altius non tollendi*), di realizzare opere che tolgano la luce (*ne luminibus officiatur*) o il prospetto (*ne prospectui officiatur*) al vicino.

Le servitú rustiche erano classificate tra le *res mancipi*; quelle urbane, tra le *res nec mancipi* (§ 1.3). Di conseguen-

[41] Come avveniva, invece, per gli antichi poteri del passaggio e dell'acquedotto.

za, ancora nell'età del principato le prime (e certamente le piú antiche) si costituivano tramite *mancipatio* (§ 2.5) e, in eventualità, *in iure cessio*; le seconde tramite la sola *in iure cessio* (§ 2.6). Si costituivano anche per *deductio*, cioè per effetto di apposita dichiarazione (*nuncupatio*) pronunciata nel contesto di una *mancipatio* o *in iure cessio*: in pratica l'alienante dichiarava, con la nota formula, di riservarsi sul fondo alienato quella certa servitú a vantaggio di altro fondo in proprietà del medesimo dichiarante. Una servitú poteva essere costituita anche mediante disposizione testamentaria a titolo particolare (legato *per vindicationem*: cap. IV, § 4.3*e*). Anche un provvedimento giudiziale poteva far sorgere una servitú: ciò si verificava nei giudizi divisori, quando il giudice, mentre divideva un fondo comune a piú persone, poteva gravare di servitú la porzione assegnata (con *adiudicatio*: cap. II, § 3.7*c*) all'uno, a vantaggio della porzione assegnata all'altro.

Nella costruzione della giurisprudenza, le servitú si estinguono per rinuncia da parte del titolare del fondo dominante, effettuata con *in iure cessio*; per confusione, che valeva in generale a estinguere qualunque rapporto (una servitú come un'obbligazione) se il soggetto passivo venisse a coincidere con quello attivo, come quando il *dominus* del fondo servente ereditasse il fondo dominante; per non uso protrattosi per un biennio, accompagnato, nel caso delle servitú cosiddette negative, ossia volte a privare il titolare del fondo servente di una sua facoltà, dalla *usucapio libertatis*, cioè dalla realizzazione, nello stesso fondo servente, di una situazione contraria al contenuto della servitú[42], senza che il titolare di questa reagisse esigendo in giudizio il ripristino del precedente stato di fatto. Cosí, si poteva dire che il proprietario usucapiva la libertà del fondo servente, liberandolo dalla servitú da cui esso era gravato.

All'elaborazione del regime delle servitú prediali la giurisprudenza si dedicò in via di minuziosa analisi di una ricca casistica, da cui conseguí l'enucleazione dei singoli tipi di servitú, progressivamente aumentati man mano che le

[42] Ad esempio, la sopraelevazione dell'edificio in contrasto con l'esistente *servitus altius non tollendi*.

esigenze sociali sollecitarono i giuristi stessi all'individuazione di nuovi contenuti, e il pretore alla concessione di azioni corrispondenti ai tipi cosí individuati. Procedendo in questo modo, i giuristi – pur nel pieno rispetto del principio della tipicità – riuscirono a fissare alcune regole generali, valevoli, di massima, per ogni singola figura, fino ad arrivare a porre le basi di una categoria generale di servitú (concetto, quest'ultimo, solo moderno).

### 3.2. Lo statuto delle servitú prediali.

Nel II secolo d.C. Pomponio (*D*. 8.1.15.1) enuncia, come principio applicabile a tutti gli *iura in re aliena* e alla proprietà stessa, che «la natura della servitú non è tale da costringere uno a fare qualcosa, come piantare alberi verdi o rendere piú ameno un prospetto o abbellire con pitture il proprio, ma essa è tale da obbligare a sopportare o a non fare» (*servitus in faciendo consistere nequit*, «la servitú non può consistere in un fare»). Il titolare del fondo servente non è dunque impegnato a una prestazione positiva, bensí negativa, con l'eccezione della *servitus oneris ferendi*, che obbliga il proprietario a mantenere la parete o la colonna in condizioni statiche idonee a sopportare il peso dell'altrui edificio.

Nelle fonti si trova ancora enunciato il principio, ovvio, per cui la servitú non può costituirsi tra fondi appartenenti allo stesso proprietario (*nemini res sua servit*, «nessuno può costituire una servitú su una cosa propria»: *D*. 8.2.26).

Dalla discussione sulla portata dell'utilità che la servitú deve assicurare al fondo dominante emerge, con sicurezza, che tale utilità non può essere personale del proprietario, al quale non è consentito disporre della servitú separatamente dal fondo. Per vero, in età augustea, Labeone aveva ammesso che la conduzione dell'acqua per il tramite del fondo altrui potesse darsi in comodato o destinarsi ad altro fondo di proprietà del titolare del fondo dominante; ma tale opinione, che ancora rifletteva l'antico schema della coappartenenza, venne confutata da Proculo, il cui avviso finí con il risultare prevalente, come attesta Pomponio (*D*. 8.3.24). Del resto, questa nozione dell'*utilitas* era intrinsecamente suscettibile di interpretazione evolutiva, in connessione con il modificarsi del contesto sociale. Affiorò cosí l'idea che la servitú potesse essere strumentale non solo alle esigenze dello sfruttamento economico attuale, ma anche futuro; e, inoltre, a esigenze estetiche, come l'amenità alla cui salvaguardia tende la *servitus ne prospectui officiatur*. Obiettivamente controverso è se la nozione dell'*utilitas* sia stata estesa a ricomprendere il vantaggio della manifattura esercitata nel fondo; un noto passo di Paolo esclude però che fosse ammissibile la servitú di estrarre argilla dal fondo altrui ove il materiale cosí ricavato fosse adoperato per la fabbricazione di vasi destinati alla vendita, e non per la conservazione dei prodotti del fondo (*D.* 8.3.6)[43].

Talora si riscontrano affermazioni dei giuristi tali da far ritenere che i due fondi coinvolti dovessero essere vicini tra loro: si tratta, però, di una connotazione implicata dai contenuti di molte servitú (a cominciare dalle piú antiche), e che tuttavia va apprezzata in rapporto alla nozione di utilità, la quale potrebbe realizzarsi a prescindere dalla contiguità o stretta vicinanza.

Ulteriore principio affermato dalla giurisprudenza è quello dell'indivisibilità. Pomponio spiega che le servitú non possono essere divise, altrimenti ne verrebbe compromessa la loro natura[44]. Il che significa innanzi tutto che, se il fondo dominante o quello servente vengono divisi, la servitú non si fraziona, ma rimane nella sua interezza a vantaggio o, rispettivamente, a carico di ciascuna delle parti del fondo diviso: cosí la servitú di derivare l'acqua non può frazionarsi pro quota tra i comproprietari del fondo dominante o, rispettivamente, servente. Consegue ancora che una servitú non può essere costituita a carico o vantaggio di una parte del fondo, né da uno solo dei comproprietari del fondo servente nemmeno in proporzione alla sua quota, o acquistata per quota da uno solo dei proprietari del fondo dominante, salvo ammettersi che il consenso espresso dal singolo sia efficace una volta che tutti gli altri, anche separatamente, abbiano fatto altrettanto. Invece la ser-

[43] Nel qual caso il vantaggio per il fondo stesso sarebbe invece senz'altro integrato, e quindi ammissibile la costituzione della servitú.

[44] *Servitutes dividi non possunt*, come leggiamo nella *Regula Sexti Pomponii*, un frammento edito per la prima volta nel 1563.

vitú non si estingue se il proprietario del fondo servente diventa comproprietario del fondo dominante o viceversa[45].

Tali regole restano in vigore fino all'età tardoantica. Nel diritto giustinianeo la tipicità sembra però sostituita – sia pure con qualche ambiguità – da una categoria generale, con libertà per i privati di determinare, entro la cornice delle regole tradizionali, i contenuti del peso gravante sul fondo servente: «se uno voglia costituire un qualche diritto in confronto del vicino, deve fare questo con patti e stipulazioni». Tale tendenza è confermata dall'unicità della tutela processuale: non esistono piú tante azioni quanti sono i tipi di servitú, ma una sola azione, denominata *confessoria servitutis*.

È da aggiungere che, con Giustiniano, si affermano definitivamente ulteriori modi di costituzione delle servitú, come la *quasi traditio* o *patientia*, una sorta di accordo tacito tra le parti manifestantesi nella tolleranza, prestata dal titolare del fondo servente, all'esercizio della servitú; la *longi temporis praescriptio*, che si realizza attraverso l'uso durato dieci (*inter praesentes*) o venti anni (*inter absentes*); e la cosiddetta destinazione del padre di famiglia, conseguente all'asservimento in fatto voluto dall'unico proprietario tra due porzioni di un suo fondo o tra due suoi fondi contigui, e mantenuto successivamente all'alienazione di uno o di entrambi, dalla quale consegue l'automatica creazione della corrispondente servitú[46].

## 4. *Usufrutto, uso e abitazione.*

### 4.1. L'usufrutto.

Se le servitú furono originate dagli assetti delle proprietà fondiaria, il sorgere dell'usufrutto fu legato piuttosto alle vicende dei rapporti familiari. Fra III e II secolo a.C., infat-

[45] *Servitus per partes retinetur, licet ab initio per partes adquiri non poterat* («la servitú si conserva per parti, anche se all'inizio non poteva acquistarsi per parti»).

[46] Cosí, ad esempio, sorge la *servitus oneris ferendi*, se due botteghe, appartenenti allo stesso proprietario, appoggino l'una sull'altra, e indi vengano trasmesse, in morte dell'originario *dominus*, a persone diverse.

ti, la struttura del legame coniugale mutò profondamente in connessione col progressivo declino della *manus* maritale e il generalizzarsi dei matrimoni *sine manu*, ove la moglie manteneva lo *status* a essa proprio prima delle nozze, di *alieni iuris* o di *sui iuris*, a seconda che fosse o no sottoposta alla potestà del proprio *pater* (cap. III, § 3.2). L'estraneità della donna sposatasi *sine manu* alla famiglia del marito aveva reso alquanto deteriore la sua posizione nel caso di vedovanza: non piú giuridicamente considerata come figlia del marito (o, in eventualità, nipote del *pater* di lui), la donna non era titolare di alcun diritto ereditario nei confronti del coniuge, e nei fatti la morte di questi la privava di ogni sostegno economico. D'altra parte, la società del tempo vedeva con sfavore che il marito, con disposizione testamentaria, lasciasse alla moglie la proprietà di uno o piú beni: se *filia familias* o, almeno sino al finire della repubblica, anche se *sui iuris*, la donna non avrebbe potuto, in quanto priva della relativa capacità, fare testamento in favore dei propri figli e avrebbe cosí trasmesso, alla morte, ai propri *adgnati* (e, dunque, alla sua famiglia di origine) la proprietà dei beni a lei eventualmente lasciati in eredità dal marito, con la conseguente perdita di questa ricchezza per la famiglia che pur l'aveva prodotta.

Per conciliare gli opposti interessi si sarebbe potuto ipotizzare che la vedova acquistasse una proprietà soltanto temporanea, destinata a estinguersi alla morte di lei, a vantaggio degli eredi del marito; ma l'idea di una proprietà a termine si sarebbe posta in contrasto irrimediabile con il carattere di assolutezza del *dominium* romano. La giurisprudenza elaborò cosí tra il III e il II secolo a.C., l'usufrutto quale nuovo tipo di diritto reale su cosa altrui – indipendente dal *mancipium* e dal *dominium* – nel quale emergeva, come abbiamo già visto, una nozione di facoltà di godimento, che introduce un nuovo punto di vista nel rapporto fra uomini e cose, se pure ancora descritto nel pensiero dei giuristi repubblicani come una «parte della cosa» o, addirittura, una «parte della proprietà», avente a oggetto i frutti del fondo.

Il primo passo fu probabilmente il riconoscimento della validità di quella disposizione testamentaria con la quale il marito lasciava alla moglie il potere di sfruttare, per la vita e senza possibilità di trasmissione sia tra vivi sia a causa di morte, singoli beni, idonei, nella valutazione corrente, a garantirle il mantenimento della condizione socio-economica goduta in costanza di matrimonio: un legato dunque, attributivo, a questi fini e con questi limiti, di fondi produttivi di frutti naturali, di schiavi e animali strumentali alla produzione, di case suscettibili di dare redditi locatizi. Proprietario dei beni cosí legati restava l'erede del marito (normalmente, un suo discendente): nudo proprietario, era detto, a sottolineare che egli, a fronte dell'usufruttuaria, aveva poteri assai ridotti in ordine alla cosa, in concreto consistenti in una facoltà di generica sorveglianza.

In questo contesto si rinvengono già tutti gli elementi di una nota definizione risalente a Paolo (*D.* 7.1.1): l'usufrutto è il diritto di usare la cosa altrui e di farne propri i frutti, con il limite del rispetto della *substantia* (usualmente tradotta come «destinazione economica») del bene, in vista della sua restituzione al proprietario (cfr. art. 981 c.c.). Un diritto dunque per sua natura temporaneo, potendo esso durare al massimo per la vita dell'usufruttuario o anche meno, qualora un termine fosse stato fissato; solo si ammetteva che, legato l'usufrutto a piú persone, la morte di uno dei contitolari non importasse la consolidazione della sua quota con la nuda proprietà (con la conseguente estinzione del diritto, almeno *pro parte*), ma la quota stessa si accrescesse ai cousufruttuari superstiti fino a che residuasse un unico titolare (cosiddetto usufrutto congiuntivo: cfr. oggi l'art. 678 c.c.).

L'usufrutto era intrasmissibile pure per atto tra vivi, anche se la personalità cosí caratterizzante questo diritto non impediva al titolare di impegnarsi (con vendita o locazione: cap. VI, § 3.6 e 3.7) a consentire che altri lo esercitasse in luogo suo, fermo restando che tale concessione sarebbe automaticamente venuta meno all'estinguersi dell'usufrutto stesso[47].

L'originaria funzione alimentare del rapporto cosí instaurato dà ancora ragione della regola per cui l'usufruttua-

[47] Un principio che è giunto fino a noi: cfr. artt. 979-80 c.c.

rio acquista la proprietà dei frutti non al momento della separazione dalla cosa madre (come il proprietario), bensí in quello, eventualmente successivo, dell'effettiva percezione: congruamente Gaio (*D.* 33.1.8) conclude che, qualora l'usufruttuario muoia, i frutti non ancora *percepti*, per quanto maturi, non passino agli eredi del defunto e restino acquisiti dal *dominus* della cosa[48].

Il riconoscimento giurisprudenziale della validità del legato di usufrutto emerge sul piano giuridico per opera del pretore, che inserisce nell'editto un'apposita formula di azione *in rem* (cap. II, § 3.11*a*), modellata sulla *rei vindicatio*, nella quale si postula la spettanza all'usufruttuario delle facoltà di uso e godimento (*uti frui*) della cosa, a valere nei confronti del *dominus* e, poi, di qualunque terzo (conformemente a un'*intentio* formulare del tenore seguente: «se sembra che Tizio abbia il diritto di usare e godere del fondo Corneliano»): si tratta della *vindicatio usus fructus*, denominata dai giustinianei, in uno con la *vindicatio servitutis*, *actio confessoria*.

Per parte sua l'usufruttuario era tenuto, in virtú delle generali azioni di tutela della proprietà, a non arrecare danno alla cosa, a non sottrarla al proprietario ecc. Oltre a ciò, in relazione allo specifico rapporto di usufrutto, gravavano sull'usufruttuario svariati obblighi positivi di comportamento, che i giuristi individuavano caso per caso applicando il generale criterio per cui l'usufruttuario non avrebbe dovuto abusare del diritto di usare la cosa attribuitagli, sí da consentire al proprietario di riprendersi il bene nella sua pienezza, una volta che il rapporto si fosse estinto[49]. Per questo si impone all'usufruttuario non solo di far uso della cosa congruamente alla sua obiettiva *condicio* (e cosí, ad esempio, uno schiavo scrivano non può essere impiegato per lavori operai o agricoli), ma di adeguarsi, laddove esista, alla consuetudine di sfruttamento propria del *pater familias* da cui proviene il diritto (cfr. oggi l'art. 979, 2° co. c.c.).

[48] Non diversamente, nell'ipotesi in cui l'usufruttuario veda rubati i frutti prima di poterli fare propri con la *perceptio*, legittimato alla *condictio* sarà il nudo proprietario (ma all'usufruttuario spetterà l'*actio furti*): cap. II, § 3.11*b*.

[49] *Fructuarius causam proprietatis deteriorem facere non debet* («l'usufruttuario non deve deteriorare la consistenza della proprietà»).

A garanzia del rispetto di questi obblighi interni al rapporto, la giurisprudenza suggerisce che l'usufruttuario prometta con stipulazione di usare la cosa «secondo la coscienza della persona per bene» e di restituire ciò che resti alla fine dell'usufrutto. La promessa è usualmente denominata *cautio fructuaria* (cap. II, § 3.13*b*): se l'usufrutto si costituiva per accordo delle parti (tramite *in iure cessio* o *deductio*) sarà stata cura del proprietario costituente esigerne la prestazione; se invece la costituzione era avvenuta con legato, interveniva il pretore a sollecitare l'usufruttuario alla promessa, sotto minaccia di non concedergli la *vindicatio usus fructus* nel caso in cui questa gli fosse stata necessaria per acquisire o mantenere il godimento della cosa.

Qualche difficoltà deve aver posto l'usufrutto legato a città o simili enti sovrapersonali, in quanto tali non soggetti a morte. Si sarebbe cosí dovuto concludere per l'inamissibilità di un usufrutto che non fosse a favore di una persona fisica; e tuttavia si finí con il consentire il legato di usufrutto in favore di enti sovrapersonali, salvo individuare un tempo massimo di durata, solitamente indicato in cento anni («perché tale è il termine della vita per l'uomo longevo»), al fine di rispettare il carattere della temporaneità di questo diritto.

Quel che la giurisprudenza romana non avrebbe mai potuto consentire era un usufrutto avente a oggetto cose consumabili. In concreto la questione si era però affacciata nella valutazione di un legato attributivo dell'usufrutto sul patrimonio del testatore, o su di una quota del patrimonio stesso: in questo caso ci si domandava se l'usufrutto vertesse anche sui beni consumabili facenti parte del patrimonio relitto, quali il denaro o le derrate alimentari. Se non si voleva contraddire l'essenza dell'usufrutto, si doveva concludere che beni del genere restavano esclusi dal legato. Solo una disposizione autoritativa avrebbe potuto far decidere diversamente, e cosí un senatoconsulto della seconda metà del I secolo a.C. ammise l'usufrutto anche in ordine alle cose consumabili (il cosiddetto quasi usufrutto, nella definizione dei giustinianei). La disposizione fu adeguatamente interpretata dai giuristi nel senso che l'usufruttuario divenisse proprietario delle cose consumabili e, dunque, ne potesse far uso consumandole, con l'obbligo di restituire, alla fine, altrettante cose dello stesso genere e qualità (il *tantundem eiusdem generis et qualitatis*).

La configurazione data all'usufrutto dai giuristi è fondamentalmente conservata in età tardoantica. Cosí ancora nelle *Istituzioni* giustinianee (2.4.1-3) si sottolinea che, a evitare la totale inutilità della (nuda) proprietà, l'usufrutto è un diritto sempre soggetto a estinzione nei modi stabiliti: morte o diminuzione di capacità[50] dell'usufruttuario; non uso del diritto per dieci o venti anni, a seconda che gli interessati fossero stati presenti o assenti; rinunzia; perimento o notevole trasformazione della cosa; confusione, vale a dire la coincidenza nella stessa persona della nuda proprietà e dell'usufrutto. Quanto ai modi di costituzione, vale per i giustinianei la stessa disciplina vigente in tema di servitú e, dunque, l'usufrutto si può generalmente costituire per convenzione (§ 3). Hanno effetto costitutivo pure la *longi temporis praescriptio* e la legge, nel senso che il diritto può sorgere automaticamente sussistendo certi rapporti personali (cosí è per l'usufrutto paterno sui beni del figlio).

### 4.2. L'uso e l'abitazione.

Non molto tempo dopo l'invenzione dell'usufrutto, la giurisprudenza romana crea un diritto analogo, isolando, nell'ambito dell'ampio potere di sfruttamento (*uti frui*) spettante all'usufruttuario, la specifica facoltà di uso (*uti*) di una cosa di proprietà altrui. L'*uti* diventa cosí un nuovo tipo di diritto reale di godimento, il cui regime viene costruito per differenza rispetto ai contenuti del potere dell'usufruttuario, e ricercando, nei singoli casi, il modo della coesistenza con l'eminente diritto di proprietà.

L'opportunità di tale costruzione è probabilmente da vedersi nel desiderio del proprietario (il piú delle volte, e certamente in origine, un testatore) di attribuire a un soggetto (un legatario, normalmente) un certo potere sulla cosa,

[50] Per effetto, ad esempio, di caduta in schiavitú (*capitis deminutio maxima*: cap. III, § 2.3).

tale però da non annullare la proprietà. Può essere che l'inizio sia stato agevolato dalla natura della cosa oggetto del godimento: le testimonianze piú antiche dovrebbero riferirsi a beni in sé infruttiferi, il cui sfruttamento si riduceva di necessità al mero uso dei medesimi, salva eventualmente la facoltà di locarli a terzi traendone un corrispettivo, il che però non si consentiva all'usuario a differenza dell'usufruttuario.

Ben presto tuttavia si venne ad ammettere la possibilità di costituire l'*usus* in riferimento (anche) al fondo, sia pure in funzione, in un primo tempo, del consentirvi l'abitare (e il deambulare per diporto) dell'usuario. Inevitabile, a questo punto, la discussione sulla spettanza all'usuario (anche) di una certa porzione dei prodotti del fondo da lui abitato: la difficoltà era evidentemente quella di mantenersi nell'ambito di una nozione dell'uso del fondo ragionevolmente distinta dall'usufrutto del medesimo. Si convenne cosí di consentire all'usuario l'appropriazione di quei soli prodotti strettamente connessi all'abitare sul fondo, quali la legna, gli ortaggi, i fiori, la frutta, il tutto nei limiti del consumo quotidiano (e, negli stessi limiti, gli si consentí anche di prender l'acqua). Gli si interdí, invece, ogni forma di esercizio dell'agricoltura implicante una vera e propria organizzazione finalizzata alla produzione di un reddito.

Una certa estensione ebbe anche, per via di interpretazione, la nozione dell'abitare, che si ammise non solo in favore dell'usuario, ma pure dei suoi familiari e servi; e si consentí, anzi, laddove la dimensione della casa lo permettesse, di prendere in casa un inquilino e di farsi pagare da questi un canone (*pensio*).

Quel che non si poteva giungere ad ammettere era, invece, la locazione della casa o del fondo, non accompagnata dall'uso diretto della medesima da parte dell'usuario: ciò avrebbe importato la produzione di un reddito, con la conseguente confusione dell'*uti* con il *frui*. D'altra parte, l'uso, come le servitú, è indivisibile, non ammettendosi un'utilizzazione della cosa per quota.

I giustinianei fecero dell'abitazione un autonomo *ius in re* e attribuirono al titolare la facoltà di locare; laddove i giuristi avevano ritenuto, in via di interpretazione della volontà del costituente, che, se vi fosse stata la concessione di questa facoltà, si sarebbe dovuto concludere per la ricorrenza di un usufrutto della *domus*.

## 5. *Superficie ed enfiteusi.*

### 5.1. Origine e sviluppo della superficie.

Nelle *Istituzioni* (2.73) Gaio afferma recisamente che per diritto naturale il proprietario del suolo acquista la proprietà dell'edificio ivi edificato, sebbene l'edificazione sia stata compiuta da un terzo a nome suo, «perché la superficie accede al suolo» (*superficies solo cedit*). Il medesimo principio si rinviene nelle *Istituzioni* giustinianee (2.1.29). Ciò nonostante, già nell'editto pretorio esisteva la promessa della concessione di una tutela processuale specifica (consistente in un interdetto [cap. II, § 3.13*a*]: l'*interdictum de superficiebus*) avverso le turbative, da chiunque provenienti, del possesso dell'edificio in godimento del superficiario, cioè di colui che lo aveva edificato sul suolo altrui. Anzi, il pretore si riservava, nello stesso editto, di accogliere la richiesta del superficiario di concedere «un'altra azione a tutela della superficie» (*alia actio de superficie*), valutate preliminarmente le circostanze del caso (*causa cognita*)[51]: per differenza, si capisce che questa ulteriore, e non meglio identificata, tutela processuale (in via di azione, però) sarebbe valsa al superficiario il quale non fosse stato ancora nel possesso dell'edificio oppure l'avesse perduto.

In linea generale appare opportuno distinguere a seconda che il suolo fosse di proprietà pubblica oppure privata. Nel primo caso, l'inalienabilità del terreno induceva a escogitare soluzioni volte a soddisfare l'eventuale interesse dei privati a edificare sul pubblico, indipendentemente dal trasferimento della proprietà del suolo su cui sarebbe sorta la costruzione. Si può ricordare che, secondo la tradizione, non appena Tarquinio Prisco pavimentò la zona del foro, subito commercianti e artigiani ottennero la concessione di edi-

[51] Cfr. (Ulp. 70 *ad ed.*) *D.* 43.18.1.3.

ficarvi le loro botteghe. In seguito concessioni del genere[52] costituivano particolari applicazioni del modello della locazione, come parrebbero confermare in generale le locazioni di terreni incolti di proprietà pubblica[53] e, specificamente, l'indicazione, nella promessa edittale di concessione del già menzionato *interdictum de superficiebus*, del contratto di locazione quale titolo da cui derivava il godimento della superficie (*uti ex lege locationis sive conductionis superficie*).

Viceversa, tra privati, le concessioni superficiarie, sia pur ricondotte al modello della locazione del suolo e nel rispetto del principio civilistico dell'accessione, non si diffusero sino a quando si verificò a Roma quel considerevole aumento di popolazione che determinò lo sviluppo, qui già accennato, nella struttura edilizia della città. I proprietari di aree edificabili cominciarono cosí a concederle in locazione per la costruzione sopra le medesime (*superficies*, appunto) di edifici multipiani (le *insulae*). Questi rapporti di locazione potevano avere una durata determinata oppure essere perpetui, a imitazione della prassi delle concessioni superficiarie in riferimento al suolo pubblico e delle locazioni degli agri *vectigales*.

Il conduttore in superficie (*superficiarius*) pagava un canone (*solarium*) solitamente annuo. Ove poi la concessione fosse stata a tempo indeterminato o perpetua, e il corrispettivo consistesse in una somma erogata in unica soluzione, si suppone che, in luogo della locazione, le parti convenissero una vendita del suolo, la cui efficacia obbligatoria[54] non avrebbe contraddetto il principio dell'accessione, impegnandosi il venditore a garantire al superficiario-costruttore soltanto il godimento del suolo.

Nella coscienza sociale questo disporre, specie se in perpetuo, di un edificio costruito con materiali propri doveva equivalere a proprietà del medesimo. Ciò lascia intuire il sorgere di una forte istanza sociale volta a far riconoscere al superficiario una tutela processuale del suo diritto piú

[52] Usuali nella prassi amministrativa di città minori quali i *municipia*.

[53] Gli *agri vectigales*, cosí detti perché il conduttore doveva pagare un *vectigal* annuo.

[54] Nel senso che la *emptio venditio* non determinava, circa la merce che ne costituiva oggetto, alcun trasferimento di *dominium*: cap. VI, § 3.6.

estesa di quella derivantegli dagli ora indicati rapporti contrattuali di locazione o di vendita. Di qui le promesse pretorie di cui si è prima riferito, in particolare l'*actio de superficie*, che si ritiene sia stata esperibile contro qualunque terzo, trattandosi di *actio in rem*, spettante al superficiario non a tempo determinato.

### 5.2. Enfiteusi.

Nel mondo tardoantico e giustinianeo notevole attenzione attirò invece, per ragioni collegate alla storia dei rapporti agrari, un altro diritto strutturalmente simile alla superficie, l'enfiteusi, la cui matrice, peraltro, non era romana, ma ellenistico-orientale. In sintesi, il contratto di enfiteusi si riferisce, il piú delle volte, a fondi incolti ed è funzionale alla loro coltivazione: fondamentalmente, il concedente si impegna a lasciare il pieno godimento del proprio fondo, per lungo tempo o anche in perpetuo, al concessionario o enfiteuta, che è a sua volta obbligato a pagare un canone annuo e a non deteriorare il fondo goduto. Giustiniano (*C.* 3.66.3) introdusse *ex novo* l'obbligo per l'enfiteuta che intendesse alienare il suo diritto di notificare questa sua intenzione al proprietario il quale, a parità di condizioni, avrebbe potuto riscattare il fondo; mentre, se non avesse esercitato la prelazione nel termine di due mesi, l'enfiteuta avrebbe dovuto corrispondergli la percentuale del 2 per cento del prezzo riscosso (cfr. oggi gli artt. 965, 2° co. c.c.). Alla pari del superficiario, l'enfiteuta poteva trasmettere il proprio diritto, oltre che per atto fra vivi, anche ai propri eredi.

Superficie ed enfiteusi si estinguono nei modi già indicati per servitú e usufrutto (§§ 3 e 4.1): distruzione dell'immobile, rinuncia, non uso, confusione. In piú l'enfiteusi poteva estinguersi a causa dell'inadempimento dei summenzionati obblighi specificamente gravanti sull'enfiteuta.

In conclusione, occorre sottolineare l'estraneità di entrambi i diritti, in ciò profondamente affini, all'essenza romana dei *iura in re aliena*, atteso che in essi il godimento spettante al concessionario è eminente rispetto alla proprietà, che solo in rare ipotesi ha occasione di riemergere dall'ombra e riespandersi. La fortuna di diritti come l'enfiteusi e la superficie è intimamente legata a condizioni economiche segnate dalla concentrazione della proprietà fondiaria e dalla mancanza di sufficiente capitale da destinare al miglioramento della medesima attraverso la coltivazione o l'edificazione: ciò ne spiega la diffusione nel tardo Impero romano e successivamente nel Medioevo.

## 6. *Pegno e ipoteca.*

### 6.1. «Pignus datum» e «pignus conventum».

Si è visto come proprietà, servitú, usufrutto, uso, superficie ed enfiteusi assicurino al titolare il godimento, piú o meno ampio a seconda dello specifico *ius*, di una *res*, onde modernamente si parla in proposito di diritti reali di godimento. Assai diversa è, invece, la funzione, e il contenuto, di un ulteriore *ius in re* (*aliena*): il pegno (*pignus*), detto anche dai giuristi piú tardi, con termine di origine greca, ipoteca (*hypotheca*).

Storicamente il *pignus* ha origine, in età repubblicana, nel contesto del rapporto fra il padrone di un fondo rustico, da una parte, e il compratore del raccolto, in seguito l'affittuario, dall'altra. Il *dominus*, concedendo la terra allo sfruttamento altrui, diveniva creditore verso il concessionario per il pagamento del corrispettivo (*merces*). A garanzia di quest'obbligazione (cap. VI, § 2.6) le parti erano solite accordarsi (con la cosiddetta *conventio pignoris*) nel senso che il *dominus*, nel caso di mancato pagamento della mercede, avrebbe potuto senz'altro impossessarsi degli attrezzi e degli schiavi portati nel fondo (*invecta et illata*) dal contadino, che ne conservava, nel frattempo, la disponibilità per le esigenze del proprio lavoro[55]. Il pegno cosí costituito sugli *invecta et illata* si diceva convenzionale (*pignus conventum*) perché derivava dal semplice accordo tra il pi-

[55] Proprio la conservazione di tale disponibilità, su beni senza i quali l'affittuario non avrebbe potuto svolgere le proprie attività agricole, lo poneva nella condizione di produrre un reddito e quindi di soddisfare il proprio debito.

gnorante – il debitore o chi per lui avesse convenuto in pegno una propria cosa – e il creditore pignoratizio.

Per vincere l'eventuale opposizione dell'obbligato (o il suo tentativo di asportazione delle *res*) intervenne il pretore che, verso la fine della repubblica, previde, nell'editto, la concessione di un interdetto (l'*interdictum Salvianum*) che garantiva la presa di possesso degli attrezzi ecc. dell'affittuario debitore. Tuttavia, l'*interdictum Salvianum* costringeva solo quest'ultimo o, al massimo, i suoi eredi, e non tutelava il *dominus fundi* ove degli *invecta et illata* si fosse impossessato un terzo estraneo. Di lí a poco (metà del I secolo a.C.) un nuovo intervento pretorio rimediò a questo difetto di protezione accordando al *dominus* un'*actio in rem* (l'*actio Serviana*), esperibile contro l'affittuario e contro chiunque avesse ottenuto la disponibilità delle res su cui si sarebbe dovuto soddisfare il creditore. L'ultimo passo[56] fu di estendere quest'*actio in rem* (col nome di *actio quasi Serviana* o *hypothecaria*) per la realizzazione di qualunque credito garantito da *pignus* (convenzionale e, come si dirà, anche manuale).

Il *pignus conventum* o *hypotheca* resta cosí alquanto diverso dagli altri *iura in re aliena*, in quanto il proprietario della cosa costituita in pegno non patisce alcuna limitazione nelle sue facoltà di godimento (cfr. *supra*, §§ 3 e 4). La realità del pegno emerge però con evidenza nella titolarità dell'*actio in rem* spettante al creditore pignoratizio che, nel caso di inadempimento, può rivendicare la cosa presso chicchessia (*vindicatio pignoris*). Modernamente, pegno e ipoteca sono chiamati diritti reali di garanzia, per la funzione di cautela del credito che li connota.

Pomponio constata che maggiore è la garanzia del creditore se egli ha la possibilità di rivalersi direttamente su un bene, piuttosto che su una persona (*plus cautionis in re est quam in persona*: *D.* 50.17.25)[57] chiamata a rispondere con il proprio patrimonio nel caso in cui il debitore non pagasse. Il garante (il fideiussore) può sempre diminuire o perdere i suoi beni; mentre la garanzia reale (*in re*) costituita at-

[56] Compiuto al massimo entro la prima metà del II secolo d.C.

[57] Ma cfr. anche (Ulp. 29 *ad Sab.*) *D.* 47.2.12.2.

traverso il pegno sembrerebbe destinata a rimanere tecnicamente integra per l'impossibilità di perdere la *res* vincolata. Nella pratica, però, ciò era vero fino a un certo punto, perché se la convenzione di pegno avesse avuto a oggetto una cosa mobile, al creditore poteva risultare impossibile, nel caso di alienazione della *res*, rintracciare l'attuale possessore contro il quale esperire l'*actio hypothecaria*.

Doveva cosí essere preferibile gravare con garanzia reale un immobile: qui l'*actio in rem* si sarebbe conservata effettivamente esperibile. La questione poteva semmai concernere la prova della costituzione dell'ipoteca in conseguenza dell'accordo con il debitore[58]: a questo proposito Gaio (*D.* 20.1.4 e *D.* 22.4.4) ci informa che, sebbene la garanzia fosse validamente costituita in virtú di una semplice pattuizione verbale, era usuale redigere un documento per rendere piú facile la dimostrazione dell'esistenza del vincolo. E Marciano (inizi del III secolo d.C.) ci spiega che, nel giudizio di rivendicazione del pegno promosso dal creditore, il possessore della *res* pignorata, per evitare la condanna, avrebbe dovuto o pagare la somma dovuta o restituire la cosa (*D.* 20.1.16.3). Il che poteva essere causa di danno per quel possessore, se avesse acquistato la *res* ignorando il vincolo di garanzia cui era stata assoggettata: egli poteva sí agire per il risarcimento contro il venditore, ma questi, nel frattempo, sarebbe potuto divenire insolvente e, dunque, non in grado di restituirgli il prezzo pagato (il cui occultamento, anzi, poteva aver determinato l'alienazione).

Inconvenienti del genere si sarebbero potuti eliminare attraverso il vigore di un adeguato sistema di pubblicità: pubblici registri, consultabili da chiunque, nei quali inserire i dati identificativi dei beni e le loro successive vicende (come i passaggi di proprietà o, appunto, la costituzione di ipoteche). Registrazioni siffatte esistono, nei diritti moderni, per gli immobili[59]; ma, almeno per tutta l'età del principato, il diritto romano fu carente sotto questo profilo, e solo nel tardo Impero si incominciò a organizzare un

[58] O con il terzo che avesse convenuto in pegno la *res*.

[59] Data l'evidente impossibilità di fare altrettanto per i mobili: cfr. art. 2817 c.c.

sistema di pubblicità degli atti costitutivi di *pignus* (il cosiddetto *pignus publicum*, perché trascritto nei registri di un funzionario).

### 6.2. La fiducia.

Il diritto romano conosceva ulteriori, e anche piú antichi, modelli di garanzia reale, a cui è qui opportuno fare cenno.

Il primo consiste nell'alienazione fiduciaria al creditore (*fiducia cum creditore*: cap. VI, § 3.4*f*) di una *res mancipi*: il debitore (o, anche, un terzo per lui) trasferiva, a mezzo di *mancipatio* o *in iure cessio*, la cosa con l'accordo (*pactum fiduciae*) che il creditore l'avrebbe restituita una volta che fosse avvenuto l'adempimento dell'obbligazione. A tutela del diritto alla restituzione, il pretore accordava al debitore adempiente, almeno dal II secolo a.C., un'*actio fiduciae*, finalizzata a far riavere la cosa in ottemperanza all'accordo fiduciario intercorso con il creditore.

In una posizione in un certo senso intermedia tra la *fiducia cum creditore* e il *pignus conventum* si situa l'altro modello di garanzia reale, il *pignus datum* o pegno manuale. Qui il debitore metteva nelle mani del creditore la cosa, senza però trasferirne la proprietà: l'immediata disponibilità (*possessio*) del pegno avrebbe cosí posto il creditore, tutelato attraverso i normali interdetti possessori, al sicuro dal pericolo che sarebbe potuto derivare dalle conseguenze di un'alienazione del bene o dal suo occultamento. Come osserva Gaio (*D.* 50.16.238.2), la diretta consegna al creditore rendeva il pegno manuale piú adatto alle cose mobili, sebbene la questione fosse disputata dai giuristi.

A lungo si verificò dunque la coesistenza a Roma di tre distinti modelli di garanzia; ed è da pensare che, se la garanzia avesse avuto a oggetto una *res mobilis*, la preferenza sarebbe caduta sul *pignus datum*, mentre per gli immobili si sarebbe fatto piú spesso ricorso alla *fiducia cum creditore*. Meno frequente dovrebbe essere stata l'utilizzazione del *pignus conventum*; e tuttavia era a quest'ultimo tipo di garanzia reale che si riconducevano i casi, via via piú numerosi, di pegno cosiddetto tacito, nel quale il *ius in re* conseguiva direttamente da una disposizione normativa nel presupposto della conclusione di un accordo tacito o, anche, a prescinderne (pegno cosiddetto legale): cosí per le cose introdotte dall'inquilino nella casa a lui locata, per i frutti nel frattempo prodotti dal fondo pignorato, per l'edificio restaurato con il denaro a ciò dato a mutuo, e cosí via.

### 6.3. Regole in tema di pegno.

Nel pegno manuale e, successivamente, anche in quello convenzionale le parti potevano pattuire che il creditore, nell'eventualità dell'inadempimento, avrebbe potuto senz'altro trattenere in proprietà la cosa pignorata (*lex commissoria*); oppure che egli avrebbe potuto vendere la *res* (*pactum vendendi*) per poi appropriarsi del prezzo cosí ricavato, almeno fino alla concorrenza dell'ammontare del credito garantito (e con l'obbligo di restituire al costituente il pegno il cosiddetto *superfluum* o eccedenza). Costantino[60] però vietò la *lex commissoria*[61], e la vendita rimase cosí l'unico sbocco; in realtà, già dall'età severiana il diritto di vendita del creditore era divenuto elemento naturale del pegno nel senso che, nel silenzio delle parti, al creditore era consentita solo la vendita della *res* pignorata.

Da quanto ora esposto si capisce che oggetto di pegno dovevano essere *res in commercio*, ma si potevano pignorare anche *res incorporales* come i *iura in re aliena*: cosí le servitú rustiche, se il creditore aveva la proprietà di un fondo che, in eventualità, ne avesse potuto trarre vantaggio; l'usufrutto e l'abitazione; in diritto giustinianeo, anche la superficie e l'enfiteusi. Era consentito altresí il pegno su un credito, la cui prestazione si sarebbe potuta eseguire in favore del creditore. Addirittura era possibile pignorare tutto il patrimonio di un soggetto, con il che la garanzia si sarebbe estesa anche a *res* non ancora entrate a far parte delle disponibilità del debitore; ma restavano comunque escluse

[60] Con una costituzione emanata nel 326, a noi giunta nel Codice Teodosiano (3.2.1) e nel Codice Giustinianeo (8.34.3).

[61] L'esclusione di tale possibilità era destinata a raggiungere le moderne codificazioni: cfr. oggi, in Italia, l'art. 2744 c.c.

dal pignoramento quelle *res* che, nella valutazione comune, erano considerate indispensabili alla sopravvivenza.

Nel caso in cui sulla medesima cosa fossero stati costituiti piú pegni in tempi successivi si instaurava una graduazione fra i crediti stabilita in base all'epoca della costituzione della rispettiva garanzia reale: cosí, il credito garantito per primo aveva diritto di precedenza (*prior in tempore potior in iure*). Peraltro, vi erano, già dall'età severiana, taluni pegni privilegiati che prevalevano su ogni altro, per quanto piú antico, in ragione della particolare rilevanza attribuita al credito garantito: pegni spesso legali, come quello del fisco per il pagamento delle imposte, quello della moglie per la restituzione della dote ecc.

Il pegno si estingueva a seguito dell'adempimento dell'obbligazione garantita (cap. VI, §§ 2.7 e 3.4), ma anche per le cause qui già ricordate, estintive in generale dei diritti reali limitati: rinuncia, confusione, perimento della cosa e, almeno dai Severi, prescrizione (§§ 3 e 4).

In età tardoantica, scomparse *mancipatio* e *in iure cessio*, viene meno la *fiducia cum creditore*. Cosí, nelle *Istituzioni* di Giustiniano (4.6.7) si distingue il *pignus* dall'*hypotheca*: con il primo la *res* viene immediatamente consegnata al creditore, con la seconda il vincolo sulla *res* si imprime in conseguenza del solo accordo e non vi è alcuna consegna della cosa ipotecata. Ma si lascia pure intendere che il pegno veniva costituito soprattutto per le cose mobili; tendenza, questa, divenuta criterio distintivo nel diritto moderno che, com'è noto, individua nel pegno la garanzia reale sui mobili e nell'ipoteca quella sugli immobili[62].

## 7. *La «quasi possessio».*

Nei diritti moderni vi è l'idea che il possesso consista nell'esercizio di fatto di un qualunque diritto reale e, dunque, anche di un diritto reale limitato (cfr. art. 1140 c.c.). Si tratta di un concetto che, nella sua forma compiuta, è da ascrivere al diritto giustinianeo, nel quale l'uso di un *ius*

[62] Si vedano oggi, per l'ordinamento italiano, gli artt. 2784 e 2810 c.c.

*in re aliena* era denominato *quasi possessio* o *possessio iuris* (e cioè possesso di un diritto, e non della *res* la quale, nella sua pienezza, poteva essere oggetto solo di *possessio* vera e propria).

Per vero, già in età precedente l'uso di un diritto reale limitato era processualmente garantito indipendentemente dall'accertamento della sua piena titolarità, allo stesso modo in cui era tutelato il possesso indipendentemente dal *dominium*, cioè tramite la concessione di interdetti (cap. II, § 3.13*a*). Per tutelare l'uso delle varie servitú contro turbative o molestie (il piú delle volte provenienti dal *dominus*) il pretore aveva creato una serie di appositi interdetti: *de itinere actuque privato*, per il passaggio; *de aqua* o *de ripis*, per la conduzione dell'acqua; *de fonte*, per la derivazione dell'acqua; *de cloacis*, per la pulizia o il rifacimento dei canali di scolo ecc.

Come spiega Ulpiano[63], al fine della concessione di interdetti del genere, il magistrato non avrebbe investigato se il postulante fosse o meno titolare del corrispondente *ius servitutis*, ma avrebbe accertato che il passaggio, la derivazione dell'acqua ecc. fossero durate un tempo ragionevolmente sufficiente[64]. La tutela era comunque negata se richiesta contro colui dal quale il postulante avesse derivato l'uso *vi*, *clam* o *precario*.

Per la protezione dell'esercizio di fatto dell'usufrutto e dei diritti a questo affini (uso e abitazione), il pretore progressivamente estese in via utile i normali interdetti possessori. A questo proposito Papiniano (*D.* 39.5.27) ricorda il caso del retore Nicostrato, cui Aquilio Regolo aveva concesso di abitare al piano superiore di una casa; quando gli eredi di Regolo lo avevano espulso, Nicostrato era riuscito, anche in grazia del suggerimento di Papiniano, a ottenere l'emanazione in proprio favore dell'interdetto *uti possidetis*, già esteso in via utile all'usufruttuario e, dopo quella decisione, pure all'abitante di una casa, l'*habitator*, che Papiniano qualifica «come una specie di possessore».

[63] Cfr., in particolare, *D.* 43.19.1.pr.-2 e *D.* 43.21.1.9, ma anche *D.* 43.20.1.pr. e *D.* 43.22.1.pr.

[64] Ad esempio, per l'interdetto *de itinere actuque*, che il passaggio sul fondo altrui fosse avvenuto per almeno trenta giorni durante l'ultimo anno.

Quanto, infine, al superficiario e all'enfiteuta, si ricorderà che il primo godeva di un interdetto *ad hoc* (l'interdetto *de superficiebus*), mentre al secondo fu probabilmente riconosciuto, nel tardo diritto romano, il possesso vero e proprio.

D'altra parte, la protezione del quasi possesso non poteva non condurre all'affermazione della possibilità di acquistare servitú, usufrutto ecc. per effetto del loro esercizio durato un tempo sufficientemente lungo (*longa quasi possessio*): se il pretore tutelava processualmente questa sorta di usucapione di un diritto accordando un'*actio confessoria* in via utile (cap. II, § 3.11*e*), con Giustiniano la longa *quasi possessio* divenne un modo di acquisto del *ius in re aliena*, assimilata alla *praescriptio longi temporis*.

# Capitolo sesto

# Obbligazioni, contratti, illeciti civili

## 1. *Storia e sistema.*

### 1.1 Le fonti delle obbligazioni nel manuale gaiano.

In un passo delle sue *Istituzioni* – poco prima della metà del III libro (3.88-89) – Gaio propone una classificazione destinata a diventare famosa:

> Ora passiamo alle obbligazioni le quali, secondo una divisione capitale, si scompongono in due specie: infatti ogni obbligazione nasce o da contratto o da delitto. Occupiamoci innanzi tutto di quelle che nascono da contratto. Di queste vi sono quattro generi: e infatti un'obbligazione o si contrae per mezzo di una cosa (*re*), o per mezzo di parole (*verbis*), o per mezzo di scritture (*litteris*), o per mezzo di consenso (*consensu*).

Il tono è pacato, quasi dimesso – l'inimitabile grigio gaiano – ma la costruzione, almeno ai nostri occhi, si staglia come il profilo di un monumento solitario. I giuristi romani – lo sappiamo – non amavano le grandi architetture sistematiche. Non perché non avessero (come troppo spesso si è ripetuto) il gusto del concetto e dell'astrazione. Tutt'altro. Ma perché nei protocolli della loro scienza la forza di attrazione esercitata dall'impianto casistico annullava quasi ogni vocazione al sistema: la potenza speculativa affiorava soltanto nascosta dietro la soluzione del caso, la prospettazione dell'esempio, il realismo delle ipotesi. Il *ius*, nella lente dei giuristi, era una sorta di cartografia analitica radente rispetto alla realtà sociale: una mappa puntuale e aperta, in continuo accrescimento: una serie definita di enti – che non occorreva connettere esplicitamente fra loro, in quanto lo erano già *a priori* nella mente dell'interprete – intorno a cui ruotava una serie potenzialmente infinita di casi. L'ordine doveva svilupparsi spontaneo nell'aderenza del giurista alla storia tematica della sua disciplina – come armonia interna alle catene di regole ben formulate –, non venire imposto da uno spirito geometrico obbediente a simmetrie e cadenze inevitabilmente estrinseche rispetto alla ragione stessa delle cose (cap. I, § 2).

Gaio, nelle *Istituzioni*, molto spesso si sottrae a questo canone (cap. I, § 5.3): e noi ci interroghiamo ancora sui motivi di una simile dissonanza e sulla misura della sua eccezionalità. Le risposte non possono che essere congetture. Né siamo in grado di precisare esattamente quanto delle sistemazioni e delle classificazioni che punteggiano il suo manuale sia il frutto della sua personale elaborazione, e quanto piuttosto non sia che il risultato, semmai appena rimaneggiato, di schemi abbastanza abituali, che dovevano circolare nella letteratura didattica (un genere minore, per noi sconosciuto) fra I e II secolo d.C.: a partire dai tre libri di *ius civile* di Sabino, o addirittura dal trattato di Quinto Mucio (cap. I, § 4.5).

E c'è di piú. Sembra che il nome e l'opera di Gaio siano stati ignorati da tutti i grandi giuristi a lui contemporanei o immediatamente successivi, da Pomponio (con un piccolo dubbio, in verità) a Papiniano, a Ulpiano, a Paolo (cap. I, § 6). La fortuna di questa enigmatica figura sarà solo tardoantica e giustinianea. Perciò, noi non sappiamo nemmeno come collocare le sue sistemazioni nel dibattito del tempo che le vide nascere: e questo vale non solo per quella che abbiamo adesso riportato, ma anche per l'altra, non meno celebre, che apre le *Istituzioni*, e di cui abbiamo già detto. Certo, gli altri giuristi lo leggevano, sia pure senza citarlo, e siamo praticamente sicuri che almeno Paolo e Ulpiano lo conoscessero bene. Ma nessuno di loro ne riprende mai in modo diretto le costruzioni, e Ulpiano in particolare, che pure agli inizi del III secolo d.C. scrive un manuale istituzionale che avrebbe (probabilmente) dovuto sostituire nelle scuole proprio il testo di Gaio, sembra non partire mai dai suoi paradigmi.

Perché, allora, abbiamo deciso di cominciare ancora da lui nella nostra esposizione? Possiamo rispondere tenendoci stretti a due considerazioni. La prima riguarda, diciamo cosí, la storia della nostra tradizione. In radicale contrasto rispetto al silenzio dei giuristi coevi, la sistemazione gaiana delle obbligazioni ha avuto invece una straordinaria fortuna moderna. Dalla scoperta e dalla pubblicazione del manoscritto delle *Istituzioni* negli anni Venti dell'Ottocento (ma essa era già sostanzialmente nota attraverso i rifacimenti giustinianei e quelli delle *res cottidianae*), è stata ininterrottamente al centro dell'attenzione degli storici e dei giuristi, e ha avuto un peso incalcolabile in moltissimi sviluppi successivi, sia civilistici, sia romanistici. Assumerla come punto di partenza significa dunque aver presente tutto un movimento di idee che non possiamo ignorare.

La seconda considerazione è invece piú interna all'oggetto. La sistemazione di Gaio, come diremo subito, non solo ricapitola efficacemente nella sua costruzione un percorso densissimo – secoli di storia giuridica romana – ma sarebbe stata destinata anche a far da base per tutto uno sviluppo successivo, influenzando soprattutto il diritto giustinianeo. In questo senso, ci offre un punto di vista ineguagliabile, prezioso nella sua sinteticità, sull'intera storia del diritto romano. Partire da essa, significa avere sotto gli occhi le tracce di un cammino millenario.

### 1.2. «Obligatio», «contractus», «delictum».

Lo schema di Gaio, come appare a prima vista, combina insieme tre concetti: quelli di *obligatio* (obbligazione), di *contractus* (contratto) e di *delictum* (delitto). Piú avanti smonteremo questa connessione, e ricostruiremo separatamente la storia delle tre nozioni, cercando di vedere da vicino che cosa esse rivelino. Ma sin d'ora va detto che, quando Gaio le utilizzò, tutte e tre avevano già alle spalle una lunga vicenda.

La nozione di *obligatio*, quale mero dovere di eseguire una prestazione, emerge già nei primi secoli della repubblica, benché essa non si possa connettere – adeguandosi, in tal modo, a una prospettiva storica che immagina, senza soluzione di continuità, lente, ma inesorabili, evoluzioni, degli istituti del diritto arcaico in figure piú adeguate all'intensificarsi dei rapporti di scambio nell'età dell'espansione mediterranea di Roma – all'ancor piú remota pratica del vincolo materiale (*nexum*) sulla persona del debitore, imposto attraverso il ricorso a un rituale pesante e solenne: quello che si effettuava mediante l'uso del bronzo e della stadera[1] (*gestum per aes et libram*). In realtà l'idea di un legame soltanto virtuale, giuridico (*vinculum iuris*) e, dunque, immateriale, che in null'altro consisterebbe se non nel soggiacere dell'obbligato al potere di azione del creditore, nacque, come vedremo, assieme alla nuova configurazione assunta dalla *sponsio*[2] in età decemvirale e alla coeva istituzione della *legis actio per iudicis postulationem* (cap. II, § 2.3*b*). La concezione arcaica di responsabilità, come soggezione all'esecuzione personale o a una pena, appare molto distante, dal punto di vista giuridico, dalla nozione di *obligatio*, quale dovere di eseguire una prestazione. Nella prima, a seguito di fatti dotati di notorietà pubblica, un individuo era esposto all'esecuzione personale, attraverso la *manus iniectio* (cap. II, § 2.3*d*), di un soggetto determinato. La prestazione prevista a favore del terzo dalla sentenza (*iudicatum*) o da figure come il legato *per damnationem* (cap. IV, § 4.3*e*)[3] non implicava dunque, in epoca arcaica, l'esistenza di un rapporto valutabile sotto il profilo dell'obbligazione. Allo stesso modo il *nexum* (in questo cap., §§ 2.1 e 2.7*a-b*), che potremmo descrivere come una sorta di vendita con patto di riscatto, una forma di oppignoramento personale, effettuata a garanzia del prestito ricevuto da un *pater familias*, dava origine esclusivamente a una situazione di soggezione personale, irriducibile, pertanto, alla piú recente nozione di *obligatio*, in quanto mero soggiacere del debitore al potere di azione del creditore. Eppure, al piú tardi agli inizi del I secolo a.C., anche l'arcaico istituto del *nexum*, al pari – si può presumere – del *iudicatum* e del *legatum per damnationem*, fu ricondot-

[1] Una bilancia con un solo piatto.

[2] Ossia in coincidenza con l'emanciparsi della *sponsio* dalla sua rilevanza magico-religiosa, che si può datare, al piú tardi, al tempo delle XII Tavole: § 3.2*a*.

[3] Il fatto parametrico, in questa materia, era quello del *iudicatus*, condannato con la sentenza (*res iure iudicata*: *XII Tab.* 3.1) conclusiva di un'*actio sacramenti* personale (cap. II, § 2.3*a*).

to dal pensiero giurisprudenziale tra le figure generatrici di *obligationes* (§ 2.1).

La nozione di *delictum* è senza dubbio antica: la ritroviamo, infatti, già in età mediorepubblicana, mentre le fattispecie che Gaio vi riconduce sono tutte collegabili o alle XII Tavole o alla legislazione comiziale del III secolo a.C. Ma soltanto tra II e I secolo a.C. i giuristi e, in particolare, Quinto Mucio, individuarono nei *delicta*, proprio come nel caso del *iudicatum*, del *legatum per damnationem* e del *nexum*, fonti di *obligationes* (§ 2.1).

La piú recente nozione di contratto emerse, invece, soltanto tra la tarda repubblica e l'età augustea; ma intorno a essa si sviluppò una delle costruzioni concettuali piú avvincenti dell'intero pensiero giuridico romano. Per noi moderni, il termine «contratto» implica immediatamente l'idea della convenzione, dell'accordo. Per i Romani questo fu un punto d'arrivo, non di partenza. L'esperienza originaria era piuttosto quella di una relazione oggettivamente bilaterale, del legame che si stringeva fra due soggetti secondo modalità particolari (previste dal *ius civile* o dal pretore nel suo editto), produttivo di obbligazioni, con un contenuto di comportamenti valutabile dal diritto, e che si risolveva in modo simmetrico alla sua costituzione. Quinto Mucio (§ 3.1) vi abbozzò intorno il nucleo di una prima classificazione, che ritroviamo, quasi intatta, nel testo di Gaio: l'idea del *contrahere*, ci dice il giurista repubblicano, comprende rapporti realizzati *re* (per esempio, il mutuo), *verbis* (per esempio, la *stipulatio*) o *consensu* (come la compravendita, la locazione, la società, il mandato, figure estranee al nucleo piú antico del *ius civile* e recepite originariamente dalla prassi mercantile nel quadro della giurisdizione tra stranieri o tra Romani e stranieri).

Il lavoro di Quinto Mucio – come quello dei giuristi successivi, da Labeone (cap. I, § 4.5) a Pedio, a Ulpiano – presupponeva l'esistenza di una regola fondamentale, mai smentita nell'esperienza giuridica romana: ossia il cosiddetto principio di tipicità (si veda anche § 3.10). A differenza di quanto accade in tutti i sistemi giuridici moderni, ispirati al criterio della libertà contrattuale (il contratto, fondato sull'accordo delle parti, come categoria universale, capace di dar forma giuridica a qualsiasi contenuto obbligatorio, fatto salvo il rispetto di alcune norme generali), per l'ordine giuridico romano i modelli contrattuali restarono sempre un numero tendenzialmente chiuso; potevano infatti essere qualificati come contratti solo quegli schemi che il *ius civile* o l'editto avessero già previsti e indicati, con uno specifico nome, come produttivi di effetti obbligatori (protetti dunque da azioni altrettanto tipiche). Vedremo piú avanti che in diverse occasioni (di sicuro con Labeone) i giuristi e la giurisdizione pretoria, pressati dalle esigenze mercantili, cercarono di aggirare questa barriera, ma non riuscirono mai davvero a spezzarla stabilmente. E, in piena età severiana, Ulpiano non poté che ribadire, concludendo il resoconto di un lungo dibattito dottrinario, che la semplice convenzione (il «nudo patto», come egli si esprimeva, e cioè il libero accordo delle parti), in quanto tale, non poteva produrre obbligazioni, e dunque non poteva essere protetta da azioni (l'esatto contrario della regola moderna: § 3.10, nonché cap. I, § 7.2). La difformità rispetto al nostro mondo è clamorosa, e ha ragioni lontane, che attengono probabilmente alla persistenza di un sottofondo ritualistico prescrittivo, ereditato dall'età arcaica e operante anche nel diritto romano piú maturo: un nucleo originario che lo sviluppo mercantile e la conseguente spinta verso una totale libertà negoziale non riuscirono mai davvero a sormontare.

Ancora fino a Labeone (in età augustea), nella nozione di contratto l'idea del rapporto prevalse su quella dell'atto che lo costituiva. Il consenso non era che uno dei modi attraverso i quali si poteva realizzare un «contrarre» giuridicamente vincolante, accanto alle parole, alla scrittura, alla consegna di un bene. In questi ultimi casi, dal punto di vista giuridico, l'accordo tra le parti (che pur doveva esservi, come è ovvio) passava in secondo piano di fronte all'invadenza totalizzante della forma prevista per l'instaurazione del rapporto: la pronuncia di determinate parole, la scrittura in appositi registri, la consegna materiale di una somma di denaro.

Ma in seguito, nel corso della tarda repubblica e del primo principato, la situazione mutò: i giuristi, riflettendo in particolar modo sullo schema verbale della *sponsio-stipulatio*, iniziarono a valutare la sua correttezza formale alla stregua della sua idoneità a dar conto di una chiara e corretta volontà delle parti. Nei contratti verbali – è una regola cristallizzata, ma non enunciata per primo, da Ulpiano (47 *ad Sab*. – *D*. 50.17.34) nel suo commentario ai *libri iuris civilis* del giurista augusteo Massurio Sabino (cap. I, § 5.2) – si tenne sempre conto, nel quadro dell'attività interpretativa dei giureconsulti, dell'affare che le parti avessero effettivamente inteso concludere: ciò equivaleva a dire che quel che le parti avessero detto nella *stipulatio* non potesse essere valutato facendo astrazione dal concreto contesto nel quale il dialogo aveva avuto luogo. Ciò suggerí una considerazione decisiva: che cioè l'elemento convenzionale – l'accordo delle volontà, l'assetto convenzionale, la *conventio* – andasse ormai considerato un requisito indispensabile non solo dei contratti cosiddetti consensuali, ma anche di ogni altro tipo di contratto, sia *verbis*, sia *re*, sia *litteris*: ed è esattamente questa massima che, sul finire del I secolo d.C., Sesto Pedio enunciò in un passo importante dei suoi *libri ad edictum*. Ora, dunque, lo sguardo era concentrato piú sull'atto che sul rapporto. La strada era ormai aperta: già il concetto gaiano di *contractus* sembra fondarsi sulla *conventio* (anche se Gaio non lo dice esplicitamente); e poco piú tardi Ulpiano, sempre nei suoi *libri ad edictum*, sovrappone apertamente la teoria delle *conventiones* a quella dei contratti, considerando questi ultimi nulla piú che una specie particolare di *conventiones*: quelle protette da azioni. Il principio di tipicità resiste (non tutte le *conventiones* producono *actiones*), ma al suo interno non c'è contratto senza *conventio*. La teoria della produttività normativa della volontà del soggetto di diritto – un caposaldo dell'ordine giuridico borghese, punto di partenza, fra l'altro, di tutte le teorie del negozio giuridico elaborate nell'Ottocento dalla civilistica europea (cap. I, § 7.2) – trova qui le sue indispensabili premesse: ma nulla piú di questo. Dal nostro punto di vista, si tratta di una «modernità», per cosí dire, realizzata solo a metà.

### 1.3. Le fonti delle obbligazioni nel pensiero giuridico tra gli Antonini e Giustiniano.

La classificazione di Gaio, nella sua geometrica semplicità, offriva il fianco a molte obiezioni. Osservazioni di metodo, intanto: con quel suo curioso (almeno in apparenza) invertire generi e specie (la prima distinzione è, come abbiamo visto, in due «specie»; ma in seguito le obbligazioni da contratto vengono distinte in quattro «generi») mentre un uso scolasticamente corretto di questa tecnica classificatoria presupporrebbe di cominciare dai «generi», cosa che ha fatto versare molto inchiostro agli interpreti moderni; ma soprattutto di contenuto: perché l'esperienza romana conosceva atti costitutivi di obbligazioni che sfuggivano alla bipartizione contratti-delitti, a meno di forzarne scorrettamente i termini. Gaio stesso, del resto, poco dopo aver enunciato il suo schema, si dimostra consapevole della difficoltà del pagamento dell'indebito, da cui poteva nascere una *condictio* (cap. II, § 3.3), ma di cui sarebbe stato difficile sostenere la natura contrattuale. Ed è perciò che egli, in un'opera successiva alle *Institutiones*, le *res cottidianae* (questa volta il passo, della cui autenticità si è a torto dubitato, ci è restituito dai *Digesta* giustinianei)[4], sostituisce la bipartizione originaria con una meno elegante – ma a suo giudizio forse meno criticabile – tripartizione: «le obbligazioni nascono o da contratto, o da delitto [ma qui Gaio usa il termine «*maleficium*», da sempre sinonimo di «*delictum*»], o [...] da varie figure di cause» (*variae causarum figurae*): categoria, quest'ultima, dal profilo un po' incerto, destinata a ricomprendere tutto quanto non rientrasse perfettamente nelle prime due.

Qualche decennio piú tardi Modestino (cap. I, § 6.2), nei *libri regularum*[5], sembra voler definitivamente frantumare lo schema gaiano (che egli non richiama direttamente), sostituendolo con un modello molto piú articolato: «Noi siamo obbligati – egli scrive – o *re*, o *verbis*, o in en-

[4] *D.* 44.7.1 (1 *aur.*).
[5] *D.* 44.7.52 (2 *reg.*).

trambi questi modi, o attraverso il consenso, o per legge, o per *ius honorarium*, o per necessità, o per delitto [e qui la parola usata è *peccatum*, altro sinonimo di *delictum*]». Ma Giustiniano, nelle sue *Istituzioni*[6], in qualche modo vi tornerà (pur non dimenticando né lo sviluppo delle *Res cottidianae*, né, si direbbe, il contributo di Modestino) riproponendone la simmetria originaria, concludendola però questa volta con una quadripartizione:

> Di tutte le obbligazioni vi è una divisione capitale che le scompone in due generi: e infatti, o sono civili, o pretorie. Le civili sono quelle che si costituiscono attraverso la legge, o sono fondate con certezza sul *ius civile*. Le pretorie sono quelle costituite dal pretore attraverso la sua giurisdizione, che si chiamano anche onorarie. Una successiva divisione le scompone in quattro specie: e infatti esse sono o da contratto, o da quasi contratto (*quasi ex contractu*), o da delitto (*maleficio*), o da quasi delitto (*quasi ex maleficio*).

Le due nuove categorie – il quasi contratto e il quasi delitto – miravano a risolvere una volta per tutte il problema lasciato insoluto da Gaio: conciliare esaustività e simmetria. Ma la sensibilità che le aveva costruite obbediva ormai a esigenze culturali lontane da quelle proprie del grande pensiero giuridico al culmine della propria maturità.

## 2. *L'obligatio.*

### 2.1. Origini della nozione di «obligatio».

Nelle *Istituzioni* di Gaio l'*obligatio* ci appare nel suo modello piú evoluto, quello trasmesso dal diritto romano al diritto moderno, e tuttora corrente. Tuttavia, nel manuale gaiano, non si legge alcuna definizione di *obligatio*: una tale mancanza non ci deve stupire solo che si consideri, per esempio, che perfino nel codice civile italiano vigente non è data alcuna definizione, o nozione, di obbligazione, benché alle obbligazioni sia dedicato tutto il IV libro.

Si è già visto (cap. V, § 2.1) che nelle *Istituzioni* di Gaio non si rinviene nemmeno una definizione di proprietà o di

[6] *Istituzioni* 3.13.2.

diritto reale, e che tuttavia il modello – o i modelli – dell'appartenenza risaltano con chiarezza attraverso l'illustrazione, all'inizio del IV libro, del contenuto dell'*intentio* (cap. II, § 3.7*b*) dell'*actio in rem*. Ora, altrettanto si riscontra, in Gaio, a proposito del concetto di *obligatio*, allorché egli illustra, immediatamente prima dell'*intentio* dell'*actio in rem*, il contenuto dell'*intentio* dell'*actio in personam*: «è personale quell'azione mediante la quale agiamo contro chi si è obbligato verso di noi in conseguenza di un contratto o di un delitto, cioè a dire quando pretendiamo che quegli debba dare fare o prestare in nostro favore»[7]. Si capisce allora che l'*obligatio* implica che un soggetto (il *debitor*) debba tenere un certo comportamento a vantaggio di un altro soggetto (il *creditor*), il quale ha il potere di pretenderlo al punto da poter agire processualmente contro l'obbligato nel caso in cui questi non si sia spontaneamente adeguato a quanto richiesto: nella terminologia giuridica moderna, tale comportamento è qualificato come prestazione, e la sua esecuzione è detta, modernamente, adempimento.

Si può escludere che un tale modello di *obligatio* (sul quale si ritornerà diffusamente piú avanti), che riduce il rapporto fra creditore e debitore a una soggezione solo giuridica, sia esistito fin dalle origini nell'esperienza giuridica romana.

Lo stesso termine *obligatus* – alla lettera «l'essere legato», cioè materialmente avvinto – lascerebbe supporre, secondo alcuni, che in epoca arcaica la costrizione dell'«obbligato» dovesse consistere in altro che nella sua mera soggezione all'*actio in personam* del creditore, e, dunque, in un autentico vincolo materiale. In realtà, cosí facendo, si sovrappongono due piani che devono rimanere distinti: da un canto l'uso metaforico[8], nel quadro dell'elaborazione giurisprudenziale del diritto delle obbligazioni, di certe nomenclature assunte dalle figure proprie della responsabilità di epoca arcaica, situazioni che determinavano un'autenti-

[7] Gaio, *Istituzioni* 4.2.

[8] Per quanto attiene a quest'aspetto sarebbe sufficiente ricordare che quanto oggi si definisce adempimento è qualificato generalmente dai giuristi romani, e anche nel manuale di Gaio, come *solutio*; e *solutio* significa, innanzi tutto, l'atto di «sciogliere», di «slegare».

ca soggezione personale di un *pater* a un altro *pater*, cosí come, per esempio, nel caso del *nexum*. Dall'altro l'emergere dell'autentica nozione di *obligatio* quale dovere esclusivo di eseguire una prestazione. Quest'ultima coincise, sul piano concreto dello sviluppo storico del diritto privato romano, unicamente con l'introduzione della *sponsio* (§§ 1.2 e 3.2). Nel momento in cui si dovette definire la situazione di chi si fosse assunto, mediante una *sponsio*, un dovere di prestazione, emerse anche la nozione di *obligatio*. Il debitore, in questo caso, sarebbe stato tenuto semplicemente a eseguire la prestazione che aveva promesso. Se egli avesse pagato, sarebbe stato liberato dal suo debito. Qualora non pagasse, la *manus iniectio* non sarebbe stata immediatamente esperibile: si doveva necessariamente rendere pubblico e notorio il suo inadempimento, esperendo contro di lui un'azione di cognizione (per esempio, dal tempo delle XII Tavole, la *legis actio per iudicis postulationem*; cap. II, § 2.3*b* e sgg.).

Per individuare l'esatto confine tra le arcaiche figure della responsabilità, in quanto soggezione personale al potere altrui, e la nozione di *obligatio*, quale mero dovere di eseguire una prestazione, conviene riflettere sulle vicende storiche del *nexum* (§ 2.7*a* e *b*). Era, quest'ultimo, un antico *gestum per aes et libram*, cioè un atto solenne, compiuto con il «bronzo e la stadera» – come la *mancipatio* (cap. V, § 2.10) – con cui un *pater* sottoponeva se stesso, o un suo soggetto a potestà, al potere (il *mancipium*) di un altro *pater*. La sottomissione era originata dall'esigenza di garantire la soddisfazione del credito di chi cosí acquisiva il *mancipium*. Il credito poteva preesistere al *nexum*; oppure derivare da un prestito realizzato contestualmente all'atto librale, mediante dazione all'assoggettato (il *nexus*), o anche a un terzo, di un certo quantitativo di bronzo che, in assenza di moneta coniata, veniva pesato sulla stadera per determinarne il valore. Il *nexus* si sarebbe venuto a trovare in una condizione non molto diversa da quella dello schiavo, anche se era possibile che egli fosse liberato dal vincolo che lo avvinceva attraverso la cosiddetta *nexi liberatio*, e ciò per effetto dell'intervento di un terzo (il quale poteva essere colui al quale era stato dato a prestito) che lo avesse riscattato, oppure del riscatto che lo stesso *nexus* si fosse procurato, eventualmente attraverso il lavoro alle dipendenze del *pater* che avesse dato a prestito: in concreto, è probabile che, alle origini, la *nexi liberatio* sia consistita in una pesatura corrispondente a quella con cui si era costituito inizialmente il vincolo sul *nexus* (*solutio per aes et libram*: § 2.7*a*).

Per un lungo periodo di tempo, né nel *nexum*, né nel *iudicatum*, né nel fatto di esser gravato da un legato *per damnationem*, né, tantomeno, nel settore delle pene (§ 1.2) furono individuate dai pontefici e dai primi giuristi non sacerdoti situazioni produttrici di autentiche *obligationes*. E tuttavia anche il *nexum*, al pari di altre figure, in epoche piú recenti vi fu ricondotto dal pensiero giurisprudenziale. Tra II e I secolo a.C. una testimonianza della «modernizzazione» di quest'arcaico istituto e del suo assorbimento nella categoria dell'*obligatio* può cogliersi, difatti, nel diverso modo con il quale Quinto Mucio Scevola si esprime in proposito rispetto a un giurista, Manio Manilio (console nel 149 a.C.), nato, all'incirca, cinquant'anni prima di lui: a parlarcene è un erudito del I secolo a.C., Varrone, il quale riferisce [*La lingua latina*, 7.5.105] che, a differenza di Manilio, Quinto Mucio (console nel 95 a.C.) sottolineò l'idoneità del *nexum* a costituire *obligationes*, obliterando dunque l'effetto potestativo (la sottomissione al *mancipium* del creditore) caratteristico del *nexum* nella sua configurazione originaria.

Una testimonianza ulteriore dell'estensione, in età tardorepubblicana, dell'idea di *obligatio*, è offerta da un altro erudito del II secolo d.C., Aulo Gellio (*Notti attiche*, 6.15.1-2), il quale riferisce che, sempre secondo Quinto Mucio Scevola, si obbligava come se avesse commesso un furto chi, avendo ricevuto in deposito, per esempio, un cavallo, lo avesse usato per sé; oppure chi, avendolo ricevuto in prestito, se ne fosse servito in modi o per scopi contrari alle indicazioni dategli da colui il quale gli avesse concesso l'animale. Qui appare come l'*obligatio* fosse concepita quale normale conseguenza di un atto come il furto (§ 4.2): ancora nella legge delle XII Tavole il ladro colto in flagrante, se si difendeva a mano armata, poteva essere ucciso, altrimenti era *addictus*, assegnato cioè, su ordine del magistrato, al derubato che acquisiva cosí un potere su di lui strutturalmente simile a quello spettante sul *nexus*. Tuttavia, già le XII Tavole prevedevano, per il furto non flagrante, una pena pecuniaria pari al doppio del valore della cosa rubata: tale tipo di sanzione finí con il soppiantare nel furto (e, si vedrà, negli altri delitti privati: § 4) le sanzioni afflittive della persona del responsabile, sicché anche nell'ipotesi della flagranza divenne usuale la pena pecuniaria fissata nel quadruplo del valore della cosa rubata. Si comprende, dunque, perché un giurista come Mucio potesse dare per acquisito che il furto generasse un'*obligatio*: l'insorgenza di una soggezione non piú materiale, ma ideale verso l'offeso – il quale poteva esigere dal responsabile il pagamento di una certa somma di denaro sempre qualificata come *poena* – favorí l'assimilazione di situazioni del genere alle *obligationes* conseguenti all'intrecciarsi pacifico dei rapporti tra gli uomini, determinati, per esempio, dagli accordi intercorsi nel campo degli affari.

### 2.2. La nozione giuridica di «obligatio».

Una definizione dell'*obligatio* si rinviene, tuttavia, nel III libro delle *Istituzioni* di Giustiniano, che rielaborava verosimilmente uno spunto già presente nella giurisprudenza dell'età del principato: «l'obbligazione è un vincolo giuridico (*iuris vinculum*) per il quale siamo ristretti nella necessità di liberarci tenendo il comportamento prescritto (*alicuius solvendae rei*) dal diritto della nostra città»[9]. Essa, da una parte, sembra riproporre, attraverso le parole adoperate, un impiego metaforico del termine *vinculum* come costrizione, in origine, fisica o materiale; dall'altra conferma come la sua trasformazione in legame ideale o virtuale, appunto *iuris*, corrisponda a un punto di svolta della storia giuridica romana, benché nell'idea di *obligatio* permanesse, immanente, quella di soggezione. Quest'ultima costituisce, in effetti, l'essenza di ogni obbligazione: il debitore è tenuto, infatti, a una prestazione, e vi è tenuto in forza del diritto nel senso che, in difetto, il creditore avrebbe

[9] *Istituzioni* 3.13.pr.

potuto esercitare contro di lui l'azione *in personam* e, persistendo l'inadempimento, una volta emanata una sentenza di condanna in un processo di cognizione, procedere con l'esecuzione che, almeno a partire dal processo formulare, importava l'espropriazione del patrimonio, o di singoli beni, del debitore medesimo (cap. II, § 2.1).

Nella compilazione giustinianea la nozione di *obligatio* è ancor meglio determinata in un frammento di Paolo[10]: «l'essenza delle obbligazioni non consiste nel far nostra una cosa o una servitú, ma nel costringere un soggetto a darci qualcosa o a fare o a prestare in nostro favore» [*ut alium nobis adstringat ad dandum aliquid vel faciendum vel praestandum*]. Si capisce che qui l'intento è piuttosto di distinguere gli atti giuridici in base ai loro effetti, che sono – ancora al giorno d'oggi – o di tipo reale o di tipo obbligatorio: i primi (effetti reali) consistono nel trasferimento della proprietà o nella costituzione di un diritto reale limitato; i secondi nel vincolare il debitore a eseguire una prestazione in favore del creditore.

Nel testo paolino i comportamenti cui è tenuto il debitore sono tipizzati a esaurire la figura della prestazione: il debitore può essere obbligato a *dare*, cioè a trasferire la proprietà di una cosa o a costituire su di essa un diritto reale limitato; a *facere*, ossia a un'attività, giuridica o materiale, ivi compresa l'inattività (il *non facere*); a *praestare*, ovvero a garantire circa l'adempimento, e assumersi, in conseguenza, la responsabilità dell'inadempimento con specifico riferimento al debito altrui (il *praes*, in antico, metteva a disposizione del creditore la propria persona, su cui sarebbe potuta avvenire l'esecuzione nel caso di inadempimento da parte del debitore).

### 2.3. L'«obligatio naturalis».

Il vincolo al quale è assoggettato l'obbligato, reso effettivo dall'esperibilità contro di lui dell'*actio in personam*, manca in quei rapporti che i Romani qualificavano *obligationes naturales* (obbligazioni, cioè, che si potevano riferire

[10] *D.* 44.7.3.pr. (Paul. 2 *inst.*).

solo al diritto naturale – nel significato dato a tale espressione dai giuristi dei secoli II e III d.C. –, ma non riconosciute secondo i principî del *ius civile*). In tali situazioni, in cui almeno uno dei soggetti – *servus*, *filius familias*, moglie *in manu* – era privo di capacità giuridica patrimoniale, non era possibile che corresse un *vinculum iuris*: per cui se, per esempio, lo schiavo si fosse impegnato a dare 10 000 sesterzi a favore di un terzo, quest'ultimo non avrebbe potuto agire nel caso d'inadempimento, non essendoci alcuna *obligatio* (cap. III, § 2.3.1*c*). Spiega cosí Ulpiano[11] che «uno schiavo non può dovere ad alcuno né si può dovere a lui, e però quando usiamo impropriamente questo verbo, ci riferiamo al fatto piú che ricondurre l'obbligazione al diritto civile».

Lo stesso valeva però dove il rapporto fosse intercorso tra schiavo e padrone; e cosí pure se il rapporto fosse stato tra *alieni iuris*, soggetti alla potestà del medesimo *pater*. Proprio con riferimento al *debere* del padrone verso lo schiavo, il giurista Trifonino[12] sostiene che, se il *dominus* avesse pagato lo schiavo manomesso per un debito insorto al tempo della servitú, erroneamente convinto di esservi tenuto in forza di una qualche azione, non avrebbe potuto domandare la ripetizione del pagato, perché cosí facendo aveva riconosciuto l'esistenza di un *naturale debitum*. Appare, attraverso questo esempio, la conseguenza giuridicamente apprezzabile dell'obbligazione naturale, e cioè che la prestazione, una volta eseguita, non sarebbe stata ripetibile dal debitore «naturale»; il creditore «naturale», che pure non avrebbe potuto agire contro l'inadempiente, avrebbe però potuto trattenere definitivamente quanto ricevuto (cosiddetta *soluti retentio*) a seguito dell'adempimento spontaneo.

In età giustinianea, l'ambito delle obbligazioni naturali è allargato alquanto, venendo a ricomprendere svariate ipotesi in cui la prestazione era imposta non dal diritto, ma da un generico dovere morale e sociale: un percorso, quest'ultimo, che conduce a riconoscere l'irripetibilità del pagato

[11] *D.* 15.1.41 (Ulp. 43 *ad Sab.*).
[12] *D.* 12.6.64 (Tryph. 7 *disp.*).

in una serie di ipotesi non precisamente definibili ma corrispondenti all'adempimento di obblighi morali o sociali, come tuttora è ammesso, con disposizione generale, dall'articolo 2034 del codice civile.

### 2.4. Il contenuto della prestazione.

A questo punto sarebbe usuale illustrare il cosiddetto «oggetto» dell'obbligazione, cioè la prestazione, a cominciare dai suoi requisiti (possibilità, liceità, determinatezza o determinabilità, secondo una tradizione consolidata). Sarà bene però avvertire che il discorso, nella sua astrazione, non è proprio della giurisprudenza romana, ma è riconducibile all'opera della dottrina medievale e moderna, che vi pervenne elaborando i dati desunti dalle fonti romane, il piú delle volte rappresentate da regole di casi concreti, nelle quali si faceva applicazione di principî o criteri poi arrivati a connotare i concetti moderni di obbligazione, contratto, negozio giuridico, di cui costituiscono l'intelaiatura.

*a*) *Impossibilità dell'oggetto e impossibilità sopravvenuta*. Ora, se si considera il requisito della possibilità, si trova in effetti un notissimo passo del giurista Celso (II secolo d.C.) ove si afferma risolutamente che l'obbligazione è nulla quando essa abbia a oggetto una prestazione impossibile (*impossibilium nulla obligatio est*)[13]; tuttavia, tale regola fu estrapolata già dai giustinianei dal contesto originario, concernente una specifica questione in tema di compravendita. In effetti, i giuristi romani non discussero mai dell'impossibilità in astratto, come pure le parole di Celso ci potrebbero far supporre, ma ragionarono intorno a singole questioni. Si prospettarono, in ogni caso, soluzioni che tendono alla fissazione di una regola generale: cosí Paolo dice che se mi faccio promettere che venga fatto quanto la natura non consente, l'obbligazione non esiste piú di quando mi si prometta di darmi ciò che non può essere dato[14]. Non

[13] *D*. 50.17.185 (Cels. 8 *dig*.).

[14] *D*. 45.1.83.5 (Paul. 72 *ad ed*.), da coordinare con *D*. 18.1.34.1 (Paul. 33 *ad ed*.).

può essere data – cioè trasferita in proprietà altrui – una casa già bruciata al momento della nascita dell'obbligazione (caso, quest'ultimo, di impossibilità fisica della prestazione); né può essere data una *res* destinata all'uso di tutti, come il Campo Marzio (impossibilità giuridica della prestazione che, pur possibile *in rerum natura*, non lo è nel mondo giuridico, non consentendolo il diritto della comunità).

L'impossibilità importa che l'obbligazione non sorga qualora si tratti di impedimento assoluto (*impedimentum naturale*) e, dunque, tale per tutti gli uomini (la prestazione di *dare*, ossia di trasferire la proprietà di una casa bruciata); invece l'obbligazione nasceva validamente nel caso in cui il debitore avesse ad accampare un suo personale impedimento (*causa difficultatis*). È cosí valida la promessa di *dare* una cosa altrui, anche se in seguito risultasse che il *dominus* non intendesse alienarla. Il che ci avvicina a un'ulteriore questione, che riguarda l'ipotesi in cui la prestazione, inizialmente possibile, non lo sia piú in seguito: l'impossibilità sopravvenuta estingue l'obbligazione a meno che il fatto non sia addebitabile al debitore, come quando si sia promesso di dare un oggetto che, poi, «abbia cessato di essere nelle cose umane senza colpa del promittente» (l'esempio è relativo a un caso di *stipulatio*). Se, viceversa, vi fosse stata colpa del debitore il diritto sanziona tale comportamento riprovevole «fingendo» che la prestazione sia ancora possibile, con la conseguente responsabilità del debitore stesso [è il fenomeno della cosiddetta *perpetuatio obligationis*: § 5*i*]).

*b*) *L'obbligazione illecita*. I giuristi affrontano la questione della liceità o meno della prestazione specialmente con riferimento all'ambito del contratto di *stipulatio* (§ 3.2*g*) e del legato con efficacia obbligatoria (*per damnationem*: § 4.3*e*): la premessa è che la prestazione illecita non ha alcuna validità («nullius esse momenti» recita un passo di Ulpiano [*D.* 45.126 (42 *ad Sab.*)], nel quale il giurista si esprime, con valutazione generale, al riguardo delle «turpi stipulazioni»). Ora, una stipulazione è turpe se, con essa, il promittente-debitore si sia impegnato, per esempio, a commettere un omicidio o un sacrilegio; o, caso piú reale, a pagare interessi oltre il tasso consentito. Tuttavia, sarebbe turpe – e, dunque, ugualmente invalida – anche quella stipulazione in cui il promittente si impegnasse a istituire erede o a sposare una certa persona, perché si tratta di atti i quali richiedono si mantenga integra la libertà di scegliere. È considerata invalida anche la prestazione contraria alla morale comunemente accettata (*contra bonos mores*): Gaio porta a esempio il mandato concluso affinché il mandatario commetta un furto o un'ingiuria.

*c*) *Determinatezza della prestazione*. Si capisce che, se si vuole che il debitore esegua la prestazione, questa deve essere determinata: la determinazione di solito è contestuale alla nascita dell'obbligazione, ma è ammissibile una determinazione successiva, che cioè la prestazione si presenti inizialmente indeterminata, purché sia determinabile in applicazione di criteri o parametri dati. Cosí i giuristi concludono che la *stipulatio* è invalida qualora si prometta di costruire un edificio senza che vi sia indicazione del luogo dove esso dovrebbe sorgere; o qualora si prometta di pagare degli interessi senza fissarne preventivamente il saggio. È però valida la *stipulatio* di *dare* i frutti che saranno prodotti quest'anno in un fondo determinato (per esempio, nel fondo Tuscolano); ed è valida anche la vendita il cui prezzo sia eguale a quello a suo tempo pagato a colui del quale il venditore sia l'erede (§ 3.2*d*).

In tali casi, infatti, la *stipulatio* rinvia a fatti che consentono una determinazione successiva della prestazione, senza che vi sia margine d'incertezza. Tuttavia, è anche consentito stabilire che la prestazione sia successivamente determinata mediante una terza persona alla cui valutazione le parti si rimettano: la determinazione operata dal terzo può essere assolutamente discrezionale (si parla in tal caso di *arbitrium merum*) o conforme alla valutazione che esprimerebbe, valutato il contesto, la persona mediamente equilibrata e matura (*arbitrium boni viri*). Cosí è possibile che, in una società, i soci rimettano la quantificazione delle rispettive quote alla valutazione di un amico: in questo caso il giurista Proculo (I secolo d.C.; cap. I, § 5.1) esprime però l'opinione che ci si possa affidare esclusivamente all'*arbi-*

*trium boni viri* perché la natura della società – il rapporto di buona fede – non ammette l'*arbitrium merum*[15].

*d*) *Luogo della prestazione*. È difficile accertare se esistesse una regola univoca sull'identificazione del luogo della prestazione: Ulpiano afferma, richiamandosi all'opinione di Cervidio Scevola (II secolo d.C.; cap. I, § 5.3), che, in mancanza di un accordo delle parti, la scelta del luogo sarebbe spettata al creditore; tuttavia, avrebbe potuto scegliere anche il debitore, ma soltanto se l'avesse fatto prima che il creditore avanzasse la sua richiesta[16].

*e*) *La patrimonialità della prestazione*. Non mancano le affermazioni dei giuristi da cui si potrebbe ricavare un ulteriore requisito della prestazione: la sua patrimonialità, cioè l'attitudine a essere valutata in denaro (cfr. oggi l'art. 1174 c.c.). Cosí, per esempio, Ulpiano enuncia in un testo in tema di *stipulatio*, in termini che parrebbero generali: «sono deducibili in obbligazione le prestazioni suscettibili di essere convertite in denaro»[17].

*f*) *Obbligazioni generiche e alternative*. Il dibattito giurisprudenziale appare particolarmente vivo là dove la prestazione aveva a oggetto cose generiche (obbligazioni cosiddette generiche): in concreto, si trattava di stipulazioni o di legati con efficacia obbligatoria (*per damnationem*: cap. IV, § 4.3*e*), di cui si ammetteva generalmente la validità quando il genere fosse individuato con sufficiente determinatezza. Cosí, a fronte di chi riteneva nulla, in assenza di ulteriori indicazioni, la stipulazione di *dare* uno schiavo o un fondo, vi era chi opinava il contrario: Gaio[18], per esempio, sostiene che incorreva in *pluris petitio* (cap. II, § 3.7*a* e *g*) e perdeva la *causa* chi domandasse una specie (la porpora di Tiro), per quanto vilissima, se gli era stato promesso un genere (la porpora), dal momento che il creditore privava il debitore della scelta della *res* da *dare*, scelta che, in

[15] *D*. 17.2.76 (Procul. 5 *epistul.*).
[16] *D*. 13.4.2.3 (Ulp. 27 *ad ed.*).
[17] *D*. 40.7.9.2 (Ulp. 28 *ad Sab.*).
[18] Gaio, *Istituzioni* 4.53d.

effetti, era di regola riservata a quest'ultimo, anche se la tendenza fu di imporgli di scegliere comunque cose di media qualità. D'altra parte, era previsto che nella *stipulatio* (§ 3.2), nella compravendita (§ 3.6), nel legato *per damnationem* (cap. IV, § 4.3*e*), il debitore potesse adempiere eseguendo (di regola a sua scelta) una fra piú prestazioni, se cosí fosse stato inizialmente convenuto (obbligazione cosiddetta alternativa, come nell'esempio gaiano: «prometti di dare 10 000 sesterzi o lo schiavo Stico?»)

### 2.5. Termine e condizione.

Nei fatti, una qualsiasi prestazione si esegue in un certo tempo e in un certo luogo. Su tali modalità sono determinanti le intese tra creditore e debitore. Tuttavia qualora le parti non abbiano previsto nulla in proposito, o non siano riuscite a trovare un accordo, possono sorgere problemi.

Circa il tempo della prestazione, l'orientamento dei giuristi romani è sufficientemente univoco: la prestazione deve essere eseguita immediatamente, a meno che un certo tempo di attesa sia inevitabile. La promessa di *dare* 10 000 sesterzi nel luogo stesso dove si promette deve essere adempiuta subito; ma ciò non si può pretendere se quella somma deve essere data in un luogo lontano. Pomponio[19] afferma cosí che «in ogni obbligazione, in cui non sia stato fissato un termine, si deve quest'oggi». Lo stesso è detto nelle *Istituzioni* di Giustiniano[20]:

> ogni stipulazione si fa o puramente o a termine o sotto condizione. Puramente, come segue: «prometti di dare cinque *aurei*?» e ciò può essere preteso immediatamente. A termine, quando la stipulazione si concluda con l'aggiunta di un termine entro il quale la somma deve essere pagata, come: «prometti di dare dieci *aurei* alle calende di marzo?» Anche quel che promettiamo a termine lo si deve subito, ma non può essere richiesto prima della scadenza del termine.

Con la fissazione di un termine (*dies*) le parti convengono, dunque, di differire l'esecuzione della prestazione a un momento successivo alla nascita dell'obbligazione: solita-

[19] *D.* 50.17.14 (Pomp. 5 *ad Sab.).*
[20] *Istituzioni* 3.15.2.

mente il termine è stabilito nell'interesse del debitore, che cosí può avere il tempo di adempiere qualora non sia possibile l'adempimento immediato. Il termine, però, poteva essere stabilito anche a vantaggio del creditore, con la conseguenza che il debitore non avrebbe potuto adempiere prima della scadenza.

Se il passo delle *Istituzioni* sopra riprodotto mette in rilievo come la *stipulatio* – e cosí la prestazione che ne costituisca l'oggetto – possa essere sottoposta a condizione, poco piú avanti nel testo si precisa: «la stipulazione è sotto condizione quando l'obbligazione è differita al verificarsi di un avvenimento, e si conviene che essa abbia effetto se, per esempio, qualcosa sia o non sia stato fatto, come: "prometti di dare cinque *aurei* se Tizio sarà fatto console?"»

La condizione, in un certo senso, incide sul tempo della prestazione, subordinando la produzione degli effetti di un atto al verificarsi di un avvenimento futuro e obiettivamente incerto: durante il cosiddetto periodo di pendenza della condizione (quando cioè non si sa se l'avvenimento si verificherà o meno), il debitore non è obbligato e, dunque, non è tenuto a eseguire la prestazione. Se la condizione si verifica, bisogna che la prestazione segua; diversamente, quando consti la certezza del suo mancato verificarsi, sarà altrettanto certo che la prestazione non sarà mai dovuta. La condizione, cosí intesa, è propriamente la condizione sospensiva; ma non è condizione quella che faccia riferimento al passato o al tempo presente (*ad praeteritum vel ad praesens tempus*), perché – si spiega ancora nelle *Istituzioni* di Giustiniano – condizioni del genere «o invalidano subito l'obbligazione oppure non la differiscono affatto»[21]. Per esempio, prosegue il testo, posta una condizione del tipo «se Tizio è stato console o se Mevio vive, prometti di *dare*?» ne consegue che «se tali avvenimenti non si sono verificati, la stipulazione è nulla e, invece, è valida da subito qualora si siano verificati». L'incertezza meramente soggettiva non può, dunque, influire sull'efficacia dell'obbligazione.

Regime identico a quello delle condizioni passate o presenti hanno le condizioni impossibili: si deduce in condi-

[21] *Ibid.*, 3.15.6.

zione un fatto di cui si sa per certo che non si verificherà («prometti di *dare*, se toccherò il cielo con un dito?» nell'esemplificazione delle *Istituzioni* giustinianee) e dunque l'obbligazione non sorge. Secondo un principio riferitoci da Giuliano[22], se il mancato verificarsi della condizione fosse dipeso dall'iniziativa di chi aveva un interesse contrario all'avveramento della condizione stessa, questa si considerava avverata.

Nella terminologia moderna, la condizione di cui si è ora trattato è denominata condizione sospensiva, proprio perché sospende gli effetti dell'atto. Nelle loro elaborazioni, i giuristi romani si riferirono a questo tipo di *condicio*, mentre della cosiddetta condizione risolutiva – quella nella quale gli effetti dell'atto si producono subito per poi venire a cessare qualora si avveri l'evento previsto – essi si occuparono solo saltuariamente, anche se, nella prassi, il fenomeno della risoluzione degli effetti già conseguiti non era ignoto potendosi ottenere, in certe situazioni, mediante particolari pattuizioni tra le parti (§ 3.6*j*)[23].

## 2.6. Obbligazioni con pluralità di soggetti.

L'ipotesi finora considerata, quella cioè in cui l'obbligazione presentava un solo soggetto attivo, il creditore, e un solo soggetto passivo, il debitore, è la piú ricorrente nella casistica delle fonti giurisprudenziali, ma vi potevano anche essere piú creditori o piú debitori; o ancora, piú creditori e piú debitori insieme.

*a) Divisibilità e indivisibilità delle obbligazioni. Obbligazioni parziarie.* Un precetto delle XII Tavole stabiliva che i crediti e i debiti ereditari – quelli cioè del defunto – si dividessero immediatamente tra gli eredi, con la conseguen-

[22] *Ibid.*, 3.19.11.

[23] Qualora si avveri, una condizione risolutiva, concepita in tal modo «prometti di dare 100 a meno che la nave venga dall'Asia», essa potrebbe avere efficacia, sul piano del *ius honorarium*, mediante l'inserzione, nella *formula iudicii*, di un'*exceptio pacti* o di un'*exceptio doli*: cfr. *D.* 44.7.44.1 (Paul. 72 *ad ed.*). Ma nella *datio tutoris* testamentaria [*D.* 26.2.8.2 (Ulp. 24 *ad Sab.*); *D.* 26.10.3.7 (Ulp. 35 *ad ed.*)] si rinvengono esempi di condizione risolutiva.

za che ciascuno avrebbe potuto esigere e a ciascuno si sarebbe potuto domandare il pagamento della quota di sua competenza[24]. Situazioni di tal genere – piú creditori o piú debitori legittimati, ognuno, per la rispettiva quota – sono qualificate come obbligazioni parziarie: a ben guardare, si tratta di una pluralità di rapporti obbligatori fra loro distinti, pur se derivati dalla medesima fonte. Tale parziarietà costituiva la regola: cosí Paolo[25], per esempio, ne afferma la vigenza, contro l'interesse del creditore, anche nel caso in cui piú debitori fossero stati condannati da una sentenza giudiziaria al pagamento di un'unica somma (*in unam quantitatem*), con la conseguenza che, ove alla condanna non fosse stata data spontanea esecuzione, si sarebbe potuto convenire, con l'azione da giudicato e, dunque, per l'esecuzione forzata, ciascuno dei condannati in ragione della rispettiva quota (*pro portione virili*).

*b*) *obbligazioni solidali*. Vi erano, però, ipotesi nelle quali, in luogo della parziarietà, l'obbligazione con pluralità di soggetti era governata da un diverso regime, oggi denominato della solidarietà ed evidentemente derivato dalle affermazioni dei giuristi romani, i quali ripetevano che, in ipotesi del genere, piú creditori o piú debitori venivano a trovarsi *in solidum*: ciascun creditore avrebbe cioè potuto pretendere e, rispettivamente, ciascun debitore avrebbe dovuto adempiere l'intero.

In generale, vi era una responsabilità solidale nel caso in cui gli autori di un delitto privato fossero piú d'uno, con la conseguenza che ciascuno dei *rei* era obbligato a pagare per intero la pena pecuniaria prevista (solidarietà cosiddetta cumulativa). Una solidarietà di tal genere, ispirata da un intento sanzionatorio, era attuata con rigore, come dimostra un caso riferitoci da Ulpiano: se due o piú soggetti avessero rubato una trave non asportabile da una sola persona, sarebbero stati tutti obbligati in solido a titolo di furto, per quanto il singolo non avrebbe potuto maneggiare o asportare la trave, perché non si sarebbe potuto dire che i sin-

[24] *XII Tab*. 5.9.
[25] *D*. 42.1.43 (Paul. 16 *resp*.).

goli avessero ciascuno commesso il furto per la propria parte (*pro parte*), bensí di tutta la cosa nel suo insieme[26].

La solidarietà derivava in particolare dal contratto: i giuristi ragionavano soprattutto sulla *stipulatio*, facendo discendere dalle parole in essa adoperate la solidarietà attiva (piú creditori in solido) o passiva (piú debitori in solido). Nelle *Istituzioni* giustinianee si fa il caso del promittente il quale, a fronte delle successive interrogazioni di piú stipulanti, tutte in riferimento alla stessa prestazione, prometta con unica risposta a ciascuno degli interroganti («prometto di dare a ciascuno di voi»). Inverso è il caso in cui, a fronte delle successive interrogazioni provenienti da un unico stipulante («prometti, Mevio, di dare cinque *aurei*?», «prometti, Seio, di dare cinque *aurei*?»), ciascuno degli interrogati risponda separatamente. A ciascuno degli stipulanti sarà dovuto l'intero e, corrispettivamente, ciascuno dei promittenti dovrà l'intero; qualora, però, uno dei creditori riceva l'adempimento, o uno dei debitori esegua la prestazione, «l'obbligazione si estingue per tutti e tutti restano liberati» (solidarietà cosiddetta elettiva, perché caratterizzata dalla scelta del creditore che reclama l'adempimento o del debitore che adempie)[27].

La solidarietà elettiva passiva poteva derivare dalle stipulazioni di garanzia, fra le quali può qui ricordarsi l'ultima in ordine di tempo, ossia la fideiussione (*fideiussio*): il fideiussore era appunto colui il quale garantiva, con il proprio patrimonio, l'adempimento dell'obbligazione altrui, assumendo a sua volta, tramite la pronuncia di certe parole, un'obbligazione verso il creditore (nella forma: «altrettanto disponi di dare in fede tua?»), la quale seguiva la promessa fatta dal debitore principale.

Inoltre, la solidarietà elettiva poteva nascere dalla natura della prestazione quanto piú fossero i creditori o i debitori. Ad esempio, dice Ulpiano, «non si dividono le stipulazioni di quelle cose che non consentono la divisione»[28],

[26] *D.* 47.2.21.9 (Ulp. 40 *ad Sab.*): si veda O. Lenel, *Palingenesia iuris civilis*, II, col. 1161, nota 6.

[27] *Istituzioni* 3.16.pr.-1.

[28] *D.* 45.1.72.pr. (Ulp. 20 *ad ed.*).

come la promessa di costituire una servitú di passaggio o di acquedotto oppure di scavare una fossa o di costruire un edificio (obbligazioni cosiddette indivisibili); anche Paolo conferma che, qualora il testatore avesse disposto l'esecuzione di una certa opera, i singoli eredi sarebbero stati obbligati in solido, perché l'esecuzione dell'opera non poteva essere frazionata in parti[29].

Si poneva nei fatti la questione del regolamento interno tra i concreditori o i condebitori, una volta eseguita la prestazione: di per sé, l'adempimento non fondava il diritto del concreditore al recupero della sua quota esatta dall'altro e, corrispettivamente, il diritto del debitore che avesse adempiuto al rimborso dagli altri condebitori. Tuttavia, alla rivalsa o, rispettivamente, al regresso si giungeva ugualmente se tra i concreditori o condebitori intercorreva un rapporto di comproprietà, di società, o di mandato, per i quali era data azione per la soddisfazione delle pretese reciproche (§§ 3.6, 3.8, 3.9). Nella prassi era usuale che il condebitore, all'atto dell'adempimento, si facesse cedere dal creditore le azioni che a questi spettavano contro gli altri debitori. Quanto alla fideiussione, il fideiussore, se escusso in luogo del debitore, avrebbe similmente potuto agire in regresso contro quest'ultimo – oltre che in virtú della cessione dell'azione fattagli dal creditore – sulla base di un mandato, espresso o tacito, a lui conferito dal medesimo debitore: nel giudizio di mandato, riferisce Gaio [*Istituzioni* 3.127], il fideiussore avrebbe recuperato quanto corrisposto per il debitore.

## 2.7. L'estinzione dell'obbligazione: le ipotesi del «ius civile» e del «ius honorarium».

Mentre la figura del *dominus* si erge solitaria nel godimento della sua *res*, nel senso che egli non ha necessità della collaborazione di alcun altro soggetto, altrettanto non si può dire per il *creditor*, che ha bisogno della cooperazione attiva del *debitor* per la realizzazione del fine economico

[29] *D.* 45.1.85.pr. (Paul. 75 *ad ed.*).

insito in qualunque obbligazione. Nella prospettiva sistematizzante della scienza giuridica moderna la nascita dell'obbligazione determina una vicenda la quale si esaurisce, fondamentalmente, con l'estinzione dell'obbligazione stessa: nelle *Istituzioni* gaiane è detto che l'*obligatio* viene tolta via, cancellata, rimossa (*tollitur*)[30].

I modi, o cause, attraverso cui l'obbligazione si estingue sono numerosi, e di diversa epoca storica: una loro esposizione, per quanto sintetica e selettiva, impone pertanto di riprendere il discorso sulla genesi e sullo sviluppo dell'idea di *obligatio* nell'esperienza romana.

*a*) *La solutio per aes et libram*. Si è già avuto occasione di accennare (§ 2.1) a quest'antico atto *per aes et libram*, un rituale, all'evidenza, di segno contrario al *nexum*, in quanto chi parlava dichiarava solennemente di liberarsi dal potere del creditore («io mi sciolgo e mi libero da te») mediante la dazione a questi del bronzo che veniva contestualmente pesato sulla stadera (presumibilmente, per una quantità identica a quella pesata all'atto della costituzione del vincolo, ossia del *nexum*). Si intuisce che tale *solutio per aes et libram* fu praticata in epoca arcaica; il suo significato fu indubbiamente modificato dall'introduzione della moneta: Gaio[31] ne parla diffusamente, ma come di una specie di *imaginaria solutio*, e dunque di adempimento fittizio, salvo nell'effetto liberatorio dall'*obligatio*, che persisteva ancora al suo tempo cosí realizzando una remissione del debito, nella mancanza di un pagamento reale.

*b*) *L'«acceptilatio»*. Nata con la *sponsio* l'*obligatio* in quanto esclusivo vincolo giuridico, cominciarono ad affermarsi anche nuove forme estintive, la piú significativa delle quali è senza dubbio l'*acceptilatio*, un atto verbale utilizzato, appunto, per estinguere un'obbligazione nata «con le parole», ossia la *sponsio-stipulatio* (§ 3.2). Nell'*acceptilatio* era il debitore a interrogare: «Quel che io t'ho promesso l'hai ricevuto?» Il creditore rispondeva congruamente:

[30] Gaio, *Istituzioni* 3.168.
[31] *Ibid.*, 3.173-75.

«L'ho ricevuto». L'*obligatio* era cosí estinta. «Parve congruo che l'obbligazione fatta con le parole fosse dissolta da altre parole», sottolinea Gaio[32] – traccia che alcuni studiosi hanno riferito alle conseguenze di un rito (la *sponsio*) annientabile esclusivamente attraverso il compimento di un rito di segno contrario (ma cfr., in questo cap., § 3.2*c*), proprio come, in antico, avveniva per l'asservimento derivante dal *nexum*, dal quale ci si poteva liberare solo attraverso la pesatura del bronzo restituito, secondo la forma della *solutio per aes et libram*.

*c*) *Il «contrarius consensus».* Quando, nell'età dell'espansione mediterranea, si avvertí l'esigenza – conforme all'intensificarsi dei commerci a lunga distanza – di individuare un campo di *obligationes* «che discendono dal consenso», costituite cioè con il solo accordo delle parti, a prescindere dalla forma in cui il loro accordarsi si fosse manifestato, l'idea dell'«atto contrario» (*contrarius actus*) si ripropose per fondare il modo dell'estinzione delle obbligazioni «che si contraggono con il consenso», come si legge già in Quinto Mucio[33]: l'*obligatio* nata dal consenso si estingueva cosí in conseguenza della volontà contraria (*dissensus contrarius*) comunque espressa dalle parti e purché le reciproche prestazioni non fossero ancora state eseguite.

*d*) *L'adempimento.* All'epoca dell'espansione nel Mediterraneo è anche da riportare, secondo parte della storiografia romanistica, l'efficacia estintiva comunque riconosciuta all'adempimento o al pagamento (ma cfr. § 3.2*c* e 3.9*b*): in tale prospettiva si sostiene che, con l'esecuzione della prestazione dovuta (*solutio eius quod debeatur*), l'obbligazione venga certamente meno, né si sarebbe richiesto ancora, proprio in conseguenza del declino del ritualismo arcaico, il ricorso alle forme tradizionali, quali la *solutio per aes et libram* o l'*acceptilatio*, al fine della produzione dell'effetto estintivo. La *solutio* – intesa come semplice adempimento – sarebbe cosí divenuta di per sé sufficiente per

[32] *Ibid.*, 3.169.
[33] *D.* 46.3.80 (Pomp. 4 *ad Q. Mucium*): si veda, in questo cap., nota 50.

qualunque obbligazione: Gaio[34], perciò, può incominciare la sua trattazione istituzionale sull'estinzione dell'obbligazione constatando che è «precipuamente» in conseguenza della *solutio* che essa viene rimossa (*tollitur obligatio*).

La giurisprudenza elaborò ulteriormente quest'idea di *solutio*, fissando una griglia di regole generali in tema di adempimento, molte delle quali si sono trasmesse sino ai diritti moderni. Si consentí che al pagamento potesse provvedere un soggetto diverso dal debitore, anche contro il suo volere o a sua insaputa; d'altra parte, si individuò la figura dell'«aggiunto al fine del pagamento» (*adiectus solutionis causa*), un terzo, cioè, cui il debitore avesse promesso la prestazione in aggiunta (e in alternativa) al creditore nella forma: «prometti di *dare* a me o a Tizio?» Con qualche incertezza, si ammise pure che il debitore avrebbe potuto validamente liberarsi eseguendo una prestazione diversa da quella dovuta (*aliud pro alio solvere*), purché il creditore fosse consenziente: il che implica, *a contrario*, che il debitore era tenuto all'esatto adempimento. Del resto, come si è visto (§ 2.4*f*) era previsto che nella *stipulatio*, nella compravendita, nel legato *per damnationem*, il debitore potesse adempiere eseguendo (di regola a sua scelta) una fra piú prestazioni, se cosí fosse stato inizialmente convenuto.

*e) La «novatio».* Si ha però l'impressione che il talento della giurisprudenza fosse in qualche misura condizionato dal permanere di un fondo ritualistico ereditato dalla tradizione, che lo costringeva a muoversi sempre, pur adeguandosi alle nuove realtà, nell'ambito di forme preesistenti, per quanto elaborate evolutivamente. Emblematica, da questo punto di punto di vista, può essere la storia della novazione (*novatio*), definita, in un testo ulpianeo[35], come «la trasfusione e la traslazione in un'altra obbligazione, civile o naturale, di un debito preesistente, il che si verifica quando dal titolo della precedente obbligazione se ne faccia uno nuovo, con la conseguenza che il primo viene tolto di mezzo».

[34] Gaio, *Istituzioni* 3.168.
[35] *D.* 46.2.1 (Ulp. 46 *ad Sab.*).

Nasce cosí una nuova obbligazione, che sostituisce la precedente, qualunque causa essa potesse avere. Ulpiano insiste sulla circostanza che «tutte le obbligazioni possono trapassare nella novazione», siano esse state contratte «con le parole» o «non con le parole»; queste obbligazioni, però, continua il giurista, «passano in un'obbligazione che deriva dalle parole» (cioè comunque in una *stipulatio*). Era certo un'idea importante perché consentiva già ai privati opzioni prima sconosciute, e funzionali alla domanda di una piú libera regolamentazione degli interessi in gioco che sono poi quelli dell'economia mercantile degli ultimi secoli della repubblica. Il limite, però, stava nel fatto che un tale progresso nella costruzione giuridica era costretto a prendere pur sempre la forma tradizionale della *stipulatio*, quella cosiddetta novatoria. Paradigmatico, sotto questo profilo, risulta l'inizio della trattazione in tema di *novatio* nelle *Istituzioni* gaiane: «Anche con la novazione viene tolta via l'obbligazione, come se io stipuli che mi sia dato da Tizio quel che tu mi devi»[36].

*f) Segue: la delegazione.* La *stipulatio* con una *nova persona* faceva nascere una *nova obligatio*, estinguendo quella precedente e trasferendola nella successiva. In questo caso si deve intendere che, sottostante alla nuova promessa, vi fosse un accordo tra gli interessati, secondo lo schema della cosiddetta delegazione (*delegatio*) passiva: il debitore (il delegante) incaricava Tizio (il delegato) di promettere al creditore (delegatario) quel che egli doveva. La delegazione passiva attuava cosí propriamente un'espromissione (*expromissio*), ma lo schema della delegazione poteva essere attuato anche mercé la sostituzione del creditore, se questi avesse incaricato il proprio debitore di promettere quel che gli doveva a un terzo (*delegatio nominis*, cioè delegazione di credito).

«Ciò che tu devi a me», scriveva Gaio[37], riferendosi al contenuto che deve avere la *stipulatio* novatoria: la novazione avrebbe avuto cosí efficacia estintiva solo se, nella

[36] Gaio, *Istituzioni* 3.176.
[37] *Ibid.*

nuova stipulazione, l'oggetto dell'obbligazione non fosse cambiato (*idem debitum*). Un requisito, quest'ultimo, insuperabile nel diritto dei giuristi, e che tuttavia non impediva, nel caso una *nova persona* si costituisse debitore o, a seconda, creditore, quel «qualcosa di nuovo» (*quid novi*) in cui la giurisprudenza ravvisava un ulteriore requisito della *stipulatio* novatoria.

Attraverso la delegazione attiva si poteva pervenire al risultato della cessione del credito (*cessio crediti*), anche se, a rigore, non era il credito a venire ceduto, ma l'obbligazione a essere sostitituita con una nuova: in effetti, il debitore – la cui collaborazione era comunque indispensabile – prometteva *ex novo* di fronte alla domanda rivoltagli dal creditore cessionario (per esempio: «Prometti di dare i sesterzi che Seio stipulò da te?») Si trattava, dunque, di un espediente escogitato sulla spinta della prassi commerciale, che aveva interesse a superare l'antico principio per cui le *obligationes* non si potevano trasferire *inter vivos*[38].

Le ipotesi di delegazione ora esaminate realizzano la novazione cosiddetta soggettiva; tuttavia, era ammesso che la *stipulatio* novatoria potesse intercorrere anche tra le medesime parti che avevano concluso la *stipulatio* originaria. Il requisito dell'*idem debitum* poneva però un limite: non si sarebbe potuto semplicemente concludere una seconda stipulazione, giacché essa sarebbe stata inutile o, meglio, avrebbe implicato il sorgere di una seconda obbligazione, non potendo sussistere tra gli stessi soggetti due contratti con il medesimo oggetto. Gaio spiega cosí che «se io stipulo successivamente dalla stessa persona, vi è novazione solo se nella posteriore stipulazione ricorra qualcosa di nuovo, come se si aggiungano o si tolgano una condizione o un termine o un garante». La novazione, in questo caso, è qualificata oggettiva; ma è da dire che tale era pure quella, altrettanto ammissibile, che conseguisse da una *stipulatio* nella quale si fosse versato il debito derivante da una prece-

[38] L'altro modo attraverso il quale si conseguiva la cessione del credito consisteva nella nomina, da parte del creditore cedente, del creditore cessionario quale suo rappresentante processuale autorizzato a perseguire giudiziariamente il debitore ceduto, inadempiente: si tratta, però, di un meccanismo proprio del *ius honorarium*: § 2.7*k*.

dente, affatto diversa, causa obbligatoria (per esempio, il dare il prezzo di una compravendita).

L'effetto obbligante dei *verba* della *stipulatio* novatoria era irrefragabile; e per evitare che la nuova obbligazione si aggiungesse, senza sostituirsi, alla precedente occorreva che entrambe le parti volessero la *novatio*. La sostituzione dipendeva, spiega ancora Ulpiano, dal fatto che «sappiamo che soltanto cosí avviene la novazione», diversamente «vi saranno due obbligazioni»[39]. Parrebbe dunque che i giuristi abbiano postulato la presenza, nei soggetti della *stipulatio* novatoria, della comune intenzione di novare (*animus novandi*). Tuttavia, potevano darsi incertezze in assenza di un'univoca volontà di novare, potendosi pensare, per esempio, che la promessa di Tizio – il delegato nello schema della delegazione passiva – fosse stata fatta al fine di aggiungere una garanzia personale. Nelle *Istituzioni* giustinianee vi è un'eco del dibattito che dovette accendersi tra i giuristi sul tema, per la difficoltà di individuare, nei casi concreti, l'*animus novandi*, e per i dubbi originati dalle presunzioni che nei fatti dovevano portare a concludere in un modo o in un altro. Un'ambiguità, quest'ultima, talvolta insuperabile, che il rigoroso rispetto dei *verba* tradizionali, e la conseguente esclusione della possibilità di aggiunte chiarificatrici, devono aver contributo a cagionare. Realisticamente, Giustiniano impose alle parti che la novazione si sarebbe prodotta «solo se i contraenti avessero espressamente dichiarato di essersi accordati per fare la novazione di una precedente obbligazione»[40].

*g) Segue: la «stipulatio Aquiliana».* Lo sforzo operato dalla giurisprudenza alla ricerca di nuove funzioni, compatibili con il ritualismo della tradizione, si può cogliere nel formulario di una curiosa *stipulatio* ideata dal giurista Aquilio Gallo (I secolo a.C.) e, perciò, detta *Aquiliana*. Ne parlano ancora le *Istituzioni* di Giustiniano[41], che la presentano come una vera e propria invenzione, dettata, si intuisce, da

[39] *D.* 46.2.2 (Ulp. 48 *ad Sab.*).

[40] *Istituzioni* 3.29.3a.

[41] *Ibid.*, 3.29.2.

una pressante esigenza pratica. Infatti, specialmente nel mondo delle relazioni commerciali, tra due soggetti sarebbero potute intercorrere molte obbligazioni, per la cui estinzione – in virtú del formalismo cui si è piú volte accennato – si sarebbe resa necessaria una pluralità di atti, in considerazione del principio della corrispondenza tra forme obbliganti e forme liberatorie. Orbene, la *stipulatio Aquiliana* era idonea, da sé sola, a novare tutte le obbligazioni tra le parti, ivi comprese quelle future o eventuali o non conosciute, qualunque ne fossero la causa e il contenuto. Il debitore prometteva che avrebbe dato allo stipulante tanto denaro quanto era il valore delle obbligazioni dedotte, e l'obbligo cosí nato dai *verba* della *stipulatio* si sarebbe potuto estinguere con un'unica, corrispondente, *acceptilatio* verbale. La comodità in tal modo apprestata era grande, e l'ampiezza della promessa e della successiva *acceptilatio* garantivano che non sarebbero piú insorte liti tra le parti, essendo definitivamente tacitate le ragioni del creditore.

*h*) *L'obbligazione dedotta in giudizio*. L'*obligatio* – scrive Gaio[42] – viene eliminata anche dalla *litis contestatio* (cap. II, § 3.8), purché si sia agito in un *iudicium legitimum* (cap. II, § 3.3 e 3.12*a*). Infatti, mentre l'obbligazione originaria viene meno, il debitore convenuto comincia a essere tenuto in forza della *litis contestatio*. Tuttavia, se in seguito viene condannato, eliminata la *litis contestatio*, incomincia a essere tenuto in forza del giudicato (cap. II, § 3.10). A tal riguardo, secondo il resoconto di Gaio, già i giuristi, di II e I secolo a.C., ritenevano che prima della *litis contestatio* il debitore deve dare, dopo la *litis contestatio* deve essere condannato, dopo la condanna deve eseguire il giudicato. L'effetto estintivo della *litis contestatio* è evidente. Ma a differenza di quel che accade nella *novatio*, in questo caso non vengono meno le garanzie personali e reali che si connettevano all'obbligazione estinta.

Un effetto estintivo analogo si determina anche se un rapporto venga dedotto in un *iudicium quod imperio continetur* o *imperio continens* (cap. II, § 3.12*a*), ma esso si veri-

[42] Gaio, *Istituzioni* 3.180.

fica sul piano del *ius honorarium* e non su quello del *ius civile*: Gaio[43] individua con estrema chiarezza questa differenza allorché afferma che quel che si deve in un *iudicium legitimum* non potrà essere richiesto *ipso iure* una seconda volta per lo stesso debito, dal momento che si invocherebbe invano «che si deve dare», in quanto, per effetto della *litis contestatio* del processo precedente, il «dover dare» è venuto meno. Differente è il regime giuridico nel caso in cui si agisca con un *iudicium quod imperio continetur*: in questo caso, infatti, l'*obligatio* rimane in essere e, in conseguenza, *ipso iure* (ossia sul piano dei principî del *ius civile*) si potrebbe ancora agire, ma l'attore, in tale circostanza, dovrà essere respinto con l'inserimento, nella *formula iudicii* (cap. II, § 3.7), dell'*exceptio rei iudicatae vel in iudicium deductae* (cap. II, § 3.8 e 3.10), di uno strumento di tutela, dunque, concesso e congegnato dal pretore[44].

*i) La compensazione: in particolare nei iudicia bonae fidei.* Nelle ristrettezze del ritualismo ci si imbatte anche ripercorrendo la storia della compensazione (*compensatio*), che, secondo una famosa definizione di Modestino (III secolo d.C.), «è la contribuzione del debito e del credito tra loro»[45]: ci si riferisce al fatto che, siccome tra debitore e creditore possono intercorrere – ed è anzi frequente negli affari – reciproci rapporti obbligatori, risulta comodo, per evitare distinte rimesse, operare lo scomputo reciproco dei crediti e fissare cosí, attraverso la compensazione del dare con l'avere, il saldo finale a favore dell'uno o dell'altro o il pareggiamento delle rispettive partite. Per riprendere un esempio gaiano, se io devo a Tizio 10 000 sesterzi e questi me ne deve, a sua volta, 20 000, la verità è che io sono creditore per 10 000.

L'idea della compensazione, del resto ovvia, era ben presente al pensiero della giurisprudenza, e tuttavia la sua trasposizione sul piano del *ius* ci è testimoniata come regola ge-

[43] *Ibid.*, 3.181.

[44] Nel caso dell'inserimento, nella *formula iudicii*, dell'*exceptio rei iudicatae vel in iudicium deductae* siamo innanzi a un'ipotesi di estinzione dell'obbligazione propria del *ius honorarium*: si veda, in questo § *k*.

[45] *D.* 16.2.1 (Mod. 6 *pand.*).

nerale solo nell'ambito dei giudizi di buona fede. D'altronde nelle *Istituzioni* di Gaio[46] non se ne parla nella trattazione dei modi in cui si può estinguere un'obbligazione, ma in tema di processo, e l'estinzione a seguito di compensazione è in effetti ricondotta alla sentenza giudiziaria che decide un *iudicium bonae fidei* (cap. II, § 3.12*c*). L'*intentio* di una formula di buona fede (cap. II, § 3.7*b* e 3.12*c*), paradigmaticamente espressa «nel tutto ciò che si deve in base al criterio della buona fede», autorizza (ma non costringe) il giudice a valutare i crediti del convenuto e, dunque, a quantificare di conseguenza (cioè, una volta operata la compensazione) la somma oggetto della condanna. Anche in tale ambito vi era una limitazione, derivante ancora dai *verba*, questa volta della formula processuale. Giacché l'*intentio* descriveva l'*oportere ex fide bona*, cioè il contenuto dell'obbligo del convenuto, riconducendolo – e restringendolo – al particolare rapporto dedotto in giudizio (quello indicato nella *demonstratio*; cap. II, § 3.7*a*), attraverso le parole «con riguardo a tutto ciò» (*quidquid ob eam rem*), ne conseguiva che il controcredito opposto in compensazione doveva nascere da quel rapporto e, dunque, derivare dalla medesima causa da cui dipendeva il credito fatto valere dall'attore. Per converso, il giudice avrebbe potuto compensare anche crediti fra loro eterogenei (a dare una somma e, dall'altra, a dare uno schiavo): ciò in quanto, nella determinazione dell'ammontare pecuniario della condanna, avrebbe potuto liquidare, cioè convertire in denaro, anche crediti non pecuniari.

Fatta eccezione per i giudizi di buona fede, vi erano pochissimi casi nei quali la compensazione poteva avere campo nel sistema delle formule. Uno di questi riguardava il rapporto tra banchiere e cliente: qualora il primo intendesse agire contro il secondo, gli si imponeva di *agere cum compensatione*[47], cioè di formulare la pretesa in sede di *intentio* indicando l'ammontare del proprio credito pecuniario quale risultava dopo la deduzione del credito del cliente. Se non l'avesse fatto (anche se per il banchiere dovrebbe essere stato agevole, tenuto conto della precisa documenta-

[46] Gaio, *Istituzioni* 4.63-68.
[47] *Ibid.*, 4.64.

zione a sua disposizione), se cioè avesse agito per l'intero, vi sarebbe stata *pluris petitio* (cap. II, § 3.7*a* e *g*), con conseguente perdita della lite.

La compensazione non si poté dunque configurare come causa generale di estinzione dell'obbligazione: secondo la regola, attraverso la formula, non si poteva azionare che una *obligatio*, quella cioè corrispondente alla precisa descrizione dell'*intentio*, ma alle parti non era interdetto di accordarsi, in sede di transazione (*transactio*: in questo cap., § 3.10*b*), per compensare le reciproche partite come meglio credevano.

Lo sviluppo successivo avvicinò la *compensatio* alla compensazione odierna, che è, in effetti, un modo generale di estinzione dell'obbligazione: le *Istituzioni* giustinianee testimoniano che essa era divenuta operativa nei riguardi di qualunque pretesa, *in rem* come *in personam*, purché il credito opposto potesse essere verificato dal giudice senza eccessive perdite di tempo. È cosí che Giustiniano può affermare che la compensazione avviene *ipso iure*, e, dunque, può attuarsi qualunque sia la natura dell'azione giudiziaria instaurata (*ex omnibus actionibus*)[48]. Una tale limitazione all'ambito processuale la rende però diversa dall'odierna compensazione legale, la quale opera automaticamente, vale a dire senza l'intervento del giudice, se i crediti siano omogenei, liquidi ed esigibili.

*j) Il «pactum de non petendo nei iudicia bonae fidei».* Il campo in cui la volontà di estinguere l'*obligatio* senza l'ossequio al ritualismo della tradizione di *ius civile* dispiega la sua efficacia è quello dei giudizi di buona fede, qui già segnalato in tema di compensazione. Se creditore e debitore si fossero accordati, nel senso che il primo non avrebbe mai piú preteso l'adempimento (rimettendo dunque il debito) o non avrebbe perseguito il secondo per un certo periodo di tempo (lasciandogli un po' di respiro per reperire il denaro necessario), il patto cosí concluso (*pactum de non petendo*), a prescindere dalla forma in cui si fosse manifestata la volontà di «pattuire», avrebbe avuto piena efficacia.

[48] *Ibid.*, 4.6.30.

*k*) *Le ipotesi del «ius honorarium»: il «pactum de non petendo» nei cosiddetti iudicia stricta.* Se, invece, fosse stato concluso un patto per l'estinzione di una pretesa nascente, per esempio, da *stipulatio* avente a oggetto la dazione di una somma di denaro – se cioè un *pactum de non petendo* fosse stato proposto nel campo dei giudizi di stretto diritto (*iudicia stricta*: cap. II, § 3.12*c*) – in origine esso non avrebbe avuto alcuna efficacia, perché per il *ius civile* la remissione si sarebbe dovuta immancabilmente adeguare alla forma dell'*acceptilatio* (§ 2.7*b*). Tuttavia, verso la fine della repubblica, il pretore introdusse nell'editto la generale «eccezione di patto» (*exceptio pacti conventi*: § 3.10*c*), in virtú della quale il *pactum de non petendo* si sarebbe potuto opporre anche per elidere l'*obligatio* civilistica, pur se la sua operatività sarebbe dipesa – come sempre a proposito delle *exceptiones* – dalla diligenza del debitore che, *in iure*, aveva l'onere di richiederne l'inserimento nel testo della *formula iudicii*.

## 3. *Contratto, «conventio» e «pactum».*

### 3.1. Il verbo «contrahere» e la genesi della quadripartizione gaiana.

Il verbo *contrahere* rinvia al concetto dello stringere, del raccogliere, del riunire, del vincolo, ossia del rapporto che si determina o che si pone in atto. La quadripartizione gaiana dei contratti, che colloca istituti del piú antico *ius civile* e del *ius gentium* entro un unico paradigma, non descrive il contratto nel significato attuale di convenzione volta alla costituzione, modificazione, ed estinzione di rapporti giuridici patrimoniali[49]; di conseguenza, considera la nozione di consenso come momento genetico dell'*obligatio* solo in alcuni rapporti ben individuati. Piú avanti ricostruiremo l'emergere dell'elemento convenzionale nello sviluppo del sistema romano dei contratti. Prima di far questo, però, è necessario

[49] Si veda art. 1321 c.c.

ripercorrere a ritroso l'itinerario concettuale di Gaio e dei suoi predecessori, scomponendo questa quadripartizione, che riassume in sé istituti mai confusi nella storia giuridica della città, nei distinti elementi che la costituiscono.

Lo schema gaiano ripropone probabilmente, in versione didattica e in una veste elementare, la riflessione di Quinto Mucio sulla nozione di *quidque contractum* (§ 1.1). Secondo il giurista repubblicano, l'unità del *contractum* poteva essere scomposta in parti definite in base a un preciso criterio. Ognuna, infatti, si distingue dalle altre quanto al momento perfezionativo del rapporto, che coincide dunque con la genesi stessa dell'*obligatio*. Ai rapporti del piú antico *ius civile*, contratti *re*, *verbis* o [*litteris*], Quinto Mucio[50] avvicina, servendosi del paradigma di una forma astratta – la nozione appunto di *quidque contractum* –, i nuovi modelli del *ius gentium*: la compravendita, la locazione-conduzione, il mandato e, con proprie, specifiche peculiarità, la *societas*; tutte figure nelle quali il momento genetico dell'*obligatio* si identifica con la semplice convenzione tra le parti. D'altronde, anche qualora non si volesse riconoscere nel pensiero di Quinto Mucio il modello della quadripartizione gaiana, non si può negare che la prassi dei primi anni dell'ultimo secolo della repubblica, come dimostra la *pro Roscio comoedo* di Cicerone[51], aveva già consentito

[50] È ciò che emerge da *D.* 46.3.80 (Pomp. 4 *ad Q. Mucium*), le cui dottrine sono molto probabilmente riferibili al pensiero del giurista repubblicano: «Come ciascun rapporto è stato contratto, parimenti anche deve potersi risolvere (*prout quidque contractum est, ita et solvi debet*). Cosí quando avremo contratto un rapporto mediante la consegna di una cosa (*re*), esso deve essere risolto attraverso la consegna di una cosa: come quando concederemo un mutuo, di guisa che il rapporto venga risolto attraverso la restituzione di una eguale quantità di denaro. E quando contraiamo un qualche rapporto mediante una dichiarazione orale (*verbis*), l'obbligazione deve essere risolta o attraverso la consegna di una cosa, o attraverso una dichiarazione orale, come quando si compie l'*acceptilatio* nei confronti di colui che si era impegnato; attraverso la consegna di una cosa, come quando si versa ciò che si promise. Egualmente, quando è stata contratta una compera o una vendita o una locazione, poiché questi rapporti possono essere contratti con il solo consenso (*consensu nudo*), anche con un consenso contrario possono essere risolti».

[51] Cicerone, *In difesa dell'attore Roscio* 5.14. *Pecunia data*, *expensilata*, *stipulata*, ossia consegnata attraverso *numeratio pecuniae*, segnata e riconosciuta per iscritto nel *codex accepti et expensi*, promessa mediante una pronuncia verbale – *sponsio* o *stipulatio*.

di ricondurre in un quadro unitario le tre *causae* della *condictio* (*mutuum* [§ 3.4*a*-*c*], *expensilatio* [§ 3.3*b*], *sponsio-stipulatio* [§ 3.2]). Ove la pretesa dell'attore si identificasse con una *certa res* o con una *certa pecunia*, un'*obligatio* contratta *re*, *verbis* o *litteris* era in ogni caso tutelabile in giudizio mediante l'esperimento della *condictio* (§ 3.2*d*, 3.4*c*; cap. II, § 3.3). In questo quadro risulta ovvio che tale quadripartizione sia stata elaborata aggiungendo alle tre *causae* della *condictio*, che corrispondevano alle *obligationes re*, *verbis*, *litteris contractae*, quelle *consensu contractae*.

Nelle pagine che seguono, per ragioni inerenti all'ordine di esposizione di determinate vicende storiche, si anteporrà, a differenza di quel che accade nelle *Istituzioni* di Gaio, l'esame delle *obligationes verbis* e *litteris contractae* a quella delle *obligationes re contractae*. Allo stesso tempo – e questa volta per motivi che attengono all'intrinseco fondamento della cosiddetta tripartizione delle fonti delle obbligazioni nelle *res cottidianae* e della stessa quadripartizione giustinianea (§ 1.3) – ricondurremo la discussione delle cosiddette *variae causarum figurae* («varie figure di cause»), in quanto generative di rapporti obbligatori, o al *contractus* o al *delictum* (*maleficium*), a seconda che il trattamento di ogni singola fattispecie, non propriamente inquadrabile né tra i contratti né tra i delitti, presupponga una disciplina equiparabile o al polo caratterizzato da illiceità per dolo o colpa (*delicta*) o a quello caratterizzato da liceità (ossia i contratti), esprimentesi, secondo la già ricordata dottrina di Sesto Pedio (§ 1.2), in accordo di volontà[52]. Cosí, per esempio, la *negotiorum gestio* sarà oggetto d'esame in stretta connessione con il *mandatum* (§ 3.9*c*), benché essa non sia annoverabile tra le autentiche obbligazioni contrattuali, mentre le ipotesi del *deiectum effusumve* e del *positum aut suspensum*, pur prospettando casi di responsabilità

[52] Come ha osservato Salvatore Tondo, Gaio, nelle *res cottidianae*, fa uso della tecnica della catacresi o *abusio*: in questo specifico contesto il suo impiego comporta che una determinata fattispecie, non annoverabile in nessuna delle categorie principali (*obligationes aut contractu nascuntur aut ex maleficio* «le obbligazioni nascono o da contratto o da maleficio»), sia disciplinata verificando a quale dei due poli fondamentali (contratti o delitti) essa sia piú vicina.

senza colpa (né, tantomeno, dolo), saranno discusse, nel quadro dei cosiddetti illeciti pretori, assieme ai veri e propri *delicta* (§ 4.5*b*).

### 3.2. L'«obligatio verbis contracta».

*a*) *Origini della «sponsio»*. Il paradigma fondamentale delle *obligationes verbis contractae* fu la *sponsio-stipulatio*. Al tempo delle XII Tavole, la *sponsio* emerge già in una forma evoluta, consistendo unicamente, dal punto di vista formale, nello scambio contestuale di domanda e risposta tra creditore e debitore («Spondesne mihi dari centum?» «Spondeo»), in grado di determinare la costituzione di un vincolo in capo al promissore. Alle sue origini, probabilmente, la *sponsio* si identificò con un atto di tipo sacrale. Infatti, secondo i glottologi, la radice di *spondeo* è la medesima del verbo greco σπένδω, che indica il compimento di libagioni sacrificali, ed esprime dunque un significato religioso. Anche l'impiego del termine *sponsio* – sia nei rapporti intercomunitari, ove il fattore religioso aveva funzione essenziale, sia nella promessa di matrimonio, per la quale egualmente la protezione divina era sempre richiesta – conferma in fondo questa congettura. Si deve in ogni caso supporre che la promessa di prestazione, costituente il nucleo della *sponsio* a noi direttamente nota, fosse integrata in antico da un'invocazione alla divinità simile a quella contenuta nel formulario dei riti che rendevano inviolabili i giuramenti politici e i trattati innanzi a *Iuppiter*. Il vincolo creato dall'antica *sponsio*, per sua natura e struttura, non era dunque strettamente giuridico, ma era connotato in senso religioso e sacrale[53].

Al tempo delle XII Tavole il vincolo derivante dalla *sponsio* aveva già acquisito piena natura giuridica e gravava la stessa persona dalla quale si attendeva il compimento della prestazione: il suo formulario, infatti, era costruito in maniera tale da far ricadere su di essa la prestazione coincidente con la promessa. Le XII Tavole stabilirono, co-

[53] D'origine sacrale fu anche la *promissio iurata liberti*, con cui il liberto si impegnava a prestare certi servigi al patrono, confermando un giuramento che aveva fatto, allo scopo di essere manomesso, quando era *servus*.

me ricorda Gaio [*Istituzioni* 4.17], un vero e proprio accertamento giudiziale del vincolo del promittente, e istituirono per tal motivo una procedura decisamente «laica», la *legis actio per iudicis postulationem*, per dar corso alla quale non era necessario ricorrere alla sfida reciproca del *sacramentum* (cap. II, § 2.3*b*). Questi eventi attestano la compiuta emancipazione della *sponsio* dalle sue origini magico-sacrali e la nascita di un paradigma negoziale in grado di costituire un'autentica *obligatio*, quale dovere esclusivo, cioè, di eseguire una prestazione. Sorge, cosí, una categoria giuridica del tutto nuova. Accanto all'antica figura della responsabilità (la soggezione all'esecuzione personale o a una pena) si colloca adesso la figura dell'*obligatio*. Difatti – a differenza del *nexum*, che non crea un rapporto che abbia a oggetto la prestazione pecuniaria da effettuarsi con la *solutio* (*per aes et libram*) – mediante la *sponsio* il debitore è tenuto esclusivamente a eseguire la prestazione promessa. Se egli pagava, era liberato dal suo debito. Se non pagava, la *manus iniectio* non era immediatamente esperibile: si doveva necessariamente rendere pubblico e notorio il suo inadempimento, esperendo contro di lui un'azione di cognizione (per esempio, quantomeno dal tempo delle XII Tavole, la *legis actio per iudicis postulationem*). Al contrario, per il *nexus*, l'esecuzione della prestazione rimaneva facoltativa, proprio perché la *solutio per aes et libram*, nel suo caso, era esclusivamente, se volessimo descriverla adoperando le attuali categorie dogmatiche, l'onere che gli permetteva di liberarsi dalla soggezione. L'onere consiste, appunto, in un potere condizionato: per realizzare l'interesse a cui tutela questo potere è concesso, non basta esercitarlo, ma si deve anche svolgere una distinta attività, osservare, cioè, un certo comportamento: nel caso del *nexum*, al pari di altre ipotesi connotate da pubblica notorietà (quelle del *iudicatus* e del *damnatus* gravato da un legato *per damnationem*), chi paga esercita, in tal modo, il proprio potere di liberarsi della soggezione alla *manus iniectio* (§§ 1.2, 2.1 e 2.7*a*), ma questo comportamento non costituisce, propriamente parlando, oggetto di un obbligo: e, tuttavia, esso è pur sempre necessitato, dal momento che è condizione per liberarsi dalla soggezione. Il sorgere dell'*obligatio*, al contrario, crea immediatamente tra le parti un rapporto giuridico, nel quale la prestazione, la cui esecuzione estinguerà l'obbligazione, è considerata dovuta da un soggetto all'altro. Sul piano storico concreto, con l'emanciparsi della *sponsio* dalle sue origini magico-sacrali, si creò un meccanismo negoziale idoneo a costituire un rapporto in forza del quale il debitore fu semplicemente tenuto a eseguire una prestazione senza, per questo, sottomettersi immediatamente al potere altrui.

*b*) *Il formulario della «sponsio» e le stipulazioni inutili*. Il formulario della *sponsio* consisteva nella domanda del futuro creditore (*stipulator*) e nella congrua e contestuale risposta del promittente (*promissor*). L'uso del verbo in forma passiva non si limitava a indicare la prestazione da eseguire, ma lasciava emergere la reale natura del vincolo costituito in capo al *promissor*: questi, infatti, in tal modo si impegnava non tanto a eseguire personalmente la prestazione quanto, piuttosto, a far sí che la promessa fosse in ogni caso adempiuta, eventualmente anche da un terzo. Ciò non vuol dire che si potesse creare un'obbligazione a carico di un soggetto estraneo al rapporto tra futuro creditore e promittente. Erano peraltro da considerarsi *inutiles* (noi diremmo nulle) le *sponsiones* o le *stipulationes* istitutive di un credito in favore di una terza persona indicata dallo *stipulator*, perché violavano indirettamente il presupposto che il negozio fosse inteso a regolare i rapporti tra le due parti e quelle soltanto [Gaio, *Istituzioni* 3.103]. *Inutilis* era anche la *sponsio* da eseguire dopo la morte del futuro creditore o del promittente, perché essa avrebbe comportato la precostituzione di un diritto o di un obbligo degli eredi, cioè di soggetti estranei al rapporto da costituire e, per di piú, non ancora determinabili[54]. Del resto, l'uso della forma verbale passiva «siano dati» potrebbe anche far supporre l'esistenza di un'originaria distinzione fra chi prometteva il risultato e chi doveva dare, ossia tra lo *sponsor*, quale solo vincolato, e il debitore.

[54] Gaio, *Istituzioni* 3.100. Questa regola trovava applicazione anche in caso di *capitis deminutio*.

*c) L'«acceptilatio».* L'adempimento, nella *sponsio*, non sarebbe stato, secondo alcuni, di per sé causa di estinzione del vincolo e di conseguente liberazione del promittente. Esso avrebbe dovuto essere necessariamente accompagnato da un atto formale simmetrico alla *sponsio*, ossia dall'*acceptilatio*. È un'ipotesi discutibile, dal momento che l'*acceptilatio* potrebbe esser stata creata dalla giurisprudenza proprio per consentire una remissione (§ 2.7*b*) del debito altrimenti impossibile. L'*acceptilatio*, peraltro, non presenta la forma di un adempimento fittizio (come la *solutio per aes et libram*): l'unico elemento fittizio si riscontra nel fatto che quanto le parti concordemente ammettono potrebbe, in realtà, essere falso cosí come, per esempio, nel caso della remissione del debito. Il debitore chiedeva al creditore: «Quod ego tibi promisi habesne acceptum?» [Ciò che ti ho promesso l'hai ricevuto?] e il creditore rispondeva affermativamente: «Habeo». La forma stessa dell'*acceptilatio* è concepita in maniera tale da lasciar supporre che il modo normale di estinguere l'obbligazione fosse il pagamento di quanto promesso e dovuto.

*d) Promesse di «certum» e di «incertum»: «condictio (certae pecuniae o certae rei)» e «actio ex stipulatu incerti».* Al piú tardi in coincidenza con l'introduzione, alla metà del v secolo a.C., della *legis actio per iudicis postulationem* (cap. II, § 2.3*b*), la giurisprudenza pontificale elaborò anche la nozione di *obligatio*, riconoscendo che l'impegno, assunto mediante una *sponsio*, a eseguire una prestazione consistente nel trasferimento della proprietà di un oggetto gravava il *promissor* del dovere giuridico di eseguire a favore dell'altro la prestazione che domanda dello *stipulator* (il futuro creditore) e risposta del *promissor* (futuro debitore) avevano definito con precisione (§ 1.2). Inizialmente furono riconosciute solo promesse di *dare* un *certum*[55]. A quanto pare, le *sponsiones* (o le *stipulationes*) aventi a oggetto un *incertum*, come

[55] *Dare* equivale a trasferire la proprietà di un oggetto certo, vale a dire di una *certa res*, una cosa individuata nella specie, come, per esempio, il servo Stico, ovvero nel genere e nella quantità, con le determinazioni di qualità eventualmente necessarie: *centum amphoras vini Campani optimi dare* (trasferire la proprietà di cento anfore di vino campano ottimo).

quelle di *dare* cose indicate nel genere e nella quantità, ma senza determinazioni univoche di qualità[56] e tutte quelle di *facere* ebbero tutela, esclusivamente mediante l'*actio ex stipulatu incerti*, e, dunque, nel solo processo formulare, a partire dagli inizi del II secolo a.C., come emerge, peraltro, anche dal confronto con le vicende storiche del parallelo istituto del *votum ex incerta pecunia*[57]. Nel processo formulare l'*obligatio*, costituita con una *sponsio (-stipulatio)*, di eseguire una prestazione consistente nel trasferire la proprietà (*dare*) di un *certum* fu tutelata dalla *condictio* (cap. II, § 3.3).

*e) La «stipulatio iuris gentium».* Il formulario «Spondes [...]? Spondeo» fu sempre riservato unicamente ai cittadini romani o, al piú, fu esteso fra gli stranieri ai soli Latini. Ben presto, tuttavia, cioè già nel corso del III secolo a.C. nel quadro della *iurisdictio inter peregrinos et inter cives et peregrinos*, si impose la tutela giudiziaria di altre forme del contratto verbale consistente in una domanda e in una risposta. Pur rimanendo fermi i requisiti dell'oralità, dell'unità e contestualità dell'atto, della congruenza fra interrogazione e risposta[58], fu consentito l'uso di una qualsiasi forma verbale («Promittis? Promitto»; «Dabis? Dabo»; «Facies? Faciam» ecc.)[59] latina, o greca, o di qualsiasi altra

[56] Difatti, come osservava Ulpiano (22 *ad ed.*) in *D.* 45.1.75.2, se uno abbia stipulato cento moggi di grano africano buono, egli ha stipulato un *incertum*, perché può trovarsi di meglio del buono: ne consegue che la qualifica di buono non è indicativa di un oggetto certo, dal momento che quel che è meglio del buono è pure buono. Invece, quando uno stipula l'ottimo, senza dubbio stipula una cosa la cui bontà attiene al grado piú elevato, e tale qualifica di ottimo rende la *stipulatio* espressiva di una prestazione certa.

[57] Il collegio dei pontefici autorizzò per la prima volta un *votum ex incerta pecunia* solo nel 200 a.C. (Livio 31.9.7 e sgg.).

[58] Se la risposta del soggetto interrogato non era conforme alla domanda, come nel caso in cui a chi chiedesse: «Prometti di darmi dieci?» si rispondesse: «Prometto di dartene cinque», o nel caso che la domanda fosse pura, e la risposta, invece, subordinata a condizione, la *stipulatio* era da considerare nulla. D'altra parte, come opportunamente sottolinea il Cannata, la regola, che impone per la validità del negozio l'impiego da parte del *promissor* del medesimo verbo utilizzato, nella domanda, dallo *stipulator*, corrisponde a una caratteristica della grammatica latina, una lingua che non conosceva gli avverbi di affermazione (sí) e negazione (no).

[59] Forme di domanda e risposta diverse dall'antico *spondeo* erano già note a Catone.

lingua parlata nell'ecumene mediterranea [Gaio, *Istituzioni* 3.92-93]. In tal modo, la *stipulatio* fu aperta anche ai *peregrini* e fu detta, in conseguenza, *iuris gentium*. Cittadini romani e stranieri (*peregrini*) potevano cosí vincolarsi vicendevolmente secondo il diritto cittadino; altrettanto potevano fare, almeno teoricamente, due *peregrini* fra loro.

*f) Carattere della «stipulatio».* La *stipulatio* poteva abbracciare qualsiasi prestazione: un *dare*, un *facere*, un *praestare*. Come s'è detto, il sistema romano dei contratti, a differenza di quello moderno, era fondato sulla tipicità dei singoli paradigmi contrattuali (§§ 1.2 e 3.10): la *sponsio-stipulatio*, al pari di altri, era caratterizzata dall'impiego di forme precise. Ciononondimeno, questo negozio verbale, quasi come una sorta di valvola di sicurezza, poteva prendere in considerazione i piú diversi oggetti e le piú svariate cause, sí da spalancare le porte, benché nel quadro di un rigido schematismo ritualistico, alla «libertà contrattuale». Attraverso opportuni ritocchi del formulario, la *stipulatio* fu adattata a differenti necessità: per promettere la dote (cap. III, § 4.5) al marito[60], per garantire sussidiariamente che l'obbligazione di un terzo sarebbe stata adempiuta (*fidepromissio* o *fideiussio*)[61].

*g) Illiceità o turpitudine della causa.* Proprio in rapporto alla *sponsio-stipulatio* i giuristi romani posero, anche se sempre in relazione a singoli casi, le regole generali di validità delle fattispecie negoziali con speciale riferimento a inesistenza, mancanza o illiceità della causa. In origine, la *sponsio-stipulatio* valeva indipendentemente dalla causa e quindi non era nulla nemmeno se aveva alla base una causa illecita o turpe. Tuttavia, già in età tardorepubblicana, l'illiceità o la turpitudine della causa dava luogo, ove il pro-

[60] La *dotis promissio* non va confusa con la *dotis dictio*. Quest'ultima consisteva in una dichiarazione solenne fatta dalla donna che andava a nozze o dal suo ascendente maschio o dal debitore di lei e diretta a costituire dati beni in dote (cfr. Gaio, *Istituzioni* 3.95).

[61] Tali negozi vanno nettamente distinti dalla vadiatura e dalla praediatura, mediante le quali, su richiesta dell'interessato («vas, praes es?»), si assumevano anticamente determinate garanzie (*vas sum*, *praes sum*).

mittente fosse stato chiamato in giudizio ad adempiere, alla concessione di una *exceptio doli* che poneva nel nulla la pretesa dell'attore. Anche la mancanza della causa si traduceva nell'invalidità della *sponsio-stipulatio*. Per esempio, poteva accadere che il *promissor* si impegnasse a restituire allo *stipulator* una data somma di denaro che costui avrebbe dovuto dargli a mutuo, ma che poi in realtà non gli aveva versato. Qualora lo *stipulator* (Gaio, *Istituzioni* 4.16) facesse valere egualmente il suo credito, senza dubbio esistente sul piano del *ius civile*, il pretore permetteva al promittente di inserire nel testo della *formula iudicii* un meccanismo di tutela proprio del *ius honorarium*, l'*exceptio doli* (cap. II, § 3.13*d*). In tal caso il convenuto, per far valere le proprie ragioni, avrebbe dovuto dimostrare che causa della *sponsio-stipulatio* era stata unicamente la restituzione di un mutuo e che la somma relativa non gli era stata versata[62].

*h*) *Altre cause di invalidità*. I giuristi romani enuclearono anche altre cause di invalidità della *stipulatio*, per lo piú inquadrate dagli interpreti moderni fra i vizi della volontà. Alla fine del I secolo a.C., il grammatico Varrone, nel corso di un *excursus* sull'etimologia del termine *sponsio*, ricordava l'invalidità della promessa di colui che rispondeva immediatamente per gioco (*iocandi causa*): «Lo prometto»[63]. In casi come questi, tuttavia, non manca soltanto la volontà, ma anche una dichiarazione veramente negoziale (cap. I, § 7.2). La cosiddetta riserva mentale[64] non ha mai sollevato alcun interesse nella riflessione giurisprudenziale romana, mentre, per ciò che concerne la simulazione[65],

[62] Da tale rimedio (*exceptio*) derivò poi, nell'età dei Severi, per opera di differenti costituzioni imperiali, oltre all'*exceptio non numeratae pecuniae*, un'impugnazione diretta della *stipulatio* e di altri negozi fonti di obbligazione: la *querela non numeratae pecuniae* (si veda *infra*, §§ 3.3*d*).

[63] Varrone, *La lingua latina* 6.72.

[64] Per riserva mentale si intende, già a partire dalla riflessione giuridica d'epoca medievale, una mancanza di volontà egualmente consapevole, ma unilaterale e non palese nemmeno all'altra parte.

[65] Per simulazione si intese il fatto di due o piú persone, che manifestassero una certa volontà negoziale, accordandosi per non volere in realtà nessun negozio (simulazione assoluta) o per volere in realtà un altro negozio (si-

la casistica che emerge dai giuristi non offre esempi meritevoli d'essere ricordati. Sull'*error facti*, il *dolus malus* e il *metus* dovremo soffermarci in seguito (§ 3.5*g* e § 4.5*b*).

*i*) *La clausola stipulatoria*. Dopo l'estensione della cittadinanza romana a tutti gli abitanti dell'Impero, concessa da Caracalla nel 212 d.C., nelle province dell'Oriente romano e, soprattutto, in Egitto, si diffuse la cosiddetta clausola stipulatoria (l'equivalente in greco di *et interrogatus spopondi*), ricalcata sui documenti romani di stipulazioni poste in essere nella loro originaria forma verbale. La ricezione di quest'antico paradigma negoziale del *ius* cittadino, in una prassi fedele, per tutti gli altri aspetti, ai suoi caratteri greco-egizi o greco-orientali, è però mera apparenza, dal momento che questo formulario non compare solo in documenti di debito e di credito ma anche in quietanze di pagamento e in un atto come il testamento, rispetto al quale è difficile, se non impossibile, immaginare chi potesse proporre al disponente, in un negozio (cap. I, § 7.2) essenzialmente unilaterale, la domanda che inerisce a ogni *stipulatio*: *spondes* («prometti»), *dabis* («darai»), *promittis* («prometti»), *facies* («farai») e simili [Gaio 3.92]. Con l'introduzione della clausola stipulatoria, in Egitto, come pure in altre province influenzate dalla tradizione dei diritti ellenistici, si cercò di cumulare i vantaggi di una συγγραφή greca con quelli della *stipulatio* romana[66]. Si assiste, dunque, a una lenta, ma inesorabile, metamorfosi della *stipulatio* da negozio orale a negozio scritto. Sulle prime la cancelleria imperiale, soprattutto quella di Diocleziano, si oppose con forza a tale ten-

mulazione relativa o dissimulazione). In caso di simulazione assoluta, il negozio simulato fu ritenuto invalido e nullo, mentre in caso di simulazione relativa, si ritenne valido il negozio dissimulato.

[66] In Mesopotamia, lungo l'Eufrate nella regione di Dura Europos, al pari di quanto si riscontra anche in Egitto, il piú antico documento con clausola stipulatoria è un atto di matrimonio del 204 (*Papyri Dura*, 31, ll. 43-44). L'esistenza di una prassi negoziale analoga emerge peraltro, già in precedenza, dall'esame dell'archivio di Babatha di età adrianea. La clausola stipulatoria, opportunamente tradotta in greco, fa piú volte la sua comparsa, in questi documenti, per attestare l'adesione di una parte alla richiesta, rivoltale dall'altro contraente, di accettare quanto è stato convenuto, riversandolo, perciò, in una scrittura conforme (*Papyri Babatha*, 17, linea 38; 20, linea 45; 21, linea 34; 22, linea 39)

denza, ma in seguito la resistenza si attenuò e la prassi della semplice documentazione scritta finí per imporsi, anche se non fino al punto da cancellare del tutto il principio della forma orale. Giustiniano, probabilmente influenzato dall'insegnamento della scuola di Berito, stabilí che si dovesse prestar fede alla scrittura, a meno che una delle parti non dimostrasse con prove indiscutibili che il giorno della conclusione del contratto essa (o il suo avversario) non era presente nella città in cui questo risultava concluso[67]. Come si può osservare, l'oralità della *stipulatio* non era venuta meno, ma la prova della sua osservanza, fornita dal documento, appariva quasi irrefutabile.

### 3.3. L'«obligatio litteris contracta».

*a) Premessa.* Sarebbe probabilmente erroneo negare ogni valore al documento scritto e alla scrittura in genere nell'esperienza giuridica di Roma arcaica. L'interpretazione di alcune clausole del primo trattato romano-cartaginese[68] e le letture della lamina in piombo di Pech-Maho, databile agli inizi del secondo quarto del v secolo a.C.[69], dovrebbero, probabilmente, suggerire maggior cautela su questo punto.

*b) L'«expensilatio» e i «nomina transscripticia».* La scrittura, come elemento assorbente dell'atto, si ritrova in ogni caso nell'istituto dell'*expensilatio*, già esistente, come risulta da alcune attestazioni plautine, negli ultimi decenni del III secolo a.C.[70]. L'*obligatio*, in questo paradigma negoziale formale, si costituiva quando il creditore annotava nella rubrica dell'*expensum* del proprio libro di cassa domestico (*co-*

[67] *C.* 8.37.14.2, a. 531 d.C.

[68] Polibio 3.22.8.

[69] La lamina propone due testi: il piú antico è redatto in etrusco, il piú recente (ma il piombo è stato riutilizzato dopo pochi anni) è in greco-ionico. Non si tratta, dunque, di una bilingue, ossia d'un testo di identico contenuto in due lingue diverse, ma è presumibile che il contenuto dei documenti – concernenti due transazioni commerciali – sia omologabile. I redattori del testo etrusco erano, verosimilmente, di Aleria in Corsica. Interessante il nome di uno dei protagonisti del rapporto: Utavu, corrispondente all'osco Uhtavis e al latino Octavius.

[70] Si veda Plauto, *Truculentus* 1.1.52; *Mostellaria* 1.3.147.

*dex accepti et expensi*) l'esborso di una somma di denaro indicandone il debitore. Tale credito, come attesta Cicerone, era tutelabile in giudizio mediante la *condictio* (o *actio certae creditae pecuniae*)[71]. Entrate e uscite erano registrate giorno dopo giorno in un *liber adversariorum*[72] e mensilmente riportate nel *codex accepti et expensi*[73]. La semplice registrazione di un prestito effettivamente compiuto (*nomina arcaria*) non aveva valore costitutivo ma solo probatorio[74]. Si deve presumere che il valore formale dell'annotazione posta in atto dal creditore, che costituiva l'elemento essenziale produttivo dell'obbligazione, si sia denaturato già in età tardorepubblicana. Occorreva in ogni caso il consenso del debitore, ma non sappiamo come questo si manifestasse e come risultasse, anche se è probabile che l'effetto obbligatorio dell'annotazione si producesse quando alla registrazione del creditore corrispondesse esattamente quella del debitore nella rubrica dell'*acceptum* del proprio *codex*. Un'unica annotazione, peraltro, doveva apparire sufficiente per produrre l'effetto costitutivo del vincolo, qualora essa risultasse dai *libri* dei banchieri (*argentarii*). Costoro, infatti, sovente assumevano in veste di commissionari gli affari piú diversi. Fu soprattutto il loro intervento a trasformare l'*expensilatio* da negozio costitutivo di autonome obbligazioni a negozio adibito a novare (§ 3.1*e*) in obbligazioni formali *litteris* altre obbligazioni preesistenti[75]. Secondo Gaio, tale novazione, la *transscriptio*, si poteva svolgere in due forme diverse. Con la *transscriptio a re in personam* si registrava come versata a una persona una somma di cui essa era debitrice *ex alia causa* (per esempio da compravendita, da locazione, da società). Nella *transscriptio a persona in personam*

[71] Cicerone, *In difesa dell'attore Roscio* 5.14.

[72] *Ibid.*, 2.5.

[73] *Ibid.*, 2.7.

[74] Gaio, *Istituzioni* 3.131-32.

[75] In questa prospettiva può interpretarsi la genesi del *receptum argentarii*, patto per cui un banchiere assumeva su di sé il debito d'un cliente verso un terzo. Il *constitutum debiti*, istituto estraneo ai rapporti bancari, consiste nella promessa di pagare a una certa scadenza un debito proprio o altrui, promessa fatta generalmente a scopo di garanzia. Tali «patti» erano tutelati dal pretore mediante *actiones in factum* (ossia azioni con *formulae in factum conceptae*): in questo cap., § 3.11*d*.

si registrava come versato a Tizio, per esempio, ciò che doveva Sempronio, che aveva delegato il pagamento a Tizio[76]. Gaio ricorda l'esistenza di un dibattito giurisprudenziale a proposito dei *nomina transscripticia*. Si discuteva se in tal modo potessero obbligarsi anche i *peregrini*, «giacché tale obbligazione è in certo modo di *ius civile*». Nerva ne escludeva l'estensione agli stranieri; Sabino e Cassio, al contrario, la ammettevano esclusivamente per la *transscriptio a re in personam*[77].

*c) Singrafi e chirografi.* Accanto al *nomen transscripticium*, obbligazione letterale dei Romani, Gaio ricorda una *litterarum obligatio* propria degli stranieri: «Un'obbligazione letterale appare inoltre aversi coi chirografi e le singrafi, cioè se uno scriva che deve o che darà: ovviamente se, a tal titolo, non abbia luogo una stipulazione. Questo genere di obbligazione è proprio degli stranieri»[78]. La testimonianza di Gaio e lo stretto parallelismo di singrafi e chirografi con l'istituto romano del *nomen transscripticium* attestano l'esistenza, nelle province di lingua greca, di un contratto letterale che attribuisce al documento carattere dispositivo. Il rilievo di Gaio non rappresenta, nel complesso del suo discorso, una semplice digressione erudita. Il giurista, al contrario, intendeva segnalare un problema che doveva presentarsi sovente nella prassi negoziale del tempo, in special modo in area provinciale: la pericolosa inclinazione a confondere *instrumenta* (documenti) redatti a scopo esclusivamente probatorio, attestanti l'avvenuta esecuzione delle formalità verbali della *stipulatio*, con contratti letterali, come singrafi e chirografi, inidonei, a differenza della *stipulatio*, a produrre effetti obbligatori sul piano del *ius proprium Romanorum*. In altre parole, la vicenda del contratto letterale di tradizione ellenistica, a un certo punto, ha incrociato l'impetuoso diffondersi della *stipulatio* romana, a seguito dell'estensione della cittadinanza agli abitanti delle province orientali. Singrafi e chirografi hanno ceduto

[76] Gaio, *Istituzioni* 3.129-30.
[77] *Ibid.*, 3.133.
[78] *Ibid.*, 3.134.

terreno sotto la spinta della *stipulatio*, inserendosi allo stesso tempo nel suo «processo di degenerazione». D'altra parte, sotto l'aspetto della prassi negoziale romana e italica, già in età tardorepubblicana si era diffuso l'uso di accompagnare la *stipulatio*, essenzialmente orale, con la redazione di un documento scritto, che dal punto di vista giuridico aveva solo valore probatorio: sí che non ci si deve stupire se la tradizione retorica includesse la *stipulatio* fra gli *scripta privata*, tra le *res quae ex scripto aguntur* [cose che vengono in essere per iscritto][79]. Da un altro versante, il famoso episodio del prestito usurario alla città di Salamina di Cipro, che vide coinvolti in parti diverse Giunio Bruto (il cesaricida) e Cicerone[80], e l'editto provinciale emanato dall'oratore durante il suo proconsolato in Cilicia[81] attestano il rilievo delle singrafi nelle transazioni d'affari tra Romani e stranieri nelle regioni dell'Oriente ellenistico. La giurisprudenza dell'età del principato stabilisce i limiti entro i quali la giurisdizione romana fra Romani e stranieri può rendersi permeabile a istituti estranei alla tradizione del *ius Romanorum* in una forma piú rigorosa rispetto alla prassi negoziale tardorepubblicana. Nel discorso di Gaio, l'«ita scilicet si eo nomine stipulatio non fiat» [se, a tal titolo, non abbia luogo una stipulazione] deve certamente considerarsi – si è ben detto – sullo sfondo di contaminazioni e interferenze tra differenti prassi negoziali, ma, allo stesso tempo, come una netta chiusura dottrinale.

*d) «Exceptio non numeratae pecuniae» e «querela non numeratae pecuniae».* Tuttavia, proprio su questo limite – che guardava al *ius gentium* da una visuale esclusivamente romana – si è innestato l'inarrestabile movimento della *stipulatio* verso la scrittura a partire dall'editto di Caracalla del 212 d.C., quando, divenuti cittadini romani, i *peregrini* di un tempo, soprattutto nelle province di lingua greca, dovettero adattare i loro documenti integrandoli, almeno for-

[79] *Retorica a Gaio Erennio* 2.9.13; 2.10.14; Cicerone, *Partizioni oratorie* 37.130; *Topica* 26.96 (si veda anche *Partizioni oratorie* 31.107).

[80] Cicerone, *ad Attico* 5.21.10-12; 6.1.5-7; 6.2.7.

[81] *Ibid.*, 6.1.15.

malmente, mediante l'uso della clausola stipulatoria (in questo cap., § 3.2*i*), al nuovo diritto. Tale processo si integra con il parallelo trasformarsi della *stipulatio*. Già in epoca tardorepubblicana era stata concessa l'*exceptio doli* (cap. II, § 3.13*d*; in questo cap., § 3.5*g*) contro un negozio viziato per mancanza o illiceità della causa. In età severiana furono introdotti due rimedi esperibili dal promittente, l'*exceptio non numeratae pecuniae* (eccezione di denaro non versato) e la *querela non numeratae pecuniae*: il primo, se questi fosse stato chiamato in giudizio; il secondo, invece, di propria iniziativa. In tal modo il debitore, obbligatosi a mezzo di un documento senza causa, poteva conseguire la restituzione del titolo rilasciato[82]. Una volta proposte, l'*exceptio* e la *querela* avevano per effetto di addossare al creditore la prova della causa materiale, contestata dal debitore emittente del titolo[83]. Il termine entro il quale la *querela* poteva essere validamente proposta fu limitato a un anno fino a Diocleziano[84], che lo estese a cinque. Giustiniano[85] fissò il termine in un biennio, estendendone la sfera di applicazione anche a titoli differenti da quelli che avevano a oggetto la prestazione di somme di denaro[86].

*e) L'«obligatio litteris contracta» nelle «Istituzioni» di Giustiniano.* L'ormai scomparso *nomen transscripticium* offrí ai compilatori delle *Istituzioni* giustinianee, che fondamentalmente seguivano lo schema di quelle gaiane, lo spunto per la restaurazione di quella *litterarum obligatio* sistematicamente eliminata, invece, dai passi dei *Digesta*. I compilatori ammisero la persistenza di una obbligazione letterale, individuandola nei documenti attestanti il dovere di restituire una somma di denaro versata a mutuo. Ta-

[82] *C.* 4.30.5 di Alessandro Severo.

[83] *C.* 4.30.3 di Antonino Caracalla (215 d.C.) pose a carico del creditore l'onere di provare che il denaro, oggetto della prestazione, era stato effettivamente versato a titolo di mutuo. *C.* 4.30.15 di Alessandro Severo addossò sempre al creditore la prova di una qualsiasi altra causa non identificabile con il mutuo.

[84] *C. Hermog.*, *De cauta et non numerata pecunia* = Herm. Wisigoth 1.1.

[85] *C.* 4.30.14; *Istituzioni* 3.23.

[86] Per esempio quietanze rilasciate ai creditori senza che fosse effettivamente intervenuto l'adempimento del dovuto.

li *instrumenta*, che utilizzavano le clausole della promessa verbale romana o ne comprovavano l'avvenuta esecuzione, equivalevano alla *stipulatio*. Le *Istituzioni* di Giustiniano, tuttavia, spiegano che, una volta scaduto il termine per l'impugnazione mediante *exceptio* o *querela non numeratae pecuniae*, questi documenti obbligavano in virtú della loro stessa scrittura. Venuti meno gli effetti della *stipulatio* («cessante scilicet verborum obligatione»), si fa della scrittura un negozio astratto, cui dunque si riconnette l'operatività della *condictio*, ma limitandone l'esistenza a partire dalla scadenza del termine biennale di decadenza della *querela* o dell'*exceptio non numeratae pecuniae*[87].

### 3.4. Le «obligationes re contractae».

*a*) *Definizione del mutuo*. L'esame del prestito di consumo, detto mutuo, apre l'*excursus* gaiano [*Istituzioni* 3.90] dedicato ai contratti. Oggetto della *mutui datio* possono essere tutte le cose che *pondere numero mensura constant*, in altre parole tutte le *res* che possono essere pesate, numerate (contate) o misurate, come, per esempio, la *pecunia numerata* (il denaro), il vino, l'olio, il frumento, il bronzo l'argento, l'oro. Il vincolo obbligatorio si contrae mediante dazione della cosa (*datio rei*). Una volta pesate, contate o misurate, tali cose diventano, mediante *traditio* (cap. v, § 2.12), di proprietà del soggetto che le riceve. L'istituto, non a caso, è definito mutuo perché, come rileva Gaio attraverso un'analisi etimologica del termine[88], «quod ita tibi a me datum est, ex meo tuum fit» [ciò che ti fu dato da me, da che era mio diventa tuo]. Il mutuatario, a sua volta, entro il termine convenuto, dovrà restituire al creditore l'equivalente dello stesso genere (*tandundem eiusdem generis*)[89]. Sovente le fonti contemplano, rispetto al mutuo, la possibilità dell'*error in persona*. La determinazione della persona del mutuatario è ordinariamente un elemento essenziale di questo negozio.

[87] *Istituzioni* 3.21.
[88] Inutile osservare che questa etimologia, alla luce della linguistica contemporanea, appare priva d'ogni consistenza.
[89] Gaio, *Istituzioni* 3.90.

*b*) *La vicenda storica del mutuo*. La storia del mutuo come tipo contrattuale a sé stante s'identifica con la storia della sua tutela processuale. La sua vicenda procede ben distinta da quella del *nexum* (si veda, in questo cap., § 2.1). Quest'ultimo può interpretarsi come una sorta di vendita con patto di riscatto, una forma di oppignoramento personale, effettuata a garanzia di un prestito che un *pater familias* aveva ricevuto da un altro *pater*. Il *nexum* era un atto mediante il bronzo e la stadera (*gestum per aes et libram*) e, al pari della *mancipatio*, imponeva il compimento d'un preciso rituale. Nel *nexum* la *solutio* (§ 2.1), il pagamento, o, meglio, la restituzione di quanto si fosse ricevuto, era, per esprimersi nei termini dell'odierna dogmatica, soltanto l'onere[90] imposto per riscattarsi o liberarsi dalla soggezione, non l'adempimento della prestazione dovuta.

La vicenda storica del *nexum* si chiuse di fatto, verso la fine del IV secolo a.C., quando il disgregarsi del sistema gentilizio e della clientela, con il conseguente rivolgersi ad altre fonti di forza lavoro, aggravò a tal punto il problema della schiavitú per debiti da determinarne, se non la fine, per lo meno un drastico ridimensionamento con la *lex Poetelia Papiria de nexis*[91].

Si può presumere che il prestito informale di sementi, derrate alimentari e altre cose *nec mancipi*, e il corrispondente impegno, altrettanto informale, di restituirne l'equi-

[90] L'onere, secondo le moderne teorie generali del diritto privato, consiste in un potere condizionato: il titolare, per realizzare l'interesse a cui tutela gli è concesso il potere, non solo deve esercitare questo potere, ma anche svolgere una distinta attività, osservare, cioè, un certo comportamento. In epoca arcaica il *nexus*, il *iudicatus*, il *damnatus*, ossia colui il quale fosse gravato da un legato *per damnationem* non erano tenuti a pagare, ma avevano il potere, pagando, di liberarsi della soggezione, ossia dal *nexum* o dalla *manus iniectio*. Al contrario, una volta emersa la nozione di obbligazione (in questo cap., § 2.1), il debitore fu semplicemente tenuto a eseguire la prestazione promessa o altrimenti dovuta. Se egli pagava, era liberato dal suo debito. Se non pagava, la *manus iniectio* non era immediatamente esperibile: si doveva necessariamente rendere pubblico e notorio il suo inadempimento, esperendo contro di lui un'azione di cognizione (per esempio, quantomeno dal tempo delle XII Tavole, la *legis actio per iudicis postulationem*).

[91] Livio 8.28.8-9. Ma il *nexum* era ben noto a giuristi come Manio Manilio e Quinto Mucio, che ne proposero divergenti definizioni (in questo cap., § 2.1).

valente, fossero pratiche diffuse sin dall'epoca arcaica: parenti, amici e vicini, in tal modo, potevano prestarsi l'un l'altro vicendevole soccorso in caso di carestie o altre emergenze. Dalla circostanza che il denaro preso in prestito fu sempre detto, in specie nelle cosiddette fonti non giuridiche, *aes alienum*, si vorrebbe far discendere, in forza di una congettura acuta ma priva di riscontri, la conclusione che, in origine, i beni rimanessero in proprietà di chi li prestava: se quest'ipotesi corrispondesse al vero, la mancata restituzione, quantomeno nei casi piú gravi, avrebbe potuto essere equiparata a un *furtum nec manifestum*.

In coincidenza, tuttavia, con il diffondersi della moneta coniata, tra la fine del IV e gli inizi del III secolo a.C.[92], e l'ingresso di Roma nel mondo dei commerci mediterranei e del mercato monetario, la prassi negoziale e la giurisprudenza senza dubbio individuarono nella consegna (*traditio*) dei beni in prestito un passaggio di proprietà. Su chi riceveva i beni incombeva l'obbligo di restituire l'equivalente, ossia un *dare oportere* per un *certum*. Nasce in tal modo l'*obligatio re contracta*, costituita *re* mediante consegna di una cosa. Secondo la giurisprudenza dell'età del principato, il mutuo è un contratto *iuris gentium*. In effetti, l'assenza di rituali solenni e il dovere di lealtà del debitore, alla cui *fides* il creditore si è rimesso, costituiscono i caratteri salienti di questo paradigma negoziale. È possibile che la piú antica protezione accordata al creditore di *certa res*, nel quadro della *iurisdictio inter peregrinos et inter cives et peregrinos*, ci sia conservata in un editto che troviamo, nel testo codificato da Adriano e ricostruito da Otto Lenel, sotto la rubrica *si certum petetur*: «Eum a quo certum petetur solvere aut iurare cogam» [Costringerò colui al quale si domanda una certa somma di denaro a giurare o a pagare][93]. In altre parole, il debitore che non paghi o non giuri si espone al procedimento di immissione del creditore nel possesso dei suoi beni[94]. Alla fine del III secolo d.C., per consolidare la

[92] A Roma la prima coniazione in argento è databile al 269 a.C.: Plinio, *Storia Naturale* 33.13.44.

[93] O. Lenel, *Das Edictum perpetuum*, Leipzig 1927$^3$, § 95, pp. 235 sgg.

[94] *Ibid.*

tutela processuale del mutuo, fu creato un nuovo strumento, la *legis actio per condictionem*[95], quale modulo processuale comune a tutta l'area del mercato monetario mediterraneo (cap. II, § 2.3*c*). In un primo momento si predispose per i *peregrini*, non legittimati all'esercizio della *legis actio*, una *fictio legis actionis*. Rapidamente, tuttavia, se ne avvertí la superfluità e si trasformò l'affermazione «aio te mihi sestertium centum milia dare oportere» [affermo che tu mi devi centomila sesterzi] nella formula «si paret Numerium Negidium Aulo Agerio sestertium centum milia dare oportere» [se risulta che Numerio Negidio deve dare ad Aulo Agerio centomila sesterzi]. Infine, tra il 130 e il 120 a.C., la *lex Aebutia* (cap. II, § 3.3), abrogando la *legis actio per condictionem*, unificò la struttura della tutela del mutuo mediante la piena equiparazione degli effetti processuali della *condictio* formulare al procedimento per *certa verba*.

*c*) *Gratuità del mutuo e «condictio»*. La struttura stessa del mutuo implica l'impossibilità di configurare un obbligo di restituire piú di quanto sia stato dato; in ciò consiste, dunque, il naturale carattere gratuito di questo contratto. Ciò emerge ancor meglio dalla formula dell'azione (*condictio certae pecuniae*) concessa al mutuante per ottenere la restituzione: in essa la *condemnatio* era certa (cap. II, § 3.7*d*), e doveva necessariamente corrispondere alla pretesa fissata dall'*intentio* (cap. II, § 3.7*b*). Tuttavia ciò non era volto a impedire, né di fatto lo contrastò, il prestito di denaro a interesse. Il diffondersi del prestito usurario, fenomeno ben anteriore del resto all'introduzione della stessa *legis actio per condictionem*, non implicò, in ogni caso, la necessità di creare un unico strumento di tutela per domandare in sede giudiziaria capitale e interessi. Questi ultimi, detti *usurae*, potevano divenire oggetto di esplicita promessa nella forma solenne della *stipulatio*[96]. Si diffuse cosí la prassi di effettuare il prestito nella forma reale del mutuo e di affiancarvi una stipulazione avente a oggetto gli interessi. È ovvio che l'ob-

[95] La *lex Silia* (anteriore al 204) per i crediti di *certa pecunia* e la *lex Calpurnia* (non databile) per qualsiasi credito di *certa res*.

[96] La nuda convenzione (*pactum*) sarebbe risultata inidonea a tale scopo.

bligo di pagare questi ultimi non potesse esser fatto valere attraverso la *condictio ex mutuo*, bensí mediante un'altra *condictio* scaturente da una *stipulatio* di *certa pecunia*.

*d*) *Il «fenus nauticum»*. I Romani, nel corso delle vicende della loro espansione imperiale, recepirono dalle prassi commerciali di area ellenistica l'istituto del *fenus nauticum* (detto anche *pecunia traiecticia*)[97]. Esso (δάνειον ναυτικόν) consisteva in un prestito di denaro in contanti (o, meglio, delle merci acquistate con esso). La restituzione della somma, con garanzia sulle merci, era subordinata al rischio della navigazione, ossia alla circostanza che la nave giungesse a destinazione nel porto prestabilito. I gravi pericoli inerenti al commercio transmarino antico - naufragi, avarie, assalti di pirati o nemici - imponevano, per questa sorta di transazioni, un alto tasso di interesse. Nella prassi del mondo degli affari di lingua greca di età ellenistica e altoimperiale, in questo caso specifico, si ricorreva all'atto scritto (συγγραφή), con carattere dispositivo[98]. Questa caratteristica dell'istituto di origine greca costituisce un motivo di piú per identificare nella *stipulatio* il paradigma negoziale adoperato in Roma per permettere la tutela giudiziaria di un affare quando almeno una delle parti in lite fosse un *civis*. In tal modo, mediante un unico atto, si vincolava il mutuatario alla restituzione del capitale, sempre subordinata al rischio della navigazione, e degli interessi, che superavano, in questo caso, i limiti legali[99].

*e*) *Gli altri contratti reali*. Gaio, nelle sue *Istituzioni*, non include il deposito, il comodato, il pegno e la *fiducia* tra i

[97] L'istituto era sicuramente conosciuto al tempo di Servio Sulpicio Rufo (*D*. 22.2.8; Servio in Ulpiano - 77 *ad ed*.). Tuttavia, non vedo perché non si possa andare piú indietro nel tempo e prestar fede alla testimonianza di Plutarco (*Cato maior* 21) sugli stratagemmi di Catone il Censore per diminuire gli alti rischi connessi col prestito marittimo.

[98] Nei diritti di area ellenistica la συγγραφή aveva anche valore di titolo esecutivo e autorizzava il mutuante a effettuare la presa di possesso del carico o della nave appena essa entrava nel porto.

[99] Diverse leggi, a partire da quella delle XII Tavole, limitarono, nell'esperienza storica di Roma repubblicana, il prestito a interessi, fissando limiti legali alle *usurae*.

contratti reali. Ciononostante la giurisprudenza dell'età del principato – per quanto emerge anche dalle *res cottidianae* attibuibili quasi certamente allo stesso Gaio (§ 1.3) – ha costruito una nozione piú ampia di contratto reale fondata, come è ovvio, sull'elemento costitutivo del *dare rem*, interpretato però in maniera tale da ricondurvi non soltanto il trasferimento della proprietà, ma anche la consegna nella sua accezione piú ampia.

*f) La «fiducia»*. È difficile stabilire quando il negozio di *fiducia* sia divenuto produttivo di *obligatio*. Non vi è, in ogni caso, alcuna ragione d'ordine storico per posticiparne la genesi a un periodo successivo a quello che vide il sorgere del mutuo. Esso consiste nel trasferimento di una cosa (una *res mancipi*) nell'altrui dominio, accompagnato dalla convenzione che questa si debba restituire al trasferente, nel caso si verifichi un dato evento o si compia un certo termine. Tale negozio – che implicava l'impiego della *mancipatio* per determinare il trasferimento del *dominium*[100] – provvide nelle età piú antiche a svariate funzioni in seguito sostenute, a cominciare dall'ultimo secolo della repubblica, dal deposito e dal comodato (*fiducia cum amico*) o, per altro verso, dal pegno (*fiducia cum creditore*)[101]. Il fondamento di tali transazioni avrebbe potuto ritrovarsi, almeno in alcuni casi, in una norma delle XII Tavole «Cum nexum faciet mancipiumque, uti lingua nuncupassit, ita ius esto» [Ogni volta che si porrà in essere un *nexum* o un *mancipium*, come la lingua ha solennemente pronunciato le parole, cosí sia il diritto; 6.1]. Le pronunce verbali (*nuncupationes*) recitate dal *mancipio dans* contestualmente al compimento del gesto librale vincolavano l'accipiente in quanto *leges mancipii* («ita ius esto»). La *fiducia* in senso proprio, tuttavia, non può confondersi con le *leges mancipii*. Nella prima, infatti, il compimento del solenne atto traslativo si accompagna a una mera convenzione[102], da non confonde-

[100] Boezio, *Commento ai Topica di Cicerone* (a cura di J. G. Baiter, in J. K. Orelli, *Cicerone V*, 1, 270-388, p. 349); Cicerone, *Topica* 10.42.

[101] Gaio, *Istituzioni* 2.60.

[102] Si veda *Formula Baetica*, in FIRA III *Negotia* n. 92, pp. 295-97, in particolare l. 7 («pactum conventum factum est…»).

re in alcun modo con una pronuncia nuncupatoria. In casi come questi, l'obbligo per l'accipiente di restituire dava luogo a un impegno rimesso esclusivamente alla sua *fides*. Una vera tutela giudiziaria di tali transazioni sopraggiunse, tra III e II secolo a.C., con l'introduzione, nel processo *per formulas*, dell'*actio fiduciae*, mediante la quale l'accipiente poteva essere costretto a porre in atto la restituzione pattuita, e a rispondere per la conservazione della cosa nei termini indicati dalla formula corrispondente, ossia: «ut inter bonos bene agier oportet et sine fraudatione» [come ci si deve comportare fra persone per bene e senza scorrettezze]. L'*actio fiduciae* rientra dunque tra i *iudicia bonae fidei*[103]. La *fiducia*, come paradigma negoziale, perse rapidamente terreno in favore di tipi contrattuali piú agili e perciò meglio aderenti alla realtà economica della tarda repubblica e del principato[104].

*g) Deposito e comodato: premessa.* Non è semplice ricostruire l'origine storica del deposito e del comodato. La parallela e contemporanea esistenza, per entrambi gli istituti, di due formule, l'una *in factum concepta*, l'altra, invece, *in ius ex fide bona*[105], complica ogni tentativo di ripercorrere le vicende costitutive di questi paradigmi contrattuali. Un dato appare, in ogni caso, fuori discussione. Lo sviluppo del deposito, come figura autonoma, si colloca per intero nel periodo di formazione e di consolidamento del processo formulare.

*h) Definizione del deposito.* Il deposito consiste nella consegna di una cosa mobile effettuata da un deponente a un depositario perché questi la conservi e la restituisca o alla scadenza del termine prefissato[106], o a semplice richiesta del

[103] Occorre ricordare che il convenuto, condannato per questo *iudicium*, avrebbe subito anche l'*infamia* (cap. II, § 3.10 e cap. III, § 2.5): Gaio, *Istituzioni* 4.182.

[104] In primo luogo deposito e comodato; successivamente anche il pegno.

[105] Gaio, *Istituzioni* 4.47: ma della possibilità di inserire l'*actio in ius commodati* tra i *iudicia bonae fidei* si discute.

[106] Il termine apposto per la consegna è, in ogni caso, non rilevante nei confronti del deponente, il quale può chiedere la restituzione della cosa in qualsiasi momento.

deponente. Il depositario ottiene la mera detenzione della cosa, mentre il deponente ne conserva il possesso e il *dominium*. Il contratto si perfeziona unicamente con la consegna, perché l'obbligo di restituzione nasce dalla sola dazione. Al deposito è connaturata la gratuità, perché, ove fosse stabilito un qualche compenso, si ricadrebbe nella figura della locazione-conduzione (§ 3.7).

*i*) *L'emersione della figura contrattuale del deposito in età repubblicana*. È possibile che l'*actio in factum* sia stata concessa dal pretore prima di quella *in ius ex fide bona*, ma in realtà non esiste a riguardo – a differenza, invece, di quanto emerge dall'insieme della documentazione per il comodato – alcun indizio davvero affidabile. Si può solo presumere che in origine questi due strumenti siano stati congegnati per rispondere a esigenze non convergenti (uno spunto anche, in questo cap., § 3.4*n*). L'*actio in factum* potrebbe configurarsi come adattamento pretorio di un'antica azione penale, riconducibile alle XII Tavole[107], in forza della quale chi, avendo ricevuto in deposito la cosa altrui, si rifiutasse di restituirla era tenuto a prestare il *duplum* al suo proprietario. Il depositario infedele, alla luce di questa norma, era, dunque, trattato come un *fur nec manifestus* (§ 4.2*b*). Il pretore avrebbe conservato la condanna *in duplum* solo per le ipotesi definite dagli interpreti moderni «deposito necessario», ossia quando taluno avesse effettuato il deposito in gravi situazioni di pericolo (terremoti, incendi, naufragi ecc.), tali da costringerlo a lasciare la cosa a un individuo senza aver avuto la possibilità di vagliarne, nella propria scelta, la lealtà[108]. L'*actio in ius ex fide bona* – cui corrisponde una formula che investe il giudice della facoltà di condannare il convenuto al pagamento di una somma di denaro corrispondente al *quidquid dare facere oportet ex fide bona* enunciato nella pretesa dell'attore, e non al semplice valore della cosa depositata, come nell'*actio in factum* – potrebbe identificarsi con lo strumento congegnato per

[107] *XII Tab.*, VIII, 19 «Ex causa depositi lege XII tabularum in duplum actio datur (edicto praetoris in simplum)...»; *Pauli Sententiae* 2.12.11 = *Coll.* 10.7.11.

[108] Lenel, *Das Edictum* cit., § 106.

dar tutela a quelle situazioni, sviluppatesi dalla *fiducia*, nelle quali, in relazione a *res nec mancipi* (cap. V, § 1.3), non effettuata né l'*in iure cessio* (cap. V, § 2.11), né, tantomeno, la *mancipatio* (cap. V, § 2.10), le parti non volessero attribuire alla consegna, nella loro convenzione (*pactum conventum*), alcuna efficacia traslativa.

*j*) *Il regime giuridico*. Il depositario ottiene la semplice detenzione della cosa, sí che, salvo espresso consenso del deponente, non può usarla[109]. In caso contrario si configurerebbe un *furtum usus* (§ 2.1). Il depositante è tenuto a rimborsare al depositario le eventuali spese indispensabili per la conservazione della cosa o per l'adempimento dell'obbligazione[110]. La formula *in factum* limita esplicitamente l'ipotesi della condanna al caso in cui la cosa non sia stata restituita *dolo malo*; in altre parole, a un comportamento deliberatamente rivolto al perimento della cosa o all'inadempimento. I giuristi si attennero al criterio della responsabilità per dolo anche in relazione alla formula *in ius*, limitandosi a estendere questa nozione anche ai comportamenti gravemente sleali nei confronti del deponente. L'obbligo di conservare la cosa non implica dunque un *custodiam praestare*, come, viceversa, avviene nel caso del comodato. Il depositario, in conseguenza, non è tenuto né nell'ipotesi in cui la cosa sia rubata, né in quella in cui essa sia danneggiata da terzi (§ 5*d*).

*k*) *Il cosiddetto «deposito irregolare»*. Normalmente oggetto del deposito sono cose infungibili: da qui il conseguente obbligo di restituzione non nel *tantundem* ma nella *species*. Nel mondo degli affari di tradizione ellenistica era tuttavia diffusa la pratica di consegnare somme di denaro a banchieri i quali, pur essendo liberi di disporne, erano tenuti a restituirle, aumentate degli interessi, a semplice richiesta del depositante (παρακαταθήκη). Una tale figura contrattuale, definita dagli interpreti medievali «deposito

[109] In questo caso, tuttavia, il negozio si trasforma in un contratto di comodato.
[110] Il deponente potrà tutelarsi mediante un'*actio depositi contraria*.

irregolare», determina, cosí come accade nel mutuo, il trasferimento della proprietà di una certa quantità di cose fungibili (di solito *pecunia numerata*) e, allo stesso tempo, costituisce l'obbligo per l'accipiente di restituire l'equivalente e non la medesima *species* come nel normale deposito. A differenza del mutuo, tuttavia, la restituzione avviene a semplice richiesta del depositante: ogni termine apposto per la consegna sarebbe irrilevante. In questo caso, inoltre, la pattuizione degli interessi convenuta contestualmente alla conclusione del rapporto, in quanto *pactum adiectum in continenti* (patto aggiunto contestualmente) a un contratto tutelabile mediante *actio in ius ex fide bona* (cap. II, § 3.12*c* e in questo cap., § 3.10*d*), non dovrebbe essere trasfusa in una *stipulatio* per avere efficacia.

*l*) *Le formule «in factum» e in «ius ex fide bona depositi».* Soffermiamoci adesso sulle due formule di deposito[111] (Gaio, *Istituzioni* 4.47; si veda cap. II, § 3.11*c*): quella *in ius ex fide bona* e quella *in factum concepta*. Dovremmo chiederci se queste due formule erano tra loro fungibili, ossia interscambiabili. Probabilmente no. Nel caso della *formula in ius*, l'attore era senza dubbio chiamato a provare il fatto, ma il giudice doveva in ogni caso considerare il rapporto nella sua totalità e, in particolare, doveva determinare cosa davvero le parti avessero convenuto fra loro.

Nella *formula in factum* (*si paret* ...) il giudizio si concentra soprattutto sull'accertamento del fatto. Si comprende allora quanto sia importante la fase processuale dominata dalla presenza del pretore (ossia la fase *in iure*). È questo il momento nel quale le parti in lite devono individuare lo schema di *formula iudicii* piú aderente alle loro personali vicende. È possibile, per esempio, che la *formula in ius* si

[111] In entrambi i casi [a meno che, mediante un *pactum adiectum in continenti* (§ 3.10*d*), non si derogasse convenzionalmente il regime tipico della responsabilità (concidente, nel deposito, con il dolo malvagio: § 3.5*g*), prevedendo che il depositario rispondesse anche per colpa (e, allora, si sarebbe dovuto utilizzare la formula *in ius concepta*), la condanna del convenuto avrebbe inevitabilmente comportato, a suo carico, l'irrogazione dell'ulteriore sanzione dell'*infamia* (*ignominia*; cap. II, § 3.10 e cap. III, § 2.5): Gaio, *Istituzioni* 4.182.

concedesse ordinariamente quando il convenuto non contestasse il fatto del deposito; quella *in factum*, viceversa, quando il convenuto lo negasse. Proprio per questo la *formula* con *intentio in factum concepta* delimita con tanta precisione il fatto e indica con altrettanto rigore il criterio di responsabilità (*dolus malus* – dolo malvagio) che si deve prendere in considerazione.

L'impiego della *formula* con *intentio in ius concepta* (*quidquid ... dare facere oportet ex fide bona*) era necessario, peraltro, ogni volta che il regime tipico del rapporto di deposito fosse derogato convenzionalmente dalle parti attraverso patti aggiunti contestualmente alla conclusione del contratto principale (*pacta adiecta in continenti*: § 3.10*d*), ovvero quando il testo della *formula in factum*, per il suo tenore, risultasse inidoneo a rappresentare o a proporre una pretesa ragionevole: cosí, per esempio, nel caso di deposito di beni fungibili e, in specie, di denaro non racchiusi in contenitori sigillati (deposito cosiddetto irregolare: § 3.4*k*). Quanto alla prima ipotesi è evidente che una deroga convenzionale al regime tipico della responsabilità – che nel deposito coincide con il dolo – si sarebbe potuto far valere in giudizio esclusivamente con una *formula in ius ex fide bona*: difatti se i contraenti avessero convenuto che il depositario rispondesse anche per *culpa* (§ 5*f*), i *verba* (le parole) della formula con un'*intentio in factum* sarebbero apparsi inidonei, dal momento che essi fanno esplicito ed esclusivo riferimento al dolo («*dolo malo*»). Nella seconda ipotesi – quella del cosiddetto deposito irregolare – la *formula in factum* non avrebbe potuto esperirsi con successo: oltretutto in questa fattispecie, al pari di quel che accade nel mutuo, con la *numeratio pecuniae* (ossia con il conteggio del denaro), sorge in capo al depositante un diritto di credito e il depositario, viceversa, a null'altro è tenuto che alla restituzione di una somma eguale (in tal senso chiaramente *D.* 19.2.31 [Alfenus 5 *dig. a Paulo epitom.*]). Ma se pure cosí non fosse, monete depositate e non racchiuse in un sacco sigillato si confonderebbero, nell'*arcarium* (cassaforte) del depositario, con altri *nummi* dello stesso stesso peso e dello stesso conio: sicché un'*intentio in factum* proporrebbe una pretesa rispetto alla quale sarebbe normalmente impossibile[112], per esempio, provare il dolo malvagio di Numerio Negidio (un *argentarius* [un banchiere]) che affermasse di non essere in grado di ritrovare, confusi tra altre migliaia, proprio i cento sesterzi depositati da Aulo Agerio. L'emanazione di una sentenza di assoluzione apparirebbe, allora, inevitabile, perché i punti di riferimento, da prendere in considerazione nel contraddittorio tra le parti nella fase *apud iudicem* (cap. II, § 2.4), nel caso in cui *in iure*, al momento della *litis contestatio*, si fosse scelta la formula con un'*intentio in factum concepta*, non avrebbero consentito un esito differente.

Si tenga presente, a tal proposito, che nel processo formulare romano non trovava alcuno spazio il cosiddetto «principio della sostanziazione dell'azione»: ragion per cui, se la parte, che sceglieva lo schema di azione, usava una formula giuridicamente errata, la conseguenza era regolarmente la perdita del processo, in contrasto con il principio oggi operante per il quale la presentazione dei fatti è sufficiente a fondare la domanda quando essi giustificano la pretesa sollevata sotto qualche profilo giuridico, non importa quale. Come ha osservato, tra i tanti, anche Max Weber, è chiaro che, dove vale il «principio della sostanziazione dell'azione», la necessità di una precisa fissazione tecnico-giuridica dei concetti è molto minore di quanto non lo fosse nel processo formulare, che costringeva giureconsulti e pratici a una distinzione e delimitazione tecnico-giuridica rigorosa ed esatta dei concetti giuridici della vita quotidiana.

*m) Il sequestro.* Il deposito giudiziale (o sequestro) si configura nell'ipotesi in cui tra le parti sia insorta una lite sulla proprietà della cosa o sulla sussistenza di un debito. In tal caso esse affidano la *lis controversa* a un terzo di comune fiducia perché la conservi fino al momento in cui la causa non sia stata definita dal giudice. Il sequestratario, a differenza del depositario, non ha la semplice detenzione,

[112] Qui non è però in questione il principio per il quale l'obbligazione è nulla quando essa abbia a oggetto una prestazione impossibile (*impossibilium nulla obligatio est*): *D.* 50.17.185 (Cels. 8 *dig.*): in questo cap., § 2.4*a*.

ma la *possessio ad interdicta* (cap. v, § 2.7). Peraltro il regime del sequestro non differisce da quello del deposito, e la formula, concessa dall'editto del pretore, ricalca, in questo caso, la struttura dell'*actio depositi*.

*n*) *L'emersione storica della figura contrattuale del comodato*. Il prestito a uso gratuito di una cosa mobile o anche, ma piú raramente, immobile, fu riconosciuto piú tardi del deposito quale autonoma figura contrattuale produttiva di *obligatio*. Ancora al tempo di Cicerone il comodato[113] era protetto, a differenza del deposito, esclusivamente da un'*actio in factum*. Quella *in ius ex fide bona* fu introdotta in seguito, forse nel corso dei primi anni del principato. La tendenza dei compilatori giustinianei ad accomunare deposito e comodato, che, peraltro, non trova riscontro nella sistematica edittale[114], non ci permette di cogliere le non sempre perfettamente convergenti vicende di questi due istituti. Probabilmente, l'esigenza di configurare autonomamente il comodato rispetto alla *fiducia cum amico* emerse solo successivamente. D'altra parte, la tutela di alcune situazioni riconducibili al prestito d'uso si realizzava, ancora nella giurisprudenza di II e di I secolo a.C., attraverso un ampliamento della nozione di *furtum*. Intorno al 140 a.C., il giurista Giunio Bruto ricorda che era condannato per furto chi conduceva un giumento in luogo diverso da quello per cui lo aveva ricevuto in prestito e, parimenti, chi lo spingeva piú lontano del prestabilito. Per Quinto Mucio (§ 2.1), chiunque si servisse della cosa datagli in deposito o adoperasse ciò che aveva ricevuto in uso per uno scopo diverso da quello pattuito, si rendeva colpevole di furto (*furtum usus*)[115]. In base a una concezione piú ampia di furto, che prescindeva dall'elemento materiale dell'asportazione della cosa altrui, fu possibile ricondurre a questa nozione ogni uso o ingerenza non consentiti dal proprietario. L'uso improprio e la mancata restituzione della cosa erano dunque

[113] Le fonti piú antiche adoperano l'espressione *utendum dare*.

[114] Nell'albo del pretore, mentre il deposito è collocato nel titolo *de bonae fidei iudiciis*, il comodato si situa nel titolo *de rebus creditis*.

[115] Gellio, *Notti attiche* 6.15.

sussumibili, per la giurisprudenza tra II e I secolo a.C., entro la nozione di furto. Se ne possono trarre due conseguenze storiche. Da un canto emerge l'esistenza d'un paradigma negoziale che, senza presupporre il ricorso alla *mancipatio* o all'*in iure cessio*, permetteva il prestito d'uso, mediante una semplice consegna e una mera convenzione, anche di una *res mancipi*. Dall'altro, appare molto verosimile che l'*actio in factum commodati* sia stata introdotta dal pretore quale adattamento, inteso a attenuare l'eccessiva severità dei processi di furto, ossia dell'azione penale piú antica (l'*actio furti nec manifesti*).

*o*) *Il regime giuridico del comodato*. Come nel deposito, anche nel comodato proprietà e possesso restavano al proprietario. Il pagamento di un corrispettivo avrebbe trasformato il contratto in una locazione-conduzione (§ 3.7). Il comodato aveva a oggetto il prestito d'uso di cose né fungibili né consumabili, e non costituiva vera eccezione a tale caratteristica strutturale il cosiddetto comodato *ad pompam vel ad ostentationem* (cesti di frutta o *pecunia numerata* racchiusa in sacchi), perché in questo caso il comodatario era tenuto a restituire proprio le cose consegnategli e non già il loro equivalente. La *formula in factum* non prevede, a differenza di quanto accade per il deposito, alcun riferimento al *dolus malus*, sí che la responsabilità del comodatario è molto piú estesa. Questi, infatti, è tenuto al *custodiam praestare*, ossia a garantire sempre la restituzione della cosa, salvi i casi di forza maggiore (§ 5*c* e *d*). Per tale motivo, il comodatario era legittimato attivo all'*actio furti*, pur non essendo né proprietario né possessore della cosa. In seguito fu introdotta l'*actio commodati in ius ex fide bona* che offriva la possibilità di una valutazione equitativa dell'ammontare del danno effettivamente subito dal comodante, mentre, attraverso l'*azione in factum*, il criterio del *quanti ea res est* (cap. II, § 3.7*d*) avrebbe inevitabilmente comportato una condanna all'intero valore della cosa. L'*actio contraria* – che si aggiunse al diritto di ritenzione – poteva essere esperita contro il comodante per domandare il rimborso delle spese per i danni eventualmente causati dalla cosa data in prestito e, infine, qualora fosse stato impedito con dolo al comodatario l'uso pattuito della cosa.

*p) Il pegno.* Il *pignus* (si veda cap. v, § 6) emerse con una propria specifica individualità piú tardi del deposito e del comodato. Mediante l'uso di questo paradigma negoziale si intendevano raggiungere le finalità proprie della *fiducia cum creditore*, evitando, però, il trasferimento della proprietà della cosa. Esso consiste nel trasferimento del possesso di una cosa (generalmente mobile) dal debitore pignoratizio al creditore (*datio pignoris*), col patto che il pignoratario (creditore) la conservi a garanzia di un debito proprio o altrui, e la restituisca in caso di adempimento o se ne appropri (salva restituzione dell'eventuale eccedenza del prezzo ricavato in rapporto all'ammontare del credito *hyperocha*) in caso di inadempimento. L'*actio in factum pigneraticia*, concessa probabilmente sullo scorcio della repubblica, era volta a ottenere la restituzione della cosa data in pegno quando l'obbligazione garantita fosse stata adempiuta o si fosse estinta. Il creditore pignoratizio non aveva la facoltà di usare la cosa e rispondeva per *custodia* (§ 5*d*), ma in base a criteri meno rigidi di quelli previsti per il comodatario. Tra II e III secolo d.C. fu concesso anche per questo istituto un *iudicium bonae fidei*. Il creditore, a sua volta, poteva opporre all'azione promossa dal debitore il diritto di ritenzione per ottenere il rimborso delle spese sostenute per la conservazione della cosa o il risarcimento del danno da questa cagionato. Inoltre, egli poteva far valere le sue ragioni per spese erogate o danni subiti per mezzo di un'*actio pigneraticia contraria*.

### 3.5. Tutela degli scambi e origine degli «arbitria ex fide bona» nella «iurisdictio inter cives et peregrinos».

*a) La recezione pretoria delle proto-formule elaborate nelle prassi arbitrali.* Sul piano del processo *per legis actiones*, la tutela di quegli scambi che in seguito sarebbero stati definiti di «compravendita» e di «locazione» (cosa contro denaro al fine di consentire il pacifico godimento della *res*, e cosa contro denaro con l'obbligo di restituire la cosa alla fine del rapporto) era impossibile, se non con la *pignoris capio* e in due casi tassativamente determinati dalla legge decemvirale (cap. II, §§ 3.1 e 3.2). Prima della nascita del processo formulare, il commercio con gli stranieri e i paradigmi fondamentali dello scambio – *emptum venditum*, *locatum conductum* e *societatem coire* – non godettero, dunque, di alcuna tutela giurisdizionale. È in questo quadro, probabilmente, che si impose il ricorso a sistemi di composizione arbitrale, per garantire e proteggere, in qualche forma, i mercanti stranieri che si recavano a Roma. I contorni di tali sistemi sono definibili solo in via ampiamente congetturale. Il termine *arbiter*, tuttavia, esprime una valenza semantica che va ben al di là del solo significato di testimone *super partes* di un affare. In diversi contesti plautini si registra ancora, nell'uso traslato di quest'espressione, il rinvio a una peculiare istituzione del mercato, ossia al sensale. Gli *arbitri*, in quanto sensali, interpreti ed esperti di equivalenze, avrebbero garantito, per quasi duecento anni a partire dalla fine del VI secolo a.C., la «notorietà» dell'affare e la sua corretta applicazione. In questo ambito si può collocare il sorgere e l'affermarsi di prassi e sistemi di composizione arbitrali fondati su meccanismi di controllo e di composizione operanti nello spazio del mercato, oltre che sul libero assenso delle parti. Solo successivamente, tra IV e III secolo a.C., la giurisdizione del pretore, riferendosi a questi usi piú antichi, recepí i formulari già da tempo adoperati nei sistemi arbitrali. Tali proto-formule, prima del loro pieno accoglimento nella *iurisdictio inter cives et peregrinos*, non conferivano agli *arbitri* – né, anche volendo, lo si sarebbe potuto fare – il potere di condannare una delle parti in conflitto. Esse si limitavano soltanto a predisporre i criteri, per esempio, per determinare il valore di una cosa venduta. Dalla loro successiva evoluzione, presero vita le cosiddette formule con *demonstratio* (cap. II, § 3.7*a*), nelle quali l'enunciazione dell'oggetto della pretesa era preceduta da un'altra clausola introdotta dal *quod* – poiché – assertorio. Piú di uno spunto in tal senso si può ricavare dall'esame della struttura degli *arbitria bonae fidei* (*actio venditi*, *empti*, *locati*, *conducti*, *pro socio*: § 3.12*c*). Leggiamo la formula dell'*actio venditi*:

Poiché (*quod*) Aulo Agerio ha venduto a Numerio Negidio lo schiavo di cui si tratta – materia del contendere – con riguardo a tutto ciò che in forza di tale rapporto Numerio Negidio deve fare o dare in favore di Aulo Agerio *ex fide bona*, il giudice Caio Aquilio condanni Numerio Negidio nei confronti di Aulo Agerio; se non risulta lo assolva.

La composizione della formula può essere spiegata solo sulla base di ragioni d'ordine storico. Adoperare il *quod* assertorio iniziale equivale ad affermare e a riconoscere, come un dato di fatto incontrovertibile e scontato, che Aulo Agerio ha venduto e consegnato lo schiavo a Numerio Negidio. Da ciò a supporre che la funzione originaria di questo tipo di formule non fosse sottoporre all'accertamento del giudice un fatto solamente affermato, ma descrivere la materia incontroversa che l'*arbiter* era chiamato a valutare per definire una stima di valore (l'*aestimatio*), il passo è breve. La giurisdizione pretoria, d'altra parte, recepí dalle piú remote forme di composizione arbitrale anche l'*oportere ex fide bona*, quale norma che fonda il vincolo e misura la responsabilità.

*b*) *Un confronto con l'esperienza greca*. Per molti secoli gli organi giurisdizionali romani non hanno concesso una vera e propria tutela agli scambi – e, in particolare, alla compravendita – non trasposti sul piano formale in paradigmi rituali come la *mancipatio*, l'*in iure cessio* o la *sponsio-stipulatio*. La cosa potrebbe apparire sorprendente, ma un confronto con due noti passi tratti, rispettivamente, dalle *Leggi* di Platone e dall'*Etica nicomachea* aristotelica ridimensiona l'apparente straordinarietà dell'esperienza storica di Roma nella tutela dello scambio:

Platone, *Leggi* VIII 849e-850a «Quanto a tutti gli altri beni e utensili che possono essere necessari a ciascuno, si vendano portandoli al mercato comune e sistemando ogni cosa nel luogo dove i custodi delle leggi e gli *agoranomoi*, assieme agli *astynomoi*, avranno indicato come la sede adatta; quindi si stabiliranno i confini del luogo dove la merce viene venduta, e all'interno di tali confini si possono scambiare denaro con merci e merci con danaro, purché uno non faccia credito all'altro: chi, fidandosi, fa credito, che sia pagato o no, si rassegni pure perché non si può intentare alcuna azione giudiziaria per siffatte transazioni».

Aristotele, nel distinguere due specie di amicizia, l'una morale e l'altra legale [*Etica nicomachea*, VIII, 13.5-6, 1162 ab 23-31], scrive:

> Le controversie nascono per lo piú quando gli uomini non sciolgono i loro vincoli secondo lo stesso tipo di amicizia col quale li hanno contratti. L'amicizia legale si fonda sui termini convenuti; la sua forma puramente commerciale consiste in uno scambio immediato da mano a mano, mentre la sua forma piú liberale consiste in un accordo circa lo scambio, che è differito nel tempo. In quest'ultima forma il debito è chiaro e non ambiguo, ma nel differirne l'adempimento c'è un elemento di amicizia. Perciò presso alcuni non vi sono azioni giudiziarie per questi rapporti, ma coloro che stringono accordi sulla base della fiducia (κατὰ πίστιν) sanno di dover sopportare le conseguenze.

Ove non si applichi il principio della surrogazione[116], in alcune città greche la tutela dello scambio è affidata unicamente, ancora al tempo di Aristotele – ossia nella seconda metà del IV secolo a.C. –, alla sola, reciproca *fides* dei contraenti e, si deve presumere, a sistemi di composizione arbitrale che, fondandosi soprattutto sull'interesse di ogni mercante a conservare la propria reputazione, non garantiscono la coercibilità dell'affare. A Roma, invece, i rapporti «commerciali» del *ius gentium* non rimasero tanto a lungo privi di tutela giurisdizionale, ma la ottennero dapprima attraverso la giurisdizione *inter cives et peregrinos et inter peregrinos* dell'unico pretore in carica dopo il 367; poi, a partire dal 242 a.C., del cosiddetto pretore peregrino.

*c*) *La tutela del contraente adempiente.* Dal punto di vista sostanziale, il fondamento originario della tutela dello scambio commerciale è individuabile nella regola che assicura piena protezione giuridica, dal momento della consegna, a chi ha adempiuto. Nel quadro della *iurisdictio inter cives et peregrinos*, tale meccanismo, integrandosi con la *fides* – criterio capace di determinare il vero contenuto dell'affare e degli impegni effettivamente assunti dalle parti – pose le basi dell'originaria disciplina *iuris gentium* dei traf-

[116] Il quale, per esistere, ha bisogno che il prezzo si sostituisca alla merce nel patrimonio del venditore, e che l'inverso accada nel patrimonio del compratore.

fici commerciali in area romana. Nella fase iniziale dello sviluppo della giurisdizione del pretore, la consegna deve essere valutata in quanto condizione necessaria per la tutela giuridica dell'operazione mercantile[117], piú che come momento perfezionativo del vincolo. Naturalmente, quanto piú indietro si va nel tempo, tanto piú i due aspetti si confondono e si compenetrano fra loro.

*d) Il rilievo del criterio dell'adempimento alle origini della giurisdizione pretoria.* Questa particolare funzione della consegna – il rappresentare cioè, alle origini della tutela pretoria dei rapporti di scambio, la condizione necessaria per la tutela della transazione commerciale – nulla può dirci sulla genesi della «compravendita obbligatoria consensuale». Nel domandarsi quali requisiti si ponessero, nella *iurisdictio inter cives et peregrinos*, per concedere piena tutela giuridica alle operazioni di scambio mercantile, sarebbe sterile rivolgersi al «consenso». Nei rapporti *inter cives*, la prassi, prima del riconoscimento dell'accordo delle parti come momento genetico del vincolo, aveva congegnato vari mezzi: dal ricorso a reciproche *sponsiones*, a differenti strumenti di coazione indiretta, fino al momento della *solutio* o della *satisdatio* (malleveria o, meglio, promessa solenne fatta mediante *verborum obligatio* con intervento di un garante). Ancora alla metà del II secolo a.C., il solo consenso non pareva sufficiente per determinare la costituzione del vincolo. Al tempo di Catone il Censore, come emerge dai formulari contrattuali da lui tramandatici[118], fu certamente garantita ampia tutela in via di azione a una vasta gamma di pattuizioni accessorie all'affare principale (compravendita o locazione-conduzione). In questo periodo, i patti con contenuto positivo (patto di compravendita ecc.), tutelati dal pretore, ebbero solo funzione determinativa di un concreto *dare* o *facere*, coordinandosi, in ogni caso, con la regola per la quale l'azione competeva unicamente a chi aveva già consegnato o adempiuto.

[117] La teoria della «disposizione diretta a uno scopo», elaborata in relazione ai diritti greci arcaici, può essere adoperata per descrivere ogni azione di adempimento compiuta nella prospettiva di un contro-adempimento.

[118] Cfr. Catone, *L'agricoltura* 144.9; 145.6. Si veda anche 144.8; 145.5 e 146.7.

Tale valenza determinativa del *pactum*, protetto dalla giurisdizione pretoria, se consentí la tutela in via di azione di una serie di pattuizioni accessorie al contenuto dell'affare principale, favorí poi, nell'analisi concreta dei formulari negoziali, la riflessione giurisprudenziale sulle funzioni tipiche delle diverse figure contrattuali recepite dal *ius gentium*, benché le fattispecie piú significative per la loro funzione economica (*emptum venditum*, *locatum conductum*, *societatem coire*) fossero protette, a partire dalla fine del III secolo a.C. anche nella *iurisdictio inter cives*, con *arbitria ex fide bona* contrassegnati da una propria, specifica nomenclatura. D'altra parte, prima dello sviluppo dell'attività edittale del pretore – un fenomeno che, per quanto indietro si vada nel tempo, coincide al piú con gli anni immediatamente successivi alla fine della guerra annibalica (dopo il 202 a.C.) – in assenza di una rigorosa tipicità causale, la giurisdizione pretoria poteva soltanto valutare, quale condizione necessaria per l'esercizio dell'azione, la consegna, ovvero il verificarsi dell'adempimento di una delle parti.

*e) La nascita della compravendita consensuale.* Appare impossibile descrivere compiutamente, dal punto di vista storico, la genesi della compravendita e degli altri contratti consensuali. Tuttavia, negli anni della giovinezza di Cicerone e della piena maturità di Quinto Mucio, il consenso si era già affermato come elemento costitutivo e momento genetico del vincolo. Alcuni effetti giuridici dell'*emptio-venditio* furono, già in questo periodo, compiutamente riconnessi al manifestarsi dell'accordo delle parti, come si evince, del resto, dalla nozione di *venditio spei* (§ 3.6*b*) nonché dal contestuale costume di concludere vendite di generi, sopra campioni esibiti dal venditore al compratore, senza che essi si trovassero, al momento della transazione, nella disponibilità del primo[119]. In questo nuovo quadro, la verifica del mancato adempimento, nel corso della fase *in iure*, non avrebbe potuto impedire l'esercizio dell'azione a quanti, prima della *litis contestatio*, offrissero di onorare pienamente il proprio impegno.

[119] *Retorica a Gaio Erennio* 4.6.9; Cicerone, *L'invenzione* 2.28.113.

*f) Le peculiarità del «consensu contrahi» e la bilateralità delle obbligazioni.* La genesi del paradigma del *consensu contrahi* sfugge a ogni tentativo di ricostruzione storica complessiva, come osserveremo in relazione ai differenti rapporti riconducibili a questo schema. Tuttavia, i quattro contratti tipici ricompresi in tale categoria (compravendita, locazione conduzione, società, mandato) presentavano alcuni caratteri comuni. Il contratto si perfezionava per effetto dello scambio di consensi e veniva meno per effetto del *contrarius consensus* (§ 2.7*c*). Le parti potevano manifestare il loro consenso in qualsiasi modo. Per la costituzione dell'obbligazione non occorreva né la pronuncia di un formulario, né l'uso di scritture formali. Il semplice scambio di consensi poteva avvenire, anche tra persone assenti, attraverso uno scambio di lettere o mediante un messaggero. L'efficacia del *contrarius consensus* era sempre subordinata al requisito della *res integra*, ossia dell'assoluto inadempimento delle prestazioni. L'adempimento di una prestazione aggiungeva un ulteriore elemento al contratto, in quanto recava con sé l'impossibilità di scioglierlo per semplice consenso. Anche da questi contratti, com'è ovvio, nascevano soltanto obbligazioni, ovvero doveri individuali di *dare*, *facere*, *praestare*, esigibili con azioni *in personam*: essi avevano, dunque, mera efficacia obbligatoria e non producevano mai effetti reali. Alla consensualità è connessa la bilateralità, perché, come scrive Gaio [*Istituzioni* 3.137]:

> Ciascuno si obbliga verso l'altro per quello che ciascuno deve prestare all'altro secondo l'onesto e l'equo, mentre, al contrario, nelle obbligazioni verbali uno stipula e l'altro promette, e nei *nomina* [*transscripticia*] uno obbliga portando in conto come versato e l'altro viene obbligato.

La bilateralità delle obbligazioni, nella prospettiva gaiana, si coglie nella duplicità e reciprocità di azioni a carico delle parti, non già, come nelle concezioni moderne, sul piano della corrispettività delle reciproche prestazioni. In alcuni rapporti, queste azioni assumono un nome diverso, rispecchiato con precisione nelle loro rispettive *demonstrationes*, come nella compravendita (*actio venditi*, azione di vendita; *actio empti*, azione di compera) e nella locazione conduzione (*actio locati*, azione di locazione; *actio conducti*, azione di conduzione). In altri, invece, le azioni recano lo stesso nome con un'identica *demonstratio*, come nel caso della società e del mandato. La piena bilateralità del mandato, rilevabile nella reciprocità di azioni nascenti dal contratto, non si coglie, invece, se ci poniamo nella prospettiva, solo moderna, della vera e propria corrispettività delle prestazioni.

*g) La «bona fides», il «dolus», il «metus».* La *fides*, nel mondo dei commerci mediterranei, è non soltanto un valore genericamente etico, ma un valore tecnicamente elaborato, che riceve, in Roma, formale riconoscimento nel quadro della *iurisdictio inter cives et peregrinos* (giurisdizione tra Romani e stranieri; cap. I, § 4.3). In questo contesto la *fides* altro non era, in origine, che la fiducia con la quale ci si rapportava all'altro contraente: la *bona fides*, dunque, era la fiducia ben riposta, quella su cui si poteva fare affidamento. Nel successivo sviluppo della giurisdizione pretoria la *fides* divenne il criterio che consentí di parametrare i comportamenti delle parti non soltanto al rispetto della parola data, ma anche agli impegni assunti per fatti concludenti[120]. Nei rapporti tutelati dai *iudicia bonae fidei* i contraenti erano vincolati, nell'esecuzione delle loro obbligazioni, a osservare i princípî del «buono» e del «giusto», appunto perché in questi contratti l'*oportere*, il vincolo obbligatorio, era fondato sulla *bona fides*. Supponiamo che il venditore avesse perpetrato, ai danni del compratore, un inganno sui requisiti della cosa: qualora questi intendesse domandare giudizialmente il versamento del prezzo, la vittima dell'inganno (il compratore) poteva far pesare, in sede processuale, il tranello da lui patito e opporsi alla domanda dell'attore. Dal momento che il *dolus malus*[121] costituiva l'antitesi della buona fede, esso poteva essere sempre rilevato in un *iudicium*

[120] Riprendo un rilievo di Carlo Beduschi.

[121] Secondo Servio Sulpicio Rufo (*D.* 4.3.1.2 – in Ulp. 11 *ad ed.*), *dolo malo* era qualsivoglia macchinazione diretta a ingannare altri col far apparire una cosa e compierne un'altra. Secondo Labeone (*D.* 4.3.1.2 – in Ulp. 11 *ad ed.*), la cui opinione finí col prevalere, esso consisteva in qualsiasi astuzia, raggiro, macchinazione diretta a circonvenire, raggirare, ingannare altri.

*bonae fidei*, anche in assenza di un'esplicita istanza proposta dal compratore durante la fase *in iure*[122]. Al contrario, negli altri *iudicia*, definiti *stricta*, la condanna poteva essere evitata dal convenuto vittima di un inganno o di una macchinazione soltanto mediante l'inserzione, nella formula, di un'*exceptio doli*, un rimedio introdotto dal pretore attorno all'80 a.C.[123]. In base all'esame del suo testo («se in questo affare nulla, con dolo di Aulo Agerio, sia stato fatto in un momento precedente alla *litis contestatio* o al momento della *litis contestatio*») si può concludere che il convenuto potesse addurre sia il dolo che viziava il negozio sul quale si fondava la pretesa dell'attore, sia il fatto che l'esercizio stesso dell'azione dovesse considerarsi frutto di mala fede dell'attore.

Il contratto viziato da *dolo malo* non è inesistente, ma si può rescindere. Nemmeno un contratto di buona fede, che ne sia affetto, è nullo. In questi casi, tuttavia, non occorre l'inserimento di un'*exceptio* nella formula, per permettere al giudice di tener conto del dolo della controparte. È necessario, però, che la violazione della buona fede sia proposta nella fase *apud iudicem* e, come ovvio, puntualmente provata. Si può rilevare che, per i casi in cui la parte ingannata fosse il creditore o il debitore non potesse piú valersi dell'*exceptio doli*, il pretore concesse, mediante la clausola edittale *de dolo malo*, l'*actio doli*, almeno nei casi in cui l'errore fosse stato provocato tramite simulazione o altri apparati artificiosi[124]. Sia ben chiaro, l'azione *de dolo* è un'azione penale *in simplum*, intentabile, in caso di negozio, solo contro la parte autrice del dolo (§ 4.5*a*). Non si tratta, dunque, di un'azione per l'adempimento, e può essere concessa, previa *causae cognitio* (cap. II, § 3.6), solo quando la vittima non disponga di altri strumenti di tutela.

[122] Istanza che avrebbe determinato per l'appunto l'inserimento, nella *formula iudicii*, di un'*exceptio doli*.

[123] È probabile (in tal senso Federico D'Ippolito) che Aquilio Gallo, in qualità di consulente del pretore (per i testi, si veda Cicerone, *La natura degli dei* 3.30.74 e *I doveri* 3.14.66), abbia suggerito l'inserzione nell'editto sia della *formula* dell'*actio doli* sia di quella dell'*exceptio* (in Cicerone, *I doveri* 3.14.60 si parla, infatti, di *formulae de dolo*).

[124] Per l'*exceptio doli* e per l'uso delle azioni di buona fede è sufficiente, invece, anche un malizioso silenzio.

Nel quadro dei rapporti contrattuali tutelati da azioni di buona fede, il *metus* si atteggia non diversamente dal dolo: in tali casi, chi fosse vittima di una violenza non doveva opporre un'*exceptio* per essere assolto. Il *metus* consiste in una minaccia ingiusta, almeno in relazione allo scopo che si propone, tale da provocare nella vittima uno stato di timore tanto intenso da determinare costui a compiere un negozio che altrimenti non avrebbe né voluto né compiuto. Fra l'80 e il 70 a.C. il pretore concesse un'*exceptio metus* e, inoltre, un'*actio quod metus causa*, un'azione penale infamante, esperibile anche nei confronti di chi avesse tratto profitto dalla violenza[125].

## 3.6. I contratti consensuali. La compravendita.

*a) Compravendita greca e romana. Tutela giuridica della compravendita e giurisdizione pretoria «inter cives et peregrinos».* Non è possibile soffermarsi sulle innumerevoli congetture avanzate per giustificare storicamente la genesi della compravendita consensuale. Né ha senso comparare la sua disciplina, elaborata dalla giurisprudenza tardorepubblicana e imperiale, con quella di una qualsiasi altra compravendita praticata nel mondo mediterraneo. Nel caso dell'*emptio venditio*, come si è ben scritto, «lo scambio è il fine ultimo, non il suo effetto immediato». Cosa e prezzo non si trasferiscono subito da un soggetto all'altro e «niente muta nel mondo visibile». Nulla di simile si riscontra nei diritti greci[126]. Che l'origine della compravendita romana vada ricondotta al mondo dei traffici mediterranei e alla sua originaria tutela giuridica nella *iurisdictio inter cives et peregrinos* emerge dalle rispettive obbligazioni di compratore e venditore. Quest'ultimo doveva procurare all'*emptor* il possesso della cosa venduta (la *merx*), assicurandogliene il pacifico godimento fino al conseguimento della piena proprietà per usucapione, mentre il compratore, quale corri-

[125] Mediante la *restitutio in integrum*, sempre concessa dal pretore, la vittima della violenza poteva ottenere, sul piano del diritto onorario, la rescissione del negozio valido *iure civili*.

[126] Vige in essi il principio della surrogazione.

spettivo, era tenuto a trasferire al *venditor* la proprietà di una somma di denaro costituente il *pretium*. Il venditore non doveva compiere l'atto, spesso formale (*mancipatio* o *in iure cessio*), traslativo di proprietà. In verità, egli avrebbe potuto impegnarsi a compiere la mancipazione, perché in tal modo non si obbligava all'effettivo trasferimento della proprietà, ma al mero compimento dell'atto traslativo[127]. Cionondimeno, una convenzione consistente in due reciproche obbligazioni di *dare pecuniam* e *dare rem* (nel significato di trasferire la proprietà) non sarebbe in alcun caso rientrata nello schema contrattuale dell'*emptio-venditio* [cfr. *D*. 12.4.16 (Cels. 3 *dig*.)]. La spiegazione di un tale regime giuridico, che potrebbe a un primo sguardo sembrare singolare, va individuata in un dato incontrovertibile: fin dal suo primo apparire, il meccanismo negoziale della compravendita fu congegnato per corrispondere alle reciproche esigenze di Romani e stranieri. Questi ultimi, tutelati dalla giurisdizione pretoria, erano però esclusi, in quanto *peregrini*, dal *dominium ex iure Quiritium*[128]. L'inidoneità del nostro contratto a costituire l'obbligo, in capo al venditore, di trasferire la proprietà della *merx* non ha fondamento economico, ma indica, piuttosto, una impossibilità tecnica.

*b) La «merx».* Oggetto della compravendita, con funzione di merce, può essere qualsiasi cosa commerciabile, corporale o incorporale (ossia un qualsivoglia diritto soggettivo patrimoniale: per esempio, l'eredità già acquistata dall'erede, l'usufrutto, la cessione delle azioni a tutela di un credito), non solo presente ma anche futura. A tal proposito, si distingueva nettamente la vendita condizionata al fatto che la cosa venisse in essere (*emptio rei speratae*, secondo la terminologia medievale: per esempio, il prossimo raccolto di un fondo determinato) dalla vendita incondizionata, nella quale l'obbligo di pagare il prezzo non cessava neppure se la cosa non fosse venuta in essere (*emptio spei*, cioè «vendita aleatoria», per esempio la compravendita in bloc-

[127] Vincenzo Arangio-Ruiz sostiene che l'obbligo di *mancipatio* doveva ricondursi esclusivamente alla libera contrattazione fra le parti.

[128] In altre parole, non è mai esistita una proprietà *iuris gentium*, che potesse considerarsi comune ai Romani e ai *peregrini*.

co di quanto si fosse riusciti a pescare gettando una rete). La compravendita di cosa altrui era possibile appunto perché il venditore si obbligava soltanto a trasmettere la cosa al compratore; non potevano invece costituire oggetto di vendita le *res* già in proprietà del compratore. I Romani, probabilmente, non concepirono mai – anche se l'affermazione che il *genus* non è suscettibile di compravendita non si ritrova nelle fonti – una compravendita generica, avente a oggetto cose né determinate nella loro individualità, né tali da poter essere individuate entro un gruppo, ma definibili solo in relazione a una certa categoria o tipo[129].

*c) Il consenso: «error in corpore», «in substantia», «in quantitate».* Elemento fondamentale del contratto è, come è ovvio, il *consensus in idem placitum*. A tal proposito, nella casistica giurisprudenziale concernente la compravendita, assume rilievo centrale il dibattito intorno alla cosa cui il negozio si riferisce. Può discutersi di *error in corpore*, *in substantia*, *in quantitate*. Rispetto alle prime due categorie l'errore è sempre essenziale. Si ha *error in corpore*, ossia sull'individualità della cosa, qualora, per esempio, io creda di comprare da te il fondo Corneliano e tu, invece, di vendermi il fondo Semproniano. La *substantia* costituisce l'essenza della cosa. Nelle *res* che non presentano alcun pregio di forma, l'essenza deriva dalla composizione materiale. Se, per esempio, taluno, credendo di aver comprato vino ha (senza errore sull'individualità della cosa) comprato aceto, l'errore è essenziale, se non si tratta di vino inacidito, ma di aceto artificiale (*embamma*). Lo stesso, e ancor piú chiaramente, può dirsi quando taluno abbia comprato una quantità determinata di metallo, che si crede sia argento mentre, invece, è piombo. La composizione materiale può determinare la *substantia* di una cosa anche nei casi ove si può riscontrare un qualche pregio di forma, tuttavia non prevalente, né assorbente: cosí, per esempio, il braccialetto può dirsi aureo, anche se l'oro vi rientri in lega assai sca-

[129] Per il diritto romano (in tal senso Arangio-Ruiz) non sembra possibile che *merx* in una compravendita possa essere un cavallo o uno schiavo, senza ulteriore determinazione, e neppure cento anfore di vino di Cipro, senza una precisa determinazione di qualità.

dente[130]; qualora, però, consti di una composizione metallica completamente diversa, l'errore è sempre essenziale[131].

*d*) *Il «pretium»*. Il contratto si perfezionava nel momento in cui, tra le parti, si conveniva il prezzo, ancor prima dunque di versarlo materialmente. Un'arra dunque, se data, aveva funzione meramente probatoria. Il prezzo doveva essere certo e definito in *pecunia numerata* romana, una *materia*, cioè, *forma publica percussa* («una materia, segnata da un pubblico conio»; in questo cap., § 3.10*e*). Secondo un orientamento formulato da Labeone, non era possibile affidare la sua determinazione a un terzo perché, in tal caso, il negozio non avrebbe avuto alcun effetto; al contrario Ofilio, seguito da Proculo, considerava anche questa fattispecie riconducibile allo schema contrattuale dell'*emptio-venditio* [Gaio, *Istituzioni* 3.140]. Giustiniano risolse tale controversia stabilendo che, se il terzo avesse determinato il prezzo, la vendita sarebbe stata valida; se il terzo, invece, non avesse voluto o potuto farlo, essa sarebbe stata inefficace [*Istituzioni* 3.23.1]. Il prezzo doveva consistere in denaro contante. Su questo problema nacque una famosa disputa giurisprudenziale, perché, secondo alcuni giuristi, il prezzo poteva definirsi anche mediante cose diverse dalla *pecunia numerata*, ossia mediante un qualsiasi equivalente (il bronzo, le pelli, il vino ecc.). Sulla base di simili premesse, i sabiniani (cap. 1, §§ 4.1 e 5.1) riconducevano la permuta, cioè lo scambio di cosa contro cosa, alla compravendita. Questa tesi tuttavia, come si vedrà a proposito della tutela giuridica dei *nova negotia* (§ 3.10), non fu accolta.

In alcuni rescritti di epoca dioclezianea [*C.* 4.44.2 e 4.44.8], ma rielaborati dai compilatori giustinianei, si volle che il prezzo fosse *iustum*, ossia proporzionato al valore del-

[130] Tuttavia, tale soluzione giurisprudenziale non fu accolta senza contrasti: Giuliano [*D.* 18.1.41.1 (3 *ad Urseium Ferocem*)], per esempio, aveva giudicato nulla la vendita d'un vassoio placcato d'argento, ritenuto, invece d'argento massiccio.

[131] *D.* 18.1.9.2 (Ulp. 28 *ad Sab.*). Riguardo all'*error in quantitate*, può dirsi per esempio che se Tizio vende per dieci, mentre il compratore creda, per errore, di comprare per cinque, il contratto è inesistente. Al contrario, se Tizio crede di vendere per cinque, mentre il compratore creda di comprare per dieci, il contratto è valido.

la cosa. Il venditore, che avesse provato di aver venduto un immobile per una somma inferiore alla metà del giusto prezzo, poteva ottenere la rescissione della vendita (*laesio aenormis*), a meno che il compratore o restituisse la cosa o pagasse quanto occorreva per raggiungere il giusto prezzo.

*e) Obbligazioni del venditore*. Come si è già sottolineato, il venditore non è tenuto a trasmettere la proprietà della merce e, ove quest'obbligazione sia esplicitamente assunta, il negozio posto in essere fuoriesce dallo schema contrattuale della compravendita. D'altra parte, se non esiste l'obbligo di trasferire la proprietà, non si può nemmeno escludere il passaggio della cosa nel dominio del compratore, perché tale convenzione o s'identificherebbe con una locazione-conduzione o con un altro tipo di contratto. Il venditore, dunque, doveva assicurare al compratore il pacifico godimento della cosa (*habere licere*). Mediante un patto aggiunto, poteva impegnarsi a effettuare un atto traslativo della proprietà (la *mancipatio* o l'*in iure cessio*, ma non la *traditio*, che costituiva sempre un presupposto necessario dell'*habere licere*). L'indirizzo interpretativo attualmente prevalente ritiene che, a partire da Costantino, nelle vendite immobiliari si sarebbe affermato il principio secondo il quale *emptione dominium transfertur* (il trasferimento della proprietà è determinato dalla vendita): in tal modo il contratto, almeno in alcuni casi, avrebbe acquistato efficacia reale. In ogni caso il diritto giustinianeo fece senza dubbio ritorno alla sostanza del regime piú antico [*Istituzioni* 2.1.41]. Tuttavia non si deve dimenticare che sul piano pratico, già a partire dalla tarda repubblica, l'*actio Publiciana* sopperí alla mancanza dell'efficacia reale della compravendita[132], in quanto, attraverso rimedi di carattere processuale (la concessione di un'azione pretoria *ficticia* (cap. II, §§ 3.7*b* e 3.11*d*) ma *in rem*, proprio come la *rei vindicatio*), si finí, sul presupposto di un iniziale atto di disposizione del *dominus*[133], per ridurre la sua originaria signoria sulla cosa a una sorta di *nudum ius Quiritium* (cap. V, § 2.1).

[132] A effetti obbligatori al pari di tutti gli altri contratti in diritto romano.
[133] L'*emptio venditio*, secondo il paradigmatico schema di azione formula-

*f) La garanzia per evizione.* Il venditore doveva trasferire al compratore un possesso esente da ogni turbativa, anche futura (*vacua possessio*): in altre parole, dal contratto di compravendita emerse l'autonoma obbligazione del venditore di assumere, in forma specifica e idonea, la garanzia qualora il compratore subisse la *rei vindicatio* vittoriosa di un terzo, o fosse impedito nel godimento della cosa dal titolare di un diritto reale limitato (servitú, usufrutto, pegno). A tal proposito, si parla di evizione; tuttavia, cosí esprimendosi, si considera l'ultimo stadio di una lunga evoluzione, compiutasi presumibilmente solo nel I secolo d.C. In una fase piú antica, il compratore, che volesse tutelarsi contro il rischio sopra indicato, doveva chiedere che, mediante apposite *stipulationes*, il venditore assumesse espressamente l'obbligo di garantirlo, visto che esso non discendeva direttamente dalla compravendita. Qualora si fosse proceduto alla *mancipatio*, il compratore evitto, che aveva già pagato il prezzo, poteva agire con l'*actio auctoritatis*. Come è ovvio, da questa forma specifica di tutela erano di per sé escluse tutte le *res nec mancipi*. Tuttavia i giureconsulti, nella loro attività interpretativa, riuscirono a trasferire nel campo della compravendita consensuale i meccanismi di tutela conseguenti alla *mancipatio*. Il passaggio dal regime dell'*auctoritas* a quello delle stipulazioni di garanzia si compí attraverso la *satisdatio secundum mancipium*. *Satisdatio* è ogni promessa fatta solennemente mediante *verborum obligatio* con intervento di un garante. Poiché l'obbligazione di un garante, uno *sponsor* o un *fidepromissor* (§ 2.6*b*), può accedere soltanto a un'altra *verborum obligatio*, l'obbligazione nascente dalla *mancipatio* dovette essere riassunta dallo stesso venditore in forma stipulatoria. Ovvia conseguenza di tale prassi negoziale fu il ricorso sempre piú frequente alla stipulazione, anche se non vi accedevano garanti. Si diffuse, in conseguenza, la *stipulatio rem habere licere*, con la quale il venditore, in caso di evizione, assumeva l'obbligo di risarcire il danno. Il mezzo piú diffuso e me-

re pubblicato nell'editto del pretore, ma, invero, per qualsiasi altra consegna traslativa (*traditio*) compiuta in base a giusta causa.

glio noto a difesa del compratore contro l'evizione fu la cosiddetta *stipulatio duplae*. Nata per ultima, essa poté giovarsi di tutte le esperienze precedenti. Nel fissare un indennizzo eguale al doppio del prezzo, si rinnovò, in questa stipulazione, il regime dell'*auctoritas*. Nella possibilità di fare intervenire, accanto al venditore, un garante, si perpetuarono i vantaggi della *satisdatio secundum mancipium*. Nel fissare come criterio, per il riconoscimento dell'avvenuta evizione, il venir meno dell'*habere licere* si riprese il contenuto di tale stipulazione. Infine, nel definire, con il verbo *evincere*, il vittorioso esercizio di un'azione reale (la *rei vindicatio* o un'altra), si sancí una terminologia destinata a durare per secoli.

*g) La garanzia per i vizi della cosa nel sistema civilistico*. La materia della garanzia per i vizi (concretantesi nell'obbligazione di *purgari dolo malo*) presenta piú di un'analogia con quella concernente l'evizione. Anche in questo caso, a un principio generale che fa della garanzia un elemento naturale del contratto si giunse solo a seguito di una complessa evoluzione, nella quale ebbero parte i diversi sistemi di norme, dal diritto civile al diritto edilizio, che costituivano il *ius Romanorum*. Nel quadro del «sistema civilistico», i giureconsulti ammisero l'esperibilità dell'*actio ex empto* qualora il venditore avesse dichiarato, anche informalmente, l'esistenza di requisiti non corrispondenti allo stato della cosa o avesse nascosto, dolosamente, i suoi vizi (reticenza)[134]. La determinazione concreta della condanna pecuniaria poteva corrispondere, in questi casi, o all'intero valore della cosa, o alla differenza di valore determinata dal vizio.

*h) Segue: la regolamentazione giuridica dell'editto degli edili curuli e la riforma giustinianea*. In materia di vendita di schiavi e di *iumenta* (talune specie di animali), l'editto degli edili curuli impose al venditore alcuni obblighi particolari, come quello di dichiarare espressamente alcuni vizi dello schiavo o dell'animale (per esempio, se lo schiavo avesse tendenza alla fuga o fosse passibile di *noxae deditio* [cap. II,

[134] Cicerone, *I doveri* 3.65.

§ 3.7*d* e 3.11*f*; cap. III, § 2.3*a2*] per un delitto commesso ecc.). In conseguenza, l'editto degli edili accordava al compratore, indipendentemente dalla buona o mala fede del venditore, due azioni: un'*actio redhibitoria*, esperibile entro sei mesi dal momento in cui il vizio si era rivelato, volta a riottenere, previa restituzione dello schiavo o dell'animale, il prezzo pagato; e un'*actio quanti minoris*, esperibile entro un anno, diretta a ottenere una riduzione del prezzo proporzionale alla diminuzione del valore conseguente all'esistenza dei vizi non dichiarati. Solamente Giustiniano estese queste azioni a ogni vendita di cosa mobile o immobile[135].

*i*) *Obbligazioni del compratore*. Il compratore, come si è visto, è tenuto a trasferire la proprietà delle monete costituenti il prezzo al venditore. Obbligo del compratore può essere considerato, in date circostanze, la sua partecipazione alla consegna della cosa. È ovvio che il compratore sia tenuto a risarcire le spese sostenute dal venditore per la conservazione della cosa mentre egli ritarda a prenderne consegna. Il compratore sopportava il rischio per il perimento della cosa venduta, già prima che gli fosse consegnata, dal momento del perfezionamento del contratto fino alla sua esecuzione[136]. Il venditore rispondeva per custodia della cosa che ancora si trovava presso di lui (per furto e per danno, dunque), ma non nei casi di violenza o di forza maggiore (§ 5*c*).

*j*) *I «pacta adiecta in continenti» alla compravendita*. Spesso alla compravendita si aggiungevano alcune clausole – *pacta adiecta in continenti* (ossia, alla lettera, contestualmente alla conclusione del contratto) –, volte a modificare gli effetti tipici del contratto stesso. Il loro contenuto era tutelabile mediante l'esperimento della medesima azione posta a difesa del rapporto principale (§ 3.10*d*). Nell'esperien-

[135] Si individua un'interpolazione giustinianea in *D.* 21.1.1pr (Ulp. 1 *ad ed. aed. cur.*).

[136] Una significativa eccezione, nella casistica giurisprudenziale, si osserva a proposito della vendita di una data quantità di cose fungibili, che non siano quelle contenute in un dato magazzino. In questo caso il rischio non passa al compratore prima che esse siano state contate, pesate o misurate.

za romana, quando si volesse ottenere la cessazione degli effetti di un atto, ove si avverasse un determinato avvenimento, anziché aggiungere al negozio una condizione risolutiva, si faceva ricorso a un diverso meccanismo (§ 2.5). L'atto di cui si voleva che si producessero gli effetti veniva compiuto senza condizione. A esso si aggiungeva un patto sottoposto a condizione sospensiva, mediante il quale si stabiliva che, con l'avverarsi di tale condizione, si sarebbero risolti gli effetti del contratto. Nell'*in diem addictio*, il venditore, qualora ricevesse da altri, entro un certo termine, l'offerta di un prezzo piú vantaggioso, poteva risolvere il contratto. Alla compravendita «pura» si affiancava un patto di risoluzione sospensivamente condizionato. Analoga era anche la struttura del *pactum displicentiae* e della *lex commissoria*. Con il primo, il compratore si riservava di recedere dal contratto se la cosa venduta non fosse risultata di suo gradimento. Mediante la *lex commissoria*, il venditore aveva, di suo arbitrio, facoltà di risolvere il contratto, qualora il prezzo non gli fosse stato pagato entro il termine convenuto[137].

## 3.7. I contratti consensuali. La locazione.

*a) Locazione conduzione e compravendita*. L'emersione e le prime fasi della vicenda storica del tipo contrattuale della *locatio-conductio* sono strettamente connesse con la compravendita. La sua originaria, estrema povertà di contenuto tipico sollecitava ancora gli interessi della giurisprudenza di avanzata età imperiale. Gaio, un giurista certamente non alieno dal riesame di questioni di non stretta attualità nel dibattito scientifico d'epoca antonina, ricorda numerose dispute, nate, come è ovvio, dall'esame di taluni casi concreti, sull'esatto confine tra *emptio-venditio* e *locatio-conductio*[138]. Del resto, quanto piú indietro si va nel tempo, tanto piú le poche tracce trasmesseci dalla documentazione letteraria lasciano emergere una terminologia

[137] Non si dimentichi, infine, il *pactum de retrovertendo*, per il quale il venditore si riservava di riacquistare la cosa alle stesse condizioni entro un termine stabilito.

[138] Il caso piú significativo è quello esposto in Gaio, *Istituzioni* 3.147.

insicura e ondeggiante, che denuncia, verosimilmente, una perdurante incertezza sul confine esatto tra le due figure contrattuali. D'altra parte, come si è sottolineato in precedenza, le concrete fattispecie, che ci hanno tramandato dai formulari catoniani, non ottenevano tutela, nella *iurisdictio* pretoria, in base a una rigorosa individuazione del «tipo» di contratto (§ 3.5*d*).

*b*) *Un unico «nomen contractus» con tre distinti modelli negoziali: «locatio rei», «operis», «operarum».* I giuristi, attraverso la profonda rielaborazione di una serie di casi concreti in stretta connessione con alcune figure di compravendita (vendita di frutti o di lavori da compiersi), hanno fondamentalmente ricondotto al comune *nomen contractus* di *locatio* tre distinti modelli: la *locatio rei*, la *locatio operis*, e quella *operarum*. Il primo modello coincide con la convenzione in base alla quale una parte si obbliga a porre a disposizione una determinata cosa perché se ne goda in un determinato modo e per un determinato tempo, mentre l'altra si impegna a restituirla alla scadenza del termine e a pagare il corrispettivo convenuto (*merces*). Il secondo consiste in una convenzione con quale le parti si obbligano, rispettivamente, l'una a porre a disposizione dell'altra una cosa, perché su di essa esegua, entro un certo termine, una data opera dietro il pagamento d'un corrispettivo; l'altra, invece, a eseguire l'opera concordata e a restituire la cosa. Nel terzo modello di accordo, una parte si obbliga a porre la propria attività lavorativa a disposizione dell'altra, che, a sua volta, promette di pagare il corrispettivo concordato. La storiografia romanistica del XX secolo ha posto in discussione questa tradizionale tricotomia, affacciando l'ipotesi che i Romani non conoscessero alcuna distinzione fra tre diversi tipi di locazione, ma percepissero tutte queste ipotesi indistintamente, facendo sempre riferimento a un unico schema concettuale. Quando si tenta di ricostruirlo, tuttavia, si presentano non poche difficoltà, anche se, a sostegno di tale ipotesi, depone il dato incontrovertibile che nel *locare conducere* si utilizzano sempre le medesime azioni (*locati* e *conducti*). Gli elementi fondamentali di una simile ipotesi interpretativa sarebbero individuabili nella temporaneità del trasferimento della cosa (diversamente da quanto accadeva nella compravendita) e nell'obbligo correlativo di restituirla, una volta scaduto il termine convenuto. Per altri, nel pensiero dei giuristi romani, il presunto schema unitario della *locatio-conductio* sarebbe riscontrabile nelle reciproche obbligazioni delle parti di *praestare mercedem* e *praestare uti frui*. All'interno di questo «tipo» unitario, i giuristi avrebbero distinto una serie di modelli negoziali (*locatio rei*, *operis*, *operarum*), i quali, pur senza costituirsi in «tipo» tanto da richiedere una propria specifica azione, sarebbero assurti, innanzi alla prassi negoziale e alla giurisdizione pretoria, a precise figure di riferimento.

*c) La «merces».* La *merces* deve essere certa, come emerge, del resto, dalla frase gaiana, riferita nelle sue *Istituzioni* [3.142], «se non è stabilita una precisa mercede, una locazione conduzione non si ritiene contratta»: è inammissibile lasciarne la determinazione all'arbitrio di un terzo o a un successivo accordo delle parti. Labeone e Cassio avevano sostenuto che, nel caso di *merces incerta*, quello posto in essere sarebbe un *novum negotium*. Un distinto problema si pone poi a proposito della natura della *merces*. In altre parole, ci si può chiedere se si ammise che all'uso di una cosa corrispondesse, come controprestazione, non una somma di denaro ma l'uso di un'altra cosa. Invero all'ipotesi della normale locazione con controprestazione pecuniaria si conosce una sola alternativa, la colonía parziaria, un'ipotesi pur sempre anomala, come si evince dal ricorso alla figura della *societas*, sia pure attenuato, nel discorso di Gaio, dall'uso del *quasi* [*D.* 19.2.25.6; Gaio, 10 *ad ed. prov.*]. Il contratto di locazione aveva una durata determinata, ma poteva essere stipulato anche *in perpetuum* (salvo il potere di recesso di ciascuno dei contraenti). Gaio [*Istituzioni* 3.145] attesta l'esistenza di dubbi sulla natura di questo contratto, qualificato da alcuni giuristi come compravendita. Tuttavia finí per prevalere la tesi che si trattasse, anche in questo caso, di una locazione.

*d) «Locatio rei» ed evizione della cosa.* Nella *locatio rei*, in caso di evizione della cosa, se il locatore era a conoscenza di questa possibilità, rispondeva per inadempimento. Qualora, invece, fosse in buona fede, non si configurava alcuna responsabilità nei suoi confronti, ma il conduttore si liberava dall'obbligo di pagare la mercede, e, nel caso di un suo anticipato versamento, poteva ottenerne la restituzione. Il medesimo regime si applicava anche ai vizi della cosa che comportassero la sua inidoneità all'uso concordato tra le parti.

*e) La «locatio operis».* La figura della *locatio operis*, pur esplicandosi normalmente in opere manuali, nelle sue applicazioni piú frequenti prevedeva anche il concorso di un'attività intellettuale, direttiva e coordinatrice delle molteplici azioni concorrenti al conseguimento del fine convenuto tra le parti. Obbligo principale del conduttore, in questo caso, è eseguire la sua attività a regola d'arte e consegnare al locatore l'*opus perfectum*, realizzato, cioè, secondo le modalità stabilite. Obbligo del locatore è solo quello di pagare la mercede in corrispettivo dell'opera eseguita. Una singolare applicazione di *locatio operis* ha luogo nel contratto di trasporto marittimo. I Romani accolsero e fecero proprie alcune regole comuni al mondo dei traffici marittimi, conosciute dalla tradizione col nome di *lex Rhodia*. Storicamente importante si rivelò la disciplina della partecipazione di tutti i proprietari delle merci caricate sulla nave alle perdite subite, allo scopo di salvarne, in caso di tempesta, la maggior parte possibile. I proprietari delle merci sacrificate disponevano contro il capitano della nave (*magister navis*) dell'*actio locati*, tramite la quale potevano ottenere un risarcimento proporzionale al loro valore, messo in rapporto con quello delle merci salvate. Il capitano, a sua volta, poteva esperire contro i proprietari delle merci salvate l'*actio conducti*, sia per ottenere il risarcimento da devolvere poi ai proprietari delle merci sacrificate, sia per conseguire un compenso adeguato ai danni e alle perdite eventualmente subite dalla nave.

*f) La «locatio operarum».* Nella *locatio operarum* – che conservò sempre il marchio negativo della sua origine, identificabile storicamente con la locazione degli schiavi – oggetto dell'obbligazione è la prestazione dell'attività lavorativa (di solito servigi prevalentemente manuali e di limitato impegno intellettuale), indipendentemente dal suo risultato. Rimasero al di fuori della *locatio operarum* in senso proprio le attività intellettuali prestate da medici, grammatici, retori, artisti e avvocati. Dal II secolo d.C. in poi, tuttavia, anche a costoro fu concessa tutela giuridica, mediante strumenti processuali appositi elaborati sul piano delle cosiddette *cognitiones* (cap. II, § 4), per tutelare il loro diritto a un'adeguata remunerazione di queste *operae*[139].

### 3.8. I contratti consensuali. La «societas».

*a) La «societas» come schema contrattuale «iuris gentium».* L'origine della tutela giuridica della *societas*, mediante un'azione avente una propria, specifica nomenclatura, deve collocarsi, al piú tardi, tra la fine del III e gli inizi del II secolo a.C. Il *de agri cultura* di Catone attesta che, tra gli imprenditori di lavori agricoli, erano in uso, nella prima metà del II secolo a.C., vere e proprie società. Queste ultime, per il modo in cui le vediamo funzionare, tendevano a dividere i rischi inerenti ai singoli appalti. La società, come schema contrattuale *iuris gentium*, è sorta per corrispondere alle esigenze dei traffici commerciali mediterranei: le relazioni continue con mercanti di altri paesi imposero, nella *iurisdictio inter cives et peregrinos*, la sua compiuta tutela giuridica, concessa, si deve presumere, in primo luogo alle società contratte a scopo di lucro (*societates* questuarie)[140].

*b) «Consortium» e «societas omnium bonorum».* I giuristi romani, da Quinto Mucio a Massurio Sabino, come del resto traspare ancora dal manuale gaiano, ricollegano la società consensuale e, in particolare, la *societas omnium bo-*

[139] Rimasero esclusi dal diritto di pretendere, sia pure *extra ordinem* (cap. II, § 4), una qualsiasi mercede i professori di diritto e di filosofia, per la singolare elevatezza del loro ufficio. A costoro, tuttavia, era permesso accettare un onorario, se prestato spontaneamente.

[140] Nell'editto del pretore urbano fu invece proposta a modello una formula concernente la *societas omnium bonorum*, rispetto alla quale valeva la suggestione del confronto con l'antico consorzio: si veda *infra* nel testo.

*norum* a un istituto piú antico, ossia al *consortium fratrum ercto non cito* (cap. v, § 2.5). La tendenza a riconoscere un legame tra il vetusto istituto – una particolare comunione che si stabiliva tra i *sui heredes* (cap. IV, § 3.1), ciascuno proprietario per intero del patrimonio ereditario e di ognuno dei beni che lo componevano – e il contratto consensuale di società, relativamente recente, corrisponde certo a un peculiare *habitus* della giurisprudenza, al suo tradizionalismo o «storicismo». Dal punto di vista dello storico contemporaneo, non è possibile cogliere un legame genetico tra i due istituti, e le loro rispettive, concrete vicende sono sicuramente inassimilabili. Cionondimeno, nei *libri iuris civilis* di Quinto Mucio e di Sabino, la trattazione della società si innesta su quella degli atti solenni di trasmissione della proprietà, in stretta connessione, dunque, con quella specie di *in iure cessio* adoperata per costituire, *ad exemplum fratrum*, il consorzio fra estranei. Anche un altro dato appare, in ogni caso, fuori discussione: i giuristi di età tardorepubblicana, Quinto Mucio in particolare, ricondussero allo schema della società[141] o, meglio, alla nozione di contitolarità dei beni congiunta con l'elemento ulteriore della gestione comune, sia il *consortium* fraterno, sia la *societas omnium bonorum*.

*c) Definizione giuridica della «societas».* Si può definire la *societas* come un contratto consensuale e bilaterale (o anche plurilaterale), senza riflessi sulla posizione dei contraenti in confronto dei terzi, in virtú del quale due o piú persone s'impegnano a mettere in comune beni e attività allo scopo di dividerne, in base a una proporzione prefissata, eventuali profitti e perdite[142]. La società resta in vita finché i soci persistono nello stesso accordo. Qualora uno di essi rinunzi, la società si scioglie. Questo contratto, a differenza degli altri, impone anche un'attività di cooperazione tale da implicare una costante ed effettiva volontà partecipativa dei singoli soci. In istituti fondati su uno stato

[141] «Genus societatis proprium civium Romanorum», scrive Gaio [*Istituzioni* 3.154].

[142] Si riprende la definizione di Vincenzo Arangio-Ruiz.

d'animo continuativo, come la società, alla terminologia giuridica del *consensus* e al concetto generale dell'accordo solitamente si preferiva l'altra e piú efficace nozione di *affectio* (*societatis*). Nell'ottica gaiana, la bilateralità delle obbligazioni («alter alteri obligatur de eo») dipende strettamente dalla bilateralità delle azioni («alterum alteri ex bono et aequo praestare oportet»), sicuramente riscontrabile nel contratto di società, nel quale ogni socio è tenuto nei confronti dell'altro con l'*actio pro socio*. La condanna, conseguente all'esperimento di tale azione, se il criterio di responsabilità preso in considerazione fosse stato il dolo (§ 5*g*), determinava (Gaio, *Istituzioni* 4.182) l'*infamia* (o *ignominia*: cap. II, § 3.10 e cap. III, § 2.5). La *condemnatio* di questa formula (probabilmente, in origine, della sola *societas omnium bonorum*), corredata da un'apposita *taxatio* (cap. II, § 3.7*d*), per evitare al convenuto il pericolo della *bonorum venditio* (cap. II, § 3.10), era strutturata in maniera tale da impedire al giudice, nella sua sentenza, di superare il limite dell'attivo sociale.

*d*) *I diversi modelli di «societas»*. Le società, in tutte le loro possibili modalità pratiche, furono inquadrate sostanzialmente in due tipi fondamentali[143]: una *societas totorum bonorum* (o anche *omnium bonorum*), che implicava il conferimento della totalità dei beni dei soci per il raggiungimento dei fini patrimoniali concordati; e una *societas unius* (*alicuius*) *negotiationis*, che si costituiva, invece, per uno o piú affari individualmente determinati. La *societas omnium bonorum*, come si è già rilevato in precedenza, guarda, nel suo sviluppo storico, al modello dell'antico consorzio fraterno, mentre quella *unius negotiationis* si rivolge fondamentalmente al *quaestus* (cioè al profitto) e al mondo dei traffici commerciali.

[143] La *societas omnium bonorum* rappresenta, in fondo, solo la specie piú rilevante della categoria delle società generali. Tra le *societates unius negotiationis* possono ricordarsi: le *societates venaliciariorum* per il commercio degli schiavi, gli *argentarii socii* (società fra banchieri), le *societates publicanorum* per l'appalto delle imposte e le forniture pubbliche. A queste ultime era concesso *corpus habere*, terminologia con la quale si indica una situazione di tipo associativo.

*e) La ripartizione degli utili e delle perdite nella «societas» questuaria*. La ripartizione degli utili e delle perdite fu oggetto di non poche controversie giurisprudenziali. Si discusse, in particolare, la possibilità di stabilire che un socio ricevesse una parte maggiore del profitto, assumendo una parte minore delle perdite. Quinto Mucio Scevola sostenne che un tale accordo violasse la natura intrinseca della società. Servio Sulpicio Rufo, invece, la cui tesi alla fine prevalse, ritenne ammissibile una tale società, rilevando inoltre come i soci potessero addirittura pattuire di riservare a uno di loro solo una parte dei guadagni e non anche delle perdite, se il suo contributo apparisse indispensabile all'esistenza della società[144]. In questa stessa prospettiva, sarebbe apparso possibile formare una società stabilendo che un solo socio conferisse denaro, pur conservando in comune con gli altri l'eventuale guadagno, perché l'opera di alcuni dei consoci poteva risultare, in vista delle comuni attività, piú preziosa dello stesso denaro. Qualora fosse mancato un esplicito accordo tra i soci sulla ripartizione di profitti e perdite, tanto gli uni quanto le altre sarebbero stati in comune, e suddivisi in parti eguali. Nel caso in cui vi fosse stato un accordo sulla ripartizione, per esempio, del solo guadagno, e non anche delle perdite, la soluzione adottata avrebbe dovuto essere estesa anche alle perdite (e viceversa).

*f) L'estinzione della «societas»*. La società può estinguersi in diversi modi, innanzi tutto in presenza della rinuncia (recesso unilaterale) di uno dei soci. Tuttavia, il recesso non ha effetti se non dal momento in cui i consoci ne vengano a conoscenza. Se, però, qualcuno rinunzia per raccogliere, senza doverlo dividere con gli altri, un lucro che, per esempio, gli potrebbe spettare in quanto erede designato, sarà nondimeno costretto a metterlo in comune (recesso doloso). Qualora nel patto costitutivo della società sia stato convenuto un termine, il recesso prima del tempo è ammesso solo per *iusta causa*, da verificare caso per caso. Ove tutti i

[144] Gaio, *Istituzioni* 3.149.

soci siano d'accordo, la società può sciogliersi per mutuo dissenso. Anche la morte di un socio determina lo scioglimento della società, dal momento che la società è fondata sull'*intuitus personae* e gli eredi non succedono, in questo particolare rapporto, al loro dante causa. Alla morte è equiparata la *capitis deminutio* di un socio; tuttavia, se gli altri lo vogliono, possono restare uniti e dare vita a una nuova società. La società si estingue, analogamente, anche nelle ipotesi di dissesto patrimoniale di uno dei soci (*bonorum venditio* o *bonorum publicatio*: cap. II, § 3.10). Sembra che anche l'esperimento dell'*actio pro socio* determini lo scioglimento, in quanto il fatto di agire per responsabilità nei confronti di uno dei soci lascerebbe presupporre il venir meno del rapporto di reciproca fiducia.

### 3.9. «Mandatum», «procura» e «negotiorum gestio».

*a*) *L'emersione storica della figura contrattuale del mandato.* Il *mandatum* è il contratto in forza del quale il mandatario si obbliga a titolo gratuito[145] a compiere uno o piú atti commessigli dal mandante per utilità propria o di terzi o anche, parzialmente, dello stesso mandatario. In diritto romano ogni qual volta taluno incaricasse altri di fare gratis qualche cosa per cui, qualora si fosse stabilita una mercede si sarebbe contratta una locazione-conduzione (§ 3.7), aveva luogo l'*actio mandati*, anche se, per esempio, si fossero consegnati dei vestiti a un lavapanni da pulire o curare o a un sarto da rammendare [Gaio, *Istituzioni* 3.162].

Dalle testimonianze di età repubblicana potrebbe evincersi che il perfezionamento del *mandatum* non dipendesse dal semplice incontro delle due volontà del mandante e del mandatario, ma dall'effettiva gestione da parte di quest'ultimo dell'incarico conferitogli: sovente, infatti, si parla del *gerere rem mandatam* quale presupposto delle obbligazioni reciproche fra mandatario e mandante. La connessione del mandato con l'allargarsi delle attività dei commercianti ro-

[145] *Ibid.*, 3.162. Qualora fosse stato fissato un compenso si sarebbe ricaduti in un'ipotesi di *locatio-conductio*.

mani ai traffici transmarini o a lunga distanza è evidente: come era inevitabile che i Romani comprassero da mercanti stranieri o vendessero loro le proprie eccedenze, stringessero con costoro convenzioni comprese nella varia casistica della locazione-conduzione, era altrettanto ovvio che si conferisse al mercante, incontrato in una determinata piazza, l'incarico di procurare questa o quella merce reperibile in un altro luogo. Tuttavia, nei rapporti fra Romani, il mandato fu inteso come la forma giuridica delle mutue prestazioni di servigi che erano dovute dall'amicizia: anche per questo nel *iudicium mandati* la condanna portava con sé l'*ignominia*[146] (o *infamia*: cap. II, § 3.10 e cap. III, § 2.5). Il mandante e il mandatario, a tutela dei propri diritti, potevano esperire, rispettivamente, l'*actio mandati directa* e *contraria*, entrambe caratterizzate, nelle *intentiones* delle loro *formulae*, dall'*oportere ex fide bona*.

*b*) *La procura*. La connessione del mandato con la procura non sembra essere originaria, anche se, nel tempo, diversi motivi d'ordine logico e pratico indussero la giurisprudenza ad avvicinare sempre piú la *procuratio* allo schema giuridico del mandato. Nella sua configurazione piú antica, il *procurator* era l'amministratore di fiducia del *dominus*, per lo piú un liberto al quale era demandata, mediante un atto generale di *praepositio*, la gestione di tutti gli affari (*procurator omnium bonorum*) o di un settore particolare di essi.

*c*) *Il «iudicium bonae fidei negotiorum gestorum»*. Quantomeno fino alle soglie del principato, al *dominus* contro il procuratore infedele, e al procuratore contro il *dominus* che non lo avesse rilevato dalle obbligazioni contratte verso i terzi non era concessa l'azione del mandato, ma l'*actio negotiorum gestorum*. Ciò emerge, implicitamente, anche dalla netta distinzione che si riscontra, seguendo una dottrina di Massurio Sabino, tra *iudicia bonae fidei* generali e speciali. Mentre l'azione per la gestione di negozi era definita dalla generalità, corrispondente a quella propria della procura e, in particolare, di quella *omnium bonorum*, il *iudi-*

[146] *Ibid.*, 4.182.

*cium mandati* non poteva non avere carattere speciale (cfr. *D.* 17.2.38.pr. - Paul. 6 *ad Sab.*).

*d*) *L'azione pretoria con formula «in factum concepta»*. Il pretore apprestò, a tutela della *negotiorum gestio*, accanto al piú antico *iudicium bonae fidei*, anche un'azione *in factum*. È probabile che il magistrato si sia occupato della gestione d'affari in quanto intervento spontaneo, perché la giurisprudenza non aveva ritenuto opportuno sussumere quest'ipotesi nel campo di applicazione della *formula in ius concepta*. Quest'ultima riguardava soltanto il *procurator* (*omnium bonorum* e *ad litem*) costituito dall'interessato, per tutelare le pretese che potevano aver luogo con il principale e viceversa. Solo la giurisprudenza, tra I e II secolo d.C., riferí a un unico regime l'intera materia della gestione d'affari, cosí da potenziare sempre piú quella specie di *negotiorum gestio* consistente nell'intervento spontaneo, anche nell'ignoranza del principale ma, come è ovvio, nel suo interesse in tutti gli affari altrui e non solo nei processi. Nella giurisprudenza d'età antonina e severiana la differenza tra *procurator* e mandatario si attenuò, e il regime del mandato fu esteso anche alla procura.

*e*) *Distinte tipologie di mandato*. Si distinguono varie forme di mandato: il *mandatum nostra gratia* nell'interesse del mandante, il *mandatum aliena gratia* nell'interesse altrui. Il *mandatum tua gratia*, conferito nell'esclusivo interesse del mandatario, è considerato inutile e inammissibile, in quanto per agire nel proprio interesse non occorre un ordine altrui. Esistono anche forme intermedie, per la soddisfazione d'un duplice interesse: *nostra et aliena gratia*, *tua et aliena gratia*, *nostra et tua gratia*.

*f*) *Il «mandatum pecuniae credendae»*. Piú rilevante appare il problema del *mandatum pecuniae credendae*. L'istituto, usato a scopi di garanzia personale nelle obbligazioni, consisteva nel mandato, dato, su iniziativa del debitore, da un terzo al creditore, avente a oggetto la concessione di una somma di denaro, in mutuo, al debitore. Il creditore mandatario, in tal modo, poteva agire non solo nei confronti del debitore, mediante l'*actio certae creditae pecuniae*, ma anche, con l'*actio mandati contraria*, contro il mandante. Secondo Servio Sulpicio Rufo[147], il soggetto che conferiva l'incarico di prestare la somma di denaro non era responsabile del mandato, non nascendo in tal caso alcuna obbligazione. Per i sabiniani, al contrario, il mandante era tenuto, dal momento che, senza il suo intervento, il soggetto incaricato non avrebbe prestato ad altri la somma di denaro.

*g) Nullità ed estinzione del mandato*. Si considerava nullo il *mandatum post mortem*, avente a oggetto attività da compiersi dopo la morte del mandatario[148]. Era possibile revocare il mandato [Gaio, *Istituzioni* 3.159] prima che l'attività che ne costituiva l'oggetto fosse stata eseguita. Il mandato si risolveva se, prima della sua esecuzione, fosse sopraggiunta la morte del mandante o del mandatario. Tuttavia, il mandatario che, ignorando la morte del mandante, avesse portato a compimento l'attività commessagli, poteva agire con il *iudicium mandati*: in caso contrario, egli avrebbe subito un danno ingiusto [Gaio, *Istituzioni* 3.160]. Qualora il mandatario avesse agito *ultra mandatum* (eccesso di mandato), sarebbero potuti sorgere alcuni problemi. Se, per esempio, un fondo fosse stato acquistato a un prezzo superiore a quello per cui era stato conferito l'incarico, i sabiniani sostennero che il mandante non era tenuto a riconoscere il negozio. Viceversa, per i proculiani (cap. 1, §§ 4.4 e 5.1), la cui soluzione finí per prevalere, il mandante avrebbe dovuto riconoscere il negozio nei limiti concordati e rimborsare al mandatario quantomeno il prezzo corrispondente alla somma fissata nelle sue istruzioni [Gaio, *Istituzioni* 3.161; *ibid.*, 3.26.8].

## 3.10. L'aggiramento del principio di tipicità.

*a) La definizione labeoniana di contratto*. Abbiamo già visto come, con la categoria del *contrahere*, Quinto Mucio (§

[147] *Ibid.*, 3.156.

[148] Un'obbligazione non poteva avere inizio dalla persona di un erede [*Ibid.*, 3.158]. Inammissibile era anche il *mandatum rei turpis*, avente a oggetto il compimento di atti contrari al buon costume [*Ibid.*, 3.157].

1.2 e § 3.1) designasse non l'accordo, ma il vincolo che si stringeva tra le parti; noi diremmo il sostrato obiettivo della relazione. La successiva definizione di Labeone accentuò ancor piú questi connotati. Per il giurista augusteo, che si occupò di tale problema a proposito dell'individuazione dell'esatto significato dei termini *agere*, *gerere* e *contrahere*, che ritrovava in una clausola dell'editto del pretore, il *contractum* era l'*ultro citroque obligatio* – vale a dire l'obbligazione da entrambe le parti –, quel rapporto, cioè, da cui nascono obblighi reciproci per i contraenti (egli poi rafforzava tale definizione identificando l'*ultro citroque obligatio* con il concetto aristotelico di συνάλλαγμα). Infine la definizione si concludeva con una serie di esempi: «come accade nella compravendita, nella locazione, nella società»[149]. Da questo elenco nasce un complesso problema interpretativo. Dobbiamo considerare i contratti nominati da Labeone come un numero chiuso, in obbedienza a quel che, in base a una terminologia moderna (che si impiega soprattutto in diritto penale e in diritto amministrativo), si è definito principio di tipicità[150], o non piuttosto come una serie potenzialmente aperta, come un tentativo cioè di aggirare quell'antico vincolo?

Le due possibilità schiudono prospettive completamente diverse. Se dobbiamo intendere gli esempi richiamati da Labeone come un numero chiuso, allora dovremmo pensare a un restringimento dell'originale nozione muciana (che non limitava il *contrahere* ai rapporti del *ius gentium*, ma lo estendeva anche alle fattispecie realizzate *re* o *verbis* e, possiamo presumere, *litteris*), di cui sarebbe difficile capire la ragione. Se invece pensiamo alla soluzione opposta – e sup-

[149] *D*. 50.16.19 (Ulp. 11 *ad ed.*) «Labeone nel primo libro del pretore urbano definisce che alcune cose sono fatte, alcune sono gestite, alcune sono contratte: e atto allora è una parola generale, sia che qualcosa sia fatto con le parole o con una cosa, come nella *stipulatio* o nel mutuo; contratto (*contractum*) invece è l'obbligazione reciproca (*ultro citroque obligatio*), che i Greci chiamano συνάλλαγμα, come la compera, la vendita, la locazione, la conduzione, la società; gesto è la cosa fatta senza utilizzare parole».

[150] In linea di principio, in diritto romano, un rapporto obbligatorio poteva essere tutelato solo se nell'editto del pretore esisteva una formula, un *iudicium*, con un proprio *nomen* (una propria specifica nomenclatura). Ciò si riscontra con assoluta evidenza soprattutto nelle formule con *demonstratio* (cap. II, § 3.7*a*).

poniamo che il riferimento ai contratti del *ius gentium* avesse solo un valore indicativo, come molti altri indizi e testimonianze labeoniane lasciano credere – ci troveremmo di fronte a un nuovo, significativo sviluppo. Labeone avrebbe rinunciato consapevolmente all'estensione del concetto muciano perché si prefiggeva, con questo mutamento di prospettiva, un risultato di rilievo: individuare nelle figure tipiche del *ius gentium*, al di là della presenza del consenso, un elemento strutturale – la figura dell'*ultro citroque obligatio* – estensibile per analogia e suscettibile di far da modello per il riconoscimento giuridico dei nuovi rapporti mercantili (i *nova negotia*, nella terminologia usata dai giuristi), anche senza una specifica indicazione nel testo dell'editto. Il principio di tipicità non sarebbe stato cancellato (perché il riconoscimento di nuovi contratti sarebbe rimasto pur sempre vincolato alla presenza di un'*ultro citroque obligatio*, e non esteso a qualsiasi fattispecie negoziale), ma la sua portata ne sarebbe uscita di certo ridimensionata.

E, probabilmente, la sua definizione di contratto costituí anche la base sulla quale Labeone tentò di predisporre la piena tutela dei nuovi rapporti, che una piú tarda sistemazione – forse ascrivibile a Paolo (in *D.* 19.5.5 – 5 *quaest.*) – identificò nella tipologia del *do ut des*, *do ut facias*, *facio ut des*, *facio ut facias*: un *agere praescriptis verbis*, cioè una formula con una *intentio in ius ex fide bona*, preceduta da una *praescriptio pro actore* determinativa, al pari della *demonstratio*, della *causa petendi*.

*b*) *«Precarium»*, *«transactio»*, *«aestimatum»*. Nel corso del principato, una serie di rapporti, poi collocati dai giuristi bizantini nella categoria degli *anónyma synallágmata* (contratti innominati), furono ricondotti a questo schema e tutelati mediante l'*actio preaescriptis verbis*. Rispetto ad altre ipotesi, ebbero particolare rilievo il *precarium*, la *transactio* e l'*aestimatum*. Nel *precarium*, il *precario dans* concede gratuitamente ad altri (*precario accipiens*), dietro preghiera di quest'ultimo, l'uso di una cosa o l'esercizio di un diritto, conservando la facoltà di revocarli in qualunque momento. La *transactio* consiste in un accordo, raggiunto attraverso reciproche concessioni, per porre fine a una controversia o per evitarla. Nell'ipotesi dell'*aestimatum*, un individuo trasferisce a un altro la detenzione di una cosa stimata nel suo valore pecuniario, con l'incarico di venderla e con l'obbligo o di pagare il prezzo ricavato o di restituire la *res* invenduta. Secondo un passo ulpianeo [*D.* 19.3.1.pr. – 32 *ad ed.*], l'editto del pretore, dal momento che si dubitava se per la restituzione nella cosa o per il pagamento del prezzo si dovesse utilizzare l'*actio venditi*, l'*actio locati*, *conducti* o *mandati*, propose l'*actio de aestimatio*, caratterizzata dall'*agere praescriptis verbis*.

*c) L'editto «de pactis».* È possibile che la pressione mercantile, particolarmente impetuosa nell'ultimo secolo a.C., l'età del consolidamento imperiale di Roma, abbia spinto verso la ricerca di un riconoscimento, anche attraverso altre vie, di fattispecie negoziali non rientranti nel numero chiuso del *ius civile* e del *ius honorarium*. La nascita dell'editto «sui patti» (*edictum de pactis*) e le sue prime vicende contengono forse tracce di sforzi e di tentativi in questa direzione. Nella versione giulianea di questo testo (l'unica che possiamo ricostruire con affidabilità) sorprende il contrasto fra l'apparente ampiezza della promessa del magistrato (*pacta conventa* [...] *servabo*, «darò tutela agli accordi fra le parti») e la modestia dell'unica misura concretamente prevista, un'*exceptio pacti* che poteva essere proposta dal convenuto solo per paralizzare un'azione già intentata, e far valere gli effetti di una clausola aggiunta ai margini di un contratto tipico di cui l'attore chiedeva l'adempimento In ogni caso, è davvero poco probabile che nella sua versione originaria, in questo editto, fossero previsti altri mezzi di tutela, piú impegnativi, caduti in seguito, in conseguenza della tipizzazione delle azioni determinata dalla *lex Iulia iudiciorum privatorum* (cap. II, § 3.3) in età augustea. Per asseverare la conclusione che ogni accordo, non rientrante in una figura contrattuale tipica, in età repubblicana potesse essere tutelato, nel quadro della giurisdizione pretoria, da un'azione, si ricorda talvolta che Cicerone e l'autore della cosiddetta *Rhetorica ad Herennium*[151], una tra

[151] *Retorica a Gaio Erennio* 2.13.19; Cicerone, *L'invenzione* 2.22.68.

le piú importanti fonti per conoscere il diritto dell'epoca, annoveravano i *pacta* tra le fonti del *ius*. Tutto ciò dovrebbe far pensare, secondo alcuni, a un rilievo dell'attività del pretore in questo campo piú incisivo della predisposizione di una semplice *exceptio*. Ma si dimentica, in tal modo, che già le XII Tavole riconoscevano piena operatività, sul piano del *ius*, ai patti che, in caso di *furtum* o di *iniuria*, consentissero a offensore e offeso di transigere e di estinguere cosí, *ipso iure*, le eventuali pretese che il secondo vantasse nei confronti del primo: non si può escludere, pertanto, che la *Retorica a Gaio Erennio*, nel ricordare anche i *pacta* tra le fonti del *ius*, alludesse proprio a queste ipotesi.

È un fatto, però, indiscutibile che, secoli dopo, Ulpiano avrebbe scelto proprio la sede del commento all'editto *de pactis* per esporre il punto d'arrivo delle proprie dottrine contrattualistiche. Ma, la strada – ben nota alle moderne codificazioni europee – del riconoscimento diretto del consenso in quanto tale, come immediatamente produttivo di effetti giuridici, indipendentemente dal suo rientrare entro lo schema di una figura già prevista dal *ius*, non fu mai percorsa fino in fondo nella storia dell'esperienza romana.

*d) I «pacta adiecta in continenti»*. Nei commentari edittali alla clausola *de pactis* e, in particolare, in quello di Ulpiano [*D.* 2.14.7.5 – 4 *ad ed.*], si osserva che il campo di esplicazione concreta degli accordi fra le parti, quando essi intervengono nell'ambito di contratti tutelati mediante *iudicia bonae fidei* (cap. II, § 3.12*c*), è molto ampio. In tal modo, ossia mediante accordi che intervengono al momento della conclusione del contratto, si possono modificare gli effetti tipici di determinati contratti, ampliando o restringendo il campo della responsabilità delle parti (§ 3.4*l*). I patti formulati contestualmente alla conclusione (*pacta adiecta in continenti*) di un contratto tutelato da un *iudicium bonae fidei*, diventano parte integrante ed elemento costitutivo dell'accordo. In conseguenza il loro contenuto dovrà essere preso in considerazione anche a favore dell'attore, come se esso fosse inerente alla struttura del contratto[152]. Al con-

[152] Per i patti aggiunti alla compravendita si veda, in questo cap., § 3.6*j*.

trario i *pacta ex intervallo*, quelli aggiunti successivamente alla conclusione del contratto, anche nei *iudicia bonae fidei*, possono essere fatti valere esclusivamente per via di *exceptiones*, in base, dunque, al *ius honorarium* e non al *ius civile*, da parte, dunque, del solo convenuto. Ciò non esclude la possibilità che, in caso di esecuzione non ancora intervenuta (ovvero, allorché nessuno dei contraenti avesse già adempiuto), le parti di un rapporto, tutelabile mediante un *iudicium bonae fidei*, possano recedere dal contratto, per esempio da una compravendita. Ne consegue che, se mediante pattuizione, può essere mutato interamente il contratto non ancora eseguito, altrettanto può esserlo anche una sua parte. In questi casi, ossia quando, non ancora intervenuta l'esecuzione, fosse stato modificato, in tutto o in parte, l'assetto convenzionale precedentemente definito, la pattuizione aveva effetto anche a favore dell'attore, dal momento che il contratto quasi appariva rinnovato [Ulpiano in *D.* 2.14.1.6 – 4 *ad ed.*].

*e) La permuta.* Da Labeone in poi, fino ai primi decenni del II secolo d.C., all'interno del pensiero giuridico romano si sarebbero confrontate due concezioni diverse di contratto: l'una di tipo labeoniano, che, attraverso un restringimento della nozione di Mucio, tendeva a farne uno strumento di tutela delle nuove fattispecie non previste dall'editto; e l'altra, forse risalente a Sabino e, indirettamente, a Quinto Mucio stesso, che non badava alla protezione dei nuovi rapporti, ma utilizzava la nozione di contratto come categoria solo descrittiva di una tipologia già presente nell'ordine giuridico romano. A questo contrasto va probabilmente ricondotto il dibattito intorno al regime della permuta (dello scambio, cioè, di cosa contro cosa, invece che contro prezzo, in *pecunia numerata*). Secondo l'orientamento di Sabino e della sua scuola, il prezzo poteva consistere anche in cose diverse dal denaro (ossia dalla *pecunia numerata*), e la permuta, dunque, poteva rientrare perfettamente nello schema della compravendita. Viceversa, per altri giuristi, in particolare Nerva e i cosiddetti proculiani (cap. I, §§ 4.4 e 5.1), le obbligazioni di venditore e compratore non potevano considerarsi omogenee, mentre nella permuta è impossibile distinguere un contraente dall'altro, con la conseguenza che questo rapporto non poteva essere ricondotto allo schema contrattuale della compravendita (dottrina poi ribadita con grande finezza da Paolo, in *D.* 19.4.1 – 32 *ad ed.*). Non si trattava di una questione di scarso rilievo dal punto di vista economico: difatti ogni compravendita, nella quale il prezzo fosse stato determinato in monete coniate da città straniere (e, nel mondo romano, le *póleis* greche dell'Impero hanno battuto regolarmente moneta fino al termine del III secolo d.C.), alla stregua della dottrina proculiana avrebbe dovuto considerarsi permuta, dal momento che queste monete avevano luogo di *merx*[153]. In conseguenza questi *nummi peregrini* non rappresentavano, per i Romani, una *materia, forma publica percussa* («una materia, segnata da un pubblico conio») [cosí Paolo in *D.* 18.1.1 – 33 *ad ed.*]: queste monete, pertanto, erano accettate soltanto a peso (ossia per il loro contenuto intrinseco di metallo prezioso).

I giureconsulti consideravano una fattispecie sempre sotto il profilo dell'esperibilità di una certa azione: in questo caso l'*actio venditi* e l'*actio empti*. Ciò che rileva dunque, nella particolare struttura del processo formulare, è che la diagnosi del rapporto sia fatta in base alla corrispondenza della fattispecie con le enunciazioni contenute nella *formula* che si vorrebbe utilizzare. Per i sabiniani (cap. I, §§ 4.4 e 5.1), una volta definita la permuta come compravendita, la sua tutela giurisdizionale poteva realizzarsi mediante le *actiones empti* o *venditi*. Conosciamo le obiezioni dei loro avversari – i proculiani – che appaiono ancor piú fondate alla luce della logica che presiede alla scelta di ogni strumento di tutela nel processo formulare[154]. Ma qual era, su questo specifico punto, la loro posizione, ossia a quale for-

[153] Ciò emerge da Volusius Maecianus, *Assis distributio* 45 … *peregrinus nummus loco mercis «habetur»* …

[154] Nel quadro del processo formulare se la parte, che sceglieva lo schema di azione, usava una formula giuridicamente errata, la conseguenza era regolarmente la perdita del processo. Ciò appare in contrasto con il nostro principio della sostanziazione dell'azione (in questo cap., § 3.4*l*), secondo il quale la presentazione dei fatti è sufficiente a fondare la domanda quando essi giustificano la pretesa sollevata sotto qualche profilo giuridico, non importa quale.

mula essi avrebbero fatto ricorso? Nessuno, neppure i proculiani, avrebbe dubitato della possibilità, concessa a chi avesse adempiuto, di riottenere, mediante una *condictio ob rem datam*, quanto era stato dato nel caso che la controprestazione non fosse stata eseguita. Era però possibile anche un'azione per l'adempimento? Si può ipotizzare che i proculiani (cap. I, §§ 4.4 e 5.1) proponessero il ricorso all'*agere praescriptis verbis* introdotto da Labeone. Ma quali requisiti erano indispensabili per poter intentare l'azione? Bastava la dimostrazione dell'avvenuto consenso e della «sinallagmaticità» delle obbligazioni che ne derivavano – come forse era stato il pensiero di Labeone quantomeno per quella variegata negozialità collocabile negli interstizi delle figure contrattuali tipiche (compravendita, locazione-conduzione) – o era anche indispensabile che una delle prestazioni fosse già stata eseguita?[155]. Almeno a partire da Aristone, un giurista al lavoro tra I e II secolo d.C., seguito poi da Mauriciano e da Ulpiano, è vera la seconda ipotesi: nel loro pensiero, il ricorso all'*actio praescriptis verbis* (o *actio civilis incerti*) presupponeva che una delle parti avesse adempiuto (come si ricava inequivocabilmente dal racconto di Ulpiano in *D.* 2.14.7.2 – 4 *ad ed.*).

*f) Contratto e «conventio».* È possibile che, nel confronto con l'originaria ipotesi labeoniana, Aristone, Mauriciano e Ulpiano, cosí facendo, restringessero il campo del riconoscimento dei nuovi rapporti (*nova negotia*). Tuttavia, rispetto ai tempi di Labeone, si stava affacciando ora un significativo elemento di novità. Dalla fine del I secolo d.C. una importante dottrina di Sesto Pedio («non vi è contratto, non vi è obbligazione, che non abbia dentro di sé una convenzione, sia realizzata *re*, sia *verbis*. E perfino la *stipulatio*, che si conclude con la sola pronuncia delle parole, se

[155] Si tenga sempre presente che i giuristi romani valutavano le ragionevoli aspettative delle parti anche in base ai principî desumibili dal confronto tra il tenore della formula prescelta e quello delle formule concernenti situazioni affini (per esempio si veda il procedere dell'analisi, nel XXX libro del commentario edittale di Ulpiano, in un passo riferitoci in *D.* 16.3.1.8-14). Il confronto, pertanto, non si proponeva in nessun caso con schemi negoziali tipici e astratti desunti come parametri per determinare l'azione intentabile.

manca il consenso delle parti, è nulla»: cosí nel racconto di Ulpiano in *D.* 2.14.1.3 – 4 *ad ed.*) trasportava l'intero sistema romano dei contratti sotto il segno della *conventio*. Per chi accoglieva questo inquadramento (che anche Gaio dimostra di seguire) lo schema labeoniano dell'*ultro citroque obligatio* non poteva (anche se condiviso) essere piú esaustivo dell'intera categoria (perché vi erano manifestamente contratti-*conventiones* tipici, che non rientravano nella figura dell'*ultro citroque obligatio*), ma poteva essere solo una specie particolare del nuovo concetto generale di contratto: una figura che consentiva il riconoscimento di negozi atipici, purché si riscontrassero sia la «sinallagmaticità» delle obbligazioni, sia l'avvenuto adempimento di una di esse. Ed è esattamente questo il filo del ragionamento conclusivo di Ulpiano, quando, in uno dei suoi non frequenti spunti sistematici, riassume due secoli di dibattito romano sulle categorie contrattualistiche: *conventio* è una categoria di portata generale, egli afferma. Ritroviamo una parte delle *conventiones* all'interno dei contratti tipici ricordati dall'editto (Sesto Pedio). Per quella parte che non rientra nelle previsioni edittali, se vi riscontriamo la presenza di un συνάλλαγμα («synallágma») e una delle prestazioni sia stata eseguita – «subsit tamen causa» (Aristone, Mauriciano; ma che cosa debba intendersi per «causa», e quale sia il suo rapporto con il συνάλλαγμα, è controverso negli interpreti) – scatta la protezione di un'azione, l'*actio praescriptis verbis*. Se invece ci troviamo di fronte a *conventiones* non riconosciute dall'editto, e – continua Ulpiano – per giunta senza *causa* e senza συνάλλαγμα, ebbene dovremo allora concludere che si tratta di «nudi patti», i quali non possono essere protetti da azioni, ma solo da *exceptiones* (riaffermazione del principio di tipicità).

*g) La «indebiti solutio» nel pensiero di Gaio*. E fu probabilmente proprio tale simmetria fra *conventio* e *contractus* che indusse Gaio, in relazione al problema dell'*obligatio re contracta*, nella quale la dazione della cosa fonda l'obbligo della restituzione, a riconsiderare piú da vicino il problema della *indebiti solutio* (pagamento dell'indebito). Anche chi riceve l'indebito si obbliga, al pari del mutuatario, mediante dazione della cosa. Nei suoi confronti, perciò, può esperirsi la *condictio* (*indebiti*). Ciononondimeno, osserva Gaio [*Istituzioni* 3.91], non sembra che questa specie di obbligazione abbia base in un contratto, poiché chi dà con l'intento di pagare, piú che contrarre un negozio, lo vuole sciogliere. È la mancanza dell'elemento convenzionale a guidare Gaio nella sua soluzione, destinata, come abbiamo visto, ad aprire una crisi precoce nella sua intera sistemazione.

### 3.11. «Pactum iurisiurandi», «constitutum debiti» e «recepta».

*a*) *I «pacta praetoria»*. Il pretore è intervenuto in vario modo per correggere le piú evidenti iniquità conseguenti all'esistenza di quel che, piú di una volta, si è definito principio di tipicità del sistema romano dei contratti. Come è noto, al convenuto in giudizio si poteva concedere un'*exceptio* per render vano l'esercizio di azione *iuris civilis* non conforme al contenuto di un *pactum* (§ 3.10*c*). Il giudice, inoltre, avrebbe sempre dovuto tener conto di un *pactum* inerente (*pactum adiectum in continenti*) a un contratto di buona fede, sia per condannare, sia assolvere il convenuto (§ 3.10*d*). Tuttavia, nel quadro della giurisdizione pretoria, alcune convenzioni ottennero autonomo rilievo grazie alla tutela apprestata da apposite clausole edittali: in alcuni casi il pretore concedeva *formulae in factum* (costruite appunto mediante *intentiones in factum conceptae*: cap. II, § 3.11*c*), per ottenere, contro il soggetto inadempiente, la prestazione pretesa. In questa categoria – i cosiddetti *pacta praetoria* – rientrano il *pactum iurisiurandi*, la *pecunia constituta* e i *recepta*.

*b*) *«Pactum iurisiurandi»*. Era la convenzione fra le parti di una controversia (giudiziale o extragiudiziale)[156], con la quale esse si impegnavano o a non far valere la propria pretesa nei confronti dell'altra, se quest'ultima giurava di non essere obbligata a compierla o a eseguire la prestazio-

[156] La convenzione poteva essere compiuta sia quando era già in corso un giudizio fra i due soggetti, i quali, in conseguenza, erano rispettivamente attore o convenuto, sia anche prima che l'uno intentasse un'azione nei confronti dell'altro.

ne che la controparte pretendesse, qualora essa giurasse di averne diritto. Una volta che un soggetto avesse prestato il giuramento convenuto, se l'altro non rispettava l'accordo, il pretore poteva, a seconda dei casi, apprestare differenti meccanismi di tutela: si denegava l'esercizio dell'azione (*denegatio actionis*: cap. II, § 3.6) a chi agisse contro chi avesse giurato di non dovere. Si sarebbe anche potuto concedere a chi avesse giurato un'*exceptio iurisiurandi*, che ne avrebbe, in conseguenza, garantito l'assoluzione. Se ad agire era colui il quale, pretendendo una prestazione, avesse giurato di averne diritto, il pretore gli concedeva un'*actio* (con un'*intentio in factum concepta*) *de iureiurando*. Dalle parole dell'editto appare evidente che nel giudizio cosí intentato non si accertava il fondamento della pretesa, ma soltanto se si fosse prestato o meno il giuramento (*an iuraverit*)[157].

*c*) *La «pecunia constituta»*. Essa si poneva in essere quando creditore e debitore (*constitutum debiti proprii*), ovvero il creditore e un terzo (*constitutum debiti alieni*)[158] si accordassero, fissando in un giorno stabilito o in luogo determinato il pagamento di un debito preesistente di denaro o di altre cose fungibili[159]. In forza di questo meccanismo negoziale, il debitore o il terzo, in caso di mancato adempimento, si sarebbero esposti a pagare al creditore una metà in piú della somma già dovuta; somma che poteva esser loro richiesta da chi, insoddisfatto, avesse agito con l'*actio de pecunia constituta*, costringendo l'inadempiente a prestare la *sponsio dimidiae partis* (Gaio, *Istituzioni* 4.171)[160]. Giustiniano, abolendo nel 531 il *receptum argentariorum* (*C.*

[157] *D.* 12.2.3.pr.-2 (Ulp. 22 *ad ed.*); *D.* 12.2.7 (Ulp. 22 *ad ed.*), *D.* 12.2.8 (Paul 18 *ad ed.*); *D.* 12.2.5.2-4 (Ulp. 22 *ad ed.*); I. 4.6.11.

[158] La possibilità del *constitutum debiti alieni* emerge, per la prima volta, da una costituzione del 294 d.C.: *C.* 4.18.1.

[159] Solo in epoche piú recenti sarebbe stata ammessa la possibilità di dedurre in *constituto* debiti aventi a oggetto cose diverse dalla *pecunia numerata*. Ulpiano, in *D.* 13.5.1.6-8 (27 *ad ed.*), afferma la possibilità di dedurre in *constituto* qualsiasi debito, sia *iuris civilis*, sia *iuris praetorii*, sia fondato su di un'obbligazione naturale.

[160] Quest'azione già esisteva in epoca repubblicana (si vedano Cicerone, *In difesa di Quinzio*, 5.18; *ad Attico* 1.7; *D.* 13.5.3.2 (27 *ad ed.*), in cui Ulpiano cita un'opinione di Labeone).

4.18.2), estese il campo di azione della *pecunia constituta* anche a debiti aventi a oggetto cose non fungibili: si ammise, perfino, la possibilità di assumere un impegno per un oggetto diverso da quello dell'obbligazione preesistente, purché non superiore per valore, e di anticipare, in tal modo, il termine di pagamento del debito.

*d*) «*Receptum argentarii*». Tra le convenzioni, contemplate dall'editto del pretore, vi erano alcuni patti raccolti sotto il nome comune di *recepta*, termine derivante da *recipere*, che significa, appunto, ricevere, incaricarsi di una cosa. Il *receptum argentarii*, istituto abolito da Giustiniano e, in conseguenza, poco noto attraverso i passi della compilazione, era un *pactum* con il quale l'*argentarius*, ossia il banchiere, si impegnava a curare che da lui o da un terzo venisse pagato, in un giorno determinato, il debito del cliente. A differenza del *constitutum*, il *receptum* non presupponeva l'esistenza di un debito preesistente. Tra *argentarius* e cliente sorgeva un rapporto indipendente dall'eventuale rapporto di quest'ultimo con il suo creditore. In conseguenza l'*argentarius* non poteva sottrarsi al proprio impegno, allegando la nullità o l'inesistenza del debito del suo cliente (*C.* 4.18.2.1). Se l'*argentarius* non versava la somma convenuta, poteva essere chiamato in giudizio con l'*actio recepticia*, un'azione con una *formula in factum concepta*.

*e*) «*Receptum arbitrii*». L'assunzione dell'obbligo di pronunciare la decisione da parte di un *arbiter* (*receptum arbitrii*), scelto dalle parti attraverso stipulazioni, con le quali esse si impegnavano anche a pagare una pena, qualora non si fossero attenute alla sua decisione (*compromissum*), comportava, nel caso in cui questi, venendo meno al proprio ufficio, non rendesse la sentenza richiestagli entro il termine fissato, l'intervento diretto del pretore: questi, per costringere *l'arbiter ex compromisso* a compiere il proprio dovere, avrebbe utilizzato i poteri coercitivi, inerenti all'*imperium* di cui era titolare, colpendolo con multe o con pignoramenti su cose di sua proprietà[161].

[161] *D.* 4.8.3.2 (Ulp. 13 *ad ed.*); *D.* 4.8.3.15 (Ulp. 13 *ad ed.*).

*f) «Receptum nautarum cauponum stabulariorum».* I capitani di navi (*nautae*), gli albergatori (*caupones*) e i titolari di una stazione di cambio di cavalli o muli (*stabularii*) erano tenuti a restituire ai loro clienti, nello stesso stato in cui le avevano ricevute, le cose affidate, imbarcate o lasciate negli alberghi o nelle stalle[162]. La responsabilità contrattuale di questi soggetti, per le cose loro affidate, si estendeva fino alla *custodia* (§ 5*d*): si rispondeva, in altre parole, per tutti i danni o le perdite non causati dagli stessi clienti o cagionati da forza maggiore[163]. Se le cose non fossero state restituite nel medesimo stato in cui erano state ricevute, il pretore concedeva ai clienti dei capitani, albergatori e titolari di una stazione di cambio un'azione (*actio de recepto*) con una *formula in factum concepta*, mediante la quale essi potevano ottenere il risarcimento delle cose danneggiate o perdute.

## 4. *I «delicta».*

### 4.1. «Delicta» e «crimina».

*a) La nozione di «delictum».* Nel suo manuale, Gaio[164] tratta delle obbligazioni da delitto (*obligationes, quae ex delicto nascuntur*) senza preoccuparsi di offrire la benché minima informazione sul delitto in generale e preferisce, secondo uno stile espositivo che doveva essere comune, elencare le figure di delitto conosciute dal *ius civile*: il furto, la

[162] Secondo alcuni interpreti nell'editto del pretore e, in particolare, nelle parole «se i capitani, i locandieri, gli stallieri non restituiranno ciò che, di chiunque sia, abbiano ricevuto, affinché fosse salvaguardato, contro di loro darò un'azione» (*D.* 4.9.1.pr. – Ulp. 14 *ad ed.*), il fondamento dell'azione coinciderebbe con l'impegno, espresso o tacito, assunto dai capitani, dagli albergatori o dai titolari di una stazione di cambio, nei confronti dei loro clienti, della salvezza delle cose loro affidate (*res salvas fore*).

[163] Secondo la *communis opinio*, in origine questo *receptum* avrebbe comportato responsabilità assoluta: solo in un secondo momento sarebbe stato introdotto il limite della *vis maior* (si veda, in questo cap., § 4.5*a*) mediante l'*exceptio* suggerita da Labeone: *D.* 4.9.3.1. (Ulp. 14 *ad ed.*).

[164] Gaio, *Istituzioni* 3.182.

rapina, il danneggiamento, l'ingiuria. Ora, che fatti di questo genere, cioè cosí gravi dal punto di vista dell'idoneità a nuocere, fossero disciplinati dal *ius privatum* e perseguiti nel processo formulare suscita un qualche stupore, perché al giorno d'oggi essi sono repressi in modi affatto diversi da quelli propri del processo privato: a noi pare che chi, armi in pugno, tolga via la borsa a Tizio comprometta la civile convivenza assai piú di chi non paghi a quello stesso Tizio i 10 000 che si era obbligato a dargli. Cosí pensiamo che sia interesse di tutti, e non solo del rapinato, che il rapinatore venga perseguito e condannato; e proprio perché riteniamo preminente tale pubblico interesse, il processo per rapina non è rimesso all'iniziativa della vittima ma a quella di un rappresentante dello Stato.

*b*) *Processo pubblico e processo privato*. Ora, anche i Romani conobbero forme di processo appositamente concepite per la punizione di chi avesse tenuto un comportamento lesivo di un interesse avvertito come pubblico e, nel caso di concorrenza, valutato come preminente sull'interesse privato. Può essere che, alle origini, non si desse una diversità nei modi dell'accertamento e della punizione del fatto compromissivo dell'ordine sociale: al tempo in cui ogni reazione – a fronte del torto, reale o supposto, che si fosse subito – era nella disponibilità dell'offeso e del suo gruppo, non vi doveva essere spazio se non per la vendetta privata. Tuttavia, la collettività organizzata, a mezzo dei suoi rappresentanti, come il *rex* o i suoi delegati, pretese ben presto di intromettersi ovunque avvertisse un pericolo, piú o meno prossimo, per il mantenimento dell'ordine sociale e istituzionale. In questa prospettiva si colloca, per esempio, quella disposizione delle XII Tavole per cui la repressione dell'omicidio si sarebbe dovuta attuare con il concorso di pubblici magistrati, i *quaestores parricidii*. Non era però previsto che questi o altri magistrati dovessero intervenire quando si trattava di reagire contro comportamenti diversi dall'omicidio, che si dovevano avvertire come socialmente pericolosi e lesivi essenzialmente dell'interesse proprio del cittadino che ne subiva le conseguenze. Emblematica l'ipotesi di quelle che noi chiamiamo lesioni personali (*iniuria* per il diritto romano): le XII Tavole [8.2] sanciscono che «se uno ha rotto una parte del corpo, qualora non abbia patteggiato con la vittima, vi sia il taglione». Precetto assai denso, in quanto testimonia come, ancora verso la metà del v secolo a.C., la lesione alla persona costituisse una faccenda privata, seppur governata dal precetto decemvirale: anche se gli interessati sono obbligati a ricercare una composizione pecuniaria, è vero che, nel difetto di questa, aveva luogo la vendetta privata, sia pure entro la proporzione assicurata dalla cosiddetta legge del taglione.

È cosí tracciata la via che avrebbe condotto ben presto a una sorta di ripartizione della competenza in tema di accertamento e sanzione dei comportamenti compromissivi dell'ordine sociale e, perciò, contrari al *ius*, ossia antigiuridici: quelli sentiti come piú gravi e pericolosi, denominati *crimina* (come l'omicidio o il tradimento della patria), furono assegnati al processo pubblico; quelli nei quali era ritenuto preminente il danno all'interesse del privato coinvolto, denominati *delicta* o *maleficia* (come la sopra citata *iniuria* o il *furtum*, anch'esso previsto dalle XII Tavole), furono invece assegnati al processo privato, cioè a quello stesso tipo di processo nel quale avevano campo gli interessi prettamente privati, come quelli del proprietario o del creditore che fossero stati lesi nei loro *iura*.

*c) Caratteristiche delle azioni penali.* Si deve però sottolineare la peculiarità delle azioni nascenti da delitto nell'ambito del processo formulare. Intanto, potremmo cominciare con il notare che le azioni da delitto erano significativamente dette «penali» (*poenales*), mentre le azioni per la rivendica della proprietà o per il pagamento della somma promessa con *stipulatio* erano denominate «reipersecutorie» (*rei persecutoriae*; si veda cap. II, § 3.11*b*): per Gaio con le prime si persegue la pena, con le seconde la reintegrazione patrimoniale[165]. Ora, il fatto che, nel processo formulare, la condanna – anche alla pena – sia comunque al pagamento di una somma di denaro, potrebbe far

[165] *Ibid.*, 4.6-9.

supporre che la penalità delle azioni da delitto restasse un attributo privo di significato pratico. Cosí non era perché, per esempio, le azioni penali erano intrasmissibili, nel senso che esse non si sarebbero potute esperire se non contro l'autore del delitto commesso: il che vuol dire che il derubato e il rapinato non avrebbero potuto promuovere il giudizio di furto e, rispettivamente, di rapina contro gli eredi del ladro o del rapinatore nel frattempo defunti (intrasmissibilità cosiddetta passiva). Principio questo, della personalità della pena, di significativo spessore civile, spiegabile solo se si pensi all'afflizione che mirano a infliggere al responsabile le azioni da delitto, e che resta invece estraneo all'obiettivo delle azioni reipersecutorie, le quali vogliono solo assicurare la reintegrazione della perdita patrimoniale subita. L'afflizione cui tendono le azioni penali dà ragione di un'ulteriore caratteristica delle medesime, quale si sintetizza nella solidarietà cosiddetta cumulativa (§ 2.6*b*), per la quale il derubato può agire con l'azione di furto singolarmente contro ciascuno dei ladri e ottenere, da ciascuno, il pagamento della pena pecuniaria, realizzando complessivamente una somma che è superiore – anche di molto – all'ammontare del danno subito.

*d*) *La «quaestio de iniuriis» e la repressione «extra ordinem» dell'«iniuria».* D'altra parte, si intuisce che il confine tra *crimina* e *delicta* non poteva essere segnato una volta per tutte, trattandosi di valutazioni strettamente legate alla sensibilità sociale. Progressivamente, furono attratti nel novero dei *crimina* – e conseguentemente repressi tramite forme di processo pubblico – comportamenti già ascritti nell'ambito dei *delicta*: emblematico, ancora una volta, è il caso dell'*iniuria*, per la quale – o, meglio, per taluni comportamenti in essa rientranti, come le percosse, la fustigazione o la violazione di domicilio – Silla istituí, nell'81 a.C., un *iudicium publicum* davanti a un'apposita giuria (*quaestio de iniuriis*). Tale tendenza si manifesta con sempre maggiore intensità nell'età imperiale: al privato leso non resta che far valere la propria pretesa patrimoniale nell'ambito del processo criminale *extra ordinem* o, se concessogli, di scegliere di agire «civilmente o criminalmente» (*civiliter vel criminaliter agere*), come le *Istituzioni* giustinianee attestano a proposito dell'*iniuria*[166].

### 4.2. Il «furtum» e la rapina.

*a*) *Definizione di «furtum»*. «Vi è furto – spiega Gaio – non solo quando taluno porti via una cosa altrui allo scopo di sottrarla, ma piú in generale quando qualcuno maneggi la cosa altrui contro la volontà del proprietario»[167]. Da ciò si capisce che il *furtum* deve essere stato interessato da un'elaborazione che ne ha progressivamente esteso l'ambito: Gaio, infatti, indica quali casi esemplari di furto (integranti la *contrectatio*, diversa dalla pura e semplice *amotio* indicante l'azione del portar via la cosa donde si trovi) l'uso non consentito della cosa altrui operato dal depositario o dal creditore pignoratizio, o anche dal comodatario che contravvenisse alle intese con il comodante conducendo in battaglia il cavallo imprestatogli per farsi trasportare. Sui confini di questa figura delittuosa sappiamo di un dibattito giurisprudenziale alquanto ricco e spesso incerto: ricordiamo, per esempio, quel caso curioso – che lasciò nel dubbio Ulpiano – in cui si discusse se si potesse agire per furto contro chi avesse fatto uso dei cavalli altrui per fecondare le proprie cavalle[168].

*b*) *«Furtum manifestum» e «nec manifestum»*. Quanto alla pena, essa fu proporzionata alla gravità del furto: fin dalle XII Tavole fu valutato con maggior rigore il comportamento del ladro colto in flagranza (*furtum manifestum*), cioè mentre compiva il delitto, tanto che il delinquente avrebbe potuto, se libero, essere assoggettato alla potestà (*addictus*) del derubato e, se schiavo, essere ucciso mediante precipitazione dalla rupe Tarpea, pene giudicate poi eccessive dal pretore, che vi sostituí un'azione nel quadruplo del valore della cosa rubata. Meno grave fu da sempre avvertito il furto non flagrante (*nec manifestum*), che già le XII Ta-

[166] *Istituzioni* 4.4.10.
[167] Gaio, *Istituzioni* 3.195.
[168] *D.* 47.2.52.20 (Ulp. 37 *ad ed.*).

vole sanzionavano con una pena nel doppio, mantenuta poi anche dal pretore.

*c) La rapina*. Una particolare figura di furto è considerata, anche la rapina: «chi infatti – si domanda Gaio – si prende la cosa altrui contro il volere del proprietario piú di chi rapina? Perciò è corretto dire che costui è un ladro sfacciato»[169]. Gaio ci informa anche che il pretore (Lucullo, nel 76 a.C.) introdusse un'azione apposita nel quadruplo (almeno se esperita entro l'anno; altrimenti, nel semplice valore della cosa) contro chi avesse rapinato i beni altrui facendo uso della violenza (*actio vi bonorum raptorum*). Il riferimento originario era a chi avesse rapinato, o anche solo danneggiato, per mezzo di una banda di uomini (*hominibus coactis*; nel caso in cui questi fossero di condizione servile, come spesso accadeva, ne avrebbe risposto il padrone che avesse dato l'ordine). In seguito, per via d'interpretazione, si estese la previsione a ricomprendere la rapina o il danno violentemente perpetrati anche da una sola persona, e a prescindere dal fatto che gli uomini, riuniti in banda, fossero armati o inermi.

### 4.3. L'«iniuria»

*a) Definizione di «iniuria»*. Anche a proposito dell'*iniuria* la definizione gaiana[170] reca traccia dell'evoluzione attuatasi nel corso del tempo:

> si commette ingiuria non solo quando uno sia percosso, per esempio, con un pugno o un bastone o, anche, sia fustigato, ma pure se uno sia insultato o se i suoi beni vengano offerti in vendita come se si trattasse di un debitore pur sapendo che quegli nulla deve, o se si scriva un libello o un carme diffamatorio di qualcuno, o se si segua assiduamente una madre di famiglia o un adolescente, e finalmente in molti altri modi.

Dalla configurazione originaria – lesione della persona fisica attraverso la rottura di una parte del corpo oppure la frattura o la contusione di un osso – l'*iniuria* venne pro-

[169] Gaio, *Istituzioni* 3.220.
[170] *Ibid.*

gressivamente a ricomprendere svariati comportamenti idonei a cagionare una lesione della personalità morale: qui i giuristi si spinsero alquanto avanti nella tutela della dignità umana, giungendo a ritenere ingiurioso il comportamento di chi attentasse alla libertà personale nel suo esercizio quotidiano, per esempio impedendo a uno di accedere ai bagni pubblici, di passeggiare, di riposarsi, di conversare, di far uso dei propri beni, finanche di pescare nel mare.

*b*) *L'«iniuria» nelle XII Tavole e l'«actio iniuriarum aestimatoria».* Quanto alla pena, si è già accennato al taglione previsto dalle XII Tavole nel caso di rottura di una parte del corpo (*membrum ruptum*); e si può ora ricordare che, nel caso della frattura di un osso (*os fractum*)[171], la stessa legislazione decemvirale contemplava una pena pecuniaria in un ammontare fisso (300 assi se l'offeso era una persona libera) e, se si fosse trattato di semplici percosse senza ulteriori postumi, una pena proporzionalmente ridotta (25 assi)[172]. Tuttavia, Gaio aggiunge che, ai suoi tempi, il pretore permetteva all'attore di stimare egli stesso il danno subito[173]. Il giudice, di conseguenza, avrebbe condannato a tanto o a una somma minore, a sua discrezione: la *condemnatio* dell'*actio iniuriarum* lo invitava appunto a condannare a quanto gli sembrasse «equo e buono» (cap. II, § 3.11*f*). D'altra parte, il pretore, se l'ingiuria era particolarmente grave (*atrox*), fissava – tramite *taxatio* (cap. II, § 3.7*d*) – un limite insuperabile dal giudice, che avrebbe potuto, però, condannare al pagamento di una somma inferiore (un caso, peraltro, assai raro, a detta di Gaio, per l'autorevolezza dell'indicazione magistratuale). Può essere curioso notare, infine, che la gravità era valutata non solo in considerazione delle caratteristiche del fatto, ma anche della condizione sociale dell'offensore e dell'offeso: cosí, l'*iniuria* era certamente *atrox* se arrecata a un senatore da una persona umile.

[171] *XII Tab.* 8.3. Cfr. *Coll.* 2.5.5 (Paul. *l.s. de iniuriis*).

[172] *Ibid.*, 8.4.

[173] Gaio, *Istituzioni* 3.224.

### 4.4. Il «damnum iniuria datum».

*a) La legge Aquilia.* Nel III secolo a.C. (secondo taluni nell'anno 286) un plebiscito, noto come *lex Aquilia*, disciplinò il delitto di danneggiamento di cose altrui, il *damnum iniuria datum*. Gaio ne tratta piú o meno come segue. Chi avesse ucciso l'altrui schiavo o l'altrui quadrupede (un animale, cioè, compreso tra i *pecudes* e, dunque, da gregge o da armento) era obbligato a pagare al padrone una somma pari al maggior valore raggiunto dalla *res* in quello stesso anno: cosí, per esempio, se avessi ucciso uno schiavo zoppo o guercio, avrei dovuto pagare una somma, la cui stima non avrebbe tenuto conto della menomazione se questa fosse intervenuta proprio nell'ultimo anno (e, dunque, come se egli fosse stato sano). Chi, invece, avesse ferito uno schiavo o un quadrupede oppure avesse ucciso o ferito un diverso animale (un cane, un orso, un leone) o danneggiato una qualsiasi cosa inanimata era tenuto a pagare al padrone una somma pari al maggior valore raggiunto dalla *res* negli ultimi trenta giorni[174].

*b) «Actio legis Aquiliae» e «actio in factum».* Secondo la legge, il comportamento per essere ritenuto delittuoso, doveva presentare precise caratteristiche: cosí il danno doveva essere conseguente al movimento muscolare dell'autore del delitto e investire direttamente la struttura fisica della *res* (*damnum corpore corpori datum*). Tuttavia, una configurazione cosí rigida del fatto delittuoso avrebbe finito con il lasciare senza sanzione comportamenti che, invece, la meritavano, come nei casi, addotti da Gaio, di danni inferti alle *res* in altro modo. Ad esempio, se avessi persuaso lo schiavo altrui a salire su un albero o a scendere in un pozzo e, nella salita o nella discesa, questi fosse precipitato morendo o ferendosi in qualche parte del corpo, io non avrei dovuto risponderne *ex lege Aquilia*; mentre, se avessi gettato quel medesimo schiavo in un fiume da un ponte o dalla riva, cagionandone la morte, sarei stato passibile di pe-

[174] *Ibid.*, 3.210 e 3.217.

na solamente perché in questo caso la mia attività fisica si sarebbe riversata direttamente sul corpo dell'ucciso.

Per evitare simili evidenti disparità il pretore intervenne estendendo in via «utile» l'azione *ex lege Aquilia* ai casi nei quali il danno non fosse conseguente allo sforzo corporeo di chi ne era pur sempre il responsabile, richiamandosi a un principio di causalità – di relazione, cioè, tra il comportamento umano e l'evento dannoso – piú ampio rispetto alla stretta causalità materiale espressa dalla necessità del contatto fisico tra i due corpi. In tal modo si pervenne a perseguire anche i danneggiamenti che fossero conseguenti non a un'attività positiva, ma a un'omissione, come nel caso di chi avesse rinchiuso l'animale altrui e l'avesse poi fatto morire di fame. Si ammise pure la perseguibilità dei danneggiamenti che non si fossero risolti in una compromissione dell'integrità fisica della *res*, come nel caso si fossero fatte cadere delle monete altrui nel mare o in un fiume dal cui fondo esse non fossero piú recuperabili[175].

*c) La «culpa» nella casistica dell'«actio legis Aquiliae» e il danno «contra ius».* Interpretando in tal modo la casistica, i giuristi giunsero a fissare idee cui corrispondevano ulteriori principî, tuttora basilari nella configurazione dell'atto umano *contra ius*, dell'illecito in genere e nella valutazione delle sue conseguenze: tali idee dovevano essere correnti nella giurisprudenza dell'età del principato, se esse si rinvengono anche nel manuale gaiano.

Il danno deve essere cagionato *iniuria*, il che significa appunto *contra ius*: l'autore del danno è tenuto qualora egli sia stato, al momento del fatto, in dolo o in colpa, cioè non soltanto se egli abbia voluto, per esempio, uccidere, ma anche se la morte sia stata la conseguenza di un comportamento negligente o imperito. L'idea della *culpa* rappresenta una grande conquista del pensiero giurisprudenziale, cui si pervenne di certo nel corso del I secolo a.C., proprio nell'applicazione della legge *Aquilia*. Vi è colpa, afferma Paolo riportando l'opinione di Quinto Mucio Scevola, «quando si sarebbe potuto evitare il pericolo secondo la comune dili-

[175] D. 9.2.27.21 (Ulp. 18 *ad ed.*).

genza, e ciò non fu fatto»[176]; per cui, è responsabile quel potatore che precipitò giú un ramo da un albero uccidendo un passante, se egli non abbia preventivamente avvertito del pericolo. E risponde per la legge *Aquilia*, osserva Ulpiano riprendendo Proculo, quel medico che abbia operato con imperizia lo schiavo[177]. Ulpiano afferma addirittura – sempre che il pensiero sia suo e non dei giustinianei – che, nell'applicazione della legge *Aquilia*, si considera, e genera responsabilità, anche la colpa piú lieve (*culpa levissima*)[178].

Non si è tenuti, invece, qualora il danno sia la conseguenza del caso: in Ulpiano leggiamo che, ad esempio, non vi è *iniuria*, e non vi è delitto, ascrivibile a quel pugile che abbia ucciso l'avversario in un combattimento pubblico, perché qui il danno è stato inferto per conseguire gloria e merito; né è responsabile, si legge nelle *Istituzioni* giustinianee, quel militare che, nel campo Marzio dove è solito fare esercizio, abbia trafitto con una freccia lo schiavo altrui nel mentre questi passava[179]. Nemmeno vi è *iniuria* qualora l'autore del danno abbia esercitato un proprio diritto, come nel caso, ricordato ancora una volta dalle *Istituzioni* giustinianee, di chi uccida un brigante «qualora non possa altrimenti scampare il pericolo» (ma già Paolo attestava il generale principio che consente di «difendersi con la forza contro la forza»)[180].

*d*) *La stima del danno*. Nella stima del danno occorreva tenere conto del pregiudizio subito nella sua interezza: cosí, se tu avessi ucciso il mio schiavo, mi avresti dovuto una somma superiore al semplice prezzo del servo, qualora io avessi patito un danno maggiore, come nel caso in cui tu avessi ucciso uno dei gemelli comici o musicisti e si dovesse dunque stimare anche il deprezzamento dei superstiti («si stima – insegna Gaio – quel di piú che, nel danno subito, va oltre il prezzo della cosa»)[181].

[176] *D.* 9.2.31 (Paul. 10 *ad Sab.*).
[177] *D.* 9.2.7.8 (Ulp. 18 *ad ed.*). Cfr. anche *Coll.* 12.7.7 (Ulp. 18 *ad ed.*).
[178] *D.* 9.2.44.pr. (Ulp. 43 *ad Sab.*).
[179] *Istituzioni* 4.3.4.
[180] *Ibid.*, 4.3.2; *D.* 9.2.45.4 (Paul. 10 *ad Sab.*).
[181] Gaio, *Istituzioni* 3.212.

*e*) *L'azione generale di danneggiamento in età giustinianea*. Giustiniano porta a compimento il percorso già iniziato dai giuristi che, si è visto, avevano esteso alquanto le previsioni della legge *Aquilia*. Nelle *Istituzioni* giustinianee è contemplata una generale azione di danneggiamento con cui perseguire ogni tipo di danno arrecato alle cose altrui con dolo o colpa, anche se questo danno non sia la conseguenza dell'azione corporea del suo autore e anche qualora non implichi una lesione corporale: l'esempio portato è quello di chi, per misericordia, abbia sciolto i ceppi che legavano lo schiavo altrui affinché questi potesse fuggire[182]. È cosí che tale azione è stata trasmessa al mondo moderno e contemporaneo, per noi nel fondamentale articolo 2043 del codice civile, che prevede il cosiddetto illecito aquiliano o extracontrattuale: «Qualunque fatto doloso, o colposo, che cagiona ad altri un danno ingiusto, obbliga colui che ha commesso il fatto a risarcire il danno».

### 4.5. Gli illeciti pretori.

Oltre a intervenire nel campo dei delitti civili, concedendo nuove azioni o estendendo quelle esistenti, il pretore creò figure di delitti sconosciute al *ius civile*.

*a*) *«Vis», «metus», «dolus»*. Accenneremo qui alla violenza morale (*vis*) e al dolo (*dolus*; si veda, in questo cap., § 3.5*g*), che trovarono vasta applicazione in tema di obbligazioni contrattuali. La *vis* era la minaccia di un male che avrebbe colpito un soggetto se egli non avesse compiuto un certo atto giuridicamente rilevante, per esempio non avesse accettato un'eredità o non avesse promesso con *stipulatio* (§ 3.2): la minaccia, se è tale da incutere timore (*metus*) sopra un uomo sensato (non un *vanus homo*), annienta la libertà del minacciato, che per tale costrizione finisce con il compiere un atto che non avrebbe voluto se fosse stato libero. Il dolo è, secondo una nota definizione di Servio, «l'astuzia posta in essere al fine di ingannare una persona», con

[182] *Istituzioni* 4.3.16.

l'intento di farle concludere, per esempio, un contratto che, senza quell'inganno, essa non avrebbe voluto o avrebbe voluto a condizioni diverse[183]. Ora, per il *ius civile*, comportamenti come quelli dell'autore della violenza morale o del dolo erano irrilevanti. A una tale iniquità ovviò appunto il pretore, che concesse alla vittima sia azioni, sia eccezioni (e anche *in integrum restitutiones*: cap. II, § 3.13*d*), tramite le quali annullare gli effetti derivati dall'atto viziato dalla violenza o dal dolo (§ 3.5*g*).

*b*) *«Actio de effusis vel suspensis»*. Altre figure di illecito pretorio – a carico del proprietario, dell'inquilino o dell'abitante di una casa – erano quelle consistenti nel lancio o nella caduta di oggetti dall'alto di una casa, da cui fosse derivato un danno per chi transitava sulla pubblica via; o, anche, nella semplice esposizione su un balcone, un tetto ecc. di oggetti che sarebbero potuti cadere danneggiando qualcuno. Nelle *Istituzioni* giustinianee (ove questi due illeciti pretori sono annoverati tra i quasi delitti [§ 3.1]) si stabilí che, se dalla caduta di oggetti fosse derivata la morte di un uomo si sarebbe irrogata la pena di cinquanta *aurei*; nel caso invece di ferimento, la somma da pagarsi sarebbe stata liquidata dal giudice secondo equità, dovendosi computare le spese per le cure mediche e i guadagni già persi o che si sarebbero perduti a cagione di un'invalidità permanente cosí contratta[184]. Gli illeciti pretori in ultimo ricordati inseriscono dunque, nel sistema romano, l'idea della responsabilità senza colpa, ove la sanzione viene irrogata sol accertando il nesso causale tra il fatto e la sua conseguenza (dannosa), a prescindere cioè dal dolo o dalla colpa del proprietario o abitante chiamato a pagare per il danno cagionato a chi si trovava di sotto.

## 5. *La responsabilità per fatto illecito e la responsabilità contrattuale.*

*a*) *Responsabilità extracontrattuale*. Si è visto dunque come, con le idee del dolo, della colpa e del caso fortuito, con

[183] *D.* 4.3.1.2 (Ulp. 11 *ad ed.*).
[184] *Istituzioni* 4.5.1.

la casistica interna al nesso tra condotta umana e danno conseguente, e con l'individuazione del campo del danno economicamente valutabile e dei criteri della sua liquidazione, i giuristi romani fissarono le condizioni per le quali il comportamento di un soggetto potesse essere valutato *contra ius*. Oggi, a indicare l'assoggettamento alla sanzione di chi si venga a trovare in «torto» dal punto di vista del diritto, si parla correntemente di responsabilità; e di responsabilità civile in senso ampio se questo torto si colloca nell'ambito del *ius privatum* e incide cosí nei rapporti tra privati. Se in torto è un soggetto rispetto a un altro, e tra questi non intercorre alcuna precedente obbligazione (come nel caso del potatore che, gettando un ramo dall'albero, ferisca il passante), si parla comunemente di responsabilità (e di illecito) extracontrattuale (che si identifica con l'accezione piú ristretta e, invero, piú usuale di responsabilità civile).

*b*) *Responsabilità contrattuale.* Si parla, invece, di responsabilità (e di illecito) contrattuale se un'obbligazione tra i due in effetti sussisteva e il torto nasce dall'inadempimento. Resta dunque da dire di questo secondo tipo di responsabilità.

*c*) *Caso fortuito e forza maggiore.* Il debitore che non avesse eseguito la prestazione dovuta era esonerato da responsabilità e non subiva cosí alcuna sanzione, se avesse potuto addurre, a propria discolpa, il caso fortuito o la forza maggiore: il primo consiste in un accidente, ivi compreso il fatto dell'uomo, che non dipende dal debitore; la seconda in un evento naturale (incendio, disastro, naufragio) a fronte del quale l'umana debolezza non è in grado di resistere[185]. Occorre però osservare che, nelle obbligazioni aventi a oggetto la dazione di una somma di denaro o di un'altra quantità di cose fungibili o di una cosa indicata solo nel genere, il debitore non si sarebbe comunque potuto liberare: non solo non avrebbe avuto alcun rilievo la semplice difficoltà ad adempiere (per esempio, nel caso in cui

[185] Cfr. *D.* 50.17.23 (Ulp. 29 *ad Sab.*).

il debitore non avesse il denaro a casa, né trovasse qualcuno disposto a prestarglielo), in quanto questa non avrebbe costituito di certo un «impedimento naturale»; ma l'obbligazione pecuniaria sarebbe rimasta integra anche se il mutuatario avesse perso per caso fortuito i beni fungibili ricevuti, giacché «il genere non perisce mai» (§ 2.4*f*).

*d*) *La responsabilità per custodia*. A sé stanno poi quelle obbligazioni in cui il debitore, come dice Gaio, «debet custodiam praestare», risponde cioè per *custodia*[186]: ci si riferisce, per esempio, al lavandaio, al sarto, al comodatario i quali abbiano ricevuto, diciamo, in affidamento la *res*, che sono obbligati a restituire anche qualora la cosa sia stata rubata o risulti danneggiata. Furto e danneggiamento sono classificati come ipotesi di *casus minor*, di caso fortuito, per cosí dire, meno accidentale rispetto al *casus maior*, riferito, invece, a rapina e danneggiamento violento, di fronte al quale non può ragionevolmente chiedersi al debitore di resistere, alla stessa stregua degli eventi naturali richiamati poco fa. Gaio spiega che è corretto far rispondere del *casus minor* il lavandaio e il sarto, perché essi ricevono una mercede in cambio della loro prestazione, e il comodatario, da parte sua, usa gratuitamente della cosa[187]. Tuttavia, questi rispondono anche del *casus maior*, qualora si siano resi responsabili di una qualche leggerezza (siano cioè *in culpa*) di comportamento in contraddizione con l'affidamento a loro fatto: cosí, chi abbia ricevuto in comodato dell'argenteria affinché ne usasse per invitare gli amici a cena e, però, abbia voluto portarla con sé mettendosi in viaggio per un paese lontano, ne risponde qualora l'abbia perduta a seguito di un naufragio o di un assalto di predoni o nemici. Per custodia erano responsabili anche gli armatori (*nautae*), gli albergatori (*caupones*) e gli stallieri (*stabularii*: § 3.11*f*) cui i clienti avessero affidato le proprie cose: contro di loro il pretore concedeva l'instaurazione del giudizio «se non restituiscano le cose ricevute al fine della conservazione» (*salvum fore*)[188]. La spe-

[186] Gaio, *Istituzioni* 3.203-7.
[187] *Ibid.*, 3.205-6.
[188] *D.* 4.9.1.pr. (Ulp. 14 *ad ed.*).

cificità della *custodia* resta un po' offuscata in diritto giustinianeo, ove esigenze sistematiche portano a identificare la stessa nella massima diligenza che si può esigere da un debitore (*diligentia in custodiendo* o, appunto, *diligentia exactissima*); il che implica, a ben guardare, l'affacciarsi, anche nell'ambito contrattuale, di ipotesi di responsabilità senza colpa[189].

*e) Il caso dell'impossibilità sopravvenuta.* Occorre dire che, pur permanendo in una dimensione casistica che impedisce di descrivere compiutamente il fenomeno qui analizzato, i giuristi insistono nella premessa per cui al debitore si può rimproverare l'inadempimento solo se esso dipenda da lui, valutazione quest'ultima, spesso complessa. Certamente se l'oggetto dell'obbligazione è dare una cosa di specie, cioè trasmetterne la proprietà, il debitore non sarà tenuto solo se la prestazione sia divenuta impossibile (cosiddetta impossibilità sopravvenuta: § 2.4*a*) per fatto a lui non imputabile: a proposito della *stipulatio*, le *Istituzioni* giustinianee confermano che essa si estingue (*extinguitur*), e con essa l'*obligatio*, se l'impossibilità sia sopraggiunta «senza il fatto del promittente» (*sine facto promissoris devenerit*)[190]. Tale regola è assurta, nella nostra tradizione giuridica, a principio generale applicabile, almeno in teoria, a qualsiasi obbligazione, come dimostra il fondamentale articolo 1218 del nostro codice civile: «Il debitore che non esegue esattamente la prestazione dovuta è tenuto al risarcimento del danno se non prova che l'inadempimento o ritardo è stato determinato da impossibilità della prestazione derivante da causa a lui non imputabile».

Sembra però che il *factum* da cui sia conseguita l'impossibilità sia stato inteso in senso stretto: sarebbe occorsa un'attività positiva, appunto un *facere*, mentre la semplice omissione, per quanto fosse causale rispetto all'impossibilità, non avrebbe ugualmente importato la responsabilità del debitore che cosí sarebbe stato liberato. Il che poteva condurre taluni a sostenere soluzioni favorevoli al debito-

[189] *Istituzioni* 3.14.2.

[190] *Ibid.*, 3.19.2.

re, come nel caso di chi avesse promesso di *dare* uno schiavo che prima del trasferimento fosse deceduto non perché ucciso dal promittente (il quale ne avrebbe risposto), ma in quanto trascurato da questo stesso durante la malattia contratta: l'idea è che il debitore sia qui tenuto a *dare*, non a *facere*. Non mancano però testimonianze giurisprudenziali volte a dar rilievo anche alla causalità di tipo omissivo.

*f) La «culpa».* Che il debitore risponda qualora egli non abbia voluto adempiere, o si sia posto volontariamente nella condizione di non poter adempiere, sembra certo anche per l'epoca piú arcaica, nonostante le carenze nella nostra informazione. Si è, invece, creduto che le idee della *culpa* e della relativa responsabilità siano piú recenti. Si è visto, però, che già i giuristi repubblicani erano avvezzi ad ammettere l'esperibilità dell'*actio legis Aquiliae*, se il danno era conseguente alla negligenza, all'imprudenza o all'imperizia, qualora cioè l'autore del *damnum* fosse *in culpa* (§ 4.4*c*). Al di fuori del campo della responsabilità *ex delicto*, la colpa ci è attestata, per il II secolo a.C., a fondamento della responsabilità del debitore in un ambito assai vicino a quello contrattuale: in un caso famoso, quello concernente la restituzione della dote a Licinia, moglie di Tiberio Gracco, Publio Mucio Scevola decise che, per quelle cose dotali (evidentemente non generiche) andate distrutte nel tumulto in cui Gracco restò ucciso, si dovesse alla vedova il controvalore in denaro, in quanto la sedizione fu fatta per colpa di Gracco stesso[191].

*g) Dolo e colpa in ambito contrattuale.* Fu nell'ambito dei giudizi di buona fede – al cui novero si deve, nella sostanza, ascrivere anche l'azione per la restituzione della dote, cosiddetta *actio rei uxoriae* – che i giuristi sperimentarono l'applicazione del dolo e della colpa ai fini dell'attribuzione della responsabilità *ex contractu*. Il procedere dei giuristi conduce a distinguere caso per caso: sintetizzando l'esperienza precedente, Ulpiano conferma che «in certi contratti si risponde nei limiti del dolo, in altri per dolo e per

[191] *D.* 24.3.66.pr. (Iav. 6 *ex poster. Lab.*).

colpa»[192]. Cosí, per esempio, nel deposito si risponde solo per dolo in quanto il depositario non ne ha alcun vantaggio. Qualora, però, vi sia reciprocità di vantaggi, come nella vendita, nella locazione, nella dote, nella società la responsabilità è estesa fino alla colpa. Peraltro, la giurisprudenza ammette che le parti possano convenire di aggravare o attenuare la responsabilità del debitore rispetto al limite stabilito dal *ius*; esse non avrebbero potuto però pattuire che il debitore non avrebbe risposto per dolo, per la contrarietà di una tal convenzione ai giudizi di buona fede.

*h) La «diligentia».* Il dibattito tra i giuristi offre al pensiero tardoantico spunti per graduare la stessa colpa a seconda del difetto, piú o meno grande, di *diligentia*. I giustinianei possono cosí distinguere tra una *culpa lata*, ossia una negligenza eccessiva («non capire quel che tutti capiscono»), e una *culpa levis*, che consiste nel non usare la diligenza dell'uomo medio, quella del *bonus pater familias*. Tuttavia, si va anche oltre, e alla *culpa levis* cosí intesa (cioè «in astratto», perché l'uomo comune è un paradigma ideale) si contrappone la *culpa* che fa riferimento quale pietra di paragone alla diligenza che quel debitore «è solito usare nei suoi affari» (*diligentia quam in suis*). Criterio, quest'ultimo, che apparve piú adeguato nella valutazione dell'inadempimento riferito a taluni obblighi correnti tra soggetti legati da una certa solidarietà: il che si dà particolarmente tra soci, e tra marito e moglie (ai fini della restituzione della dote). Cosí la colpa del socio nei confronti del socio non si sarebbe mai dovuta riscontrare con il criterio della *exactissima diligentia*, essendo sufficiente che il socio osservasse un grado di diligenza pari a quello cui egli comunemente si soleva attenere: infatti, se ci si fosse scelti un socio poco diligente, ci si sarebbe dovuti lamentare solo di se stessi.

*i) La «mora» e la «perpetuatio obligationis».* Questi, dunque, i modi per valutare se l'inadempimento fosse dipeso dal debitore (o, come si legge nei giuristi, «per eum stetit quo minus solveret»). La funzione dell'accertamento sareb-

[192] *D.* 50.17.23 (Ulp. 29 *ad Sab.*).

be spettata, si capisce, al giudice. Si ammise però che il creditore potesse attivarsi subito per la constatazione obiettiva del semplice ritardo nell'esecuzione della prestazione dovuta, denominato *mora* dai giuristi (ma il termine è ancor oggi corrente: si veda l'articolo 1219 del codice civile). Occorreva rivolgere al debitore un espresso invito (*interpellatio*) ad adempiere; se, ricevuta tale comunicazione, questi avesse persistito nell'inadempimento, sarebbe caduto in mora (che i giuristi, in ragione dell'*interpellatio* notificata, qualificano *ex persona, id est, si interpellatus opportuno loco, non solverit*). L'*interpellatio* non era necessaria (e si parla in tal caso di *mora ex re*) se per l'adempimento fosse stato espressamente previsto un termine, e questo fosse scaduto; nonché in tutti i casi di *obligatio ex delicto* (giacché «si ritiene che il ladro sia sempre in mora»)[193]. Dalla mora conseguiva, già nel pensiero dei giuristi repubblicani, che il cosiddetto *periculum*, il rischio cioè del perimento o deterioramento della cosa per caso fortuito, restasse comunque a carico del debitore (che si fingeva continuasse a essere obbligato come se la prestazione fosse eseguibile: *perpetuatio obligationis*, per cui «l'obbligazione è perpetuata dalla mora»). Nell'ambito dei giudizi di buona fede emersero due ulteriori regole, generalizzate poi da Giustiniano: per la prima, il debitore doveva corrispondere al creditore, a seconda dei casi, i frutti o gli interessi maturati dal giorno della mora (*usurae ex mora*); per la seconda, il debitore doveva essere liberato nonostante, caduto in mora, la cosa fosse perita per caso fortuito, ove dimostrasse che il perimento si sarebbe ugualmente verificato anche nel caso in cui egli avesse puntualmente adempiuto la prestazione.

*j) L'interesse all'esatto adempimento*. Il creditore, di fronte all'inadempimento, avrebbe poi dovuto ottenere la condanna del debitore a seguito di giudizio: almeno nei giudizi di buona fede, si sarebbe tenuto conto non solo della perdita subita (cosiddetto interesse negativo), ma piú estesamente del vantaggio che quel creditore avrebbe conse-

[193] *D.* 13.1.8.1 (Ulp. 27 *ad ed.*). Cfr. anche, in specie sull'*interpellatio*, *D.* 22.1.32.pr. (Marc. 4 *regul.*).

guito in caso di esatto adempimento (*id quod actoris interest*, o interesse cosiddetto positivo: § 3.5*g*). Ove poi il debitore non adempisse nemmeno all'obbligazione discendente dal giudicato di condanna (*obligatio iudicati*), al creditore incombeva di promuovere l'esecuzione che, con le procedure complementari al processo formulare, avrebbe comportato l'espropriazione del patrimonio dell'insolvente tramite la *bonorum venditio* (cap. II, § 3.10).

*k*) *La mora del creditore*. Poteva però accadere che l'inadempimento fosse causato proprio dal creditore che si rifiutasse di ricevere la prestazione (*mora accipiendi*): il *periculum* sarebbe allora passato a carico del creditore, e il debitore non avrebbe dovuto pagare gli interessi moratori se avesse fatto deposito in un luogo pubblico della somma dovuta.

*l*) *Gli atti in frode ai creditori e l'«actio Pauliana»*. Il discorso non sarebbe davvero compiuto se si non accennasse al fenomeno degli atti in frode alle ragioni dei creditori (*fraus creditorum*). L'esecuzione, pur tempestivamente intrapresa, poteva restare infruttuosa qualora il debitore non possedesse un patrimonio espropriabile. Quest'ultimo non avrebbe dunque subito alcuna sanzione. Se, però, tale insolvenza fosse stata determinata da alienazioni dei propri beni operate dal debitore a favore di terzi il pretore avrebbe potuto concedere – ai singoli creditori o al *curator bonorum*, l'amministratore del patrimonio del fallito – un *interdictum* (cap. II, § 3.13*a*) o una *restituito in integrum* (cap. II, § 3.13*d*), attraverso i quali recuperare i beni alienati. Da questi precedenti Giustiniano creò un'unica azione, l'*actio Pauliana*, con cui i creditori avrebbero ottenuto, si legge nelle *Istituzioni*, che la *res alienata* fosse considerata ancora parte del patrimonio del debitore[194].

Tuttavia, già il pretore richiedeva, al fine della concessione dei rimedi suindicati, che i creditori fossero stati realmente pregiudicati dall'alienazione (*eventus damni*); che il debitore fosse stato consapevole (*consilium fraudis*) del dan-

[194] *Istituzioni* 4.6.6.

no cagionato; e che, se l'alienazione fosse stata a titolo oneroso, il terzo acquirente avesse partecipato alla frode cosí perpetrata dal debitore, nel senso che, almeno, ne fosse stato a conoscenza (*scientia fraudis*). Ne consegue che, se il debitore fosse stato accorto, e avesse alienato a terzi ignari, o occultato i propri beni (cosa alquanto agevole se mobili), il creditore nulla avrebbe potuto fare o, se si vuole, il diritto sarebbe rimasto inattuato, vinto dalla realtà dei fatti.

# Apparati

a cura di Cristina Giachi
e Francesca Tamburi

# Cronologia

*a.C.*

| | |
|---|---|
| VIII-VII secolo | Colonizzazione greca dell'Italia meridionale e della Sicilia. |
| 753 | Fondazione di Roma (secondo Varrone). |
| 753-509 | Periodo dei Re (secondo la tradizione: Romolo, Numa Pompilio, Tullo Ostilio, Anco Marcio, Tarquinio Prisco, Servio Tullio, Tarquinio il Superbo). |
| VI | Riforme serviane. |
| 509 | Fine della monarchia a Roma.<br>Primo trattato fra Roma e Cartagine.<br>*Lex Valeria de provocatione*. |
| VIII-IV secolo | Attività respondente dei pontefici. |
| 494 | Prima secessione della plebe sul monte Sacro. |
| 493 | Istituzione dei *tribuni*, dei *concilia plebis tributa*, degli *aediles* e degli *iudices decemviri*. |
| 493 (496?) | *Foedus Cassianum* con la Lega Latina. |
| 471 | Seconda secessione della plebe sul monte Aventino.<br>Il numero dei tribuni sale a quattro. |
| 454 | Primo compromesso patrizio-plebeo.<br>La tradizione racconta di un'ambasceria inviata ad Atene per studiare le leggi di Solone. |
| 451-450 | Collegio decemvirale (*decemviri legibus scribundis*) costituito per la redazione della legge delle XII Tavole. |
| 457 | Il numero dei tribuni sale a dieci. |
| 449 | *Leges Valeriae Horatiae*: *de plebiscitis*, che avrebbe riconosciuto piena validità alle elezioni dei magistrati plebei effettuate in seno ai *concilia plebis tributa*; *de provocatione*, che proibiva l'istituzione di magistrature *sine provocatione*; *de tribunicia potestate*, che riaffermava l'inviolabilità personale dei tribuni della plebe. |

| | |
|---|---|
| 445 | Abrogazione del divieto di matrimonio tra patrizi e plebei con il plebiscito Canuleio. |
| 443 | Istituzione della censura, riservata ai patrizi. |
| 390 circa | Incendio gallico. |
| 367 | Leggi licinie-sestie: i plebei vengono ammessi al consolato.<br>Si istituisce contestualmente la pretura. |
| 351 | Prima censura plebea. |
| 348 | Secondo trattato con Cartagine. |
| 326 (?) | *Lex Poetelia Papiria de nexis*. |
| 312 | Censura di Appio Claudio Cieco. |
| 306 | Terzo trattato con Cartagine. |
| 304 | Pubblicazione del *ius Flavianum*: vengono resi noti i formulari delle *legis actiones* e il calendario (in particolare l'elenco dei giorni fasti e nefasti, intercisi). Gneo Flavio, edile curule. |
| 300 | Plebiscito Ogulnio: i plebei sono ammessi al collegio dei Pontefici e a quello degli Auguri.<br>*Lex Valeria de provocatione*. |
| III-I secolo | Cosiddetta «laicizzazione» della giurisprudenza. L'attività respondente diventa una funzione aristocratica, propria della *nobilitas* patrizio-plebea.<br>Nel III secolo ha inizio la prassi di emanare editti giurisdizionali da parte dei pretori. |
| 287 | *Lex Hortensia*, che equipara i plebisciti alle *leges publicae*. |
| 286 (?) | *Lex Aquilia de damno*. |
| 278 | Quarto trattato con Cartagine. |
| 264-241 | Prima guerra punica. |
| 254-243 | Tiberio Coruncanio è il primo pontefice massimo plebeo e per primo dà responsi pubblici. |
| 242 | Istituzione del *praetor peregrinus*, magistrato competente per le controversie tra stranieri e tra stranieri e cittadini romani (*iurisdictio inter cives et peregrinos et inter peregrinos*). |
| 218-201 | Seconda guerra punica. |
| 215-205 | Prima guerra macedonica. |
| 204 | La *lex Silia* introduce la *legis actio per condictionem*.<br>*Lex Cincia* sulle donazioni. |

200-196 Seconda guerra macedonica.

II secolo *Lex Calpurnia* sui crediti di *certa res*.

198 Consolato di Sesto Elio Peto Cato, autore dei *Tripertita*.

186 *Senatus consultum de bacchanalibus*.

172-167 Terza guerra macedonica.

149 Consolato del giurista Manio Manilio ed emanazione della *lex Calpurnia de repetundis*.

149-146 Terza guerra punica.

149-132 Prima rivolta servile in Sicilia.

146 Distruzione di Cartagine e Corinto.

140 circa Pretura del giurista Marco Giunio Bruto, autore di un'opera di *ius civile*.

133 Tribunato di Tiberio Gracco e *lex Sempronia agraria*. Consolato del giurista Publio Mucio Scevola.

130 circa *Lex Aebutia*.

123 Tribunato di Caio Gracco.

122 Legge giudiziaria di Caio Gracco.

111 Pretura di Publio Rutilio Rufo.

105 Consolato di Publio Rutilio Rufo.

100 Mario è console per la sesta volta.

I secolo L'editto del pretore si consolida. I giuristi (Servio, Ofilio e Labeone) cominciano redigere opere di commento all'editto.

95 Sono consoli il giurista Quinto Mucio Scevola, autore dei *Libri* XVIII *iuris civilis*, e l'oratore Lucio Licinio Crasso.

93 Probabilmente in quest'anno si tenne il celebre processo centumvirale noto come *Causa Curiana*, che vide coinvolti, come *patroni causarum*, Quinto Mucio Scevola e Lucio Licinio Crasso, colleghi nel consolato del 95.

91-89 *Bellum Marsicum* (o sociale): gli alleati italici chiedono a Roma la concessione della cittadinanza.

87-82 Guerra civile tra "Mariani" e "Sillani".

82-79 Dittatura costituente di Silla.

63 Consolato di Cicerone.

60 Primo triumvirato, accordo politico tra Cesare, Marco Licinio Crasso e Pompeo.

51 Consolato di Servio Sulpicio Rufo. Il suo allievo Aulo Ofilio è tra i sostenitori di Cesare.

49-44 Dittatura di Cesare.

49-31 Guerre civili.

44 Cesare, dittatore a vita, è ucciso nella congiura delle idi di marzo, organizzata da Gaio Cassio Longino, Marco Giunio Bruto e Decimo Giunio Bruto.

43 Secondo triumvirato: la *lex Titia* istituisce una magistratura straordinaria, il triumvirato *rei publicae constituendae*.

39 Publio Alfeno Varo, allievo di Servio, è *consul suffectus*.

32-30 Guerra contro Antonio e Cleopatra.

31 Battaglia di Azio.

30 Morte di Antonio e Cleopatra. Presa di Alessandria e conquista dell'Egitto.

28-27 *Restitutio rei publicae*.

27 Conferimento, a Ottaviano, dell'*imperium* sulle province non pacificate e del titolo di Augusto.

23 Attribuzione, ad Augusto, della *tribunicia potestas* e del cosiddetto *imperium (proconsulare) maius et infinitum*.

18-17 *Leges Iuliae*: *de ambitu*, *de maritandis ordinibus*, *de adulteriis coercendis*, *sumptuaria* (18); *de manumissionibus*, *iudiciariae*, *de vi publica et privata* (17).

2 Tredicesimo e ultimo consolato di Augusto, cui viene conferito il titolo di *pater patriae*.

*d.C.*

5 Il giurista Caio Ateio Capitone è *consul suffectus*. In quegli stessi anni Labeone rifiutò, invece, il consolato offertogli da Augusto.

9 *Lex Papia Poppaea nuptialis*.

14 Morte di Augusto

14-68 DINASTIA GIULIO-CLAUDIA.

14-37 Principato di Tiberio.

20 circa Masurio Sabino scrive i *Libri III iuris civilis*. Riceve da Tiberio il *ius respondendi ex auctoritate principis*.

33 Suicidio del giurista Nerva padre.

| | |
|---|---|
| 37-41 | Principato di Caligola, ucciso nel 41 da una congiura. |
| 41-54 | Principato di Claudio. |
| 54-68 | Principato di Nerone. Primo quinquennio di governo sotto la guida di Seneca. |
| 65 | Esilio del giurista Caio Cassio Longino. |
| 68-69 | Anno dei quattro imperatori: Galba, Otone, Vitellio, Vespasiano. |
| 69-96 | DINASTIA FLAVIA. |
| 69-79 | Principato di Vespasiano. |
| 79-81 | Principato di Tito. |
| 81-96 | Principato di Domiziano. |
| fine I secolo | Il giurista Pegaso, già membro del *consilium principis*, è prefetto della città; nel 90 Giavoleno Prisco, giurista maestro di Salvio Giuliano, è governatore della *Germania Superior*. Sono attivi i giuristi: Sesto Pedio (?), Nerazio Prisco, Tizio Aristone, Giavoleno Prisco. Si esaurisce la produzione legislativa comiziale. |
| 96 | Domiziano viene ucciso in una congiura organizzata dai prefetti del pretorio e sostenuta dal senato. |
| 96-98 | Principato di Nerva che adotta Traiano. |
| 98-138 | DINASTIA «SPAGNOLA». |
| 98-117 | Principato di Traiano.<br>I giuristi Lucio Nerazio Prisco e, forse, Tizio Aristone fanno parte del *consilium* di Traiano. |
| 117-38 | Principato di Adriano.<br>I giuristi Lucio Nerazio Prisco, Publio Giuvenzio Celso e Salvio Giuliano siedono nel *consilium principis* adrianeo. |
| anni Trenta del II secolo | Adriano incarica Salvio Giuliano della redazione definitiva del testo dell'editto pretorio, intervento noto come «codificazione» dell'editto. |
| metà II secolo circa | Sono al lavoro i giuristi Sesto Pomponio (autore dell'*Enchiridion*), Gaio (autore delle *Istituzioni*), Giuliano (autore dei *Digesta*), Sesto Cecilio Africano, Mauriciano, Venuleio Saturnino e Ulpio Marcello. |
| 138-92 | DINASTIA DEGLI ANTONINI. |

| | |
|---|---|
| 138-61 | Principato di Antonino Pio. |
| 147 | Marco Aurelio è associato all'Impero. |
| 161-80 | Marco Aurelio imperatore dopo la morte di Antonino Pio. |
| 161-69 | Lucio Vero, adottato anch'egli da Antonino Pio, è associato ai poteri imperiali fino alla sua morte avvenuta nel 169.<br>I giuristi Salvio Giuliano e Lucio Volusio Meciano sono consiglieri dei *divi fratres* (Marco Aurelio e Lucio Vero). |
| 177 | Marco Aurelio associa al trono il figlio Commodo. |
| 180 | Marco Aurelio muore di peste a Vindobona (Vienna). |
| 180-92 | Principato di Commodo. Verrà ucciso in una congiura. |
| 192-93 | Principato di Pertinace. Ex *praefectus urbi* acclamato dai pretoriani e dal senato. |
| 193 | Pertinace assassinato dai pretoriani, che acclamano imperatore Didio Giuliano. Le legioni della Britannia acclamano imperatore a loro volta Clodio Albino, e quelle della Siria C. Pescennio Nigro.<br>Settimio Severo, proclamato imperatore dalle truppe danubiane, entra in Roma ai primi di giugno e depone Didio Giuliano. |
| 193-235 | DINASTIA DEI SEVERI.<br>In questa età sono attivi i giuristi Cervidio Scevola, Callistrato, Papiniano, Paolo, Ulpiano, Trifonino, Macro, Marciano e Modestino. |
| 193-211 | Principato di Settimio Severo. |
| 211 | Settimio Severo muore in Britannia. Gli succedono Geta e Caracalla. |
| 211-12 | Rivalità tra i due fratelli, Caracalla e Geta, che culmina nell'uccisione del secondo da parte del primo. |
| Fine 211 o inizi 212 | Morte di Emilio Papiniano. |
| Primavera 212 | Editto di Caracalla, noto anche come *Constitutio Antoniniana*: estensione della cittadinanza a tutti gli abitanti dell'Impero. |

217-18 Principato di Macrino. Acclamato dall'esercito, e confermato dal senato, è però sconfitto e ucciso da Elagabalo.

218-22 Principato di Elagabalo.

222 I pretoriani uccidono Elagabalo e acclamano Augusto il Cesare Alessandro.

222-35 Principato di Severo Alessandro. Fino al 223 il governo è nelle mani del prefetto del pretorio, il giurista Domizio Ulpiano.

223 I pretoriani uccidono Ulpiano.

235-84 ETÀ DELL'«ANARCHIA MILITARE».

284-305 Principato di Diocleziano. Riassetto delle unità amministrative (*provinciae* e *diocesi*).

291-95 Redazione del *Codex Gregorianus* e del *Codex Hermogenianus*.

293-305 Prima tetrarchia: Diocleziano e Massimiano, Augusti; Costanzo e Galerio, Cesari.

301 Riforma monetaria e Editto sui prezzi.

303 Editti di Nicomedia: persecuzione dei cristiani.

306-37 Costantino I (il Grande) imperatore.

313 Editto di Milano, col quale Costantino e Licinio proclamano la libertà religiosa. Muore Diocleziano.

324-30 Fondazione di Costantinopoli sui luoghi dell'antica *Byzantium*.

325 Concilio di Nicea.

364 *Partitio imperii* (suddivisione dell'Impero in due parti, d'Oriente e d'Occidente) e contestuale creazione di due distinte cancellerie imperiali.

364-75 Valentiniano I in Occidente e Valente in Oriente.

367-83 Graziano è nominato Augusto per l'Occidente.

378 Disfatta di Adrianopoli. Valente è ucciso dai Visigoti.

379-95 Teodosio I, Augusto per l'Oriente.

380 Teodosio riceve il battesimo e promulga l'Editto di Tessalonica, in conseguenza del quale il credo niceno è imposto a tutti i cristiani.

395-455 DINASTIA TEODOSIANA.

395-408 Onorio, Augusto d'Occidente e Arcadio, imperatore d'Oriente.

| | |
|---|---|
| 408-50 | Teodosio II imperatore d'Oriente. |
| 410 | Sacco di Roma da parte di Alarico, re dei Visigoti. |
| 425-55 | Valentiniano III imperatore d'Occidente. |
| 426 | Emanata a Ravenna, sede dell'imperatore in Occidente, la cosiddetta «legge delle citazioni». |
| 439 | Entra in vigore il *Codex Theodosianus*. |
| 455 | Sacco di Roma da parte dei Vandali di Genserico. |
| metà v secolo | Fioriscono le scuole di diritto di Berito e Costantinopoli. |
| 473 | Glicerio, Augusto d'Occidente. |
| 474 | Flavio Zenone, imperatore d'Oriente. L'Impero d'Oriente non riconosce Augusto Glicerio, e gli oppone Giulio Nepote. |
| 475 | Oreste si ribella a Giulio Nepote e impone sul trono di Ravenna il figlio Romolo. |
| 476 | Odoacre uccide Oreste a Piacenza. Romolo è deposto e le insegne imperiali sono inviate a Zenone: fine dell'Impero romano d'Occidente. |
| 476-93 | Odoacre *rex et patricius* in Italia. |
| 493 | Teodorico, re degli Ostrogoti, sconfigge Odoacre. |
| 491-518 | Impero di Anastasio I. |
| 500-26 (?) | Editto di Teodorico. |
| 506 | *Lex Romana Wisigothorum* (*Breviarium Alaricianum*). |
| 518-27 | Impero di Giustino I. |
| 527-65 | Impero di Giustiniano I. |
| 528 | Con la costituzione *Haec quae necessario* Giustiniano nomina una commissione per la compilazione di un nuovo codice che raccolga le costituzioni imperiali. |
| 529 | Pubblicazione del primo Codice giustinianeo con la costituzione *Summa rei publicae*. |
| 530 | Con la costituzione *Deo auctore* Giustiniano affida a Triboniano la direzione della commissione incaricata di comporre i *Digesta*. Emanazione delle *Quinquaginta decisiones*. |
| 533 | Pubblicazione dei *Digesta* con la costituzione *Tanta*. Vedono contemporaneamente la luce le *Istituzioni*, pubblicate con la costituzione *Imperatoriam*. La costituzione *Omnem* riforma degli studi giuridici. |

534 Con la costituzione *Cordi* si pubblica il *Codex repetitae praelectionis*, una nuova raccolta di costituzioni che tiene conto delle costituzioni imperiali emanate tra il 529 e il 533.

534-65 Provvedimenti legislativi di Giustiniano, che verranno raccolti dopo la morte dell'imperatore con il nome di *Novellae Constitutiones*.

535-53 Guerra gotica.

553 Riconquista dell'Italia da parte delle truppe romane d'Oriente.

554 *Pragmatica sanctio pro petitione Vigilii*, con la quale la compilazione giustinianea entra in vigore in Italia.

568 Invasione longobarda dell'Italia.

# Bibliografia

Per la storia generale della società romana si può vedere A. SCHIAVONE (a cura di), *Storia di Roma*, I, II.1, II.2, II.3, III.1, III.2 e IV, Torino 1988-93, di cui esiste anche una versione ridotta, in un solo volume: A. GIARDINA e A. SCHIAVONE (a cura di), *Storia di Roma*, Torino 2000. Utile anche D. FORABOSCHI, E. GABBA, E. LO CASCIO, D. MANTOVANI e L. TROIANI, *Introduzione alla Storia di Roma*, Milano 1999, e G. TRAINA (a cura di), *Storia d'Europa e del Mediterraneo*, sez. III, voll. V-VI-VII, Roma 2008-10.

Per la storia delle fonti e del diritto pubblico si può rinviare, oltre al vasto trattato di F. DE MARTINO, *Storia della costituzione romana*, I-VI, Napoli 1972-90², anche a TH. MOMMSEN, *Römisches Staatsrechts*, I-III (1876), rist. Basel 1952; ID., *Le droit public romain*, I-VII, Paris 1887; V. ARANGIO-RUIZ, *Storia del diritto romano*, rist. Napoli 2003⁷; P. FREZZA, *Corso di storia del diritto romano*, Roma 1954; M. KASER, *Römische Rechtsgeschichte*, Göttingen 1967² [trad. it. *Storia del diritto romano*, Milano 1983]; S. TONDO, *Profilo di storia costituzionale romana*, I-II, Milano 1981-93; W. KUNKEL, *Römische Rechtgeschichte. Eine Einführung*, Köln-Wien 1990¹² [trad. it. *Linee di storia giuridica romana*, Napoli 2001]; F. WIEACKER, *Römische Rechtsgeschichte*, I-II, München 1988-2006 (trad. it. in corso di pubblicazione a cura di F. Amarelli); M. BRETONE, *Storia del diritto romano*, Roma-Bari 2006¹¹ (con ampio apparato bibliografico); F. AMARELLI, L. DE GIOVANNI, P. GARBARINO, V. MAROTTA, A. SCHIAVONE e U. VINCENTI, *Storia del diritto romano e linee di diritto privato*, Torino 2005³; G. VALDITARA, *Lo stato nell'antica Roma*, Soveria Mannelli 2008; L. CAPOGROSSI-COLOGNESI, *Storia di Roma tra diritto e potere*, Bologna 2009.

Tra i manuali di diritto privato romano si vedano E. BETTI, *Istituzioni di diritto romano*, I-II, Padova 1942-60; E. NARDI, *Istituzioni di diritto romano*, I-III, Milano 1973-75; E. VOLTERRA, *Istituzioni di diritto privato romano*, Roma 1980² (rist. 1993); V. ARANGIO-RUIZ, *Istituzioni di diritto romano*, Napoli 1995¹⁴; G. PUGLIESE, *Istituzioni di diritto romano*, Torino 1990³; M. TALAMANCA, *Istituzioni di diritto romano*, Milano 1990; A. BURDESE, *Manuale di diritto privato romano*, Torino 2003⁴; C. A. CANNATA, *Corso di Istituzioni di diritto romano*, I-II.1, Torino 2001-2003; C. SANFILIPPO, *Istituzioni di diritto romano*,

Soveria Mannelli 1996[9]; D. DALLA e R. LAMBERTINI, *Istituzioni di diritto romano*, Torino 1996; A. GUARINO, *Diritto privato romano*, Napoli 2001[12]; C. A. CANNATA, *Corso di istituzioni di diritto romano*, I-II, Torino 2001-2003; P. VOCI, *Istituzioni di diritto romano*, Milano 2004[6]; A. MANFREDINI, *Istituzioni di diritto romano*, Torino 2003[3]; L. LANTELLA ed E. STOLFI, *Profili diacronici di diritto romano*, Torino 2005; G. NICOSIA, *Nuovi profili istituzionali essenziali di diritto romano*, Catania 2005; M. MARRONE, *Istituzioni di diritto romano*, Palermo 2006[3]; R. MARTINI, *Appunti di diritto romano privato*, Padova 2007[2]; L. FASCIONE, *Storia del diritto privato romano*, Torino 2008[2]; U. VINCENTI, *Categorie del diritto romano. Corso di Istituzioni*, Napoli 2008[2]; M. BRUTTI, *Il diritto privato nell'antica Roma*, Torino 2009; A. MANTELLO, *Diritto privato romano. Lezioni*, I, Torino 2009.

Per il diritto penale si rinvia a TH. MOMMSEN, *Römisches Strafrecht*, Leipzig 1899; C. FERRINI, *Diritto penale romano*, Milano 1899; ID., *Diritto penale romano. Esposizione storica e dottrinale* (1902), Roma 1976; V. GIUFFRÈ, *La repressione criminale nell'esperienza romana*, Napoli 1998[5]; B. SANTALUCIA, *Diritto e processo penale nell'antica Roma*, Milano 1998[2].

Per quanto riguarda le fonti attraverso le quali conosciamo il diritto dei Romani, si faccia riferimento in primo luogo al *Corpus iuris civilis* giustinianeo, con le sue quattro parti: *Institutiones*, *Digesta*, *Codex* e *Novellae*, disponibile nell'edizione tedesca Krüger-Mommsen. Poi alle fonti pregiustinianee, tra le quali principalmente le *Istituzioni* di Gaio (disponibili in numerose edizioni, tra le quali il vol. II delle *Fontes iuris Romani anteiustiniani*, cfr. *infra*) e il *Codex Theodosianus*, una raccolta di costituzioni imperiali voluta dall'imperatore Teodosio II (pervenutaci quasi per intero, e disponibile, oltre che in quella di Gotofredo del 1665, in un'edizione del Mommsen del 1875). Altre fonti pregiustinianee (per la gran parte raccolte nei tre volumi di *Fontes iuris Romani anteiustiniani*, Firenze 1968) sono: i *Tituli ex corpore Ulpiani*, probabilmente un lungo estratto da un'opera ulpianea, redatto fra III e IV secolo; i *Fragmenta Vaticana*, del IV-V secolo, contenenti testi di Paolo, Ulpiano e Papiniano; le *Pauli sententiae*, composte fra III e IV secolo utilizzando materiali (quasi certamente) paolini con sovrapposte scritture successive; la *Collatio legum Mosaicarum et Romanarum*, anch'essa del IV-V secolo, e composta di testi giurisprudenziali (di Gaio, Paolo, Papiniano, Ulpiano e Modestino) e costituzioni imperiali; la *Consultatio veteris cuiusdam iurisconsulti*, che riproduce in parte le *Sententiae* di Paolo, frammiste a costituzioni imperiali; la *lex Romana Wisigothorum* (o *Breviarium Alaricianum*), compilazione ordinata da Alarico II nel 506, contenente, oltre a numerose costituzioni imperiali tratte dai codici precedenti, anche alcuni passi delle *Pauli sententiae* e un rifacimento in due libri delle *Istituzioni* gaiane, l'*epitome Gai*. Su questi temi una prima, ma compiuta, trattazione in A. GUARINO, *L'esegesi delle fonti del dirit-*

*to romano*, I-II, Napoli 1968; F. DE MARINI AVONZO e C. LANZA, *Critica testuale e studio storico del diritto*, Torino 2001[3].

Per l'aggiornamento bibliografico si rinvia in generale alle riviste specialistiche, tra cui, per quanto riguarda le pubblicazioni in lingua italiana: «Bullettino dell'Istituto di diritto romano "Vittorio Scialoja"» («BIDR»), «Index», «Studia et documenta historiae et iuris» («SDHI»); a esse si è aggiunta la «Rivista di diritto romano», consultabile anche in rete. Ampio repertorio bibliografico, dal 1950, in «Iura». Utilissima, per l'aggiornamento bibliografico, la consultazione della seconda edizione del CD-ROM BIA. «Bibliotheca Iuris Antiqui» e della seconda edizione del CD-ROM FIURIS «Archivio elettronico per l'interpretazione delle fonti giuridiche romane».

Le diverse parti nelle quali è articolata la trattazione delle figure giuridiche (gli «istituti»), sono disposte secondo uno schema tradizionale, con qualche significativa eccezione. Si è evitato per esempio di trattare in un capitolo autonomo, in qualunque modo riferibile alla nozione di negozio giuridico, l'insieme degli elementi negoziali che i giuristi romani affrontarono in connessione con le materie piú disparate (in particolare i contratti e le disposizioni per causa di morte). Per un ampio panorama bibliografico su ogni singola figura, si veda GUARINO, *Diritto privato romano* cit.

*Capitolo primo.*

Oltre ai manuali di storia del diritto romano citati *supra*, si vedano anche F. SCHULZ, *History of Roman Legal Science*, Oxford 1948 [trad. it. *Storia della giurisprudenza romana*, Firenze 1968]; L. RAGGI, *Il metodo della giurisprudenza romana* (1968), rist. Torino 2007; M. BRETONE, *Tecniche e ideologie dei giuristi romani*, Napoli 1982[2]; D. MANTOVANI (a cura di), *Per la storia del pensiero giuridico romano: dall'età dei pontefici alla scuola di Servio. Atti del Seminario di S. Marino (7-9 gennaio 1993)*, Torino 1996; ID. (a cura di), *Per la storia del pensiero giuridico romano: da Augusto agli Antonini. Atti del Seminario di S. Marino (12-14 gennaio 1995)*, Torino 1996; C. A. CANNATA, *Per una storia della scienza giuridica europea*, I.1. *Dalle origini all'opera di Labeone*, Torino 1997; F. D'IPPOLITO, *Forme giuridiche di Roma arcaica*, Napoli 1998[3]; A. SCHIAVONE, *Ius. L'invenzione del diritto in occidente*, Torino 2005; D. MANTOVANI e A. SCHIAVONE (a cura di), *Testi e problemi del giusnaturalismo romano*, Pavia 2007. Da segnalare anche i recenti studi di A. CENDERELLI e B. BISCOTTI, *Produzione e scienza del diritto: storia di un metodo*, Torino 2005; L. VACCA, *Metodo casistico e sistema prudenziale. Ricerche*, Padova 2006; P. CERAMI e G. PURPURA, *Profilo storico-giurisprudenziale del diritto pubblico romano*, Torino 2007; L. DE GIOVANNI, *Istituzioni scienza giuridica codici nel mondo tardo antico. Alle radici di una nuova storia*, Roma 2007; U.

VINCENTI, *Metodologia giuridica*, Padova 2008[3]; L. GAROFALO, *Giurisprudenza romana e diritto privato europeo*, Padova 2008. Per i confronti con l'esperienza giuridica greca si è tenuto conto soprattutto di E. STOLFI, *Introduzione allo studio dei diritti greci*, Torino 2006, in particolare pp. 23 sgg., 111 sgg. Circa le vicende del diritto romano in età medievale e moderna e le discussioni legate alla nozione di «tradizione romanistica», sempre importante R. ORESTANO, *Introduzione allo studio del diritto romano*, Bologna 1987.

*Capitolo secondo.*

Sulla storia del processo civile, fondamentali G. PUGLIESE, *Il processo civile romano*. I. *Le legis actiones*, Roma 1962, e II.1. *Il processo formulare*, Milano 1963; C. A. CANNATA, *Profilo istituzionale del processo privato*, I-II, Torino 1980-82; M. KASER e K. HACKL, *Das römische Zivilprozessrecht*, München 1996[2].

Tra le esposizioni italiane, si vedano anche G. NICOSIA, *Il processo privato romano*, I-II, Torino 1980-84; C. A. CANNATA, *Profilo istituzionale del processo privato romano*, I-II, Torino 1980-82; M. TALAMANCA, in *Enciclopedia del diritto*, XXXVI, Milano 1986, *sub voce* «Processo civile (diritto romano)», pp. 1 sgg.; B. ALBANESE, *Il processo privato romano delle legis actiones*, Palermo 1987; M. TALAMANCA, *Il riordinamento augusteo del processo privato*, in *Gli ordinamenti giudiziari di Roma imperiale. Atti del convegno internazionale di diritto romano (Copanello, 1996)*, Napoli 1999, pp. 63 sgg.; R. FIORI, *Ea res agatur. I due modelli del processo formulare repubblicano*, Milano 2003.

Nuove prospettive sul passaggio dalle *legis actiones* alle *formulae* sono offerte da O. BEHRENDS nel volume C. MASI DORIA e C. CASCIONE (a cura di), *Diritto e giustizia nel processo*, Napoli 2002, pp. 197-323.

Circa le prescrizioni contenute nell'editto del pretore, classica è la ricostruzione di O. LENEL, *Das Edictum perpetuum. Ein Versuch zu seiner Wiederherstellung*, Leipzig 1927[3].

Per il testo delle formule, indispensabile D. MANTOVANI, *Le formule del processo privato romano*, Padova 1999[2].

In merito alla fonte per noi piú significativa (l'ultimo libro delle *Istituzioni* di Gaio), si vedano G. FALCONE, *Appunti sul IV Commentario delle istituzioni di Gaio*, Torino 2003, nonché L. PELLECCHI, *La praescriptio. Processo, diritto sostanziale, modelli espositivi*, Padova 2003.

*Capitolo terzo.*

Per i fondamenti dell'analisi antropologica e giuridica delle strutture della parentela si vedano B. ALBANESE, *Le persone nel diritto privato romano*, Palermo 1979; L. CAPOGROSSI COLOGNESI, in *Enciclope-*

*dia del diritto*, XXXII, *sub voce* «Patria potestà (diritto romano)», Milano 1982, pp. 242-49; C. GIOFFREDI, *Funzioni e limiti della patria potestas*, in *Nuovi studi di diritto greco e romano*, Roma 1980, pp. 77-112; Y. THOMAS, *Paura dei padri e violenza dei figli: immagini retoriche e norme di diritto*, in E. PELLIZER e N. ZORZETTI (a cura di), *La paura dei padri nella società antica e medievale*, Roma-Bari, 1982, pp. 115-40; G. PUGLIESE, *Appunti sugli impuberi e i minori in diritto romano*, in *Studi in onore di A. Biscardi*, IV, Milano 1983, pp. 469-88; Y. THOMAS, *Essai sur le concept de patria potestas*, Ecole Française de Rome, 1983; F. GALLO, *Idee vecchie e nuove sui poteri del paterfamilias*, in *Poteri, Negotia, Actiones nell'esperienza romana arcaica, Atti del convegno internazionale di diritto romano (Copanello, 12-15 maggio 1982)*, Napoli 1984, pp. 17-58; L. PEPPE, *Posizione giuridica e ruolo sociale della donna romana in età repubblicana*, Milano 1984; Y. THOMAS, *Vitae necisque potestas. Le père, la cité, la mort*, in ID. (a cura di), *Du châtiment dans la cité: supplices corporels et peine de mort dan le monde antique*, Roma-Paris 1984, pp. 499-548; G. FRANCIOSI, *Famiglia e persone in Roma arcaica. Dall'età arcaica al Principato* (1989), Torino 1995[3]; E. CANTARELLA, *La vita delle donne*, in *Storia di Roma*, IV. *Caratteri e morfologie*, Torino 1989, pp. 557-608; R. P. SALLER, *I rapporti di parentela e l'organizzazione familiare*, *ibid.*, pp. 515-55; Y. THOMAS, *La divisione dei sessi: una norma obbligatoria*, in P. SCHMITT PANTEL (a cura di), *Storia delle donne. L'antichità*, Roma-Bari 1990; C. FAYER, *La familia romana: aspetti giuridici e antiquari*, I-III, Roma 1994-2005; G. FRANCIOSI, *Clan gentilizio e strutture monogamiche. Contributo alla storia della famiglia romana*, Napoli 1995[5]; D. DALLA, *Ricerche di diritto delle persone*, Torino 1995; E. CANTARELLA, *Passato prossimo. Donne romane da Tacita a Sulpicia*, Milano 1998; G. FRANCIOSI, *La famiglia romana. Società e diritto*, Torino 2003; P. GIUNTI, *Consors vitae. Matrimonio e ripudio in Roma antica*, Milano 2004.

Riguardo alla centralità della schiavitú nella organizzazione economica e nell'esperienza giuridica romana, fra i molti, W. W. BUCKLAND, *Roman Law of Slavery*, Cambridge 1908; F. GORIA, *Schiavi, sistematica delle persone e condizioni economico-sociali nel Principato*, in *Prospettive sistematiche nel diritto romano*, Torino 1976, pp. 31 sgg.; A. GIARDINA e A. SCHIAVONE (a cura di), *Società romana e produzione schiavistica*, Roma-Bari 1981; M. MORABITO, *Les réalités de l'esclavage d'après le Digeste*, Paris 1981; A. WATSON, *Slavery and the Development of Roman Private Law*, in «BIDR», XC (1987), pp. 105 sgg.; A. SCHIAVONE, *La storia spezzata. Roma antica e Occidente moderno*, Roma-Bari 1996, in particolare pp. 117 sgg.

Sulla cittadinanza, da ultimo, V. MAROTTA, *La cittadinanza romana in età imperiale (secoli I-III d.C.). Una sintesi*, Torino 2009.

Sulla soggettività commerciale degli schiavi e i mezzi processuali relativi agli affari da loro conclusi, A. DI PORTO, *Impresa collettiva e schiavo «manager» in Roma antica, II sec. a.C. - II sec. d.C.*, Milano

1984; J.-J. AUBERT, *Businness managers in ancient Rome: a social and economic study of "institores" 200 b.C. - a.D. 250*, Leiden 1994; M. MICELI, *Sulla struttura formulare delle "actiones adiecticiae qualitatis"*, Torino 2001; ID., *Studi sulla «rappresentanza» nel diritto romano*, I.1, Milano 2008; E. STOLFI, *La soggettività commerciale dello schiavo nel mondo antico: soluzioni greche e romane*, in *Teoria e Storia del Diritto Privato* 2 (2009); P. CERAMI e A. PETRUCCI, *Diritto commerciale romano. Profilo storico*, Torino 2010$^{3}$.

In merito alla nozione di «persona», si è tenuto conto soprattutto di Y. THOMAS, *Le sujet concret et sa personne. Essai d'histoire juridique rétrospective*, in O. CAYLA e Y. THOMAS, *Du droit de ne pas naître. A propos de l'affaire Perruche*, Paris 2002 [trad. it. *Il soggetto concreto e la sua persona. Saggio di storia giuridica retrospettiva*, in O. CAYLA e Y. THOMAS, *Il diritto di non nascere. A proposito del caso Perruche*, trad. it. Milano 2004]; A. MANTELLO, *Lezioni di diritto romano*, II. *Persone*, Torino 2004; G. MELILLO, *Personae e status in Roma antica*, Napoli 2006; E. STOLFI, *La nozione di «persona» nell'esperienza giuridica romana*, in *Filosofia politica*, 21.3 (2007), pp. 379 sgg.; U. VINCENTI, *Diritto senza identità. La crisi delle categorie giuridiche tradizionali*, Roma-Bari 2007, pp. 28 sgg; A. CORBINO, M. HUMBERT e G. NEGRI (a cura di), *Homo, caput, persona. La costruzione giuridica dell'identità nell'esperienza romana*, Pavia 2010.

*Capitolo quarto.*

Per lo studio dei meccanismi della successione a causa di morte, una trattazione complessiva e assai pregevole è quella di P. VOCI, *Diritto ereditario romano*, I. *Introduzione storica. Parte generale*; II. *Parte speciale: successione ab intestato, successione testamentaria*, Milano 1967$^{2}$ e 1963$^{2}$. Riferito all'età arcaica è B. ALBANESE, *La successione ereditaria in diritto romano antico*, in «Annali del Seminario Giuridico dell'Università di Palermo», XX (1949), pp. 275 sgg., e all'età tardorepubblicana A. WATSON, *The Law of Succession in the Later Roman Republic*, Oxford 1971. Elementare, ma non privo di spunti interessanti, è il corso di A. D. MANFREDINI, *La volontà oltre la morte*, Torino 1991. Alla «parte generale» delle successioni è dedicato il volume di B. BIONDI, *Diritto ereditario romano*, Milano 1954. Si ricordi inoltre, per l'influenza esercitata sulle dottrine successive, l'opera, ormai lontana nel tempo, di P. BONFANTE, *Corso di diritto romano*, VI. *Le successioni* (1930), Milano 1979.

Sul testamento, la piú completa trattazione monografica è B. BIONDI, *Successione testamentaria e donazioni*, Milano 1955.

In merito ai legati si vedano G. GROSSO, *I legati nel diritto romano*, Torino 1962$^{2}$; B. SANTALUCIA, *I legati ad effetto liberatorio nel diritto romano*, Firenze 1964; R. ASTOLFI, *Studi sull'oggetto dei legati in di-

*ritto romano*, I-III, Padova 1964-69-79. Per la documentazione papirologica ed epigrafica, è fondamentale M. AMELOTTI, *Il testamento romano attraverso la prassi documentale*. I. *Le forme classiche di testamento*, Firenze 1966. Sulle donazioni si veda principalmente G. G. ARCHI, *La donazione: corso di diritto romano*, Milano 1960.

*Capitolo quinto.*

Sulle cose e i modelli dell'appartenenza si vedano P. BONFANTE, *Corso di diritto romano*. II. *La proprietà* (1926), Milano 1966 e 3. *Diritti reali* (1933), Milano 1972; G. GROSSO, *Le cose. Corso di diritto romano*, Torino 1941; C. LONGO, *Corso di diritto romano: le cose, la proprietà e i suoi metodi di acquisto*, Milano 1946; P. VOCI, *Modi di acquisto della proprietà: corso di diritto romano*, Milano 1952; B. BIONDI, *Le servitú prediali nel diritto romano: corso di lezioni*, Milano 1954[2]; G. GROSSO, *Usufrutto e figure affini nel diritto romano*, Torino 1958[2]; F. PASTORI, *La superficie nel diritto romano*, Milano 1962; M. BRETONE, *La nozione romana di usufrutto*, I-II, Napoli 1962-67; G. GROSSO, *Le servitú prediali nel diritto romano*, Torino 1969; L. CAPOGROSSI COLOGNESI, *La struttura della proprietà e la formazione dei «iura praediorum» nell'età repubblicana*, I-II, Milano 1969-76; A. BISCARDI, *Appunti sulle garanzie reali in diritto romano*, Milano 1976; P. P. ZAMORANI, *Possessio e animus*, Milano 1977; F. SITZIA, *Studi sulla superficie in epoca giustinianea*, Milano 1979; B. ALBANESE, *Le situazioni possessorie nel diritto privato romano*, Palermo 1985; L. CAPOGROSSI COLOGNESI, in *Enciclopedia del diritto*, XXXVII, Milano 1988 *sub voce* «Proprietà (diritto romano)», pp. 160-225; E. CORTESE (a cura di), *La proprietà e le proprietà*, Milano 1988; V. GIUFFRÈ, *L'emersione degli iura in re aliena e il dogma del "numero chiuso"*, Napoli 1992; M. BRETONE, *I fondamenti del diritto romano. Le cose e la natura*, Roma-Bari 1998; P. LAMBRINI, *L'elemento soggettivo nelle situazioni possessorie nel diritto romano classico*, Padova 1998; L. CAPOGROSSI COLOGNESI, *Proprietà e diritti reali. Usi e tutela della proprietà fondiaria nel diritto romano*, Roma 1999; I. PIRO, *Damnum corpore suo dare rem corpore possidere: l'oggettiva riferibilità del comportamento lesivo e della possessio nella riflessione e nel linguaggio dei giuristi romani*, Napoli 2004; L. VACCA, *Appartenenza e circolazione dei beni. Modelli classici e giustinianei*, Milano 2006; G. D'ANGELO, *La perdita della possessio animo retenta nei casi di occupazione*, Torino 2007; G. NICOSIA, *Il possesso*, I, Catania 2008[2].

*Capitolo sesto.*

Per lo studio delle obbligazioni e dei contratti si vedano innanzitutto, per la riflessione sulla nozione di *obligatio*, P. BONFANTE, *Cor-*

*so di diritto romano*. IV. *Le obbligazioni* (1907), Milano 1979; P. VOCI, *Le obbligazioni (Corso di Pandette)*, Milano 1969; M. TALAMANCA, in *Enciclopedia del diritto*, XXIX, Milano 1979, *sub voce* «Obbligazioni (diritto romano)», pp. 1 sgg.; E. BETTI, *La struttura dell'obbligazione romana e il problema della sua genesi*, Milano 1955²; G. SCHERILLO, *Lezioni sulle obbligazioni*, Milano 1961.

Sul problema dei contratti si faccia riferimento a V. ARANGIO-RUIZ, *Il mandato in diritto romano* (1948-49), Napoli 1965; P. FREZZA, *«Ius gentium»* (1949), in *Scritti*, I, Roma 2000, pp. 615 sgg.; V. ARANGIO-RUIZ, *La società in diritto romano* (1949-50), Napoli 1965; ID., *La compravendita in diritto romano* (1951-52), vol. I (rist. anastatica della seconda edizione), Napoli 1978; vol. II (rist. anastatica della prima edizione), Napoli 1980; L. AMIRANTE, *Ricerche in tema di locazione*, in «BIDR», LXII (1959), pp. 1 sgg.; G. GROSSO, *Il sistema romano dei contratti*, Torino 1963³; C. A. CANNATA, *Ricerche sulla responsabilità contrattuale nel diritto romano*, Milano 1966; B. ALBANESE, *Per la storia del «creditum»*, in «Annali del Seminario Giuridico dell'Università di Palermo», XXXII (1971); A. SCHIAVONE, *Studi sulle logiche dei giuristi romani. Nova negotia e transactio da Labeone a Ulpiano*, Napoli 1971; G. GANDOLFI, *Il deposito nella problematica della giurisprudenza romana*, Milano 1976; R. SANTORO, *Il contratto nel pensiero di Labeone*, in «Annali del Seminario Giuridico dell'Università di Palermo», XXXVII (1983); V. GIUFFRÈ, *La datio mutui. Prospettive romane e moderne*, Napoli 1989; G. SACCONI, *Ricerche sulla stipulatio*, Napoli 1989; M. TALAMANCA, *La tipicità dei contratti romani fra «conventio» e «stipulatio» fino a Labeone*, in F. MILAZZO (a cura di), *«Contractus» e «Pactum». Tipicità e libertà negoziale nell'esperienza tardo-repubblicana*, Napoli 1990, pp. 35-108; N. BELLOCCI (a cura di), *Le teorie contrattualistiche romane nella storiografia contemporanea*, Napoli 1991; A. SCHIAVONE, *Giuristi e nobili nella Roma repubblicana*, Roma-Bari 1992² (nonché *Ius* cit., in particolare pp. 180 sgg., 286 sgg., 346 sgg.); F. GALLO, *Synallagma e «conventio» nel contratto*, I-II, Torino 1992-95; M. TALAMANCA, in *Enciclopedia del diritto*, XLVI, Milano 1993, *sub voce* «vendita», pp. 303 sgg.; G. MELILLO, *Contrahere pacisci transigere. Contributo allo studio del negozio bilaterale romano*, Napoli 1994; D. NÖRR, *Sulla specificità del mandato romano*, in «SDHI», LX (1994) pp. 367-94; R. CARDILLI, *L'obbligazione di "praestare" e la responsabilità contrattuale in diritto romano (II sec. a.C. - II sec. d.C.)*, Milano 1995; F. PASTORI, *Il commodato in diritto romano*, Milano 1995; V. MAROTTA, *Tutela dello scambio e commerci mediterranei in età arcaica e mediterranea*, in «Ostraka», 5.1 (1996), pp. 63 sgg.; R. FIORI, *La definizione della "locatio-conductio". Giurisprudenza romana e tradizione romanistica*, Napoli 1999; S. RANDAZZO, *Mandare: radici della doverosità e percorsi consensualistici nell'evoluzione del mandato romano*, Milano 2005; L. GAROFALO (a cura di), *La compravendita e l'interdipendenza delle obbligazioni nel diritto romano*, I-II, Padova

2007; A. PETRUCCI, *Per una storia della protezione dei contraenti con gli imprenditori*, I, Torino 2007; G. FINAZZI, *Amicizia e doveri giuridici*, in CORBINO, HUMBERT e NEGRI (a cura di), *Homo, caput, persona* cit., pp. 633-861.

In merito alla *bona fides* in ambito contrattuale, di recente, R. CARDILLI, *«Bona fides» tra storia e sistema*, Torino 2004; E. STOLFI, *«Bonae fidei interpretatio». Ricerche sull'interpretazione di buona fede fra esperienza romana e tradizione romanistica*, Napoli 2004; C. BEDUSCHI, *I profili giudiziali della fides*, in L. PEPPE (a cura di), *Fides, fiducia, fidelitas: studi di storia del diritto e di semantica storica*, Padova 2008, pp. 1-45.

Sulle obbligazioni nascenti da delitto si può fare riferimento a L. VACCA, *Delitti privati e azioni penali nel Principato*, in «Aufstieg und Niedergang der römischen Welt», II.14, Berlin - New York 1982; F. MILAZZO (a cura di), *Illecito e pena privata in età repubblicana. Atti del convegno internazionale di diritto romano (Copanello, 4-7 giugno 1990)*, Napoli 1992; L. VACCA, *Azioni penali ex delicto e reintegrazione patrimoniale*, Napoli 1993; F. M. D'IPPOLITO, *Sulla data dell'«actio de dolo»*, in «Labeo», 41 (1995), pp. 247 sgg. (= *«Fraterna munera». Studi in onore di L. Amirante*, Salerno 1998, pp. 161 sgg.).

Sui singoli illeciti si vedano G. PUGLIERE, *Studi sull'«iniuria»*, Milano 1941; B. ALBANESE, *Studi sulla lex Aquilia*, in «Annali del Seminario Giuridico dell'Università di Palermo», XXI (1950); ID., *La nozione del furtum fino a Nerazio*, ivi, XXIII (1953); ID., *La nozione del furtum da Nerazio a Marciano*, ivi, XXV (1957); M. BALZARINI, *Ricerche in tema di danno violento e rapina nel diritto romano*, Padova 1969; L. VACCA, *Ricerche in tema di «actio vi bonorum raptorum»*, Milano 1972; D. A. MANFREDINI, *Contributo allo studio dell'«iniuria» in età repubblicana*, Milano 1977; ID., *La diffamazione verbale nel diritto romano*, I. *L'età repubblicana*, Milano 1979; G. VALDITARA, *Superamento dell'aestimatio rei nella valutazione del danno aquiliano ed estensione della tutela ai non domini*, Milano 1992; ID., *Sulle origini del concetto di damnum*, Torino 1998; F. CURSI, *Iniuria cum damno. Antigiuridicità e colpevolezza nella storia del danno aquiliano*, Milano 2002; A. CORBINO, *Il danno qualificato e la lex Aquilia. Corso di diritto romano*, Padova 2005; C. PELLOSO, *Studi sul furto nell'antichità mediterranea*, Padova 2008.

# Indice analitico

*Stampato per conto della Casa editrice Einaudi*
*presso ELCOGRAF S.p.A. - Stabilimento di Cles (Tn)*

C.L. 20564

| Ristampa | | | | | | | Anno | | | |
|---|---|---|---|---|---|---|---|---|---|---|
| 3 | 4 | 5 | 6 | 7 | 8 | 9 | 2016 | 2017 | 2018 | 2019 |